TEUBNER

PESCI E FRUTTI DI MARE

PESCI e FRUTTI DI MARE

PESCI

I PRODOTTI 8

IN CUCINA 128

Segreti e curiosità

FRUTTI DI MARE

PESCI

I PRODOTTI

Dizionario dei pesci

Tutto sul pesce

Variopinto, vastissimo e multiforme: il mondo del pesce è così. Che si tratti di pesci di mare o d'acqua dolce, gli intenditori ne vanno pazzi!

Cuocere e presentare il pesce

Anche i cuochi dilettanti più entusiasti contano spesso sul fatto che con il salmone, la trota e il rombo è molto difficile sbagliare. Dal punto di vista gastronomico, però, il mondo del pesce ha molto di più da offrire.

ALLE PRIME LUCI DEL GIORNO, quando i piccoli pescherecci rientrano in porto, trovano molte persone ad aspettarli sul molo. Le grosse gomene per l'ormeggio sono appena state fissate che già la folla di potenziali acquirenti o di semplici curiosi si affaccia al parapetto per dare un'occhiata al carico. Che specie di pesci ci sono? I pescatori hanno fatto una pesca abbondante?

RICONOSCERE IL PESCE

È una scena ormai rara in Europa centrale, ma che si vede ancora ogni giorno nel Sud dell'Europa. Chi vuole intraprendere un viaggio alla scoperta della cucina di questi Paesi deve assolutamente provare l'esperienza di alzarsi prestissimo per fare una capatina ai porti dove attraccano i pescatori locali. Vale la pena, ad esempio, vedere i siciliani che scaricano i polpi, i pescatori americani che portano a terra giganteschi pesci persici, o gli indigeni delle isole dei mari del Sud che mettono in mostra un variopinto carico di pesci tropicali. I pescatori di tutte le latitudini hanno una cosa in comune: l'orgoglio per la preda catturata e la sua freschezza.

FRESCHISSIMO O UN PO' MENO FRESCO?

Purtroppo, non tutti i cuochi dilettanti hanno la fortuna di vivere vicino alle zone di pesca e, quindi, di potersi procurare pesce fresco. Tuttavia, anche un prodotto che si deteriora facilmente come il pesce ha raggiunto altissimi livelli di qualità grazie al miglioramento delle condizioni di trasporto e delle possibilità di refrigerazione: è quindi possibile trovarne di ottimo anche lontano dalle coste. Il pesce, conservato su ghiaccio, arriva dai porti d'Europa ai consumatori nel giro di due giorni al massimo. Inoltre, il trasporto aereo consente che alcune varietà d'importazione giungano rapidamente sui nostri mercati. Un'altra possibilità sono i pesci d'acqua dolce freschissimi o ancora vivi: l'acquirente può recarsi presso l'allevamento oppure nelle pescherie specializzate, che li tengono in appositi acquari fino al momento di venderli.

Nella maggior parte delle specie ittiche, la qualità è al massimo quando il pesce è appena pescato; in alcuni casi, invece, come accade per le sogliole e le razze, c'è bisogno di uno o due giorni per sapore e consistenza ottimali. A parte queste eccezioni, però, resta sempre valido il principio secondo cui freschezza significa bontà; in caso di dubbio, è meglio fare ricorso a prodotti surgelati di alta qualità. Oltre al pesce fresco e surgelato, vi sono anche altri prodotti ittici comuni dal gusto eccellente: è il caso dello stoccafisso, del salmone affumicato, delle aringhe salate e del caviale.

ALLA SCOPERTA DELLE VARIE POSSIBILITÀ

L'offerta sui nostri mercati è vasta e comprende prodotti alla portata di tutte le tasche: si va dai pesci di mare selvaggi e naturali con l'aroma del lusso ai pesci d'allevamento (biologico) di ottima qualità; dai pesci d'acqua dolce per gli appassionati della cucina locale, a quelli esotici per le occasioni speciali; dal pesce magro per chi tiene alla dieta, a quello grasso per preparare squisiti piatti in padella o alla griglia. I cuochi creativi, che amano sfruttare fino in fondo questa varietà, possono ricorrere anche al nostro vocabolario del pesce, che non solo offre aiuto per orientarsi nell'acquisto e nella scelta di specie che non conoscete ancora, ma è anche un invito alla lettura e alla scoperta. Presto sarete veri e propri esperti: che sia piatto o tondo, locale o esotico, potrete riconoscere il pesce dalle sue dimensioni, dal colore, dal disegno e dal tipo di pinne. Infatti, solo chi sa riconoscere il pesce che ha davanti può decidere come impiegarlo al meglio in cucina. Lasciatevi ispirare per creare nuovi piatti: la vastissima offerta commerciale consente innumerevoli delizie gastronomiche che vale la pena di scoprire. Buon divertimento!

Una rassegna dei pesci commestibili del mondo

AL MONDO ESISTE UN ENORME NUMERO DI PESCI. Tutti condividono le stesse caratteristiche essenziali, anche se non sono un gruppo zoologico unitario come, per esempio, i mammiferi. I pesci sono vertebrati provvisti di mascelle e di denti, vivono in acqua e hanno le pinne. Quelli commestibili si suddividono in pesci ossei e cartilaginei, oltre che in specie di mare e di acqua dolce.

PANORAMICA SUI PESCI CARTILAGINEI

Tra i pesci cartilaginei, i più importanti dal punto di vista gastronomico sono gli squali e le razze. Nonostante le differenze d'aspetto, questi due gruppi presentano parecchie caratteristiche comuni: entrambi hanno uno scheletro completamente formato da cartilagine, e sono quindi privi di lische o costole ossee (da cui il nome di pesci cartilaginei). La loro pelle coriacea è ricoperta da dentelli e placche, e le fessure branchiali attraverso cui scorre l'acqua per la respirazione sono ben visibili dall'esterno (vedi illustrazione in basso). I denti sono disposti su più file parallele e continuano a crescere per tutta la vita: la fila più esterna viene così sostituita a intervalli regolari, garantendo che i denti funzionali siano sempre in ottime condizioni e senza traccia d'usura.

Pesci cartilaginei

Pesci di mare

SQUALI (pag. 113)
(Selachii)

RAZZE (pag. 118)
(Rajiformes)

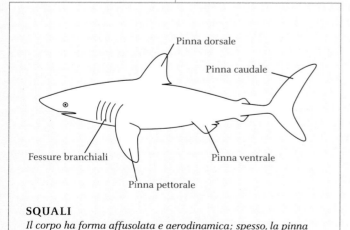

SQUALI
Il corpo ha forma affusolata e aerodinamica; spesso, la pinna caudale è asimmetrica.

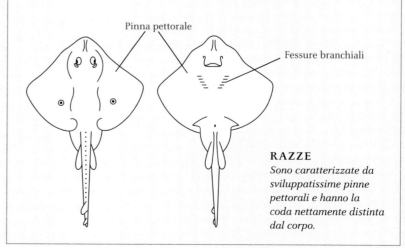

RAZZE
Sono caratterizzate da sviluppatissime pinne pettorali e hanno la coda nettamente distinta dal corpo.

PANORAMICA SUI PESCI OSSEI

Anche se il loro aspetto è molto variabile, tutti i pesci ossei hanno la stessa struttura di base (vedi illustrazione in basso). Si distinguono dai pesci cartilaginei soprattutto perché il loro scheletro consiste per la maggior parte di vero tessuto osseo, perché hanno le branchie coperte da opercoli, la pelle ricoperta da scaglie o placche ossee e le pinne protette da raggi. I raggi delle pinne possono essere duri come aculei (raggi ossei) oppure molli e articolati (raggi cornei), e le pinne stesse possono venire aperte o ripiegate a seconda delle necessità. La pinna caudale è l'organo fondamentale per la locomozione, mentre quella dorsale, quella anale e quelle ventrali hanno soprattutto funzioni di direzione e stabilizzazione. La visibilissima linea laterale che scorre sul fianco del pesce, dalla testa alla coda, è sede di speciali organi sensoriali che consentono al pesce di percepire la corrente, gli ostacoli fissi, le prede e i nemici. Questa linea, formata da tubuli, ha un ruolo importante nel riconoscimento delle diverse specie.

Pesci ossei

Pesci marini

ANGUILLIFORMI (pag. 34)
(Anguilliformes)

ATERINIFORMI (pag. 36)
(Atheriniformes)

LOFIFORMI (pag. 37)
(Lophiiformes)

PERCIFORMI (pag. 38)
(Perciformes)

GADIFORMI (pag. 79)
(Gadiformes)

CLUPEIFORMI (pag. 85)
(Clupeiformes)

TETRAODONTIFORMI (pag. 89)
(Tetraodontiformes)

SALMONIFORMI DI MARE (pag. 90)
(Salmoniformes)

SCORPENIFORMI (pag. 91)
(Scorpaeniformes)

ZEIFORMI (pag. 99)
(Zeiformes)

PLEURONECTIFORMI (pag. 100)
(Pleuronectiformes)

BERICIFORMI (pag. 110)
(Beryciformes)

ACIPENSERIFORMI (pag. 111)
(Acipenseriformes)

Pesci d'acqua dolce

PERCIFORMI (pag. 14)
(Perciformes)

GADIFORMI (pag. 17)
(Gadiformes)

CLUPEIFORMI (pag. 18)
(Clupeiformes)

CIPRINIFORMI (pag. 19)
(Cypriniformes)

SALMONIFORMI (pag. 26)
(Salmoniformes)

PETROMIZONTIFORMI (pag. 32)
(Petromyzontiformes)

SILURIFORMI (pag. 33)
(Siluriformes)

PESCI OSSEI
I pesci ossei, nonostante le evidenti differenze nell'aspetto, sono tutti accomunati da un medesimo schema di base.

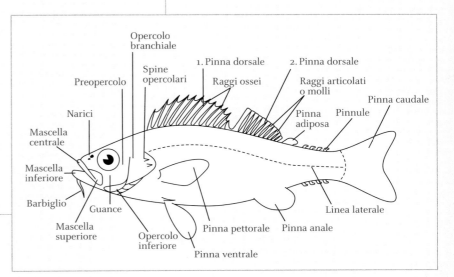

Opercolo branchiale — Spine opercolari — 1. Pinna dorsale — Raggi ossei — 2. Pinna dorsale — Raggi articolati o molli — Pinna caudale — Pinnule — Pinna adiposa — Preopercolo — Narici — Mascella centrale — Mascella inferiore — Barbiglio — Guance — Mascella superiore — Opercolo inferiore — Pinna ventrale — Pinna pettorale — Pinna anale — Linea laterale

Perciformi *Esemplari di grandi e piccole dimensioni, di colore grigio, dai colori sgargianti e sfavillanti: i Perciformi sono variegati, sia da un punto di vista puramente estetico che in termini gastronomici.*

(1) Il **PERSICO REALE** *(Perca fluviatilis)* raggiunge al massimo i 50 cm di lunghezza, ma solitamente si ferma ai 25 cm. Il corpo è caratterizzato da un dorso alquanto gibboso e di colore variabile dal grigio scuro al verde oliva con da 5 a 9 bande scure trasversali. Si tratta di un pesce d'acqua dolce dal sapore delicato che però, a causa delle dimensioni solitamente ridotte, non è facilmente reperibile.

- L'ordine dei Perciformi è in assoluto il più vasto.
- La prima pinna dorsale è provvista di raggi rigidi e spinosi.
- A quest'ordine appartengono famiglie di numerose specie, presenti sia in acqua dolce che in mare.

Perciformi *(Perciformes)*

Appartengono a questo vastissimo ordine soprattutto pesci marini, ma esistono anche numerose specie di acqua dolce.

Percidi *(Percidae)*

I percidi sono pesci d'acqua dolce; alcune specie però, sostano talvolta anche in acqua salmastra. Ne esistono oltre 100 specie, di cui circa 12 diffuse in Europa e Asia Minore, Siberia inclusa, mentre le restanti vivono nelle acque del Nord America.

PERSICO REALE (1) *(Perca fluviatilis)*

ing. perch; fr. perche; ted. Flussbarsch; port. perca europeia; bulg. kostur; cec. okoun; croat. grgeč; dan. aborre; fin. ahven; nor. abbor; ol. baars; pol. okon; rum. biban; russ. okun; sv. abborre; tur. tatlı su levreği; ung. sügér.

Il persico reale vive in acque correnti e calme, dai Pirenei fino alla Siberia settentrionale. Tuttavia non è presente in Spagna, Italia, Grecia, Irlanda, Scozia del Nord e Scandinavia settentrionale. Si nutre di piccoli pesci.

Caratteristiche: entrambe le pinne dorsali sono provviste anteriormente di raggi spinosi caratterizzate da una macchia nera sull'estremità posteriore.

Utilizzi: ideale in padella o al vapore.

ACERINA (2) *(Gymnocephalus cernua)*

ing. ruffe, pope; fr. grémille; ted. Kaulbarsch; bulg. biban; cec. ježdik òbecný; croat. balavac; dan. hork; fin. kiiski; nor. hork; ol. pos; pol. jazgarz; rum. ghibort; russ. ersh; slovac. hrebenačka obyčžajná; sloven. okun; sv. gärs; ung. durbincs.

L'acerina è diffusa in Europa, a nord dei Pirenei e delle Alpi fino alla Siberia e al Mar Caspio. Non è presente nella regione balcanica, in Irlanda, Scozia e Norvegia. Vive in grandi fiumi, mari e lagune.

Caratteristiche: l'acerina può raggiungere i 25 cm di lunghezza.

Utilizzi: cotto intero in padella o in zuppa.

LUCIOPERCA, SANDRA (3) *(Stizostedion lucioperca)*

ing. pike perch; fr. sandre; ted. Zander; port. lucioperca; bulg. biala ribba; cec. candát; croat. smudj; dan. sandart; fin. kuna; nor. gjors; ol. snoekbaars; pol. sandacz; rum. saláu; russ. šudak; sv. gös; tur. sudak; ung. fogas süllö.

Questa specie è diffusa dalla Germania, a nord delle Alpi e dei Balcani verso est fino al lago di Aral. Per immissione, è oggi presente anche in altri paesi d'Europa. Vive in grandi laghi e fiumi, in acque con concentrazione d'ossigeno elevata e si alimenta mangiando piccoli pesci.

Caratteristiche: la prima pinna dorsale è percorsa longitudinalmente da puntini.

Utilizzi: con un peso da 1 kg a 1,5 kg è l'ideale per saziarsi. Il sapore si conserva delicato sia alla griglia che in padella che in crosta di sale. La carne viene utilizzata per preparare farce di pesce.

Moronidi *(Moronidae)*

Tra i Moronidi solo una specie, gastronomicamente parlando, ha un ruolo di spicco nel mercato europeo.

PERSICOSPIGOLA AMERICANA (4)

(Morone americana)

ing. white perch; fr. bar américain; ted. Amerikanischer Streifenbarsch.

L'area di diffusione di questa specie si estende in direzione delle acque correnti del Canada e degli Stati Uniti. Si trova facilmente sul mercato.

Caratteristiche: raggiunge i 50 cm di lunghezza e pesa ben 2 kg. È caratterizzato da un dorso verdastro, fianchi molto chiari e ventre biancastro.

Utilizzi: la carne tenera e bianca è particolarmente gustosa se preparata al vapore, ma è buona anche in padella o alla griglia.

Centropomidi *(Centropomidae)*

I Centropomidi sono presenti in acqua dolce in numerose specie diverse. Per la cucina europea merita di essere citato esclusivamente il persico del Nilo.

PERSICO DEL NILO *(Lates niloticus)*

ing. nile perch; fr. perche du Nil; ted. Nilbarsch, Viktoriaseebarsch; dan. nilaborre; ol. nijlbaars, victoriabaars.

In origine la specie era limitata al bacino del fiume Nilo, Niger e Senegal. L'immissione di questa specie

(2) L'**ACERINA** *(Gymnocephalus cernua)* solitamente è disponibile sul mercato a una lunghezza di soli 15 cm. Proprio per le piccole dimensioni, come per il persico reale descritto precedentemente, è di difficile reperibilità.

(3) Il **LUCIOPERCA** *(Stizostedion lucioperca)* non ha una forma arcuata come il persico reale. La prima pinna dorsale è percorsa longitudinalmente da una serie di puntini. Solitamente si arresta ai 40-50 cm di lunghezza.

(4) La **PERSICOSPIGOLA AMERICANA** *(Morone americana)* non viene pescata solo a fini commerciali. Negli Stati Uniti gioca un ruolo di primo piano nel settore della pesca sportiva. È disponibile sul mercato con un peso che può raggiungere i 2 kg.

nel lago Vittoria, da cui provengono i filetti delle nostre tavole, ha provocato un vero e proprio disastro ecologico. Le popolazioni endemiche di Ciclidi hanno subito un rapido declino e si è verificato un notevole impoverimento. Attualmente il persico del Nilo è presente soprattutto nei laghi dell'Africa orientale.

Caratteristiche: ha un dorso arcuato e squame robuste. Il muso è appuntito e leggermente rivolto verso l'alto. Raggiunge i 2 m di lunghezza e pesa ben 80 kg.

Utilizzi: il filetto è indicato per preparare arrosti, è tenero, compatto e ha un sapore squisito.

Ciclidi *(Cichlidae)*

La famiglia dei Ciclidi, diffusa in Africa, Madagascar e Sud America, con le sue 1.000 specie, è estremamente vasta. Vengono utilizzate in cucina solo la tilapia e il sarotherodon che raggiungono dimensioni maggiori rispetto alle altre specie. Vengono allevate in piscicolture e rappresentano i pesci da allevamento di maggior successo dell'ultimo decennio. Tollerano anche l'acqua leggermente più calda e di conseguenza possono, ad esempio, essere tenuti anche nelle acque di raffreddamento industriale.

Figlio del sole

Il persico sole, detto in inglese *sunfish*, porta questo nome meritatamente. Al sole risplende e scintilla: è una vera meraviglia. Nessun'altra specie d'acqua dolce può vantare colori così sfavillanti.

Centrarchidi *(Centrarchidae)*

Sono molto simili ai Percidi. Popolano, con circa 50 specie, i fiumi e i laghi del Nord America.

PERSICO TROTA *(Micropterus salmoides)*

ing. black bass, largemouth bass; fr. perche d'Amérique à grande bouche; ted. Forellenbarsch.

Il persico trota fu immesso in Germania meridionale, Austria e Russia meridionale nel lontano 1883.

Caratteristiche: il pesce si contraddistingue per un corpo allungato e una testa grande, compressa lateralmente. La livrea si presenta verde oliva sul dorso, più chiara sui fianchi e biancastra sul ventre. Lateralmente è caratterizzata da una banda longitudinale scura mentre sulla testa sono presenti scure striature diagonali. Il persico trota può raggiungere i 60-90 cm di lunghezza per un peso di 10 kg.
Utilizzi: è ottimo soprattutto in padella.

PERSICO SOLE *(Lepomis gibbosus)*

ing. pumpkinseed sunfish; fr. perche soleil; ted. Sonnenbarsch; port. perca sol; cec. slunečnice pestrá; croat. sunčanica; dan. solbars; nor. rodgjellet solabbor; ol. zonnebaars; rum. biban-soare; russ. soletschnaja ryba; ung. naphal.

In origine popolava le acque del Nord America. Nel 1887, però, è stato immesso in Europa dove è attualmente presente nelle aree centrali e meridionali.
Caratteristiche: è caratterizzato da un dorso arcuato e un corpo dalla forma tondeggiante. La pinna dorsale è munita anteriormente di raggi spinosi e posteriormente di raggi molli. La livrea è verde bronzeo con maculatura di colore cangiante. Sul bordo posteriore dell'opercolo è presente un'evidente macchia di colore scuro. Raggiunge i 15-30 cm di lunghezza.
Utilizzi: è particolarmente gustoso in padella.

Altri persici americani sono il **bluegill** *(Lepomis macrochirus)*, il **persico rosso** (**1**) *(Lepomis auritus)* e lo **shellcracker** *(Lepomis microlophus)*. Sono molto apprezzati anche il **black crappie** (**2**) *(Pomoxis nigromaculatus)*, il **white crappie** *(Pomoxis annularis)* e il **flier** *(Centrarchus macropterus)*.

(**1**) Il **PERSICO ROSSO** *(Lepomis auritus)*, detto anche **SUN PEARCH** o **YELLOW BELLY SUNFISH**, è diffuso negli Stati Uniti dal fiume San Lorenzo e nei Grandi Laghi fino alla Florida.

(**2**) Il **BLACK CRAPPIE** *(Pomoxis nigromaculatus)* è un persico americano molto apprezzato negli Stati Uniti per il suo sapore dolciastro che ricorda vagamente il gambo di sedano.

Gadiformi *Solo una specie vive in acqua dolce: la bottatrice. Quest'ultima è comunque molto difficile da trovare. Nonostante ciò ha la fama di riuscire a far vivere un'esperienza culinaria indimenticabile a colui che riesce a catturarla.*

Gadiformi *(Gadiformes)*

I pesci che appartengono a quest'ordine sono in gran parte marini. Solo una specie è d'acqua dolce: la bottatrice.

BOTTATRICE (1) *(Lota lota)*

ing. burbot, ealpout; fr. lotte de rivière, barbotte; ted. Quappe, Rutte; bulg. mihaltza; cec. mník jedňvousý; croat. manič; dan. knude; fin. made; nor. lake; ol. kwabaal; pol. mietus; rum. mihalt; russ. nalim; slovac. mieň; sloven. menek; sv. lake; ung. menyhal.

La bottatrice è presente in Europa a nord delle Alpi e dei Pirenei, con sottospecie in Asia settentrionale (nelle regioni dell'Amur e del lago di Baikal) e in Nord America. È assente a ovest del Rodano, a sud del Po e nelle isole britanniche, ad eccezione dell'area più sud orientale. Predilige acque fredde e limpide, a quote fino a 1.200 m, ed è presente anche nelle profondità di laghi freddi con fondale duro.

<u>Caratteristiche:</u> la bottatrice può raggiungere 1,20 m, ma solitamente è più piccola (circa 30-50 cm) e in media pesa 500 g. Il corpo è allungato, a sezione cilindrica nella parte anteriore e compresso nella zona caudale. La testa, larga e piatta, ha una bocca infera. La bottatrice è provvista di due barbigli sulle narici e uno sulla mascella inferiore. Il dorso e i fianchi presentano una livrea marmorizzata, di colore giallo-marrone fino all'olivastro; il ventre è di colore bianco sporco. La seconda pinna ventrale e la pinna anale sono, come nell'anguilla, molto lunghe.

Le bottatrici possano raggiungere dimensioni notevoli, da un punto di vista economico non sono particolarmente rilevanti perché molto difficili da pescare. Vivono infatti in posti ben nascosti e sono attive soprattutto durante la notte. La bottatrice si nutre nei fondali e per questo motivo viene impiegata per segnalare la presenza di metalli pesanti nelle acque. Le sostanze nocive si depositano nel fegato (2). Si sconsiglia, quindi, l'uso del fegato dei pesci provenienti da acque inquinate.

<u>Utilizzi:</u> la carne è bianca, tenera, molto saporita e la si esalta in particolare se cotta in padella fino a doratura. Il fegato è particolarmente tenero se cotto in padella al burro.

- Solo una specie appartenente all'ordine dei Gadiformi è d'acqua dolce: la bottatrice.
- La carne e il fegato della bottatrice sono vere e proprie prelibatezze.

(1) La **BOTTATRICE** *(Lota lota)* è caratterizzata da un corpo cilindrico e una testa larga e piatta con 3 barbigli. È spesso preda di parassiti. Si raccomanda, quindi, una buona cottura sia della carne che del fegato.

(2) Il **FEGATO DELLA BOTTATRICE** è una prelibatezza, specialmente se cotto in padella al burro.

Clupeiformi d'acqua dolce

La primavera è spesso fatale alle femmine di alosa. Infatti, mentre vagano nei fiumi per depositare le uova, possono essere facilmente pescate.

(1) La **CHEPPIA** *(Alosa fallax)* può raggiungere i 50 cm di lunghezza, ma solitamente arriva a 20-30 cm. Dal punto di vista culinario si possono attribuire all'alosa, per esclusione, tutte le caratteristiche che non valgono per le specie affini del Mar Nero e del Mar Caspio.

- Solo poche specie di Clupeiformi vivono in acqua dolce.
- La cheppia e l'alosa hanno un corpo arcuato, come quello delle specie marine affini.

Clupeiformi *(Clupeiformes)*

La maggior parte delle specie che appartengono a quest'ordine vive in mare, tuttavia esistono Clupeidi *(Clupeidae)* come acciughe *(Engraulidae)* anadromi (ossia che dal mare risalgono i fiumi per riprodursi), ma anche specie che vivono in modo stazionario in acqua dolce.

ALOSA *(Alosa alosa)*

ing. allis shad; fr. alose vraie; ted. Maifisch, Alse; sp. sábalo; port. sável; cec. placka pomořanská; dan. majsild; fin. pilkkusilli; nor. maidild; ol. elft; sv. majfisk.

L'area di diffusione dell'alosa si estende dalla Norvegia meridionale fino alla Mauritania, Mediterraneo occidentale compreso. Vive nelle acque costiere a profondità che raggiungono i 100 m e a primavera risale i fiumi per depositare le uova, da cui il nome tedesco Maifisch (pesce di maggio). Attualmente l'esistenza di questa specie è seriamente minacciata dall'inquinamento dei fiumi.

Caratteristiche: l'alosa, seppur appartenente allo stesso ordine delle aringhe, si distingue per una forma più arcuata. I fianchi sono caratterizzati da puntini scuri o argentati. Può raggiungere i 70 cm di lunghezza, ma solitamente si ferma ai 30-50 cm. Le femmine sono solitamente molto più grandi e grasse rispetto agli esemplari maschi e per questo sono più richieste per i filetti.

Utilizzi: l'alosa è perfetta in padella e il filetto è ottimo per ogni tipo di preparazione. L'alosa affumicata è buona solo prima della riproduzione perché dopo diventa troppo asciutta.

CHEPPIA (1) *(Alosa fallax)*

ing. twaite shad; fr. alose feinte; ted. Finte; sp. saboga; port. savelha; croat. čepa, lojka; dan. stamsild; gr. frissa; nor. stamsild; ol. fint; pol. parposz; sv. stamsill; tur. tirsi.

La cheppia è diffusa dalla Norvegia meridionale e dal mar Baltico settentrionale fino al Marocco, nel Mediterraneo e parte del Mar Nero.

Caratteristiche: è molto difficile per i non esperti distinguere l'alosa dalla cheppia: si può dire che presenta un numero maggiore di puntini lungo i fianchi.

Utilizzi: è ottima in padella e il filetto si presta a tutti i tipi di preparazione. Il sapore della cheppia è pressoché identico a quello dell'alosa.

Cipriniformi Tra i pesci d'acqua dolce sono i maestri dell'arte di arrangiarsi: che si tratti di un lago limpido, torbido o di uno stagno, per loro non c'è differenza. Si sentono ovunque perfettamente a proprio agio.

Cipriniformi *(Cypriniformes)*

Si tratta di pesci quasi esclusivamente d'acqua dolce e dell'ordine più ricco in fatto di numero e varietà di specie. Tuttavia, gastronomicamente ed economicamente parlando, meritano di essere citati solo i Ciprinidi e i Catostomidi.

Ciprinidi *(Cyprinidae)*

La famiglia dei Ciprinidi è molto ricca di specie. Il più caratteristico tra queste è il rutilo.

RUTILO (1) *(Rutilus rutilus)*

ing. roach; fr. gardon blanc, vangeron; ted. Rotauge, Plötze; port. pardelha dos alpes; bulg. babushka; cec. plotice; croat. bodorka; dan. skalle; fin. särki; nor. mort; ol. blankvoorn; pol. płóc; rum. babușca; russ. plotva; sv. mört; tur. kızılgöz; ung. vörösszárnyú.

Il rutilo è diffuso dai Pirenei fino alla Siberia. Vive in acque calme e stagnanti, sopratutto in colonie, nelle aree litoranee più rigogliose.

Caratteristiche: presenta squame ben strutturate, una pinna dorsale molle, una pinna caudale biforcuta e occhi di colore rosso, da cui la denominazione tedesca Rotauge, occhi rossi appunto. La livrea è color argento e le pinne rossastre. Può raggiungere i 30 cm di lunghezza. La carne è molto buona.

Utilizzi: la carne del rutilo, molto saporita, è ottima in padella, impanata, fritta e alla griglia (come spiedino).

Molto simili sono il **pigo** *(Rutilus pigus)*, diffuso nei laghi dell'Italia settentrionale e in Svizzera e, nella regione danubiana, la sottospecie *Rutilus pigus virgo*. Il **triotto** *(Rutilus rubilio)* è presente in Italia, Dalmazia e Grecia occidentale. Il **rutilo del Mar Nero** *(Rutilus frisii)* vive come pesce migratore nel bacino nord occidentale del Mar Nero. Il **pearlfish** *(Rutilus frisii meidingeri)* è presente nei laghi Atter, Chiem, Mondsee e Traunsee.

SCARDOLA (2) *(Scardinius erythrophthalmus)*

ing. rudd; fr. gardon rouge; ted. Rotfeder; port. olho vermelho; bulg. chervenoperka; cec. perlin; croat. crvenperka; dan. rudskalle; fin. sorva; nor. sørv; gr. platitsa; ol. rietvoorn; pol. wzdrega; rum. roșioră; russ. krasnoperka; sv. sarv; tur. kızılkanat; ung. bodorka.

L'area di diffusione della scardola si estende dai Pirenei al lago Aral.

Caratteristiche: si distingue dal rutilo per gli occhi dorati e le pinne di colore rosso chiaro. Può raggiungere i 40 cm di lunghezza, ma solitamente arriva ai 20 cm.

Utilizzi: la carne presenta numerose lische sottili ed è buona alla griglia, in padella o fritta.

- I Cipriniformi rappresentano, tra i pesci d'acqua dolce, l'ordine dominante in termini di numero e varietà di specie.
- Tutti gli esemplari dell'ordine presentano una carne piena di lische sottili, ma, nonostante questo, di elevata qualità.

(1) Si consiglia di sfilettare il **RUTILO** *(Rutilus rutilus)* e quindi incidere più volte le lische la cui rimozione risulta particolarmente difficoltosa.

(2) Il sapore della **SCARDOLA** *(Scardinius erythrophthalmus)* è assimilabile a quello del rutilo.

ALBORELLA FASCIATA *(Leucaspius delineatus)*

fr. able de Heckel; ted. Moderlieschen; bulg. varlovka; cec. slunka střibřitá; croat. belka; dan. regnløje; ol. vetje; pol. słonecznica; rum. fufă; russ. ovsianka; slovac. ovsienka; sloven. belica; sv. gropløja; ung. kurta baing.

L'alborella fasciata è diffusa nelle acque stagnanti e a corso lento dell'Europa centrale e orientale, dal Reno al Mar Caspio.
Caratteristiche: questo piccolo pesce, lungo dai 9 ai 12 cm, si distingue per grandi squame color argento e per una banda longitudinale verde-bluastra che attraversa il dorso.
Utilizzi: si serve fritta o passata in padella intera, con testa e coda.

CAVEDANO (1) *(Leuciscus cephalus)*

ing. chub; fr. chevaine; ted. Döbel, Aitel; sp. cacho; port. escalo; bulg. rechenclen; cec. jelec tloušt; croat. klen; dan. døbel; fin. turpa; flam. kopvoorn; gr. cephalos; nor. stam; ol. meun; pol. klen; rum. clean; russ. golowij; slovac. jalec tmavý; sloven. klen; sv. färna, bjelke; tur. tatlısu kefalı; ung. fejes domolykó.

Il cavedano popola le acque correnti di ruscelli e fiumi di tutta l'Europa e l'Asia anteriore.
Caratteristiche: il corpo, allungato e a sezione circolare, presenta una livrea di colore argento chiaro. Le pinne ventrale e anale sono rossastre. Il cavedano ha grandi squame, scure e circolari, che ne compongono la caratteristica livrea. L'area della pinna caudale è nera e le pinne ventrali sono tondeggianti.

Il cavedano può raggiungere i 60 cm di lunghezza per circa 4 kg di peso, ma solitamente arriva ai 40 cm.
Utilizzi: il cavedano ha una carne delicata, soda e bianca adatta per arrosti, fritture e grigliate (e allo spiedo).

LEUCISCO COMUNE (2) *(Leuciscus leuciscus)*

ing. dace; fr. vandoise; ted. Hasel; bulg. klen; cec. jelec proudník; croat. klenič; dan. strømskalle; fin. seipi; nor. gulbrust; ol. serpeling; pol. jelec; rum. clean-mic; russ. jelez; slovac. jalec obyčajný; sloven. klenič; sv. stäm; ung. nyúldomolykó.

Il leucisco comune è presente in Europa, a nord dei Pirenei e, attraverso gli Urali, fino alla Siberia orientale. Si tratta di un pesce gregario che predilige le acque fredde, dalle correnti rapide e con fondale compatto o laghi limpidi e si nutre di plancton, vermi e lumache.
Caratteristiche: il leucisco comune si contraddisitngue per il corpo allungato e la pinna anale leggermente concava.
Utilizzi: non è molto apprezzato a causa delle numerose lische. Il leucisco è ottimo in padella o alla griglia e quindi servito all'agro.

IDO (3) *(Leuciscus idus)*

ing. orfe; fr. ide mélanote; ted. Aland, Orfe; bulg. mazdruga; cec. jelec jesen; croat. jez; dan. rimte; fin. säyne; ol. winde; pol. jaz; rum. văduviță; russ. jasj; slovac. jalec tmavý; sloven. jez; sv. id; ung. jász keszeg.

(1) Il **CAVEDANO** *(Leuciscus cephalus)* mangia dapprima vermi, piccoli crostacei e insetti. Da adulto, il predatore, si nutre anche di piccoli pesci e rane.

L'ido vive nei fiumi e nei laghi europei, a nord delle Alpi, dalla regione del Reno fino all'Ural e nell'attigua Siberia. È stato introdotto con successo in Europa occidentale mentre è assente nel sud.

Caratteristiche: è simile al cavedano, ma è più arcuato e snello. Le pinne ventrali laterali sono di colore rosso intenso. Ha una pinna anale a margine dritto e fianchi argentati con riflessi dorati. Può raggiungere 80 cm di lunghezza e 4 kg di peso, ma solitamente non supera i 30-40 cm.

Utilizzi: non è molto apprezzato a causa delle numerose lische. Si consiglia di arrostirlo o cuocerlo alla griglia e poi servirlo all'agro. Si consiglia di mettere l'ido sott'aceto un'ora prima della cottura, in modo tale che le spine diventino morbide e commestibili.

ASPIO *(Aspius aspius)*

ted. Rapfen, Schied; bulg. razper; cec. bolen dravý; croat. bolen; dan. stam; fin. toutain; nor. asp; ol. roofblei; pol. bolen; rum. žerekh; russ. scherespjor; slovac. boleň; sloven. bolen; sv. asp; tur. kocaağız balığı; ung. ragadozó ön.

L'aspio è un pesce gregario che vive in acque correnti e grandi laghi. Si nutre dapprima di piccoli animali e successivamente si trasforma in predatore che attacca pesci, rane e piccoli uccelli acquatici.

Caratteristiche: è caratterizzato da una mascella inferiore prominente e una grande bocca con apertura che raggiunge l'area immediatamente sottostante agli occhi. Ha squame piccolissime e pinne rosse. Può raggiungere 1 m di lunghezza per 9 kg di peso, ma solitamente non supera i 50 cm per un peso di 3 kg.

Utilizzi: l'aspio, una volta rimosse accuratamente tutte le spine, è un buon pesce da mangiare. È particolarmente gustoso, come il cavedano, sotto forma di spiedino.

NASO, SAVETTA (4) *(Chondrostoma nasus)*

fr. alonge, hotu; ted. Nase; bulg. skobar; cec. ostroretka stěhovavá; croat. podust; gr. syrtis; ol. sneep; pol. swinka; rum. scobar; russ. podust; slovac. podustva; sloven. podust; tur. karaburun balığı; ung. paduc.

Il naso è diffuso nelle aree che si estendono dal Rodano, Reno e Danubio fino al Mar Caspio.

Caratteristiche: ha un corpo affusolato e un muso particolarmente prominente, da cui deriva il nome. Le labbra sono cornee e a bordo tagliente (per brucare le alghe sulle rocce). Può raggiungere i 50 cm di lunghezza e 1,5 kg di peso, ma solitamente non supera i 40 cm.

Utilizzi: come tutte le altre specie affini, a causa della presenza di numerose spine, si presta a essere cotto in padella o alla griglia e infine preparato all'agro.

Una specie affine è la **savetta italiana** *(Chondrostoma soetta)* presente nei fiumi della pianura padana. È commercializzato con il nome di "savetta".

(2) Il **LEUCISCO COMUNE** *(Leuciscus leuciscus)* è presente in Europa, a nord delle Alpi e dei Pirenei. Può raggiungere i 30 cm di lunghezza, ma solitamente misura circa 20 cm. La carne, poco compatta e ricca di spine, rende questo pesce poco pregiato in termini gastronomici.

(3) L'**IDO** *(Leuciscus idus)* si distingue dalle specie più simili, il cavedano e il leucisco comune, per il dorso più arcuato e il colore rosso delle pinne ventrali e anale. Come tutte le altre specie affini, anche l'ido presenta numerose lische sottili.

(4) Il **NASO** *(Chondrostoma nasus)* a causa delle numerose spine non gode di grande considerazione in cucina. Rimosse le spine, non senza qualche sforzo, è possibile gustare questo saporito pesce in padella o alla griglia.

TINCA (1) *(Tinca tinca)*

ing. green tench; fr. tanche; ted. Schleie; sp. tenca; port. tenca; bulg. lin; cec. lin; croat. linjak; dan. suder; fin. suutari; gr. glini; nor. suter; ol. zeelt; pol. lin; rum. lin; russ. lin; sv. sutare; tur. kadife balığı; ung. compó.

La tinca è presente in tutta Europa fino alla Siberia. È assente solo a nord della penisola scandinava e Scozia e negli affluenti del mare glaciale.

Caratteristiche: è caratterizzata da 2 barbigli sulle labbra superiori e dalla pinna caudale leggermente concava. La tinca può raggiungere i 60 cm, ma solitamente non va oltre i 20-30 cm di lunghezza.

Protezione della pelle

La tinca ha la superficie ricoperta di secrezione mucosa. Il muco serve per proteggere da eventuali lesioni le numerosissime piccole squame, presenti sulla pelle coriacea.

Utilizzi: la tinca è il pesce più pregiato tra i Ciprinidi, specialmente al blu. Attenzione durante la preparazione! Dopo la pesca, dorso e muscolatura conservano le rispettive funzioni per ore. Il pesce è morto a tutti gli effetti, tuttavia i riflessi sono ancora attivi. Se la si cucina fresca, subito dopo la pesca, in una pentola senza coperchio può causare ustioni accidentali. Si consiglia quindi di attendere circa mezza giornata prima di cucinarla.

BARBO (2) *(Barbus barbus)*

ing. barbel; fr. barbeau; ted. Barbe; port. barbo europeu; bulg. dunavska mriana; cec. parma obecná; croat. mrena; dan. flodbarbe; gr. briana, potamolavrako; nor. flodbarbe; ol. barbeel; pol. brzana; rum. mreana; russ. usatsch; ung. rózas márna.

L'area di diffusione del barbo si estende dalla Bretagna fino alle coste settentrionali del Mar Nero. È presente anche nell'Inghilterra sudorientale, ma non in Europa meridionale e settentrionale. Il barbo vive in fiumi dalle correnti veloci, con acque chiare e ricche di ossigeno e a fondo sabbioso o ghiaioso.

Caratteristiche: il barbo è affusolato e presenta un ventre compresso. Può raggiungere i 90 cm di lunghezza, ma solitamente arriva ai 50 cm.

Utilizzi: attenzione al barbo disponibile nel periodo della deposizione delle uova (da maggio a giugno). Le uova sono velenose e, in caso di ingestione, possono causare violente diarree e nausee. Il veleno è termoresistente. Quindi, si consiglia di consumare questo gustoso pesce solo in autunno e inverno. La carne, ricca di spine, è adatta a tutti i tipi di preparazione.

ALBORELLA (3) *(Alburnus alburnus)*

ing. bleak; fr. ablette; ted. Ukelei, Laube; bulg. bleskach; cec. ouklej obecná; croat. uklija; dan. løje; fin. salakka; nor. laue; ol. alver; pol. ukleja; rum. oblet; russ. ukléika; slovac. belička; sloven. zelenika; sv. löja; tur. inci balığı; ung. küsz.

L'area di diffusione dell'alborella abbraccia tutta l'Europa a nord dei Pirenei e delle Alpi e arriva agli Urali (Irlanda, Scozia e penisola scandinava settentrionale escluse). Popola le acque a corso lento o stagnanti e si nutre di plancton e larve di insetti.

Caratteristiche: l'alborella può raggiungere i 20 cm di lunghezza, ma di solito misura circa 15 cm.

Utilizzi: questo pesce gustoso è da servire, senza testa né spine, impanato o fritto.

Merita di essere citata l'affine **alborella carenata** *(Chalcalburnus chalcoides)*, proveniente dalle aree del Danubio e del Mar nero. È buona in padella o affumicata.

(1) La **TINCA** *(Tinca tinca)* è un ciprinide verdastro, provvisto di pinne scure e pelle spessa rivestita di piccole squame.

(2) Il **BARBO** *(Barbus barbus)* riesce ad adattare il proprio colore al fondo delle acque in cui si trova. Sono caratteristici la bocca infera e 4 barbigli.

(3) L'**ALBORELLA** *(Alburnus alburnus)* è priva di importanza commerciale. In passato le squame venivano utilizzate per creare pigmenti argento.

ABRAMIDE (4) *(Abramis brama)*

ing. bream; fr. brème; ted. Brachsen, Blei; port. brema; bulg. platika; cec. cejn velky; croat. deverika; dan. brasen; fin. lahna; gr. lestia; nor. brasme; ol. brasem; pol. leszcz; rum. plătică; russ. leshtsch; sv. braxen; tur. çapak; ung. dévér keszeg.

Gli abramidi hanno dimensioni differenti, vivono in acque stagnanti e a corrente lenta con fondo morbido e fangoso.

<u>Caratteristiche:</u> raggiunge al massimo 75 cm, ma di norma misura 40 cm per un peso massimo di 9 kg. La carne è mediocre e contiene molte spine.

<u>Utilizzi:</u> è adatta soprattutto per arrosti.

BLICCA (5) *(Abramis bjoerkna)*

ing. white bream; fr. brème bordelière; ted. Güster, Blicke; bulg. bellitza; cec. cejnek malý; croat. krupatica; dan. flire; fin. pasuri; nor. flire; ol. kolblei; pol. krap; rum. batcă; russ. gustera; slovac. piest; sloven. androga; sv. björkna; tur. tahta balığı; ung. karika keszeg.

La blicca è presente in Europa centrale, Gran Bretagna e a sud della penisola scandinava.

<u>Caratteristiche:</u> raggiunge al massimo 35 cm di lunghezza. Ha occhi grandi e sporgenti. Le pinne pettorali e ventrali presentano un'attaccatura rossastra.

<u>Utilizzi:</u> è ottimo soprattutto in padella.

CARASSIO *(Carassius carassius)*

ing. crucian carp, bronze carp; fr. carassin; ted. Karausche, Bauernkarpfen; sp. carpín; cec. karas obecný; croat. karaš; dan. karuds; fin. ruutana; gr. petalouda; ol. kroeskarper; pol. karać; rum. caracudă; russ. kruglyi; slovac. karas obyčajný; sv. ruda; tur. havuz balığı; ung. kárász.

L'area di distribuzione del carassio si estende dall'Inghilterra alla Russia orientale, dove vivono in stagni o laghi calmi e rigogliosi.

(4) L'**ABRAMIDE** *(Abramis brama)* è un pesce bianco dal dorso arcuato e compresso lateralmente. È provvisto di una lunga pinna anale. Il dorso è grigiastro, i fianchi argentati e splendenti. Gli esemplari più grandi sono più gustosi.

<u>Caratteristiche:</u> si distingue per un corpo tozzo simile a quello di una carpa e per la livrea bronzea e più scura sul dorso e sul ventre. Può raggiungere i 45 cm di lunghezza e 2 kg di peso, ma solitamente non supera i 25 cm.

<u>Utilizzi:</u> la carne del carassio è molto saporita, si trova raramente sul mercato e viene apprezzata solo a livello locale. Rende al meglio in padella o alla griglia.

Il **pesce rosso** (6) *(Carassius auratus)* scintilla di giallo oro, le pinne sono caratterizzate da un'attaccatura rossastra. Il **carassio gibelio** (7) *(Carassius auratus gibelio)* si distingue per una livrea nell'area ventrale e laterale di color argento sfavillante. Sono entrambi gustosi come il carassio.

(5) La **BLICCA** *(Abramis bjoerkna)* è arcuata, molto compressa ai lati e di colore dal grigio fino al verde scuro.

(6) Il **PESCE ROSSO** *(Carassius auratus)*, dal corpo arcuato e tozzo, è un buon pesce da tavola.

(7) Il **CARASSIO GIBELIO** *(Carassius auratus gibelio)* è il capostipite dell'attuale pesce rosso.

(1) La **CARPA COMUNE** *(Cyprinus carpio)* rappresenta la carpa nella forma originaria. È poco diversa dalla carpa a specchio. In pratica è semplicemente più difficile da squamare. I piccoli esemplari, fino a circa 1 kg, possono essere preparati alla griglia con le squame.

(2) La **CARPA A SPECCHIO** *(Cyprinus carpio)* è una specie da allevamento. Presenta poche squame distribuite in modo irregolare e viene servita per tradizione a Natale e San Silvestro. Preparazioni comuni sono "carpa al forno" e "carpa al blu".

CARPA (**1, 2**) *(Cyprinus carpio)*

ing. carp; fr. carpe; ted. Karpfen; sp. carpa; port. carpa; cec. capr; dan. karpe; gr. kiprinos; nor. karpe; ol. karper; pol. karp; sv. karp; tur. sazan.

La carpa è un pesce di origine asiatica, allevato in Cina in stagni sin da tempi remoti. È stato portato in Europa nel XIII fino al XV secolo come pesce per la piscicoltura di stagno. Da allora è diventato il pesce da allevamento più importante.

Caratteristiche: può superare 1 m di lunghezza, di solito gli esemplari di 3 anni misurano dai 30 cm ai 40 cm, con un peso da 1 a 2 kg. La carpa è un pesce dal dorso arcuato e una lunga pinna dorsale. Sulle labbra superiori sono presenti 2 barbigli corti e 2 lunghi. Nella forma originaria la pelle della carpa è rivestita di grosse squame; da noi si trova solo la carpa a specchio che presenta solo poche squame distribuite in modo irregolare. Altre specie da allevamento si distinguono per una serie di grandi squame che percorrono la linea laterale mentre le carpe coriacee, ad esempio, presentano pochissime squame.

Utilizzi: le carpe più grandi sono di solito più gustose di quelle piccole poiché gli animali di peso inferiore a 1 kg sono ancora relativamente poveri di riserve di grassi e ciò rende la carne un po' stopposa. Le carpe più grandi vengono utilizzate tradizionalmente da molti per preparare portate nei giorni festa. Le carpe sono buone bollite, cotte a vapore, in padella, fritte e anche affumicate.

Dalla Cina e dalla regione dell'Amur provengono tre significativi ciprinidi di buona qualità che da vari anni si trovano anche in Europa. La **carpa erbivora** (**3**), chiamata anche **amur** *(Ctenopharyngodon idella,* ing. *grass carp, white amur)*, vive in laghi profondi a corrente lenta e in stagni. Si nutre quasi esclusivamente di piante e può raggiungere una lunghezza di 1,20 m, ha una testa grande con muso corto, non presenta barbigli ed è ricoperta di grosse squame. La **carpa argentata** (**4**) *(Hypophthalmichthys molitrix,* ing. *silver carp)* è presente in acque correnti profonde e nei laghi. Ama il caldo e può raggiungere 1 m di lunghezza. Il corpo è allungato con il dorso un po' arcuato e compresso lateralmente. Presenta una testa robusta, grande e a punta, non possiede barbigli e dispone di squame piccolissime. La **carpa testa**

(3) La **CARPA ERBIVORA** *(Ctenopharyngodon idella)* si distingue per una carne liscosa, ma molto saporita e adatta per preparare ripieni.

(4) La **CARPA ARGENTATA** *(Hypophthalmichthys molitrix)* ha squame piccolissime e dorso scuro. È buona soprattutto per fritture.

(5) La **CARPA TESTA GROSSA** *(Hypophthalmichthys nobilis)* è presente in Cina e Europa orientale. I filetti sono molto buoni in padella.

grossa (**5**) *(Hypophthalmichthys nobilis,* ing. *bighead carp)* è originaria dei fiumi caldi e dei laghi della Cina meridionale, ma è stata introdotta anche in Europa centrale e orientale. Raggiunge massimo 1,80 m di lunghezza.

Catostomidi *(Catostomidae)*

I Catostomidi o *sucker*, come vengono chiamati in America, negli Stati Uniti, con ben 59 specie sono i pesci d'acqua dolce più comuni e popolari. Sono simili alle carpe e vengono utilizzati come surrogati dei Ciprinidi locali relativamente piccoli. Il nome inglese *sucker* deriva dal modo in cui queste specie si nutrono. I più significativi sono i **blue sucker** *(Cycleptus elongatus),* diffusi dal Missouri fino alla Pensilvania e al Golfo del Messico, i **longnose sucker** *(Catostomus catostomus),* il **redhorse sucker** (dal genere *Moxostoma*), di cui sono presenti 10 specie dal fiume San Lorenzo fino al Golfo del Messico e il **white sucker** *(Catostomus commersoni).* Tra tutti quest'ultimo ha la carne più pregiata.

La carpa natalizia viene dalla Cina

La carpa natalizia ha dietro di sé un lungo e faticoso viaggio. È approdata dalla Cina all'Europa centrale nella notte dei tempi, sembra addirittura circa 2 milioni di anni fa, molto prima che la pasta e il tè trovassero la strada per giungere fino a noi, come testimoniano i reperti fossili rinvenuti presso Belzig nel Fläming, a sud di Berlino. L'era glaciale l'ha respinta verso sudest, ma la carpa ha cercato con tutte le sue forze di risalire nuovamente il Danubio dal Mar Caspio e dal mar Nero, per la gioia di Greci e Romani che adoravano il pesce fresco: "L'uomo comune mangia ciò che capita; le prelibatezze rare, come ad esempio la carpa che vive nel Danubio, appartengono alla tavola del principe", scriveva il dotto romano Flavius Magnus Aurelius, detto Cassiodorus, nel VI secolo.

Volenterosa e caparbia, nel Medioevo si è lasciata allevare soprattutto dai monaci, distinguendosi per una forma gibbosa e una pelle con poche squame. È quindi riuscita ad adattarsi alle acque stagnanti e povere d'ossigeno degli stagni riuscendo a conquistare, infine, il posto d'onore sulle tavole tradizionali di Natale, San Silvestro e Venerdì Santo. Intorno all'anno 1585 la carpa attraverso la Slesia si è diretta di nuovo verso Brandeburgo. La nostra carpa natalizia ha soprattutto una caratteristica in comune con la carpa selvatica dalla forma del pesce rosso e la carpa erbivora tanto diffusa in Cina: le numerose lische, un vero e proprio tessuto osseo connettivo, che finora, nonostante tutti gli sforzi degli allevatori, ha conservato caparbiamente. Non a caso in Cina la carpa è il simbolo della forza e della perseveranza.

Ursula Heinzelmann

Salmoniformi *Appartengono a questa famiglia pesci che piacciono praticamente a tutti e rarità culinarie che solo pochi conoscono.*

- I Salmoniformi trascorrono la maggior parte della vita in acqua dolce.
- I Salmonidi amano acque fredde e ricche di ossigeno.
- I Salmonidi sono dotati di una cosiddetta pinna adiposa.

Salmoniformi *(Salmoniformes)*

Si tratta di pesci che vivono in acqua dolce, almeno per una parte del loro ciclo vitale. Solo tra gli sperlani troviamo pesci di lago veri e propri.

Salmonidi *(Salmonidae)*

Tra i Salmonidi troviamo il salmone, la trota, il salmerino e il salmone del Danubio. Questa famiglia è caratterizzata da una forma abbastanza allungata, leggermente compressa lateralmente a da numerose piccole squame. L'ampio cavo orale è munito di robusti denti. Tra la pinna dorsale e quella caudale è presente una "pinna adiposa", una sorta di spessa escrescenza della pelle. Tutte le specie prediligono acque fredde e ricche di ossigeno e si riproducono in autunno e in inverno. Esistono specie anadrome che depositano le uova in acqua dolce ma vivono in mare, e catadrome che vivono esclusivamente in fiumi o laghi. Quasi tutti i Salmonidi sono molto importanti da un punto di vista economico.

SALMONE DELL'ATLANTICO, SALMO, SALMONE (1) *(Salmo salar)*

ing. salmon; fr. saumon; ted. Atlantischer Lachs, Salm; sp. salmón; port. salmão do Atlântico; cec. losos; dan. laks; fin. lohi; gr. solomos; nor. laks; ol. zalm; pol. losos; russ. losos; sv. lax.

Il salmone dell'Atlantico è diffuso nelle aree fredde o moderatamente fredde dell'Atlantico settentrionale e nelle coste atlantiche del Nord America. Vive in acque libere e si nutre di piccoli pesci e crostacei. A questi ultimi si deve la bella colorazione rossastra che contraddistingue la carne del salmone.

Il salmone dell'Atlantico si trova copiosamente anche nei fiumi. Dall'età di 3 fino ai 6 anni si spostano nei fiumi per depositare le uova in piccoli gruppi e assumono una pigmentazione diversa: i fianchi si colorano di verde-marrone. In questa fase non mangiano e molti, soprattutto maschi, muoiono dopo la riproduzione. Dopo la nascita i piccoli rimangono per 2-3 anni in acqua dolce. Dopodichè i giovani salmoni *(smolts)* migrano verso il mare. Spesso i salmoni vengono pescati in mare con reti alla deriva o palangresi derivanti; nei fiumi, durante la migrazione per depositare le uova, vengono pescati con reti da posta e alla deriva.

Caratteristiche: il dorso è bluastro, i fianchi argento con macchie scure sopra la linea laterale. Raggiunge massimo 1,50 m di lunghezza e 36 kg di peso, ma di solito non supera 1 m.

Utilizzi: adatto a tutti i tipi di preparazione.

TROTA ILLIRICA (2) *(Salmothymus obtusirostris)*
ted. Adriatischer Lachs; croat. mekousna pastrmka.

La trota illirica vive nelle acque correnti fredde e ricche d'ossigeno delle coste dalmate e del lago di Ochrid. Ha scarso peso dal punto di vista economico ed è disponibile solo a livello locale.

Caratteristiche: è caratterizzata dalla testa piccola e dal muso schiacciato. La livrea è di colore verde-

(1) SALMONE SELVATICO, qui un salmone dell'Atlantico *(Salmo salar)*. È caratterizzato da una carne muscolosa, decisamente più costosa dei salmoni da allevamento, che garantisce guadagni costanti.

bluastro; i fianchi sono più chiari e presentano piccoli puntini più scuri o rossi.

Utilizzi: adatta a tutti i tipi di preparazione.

SALMONE REALE (3) *(Oncorhynchus tschawytscha)*

ing. king salmon, chinook salmon; fr. saumon royal; ted. Königslachs; sp. salmón chinook, salmón real; mi: quinnat.

Il salmone reale è presente nel Pacifico occidentale ed è stato introdotto nelle acque neozelandesi. Appartiene al gruppo dei salmoni del Pacifico, di cui fanno parte anche le 4 specie che seguono. Si distinguono dal salmone europeo perché dispongono di una pinna anale più lunga. Si tratta di pesci anadromi che risalgono i fiumi che confluiscono nel Pacifico settentrionale e nel Mare Glaciale.

Caratteristiche: il corpo relativamente lungo presenta una testa molto piccola, un dorso a puntini e una grande e robusta pinna caudale.

Utilizzi: è più magro del salmone dell'Atlantico, ha un sapore prelibato ed è il più pregiato dei salmoni del Pacifico. È ottimo bollito, al vapore o al cartoccio.

SALMONE KETA (4) *(Oncorhynchus keta)*

ing. chum salmon, dog salmon; fr. saumon chien, saumon keta; ted. Keta-Lachs, Chum; giapp. sake.

La specie è diffusa nel Pacifico settentrionale, lungo le coste asiatiche fino alla Corea del Nord e al Giappone e nelle coste americane fino a San Francisco.

Caratteristiche: i maschi adulti sono gibbosi e si distinguono per le bande oblique sulla livrea.

Utilizzi: è ottimo in padella, alla griglia e affumicato.

SALMONE ROSSO *(Oncorhynchus nerka)*

ing. red salmon, blueback; fr. saumon sockeye, saumon rouge; ted. Rotlachs, Blaurückenlachs; sp. salmón rojo.

Questo è un pesce di consumo appartenente al gruppo dei salmoni del Pacifico. È diffuso dall'Alaska all'Oregon e viene pescato in grandi quantità.

Caratteristiche: ha un corpo relativamente affusolato e la carne di colore rosso intenso.

Utilizzi: la carne è di qualità mediocre ed è adatta soprattutto per preparare arrosti o ripieni.

SALMONE ROSA *(Oncorhynchus gorbuscha)*

ing. pink salmon, humpback salmon; fr. saumon rose; ted. Buckellachs; sp. salmón rosado; giapp. kaofuimasu.

Il salmone rosa è diffuso nelle acque costiere del Mare Glaciale, nel Pacifico settentrionale e nel Mar Bianco. Il tempo di fregola è da agosto a ottobre.

(2) La **TROTA ILLIRICA** *(Salmothymus obtusirostris)* ha rilevanza solo a livello locale, lungo le coste dalmate e nel lago Ochrid.

(3) Il **SALMONE REALE** *(Oncorhynchus tschawytscha)* è, con i suoi 1,6 m e 4-10 kg di peso, il più grande e apprezzato tra i salmoni del Pacifico.

(4) Il **SALMONE KETA** *(Oncorhynchus keta)* può raggiungere 1 m di lunghezza e 6 kg di peso. È diffuso nelle coste del Mare Glaciale e del Pacifico settentrionale.

(5) Il **SALMONE ARGENTATO** *(Oncorhynchus kisutch)* pesa in media 3,5 kg. È considerato la seconda miglior specie tra i salmoni del Pacifico.

Caratteristiche: ha un corpo tozzo, molto arcuato da adulto, con un sottile peduncolo caudale ed è completamente ricoperto di piccole squame. Il salmone rosa è il più piccolo dei salmoni del Pacifico e pesa in media circa 2 kg.

Utilizzi: è adatto ad arrosti e grigliate.

SALMONE ARGENTATO (5)

(Oncorhynchus kisutch)

ing. coho salmon, silver salmon; fr. saumon argenté; ted. Silberlachs, Coho-Lachs; sp. salmón coho, salmón plateado.

Il salmone argentato è presente nel Mare Glaciale settentrionale e nelle coste asiatiche e americane del Pacifico. Negli Stati Uniti e in Europa si trova in acquacolture.

Caratteristiche: questo salmone è meno gibboso del salmone keta e raggiunge in media i 3,5 kg. Su entrambi i fianchi e nella parte superiore della coda sono presenti macchie scure.

Utilizzi: il salmone argentato si presta a tutti i tipi di preparazione. Dalle uova si ricava il caviale più pregiato in assoluto (cfr. pag. 127).

Le prede fanno colore

Il salmone è molto apprezzato anche grazie al colore invitante che ne caratterizza la carne. Questo colore è originato dalle prede di cui si nutrono quali, ad esempio, i gamberetti, e, negli allevamenti, anche da appositi componenti del mangime.

(1) La **TROTA IRIDEA**, detta anche arcobaleno, *(Oncorhynchus mykiss)* cresce rapidamente e tollera anche acque calde, caratteristiche che ne rendono semplice e particolarmente redditizia la piscicoltura. Può avere, a seconda del mangime, anche carne rossa.

(2) Il **SALMONE DEL DANUBIO** *(Hucho hucho)* è il più elegante dei salmonidi. I gourmet ritengono che sia anche il più gustoso. Per poter acquistare un salmone del Danubio occorre, però, essere fortunati. Infatti il numero di esemplari è calato notevolmente.

TROTA IRIDEA, TROTA ARCOBALENO (1)

(Oncorhynchus mykiss)

ing. rainbow trout; fr. truite arc en ciel; ted. Regenbogenforelle; sp. trucha arco iris; bulg. daggova pastarva; croat. kalifornijska pastrmka; fin. kirjolohi; gr. iridisusa pestrofa; nor. regnbueørret; ol. regenboogforel; pol. pstrang reczowy; rum. păstrăv cucurbeu; russ. radužnaja forel; sv. regenbåge; ung. szivárványos pisztrángi.

La trota iridea proviene dai fiumi della costa pacifica del Nord America. Da noi è stata introdotta dal 1880 e da allora viene allevata in piscicolture. Cresce più rapidamente della trota fario e sopporta anche acque calde rendendone più semplice e allo stesso tempo redditizio l'allevamento.

Caratteristiche: la trota iridea si distingue dalla trota fario per la fascia rossa che ne percorre i fianchi e per l'assenza di macchie oculari rosse. Sono caratterizzate dalla fascia anche i grandi esemplari dalla carne rossa, chiamati "trote salmonate", che comunque non rappresentano una sottospecie, ma sono, a tutti gli effetti, trote iridee.

Utilizzi: la trota iridea è particolarmente buona bollita, in padella o alla griglia.

TROTA DI MARE *(Salmo trutta trutta)*

ing. sea-trout, salmon-trout; fr. truite de mer; ted. Lachsforelle, Meerforelle; sp. trucha de mar; port. truta marisca; cec. pstruh mořskyi; dan. laksörred; nor. ørret, aure; ol. zeeforel; sv. laxöring.

L'area di diffusione della trota di mare si estende dal mare di Barents alla Spagna settentrionale. Nel Mediterraneo sono presenti solo colonie isolate. Si tratta di una specie anadroma che risale il fiume per depositare le uova. La maggior parte delle trote di mare disponibili sul mercato provengono da allevamenti scandinavi.

Caratteristiche: la trota di mare, come il salmone, specie affine, è caratterizzata da carne rossa. Raggiunge la lunghezza massima di 1,40 m.

Utilizzi: le trote di mare più piccole sono ottime cucinate integralmente e al forno. Altrimenti possono essere preparate come il salmone.

Un'ulteriore razza, la **trota del Mar Nero** *(Salmo trutta labrax)* vive nelle acque del Mar Nero.

SALMONE DEL DANUBIO (2) *(Hucho hucho)*

ing. huchen; fr. huchone; ted. Huchen; cec. hlavatka podunajská; croat. mladica; nor. Donaulaks; ol. Donauzalm; pol. glowacica; rum. lostarităž; russ. dunaiskii losos; slovac. hlavátha; sv. huchen; ung. dunai galóca.

Il salmone del Danubio vive in acque limpide e ben ossigenate nelle regioni del corso medio-superiore del Danubio. È raramente disponibile sul mercato.

Caratteristiche: il salmone del Danubio presenta un corpo a sezione tondeggiante, mentre tutti gli altri salmonidi sono compressi lateralmente. Raggiunge massimo 1,50 m di lunghezza e oltre 50 kg di peso.

Utilizzi: il suo sapore delicato viene esaltato se preparato al vapore, bollito e appena scottato con burro. Si consiglia di non utilizzare spezie e condimenti troppo forti che ne coprirebbero il sapore.

La specie affine del salmone del Danubio, l'***Hucho taimen*** in termini economici ha un ruolo significativo in Russia. Raggiunge al massimo 1,60 m di lunghezza.

Trote salmonate

Quelle che chiamiamo "trote salmonate" sono, solitamente, trote nutrite in modo particolare e quindi semplicemente trote iridee dalla carne rossa. Qualitativamente non sono paragonabili alle vere e proprie trote di mare.

TROTA FARIO (3) *(Salmo trutta fario)*

ing. brook trout; fr. truite; ted. Bachforelle; sp. trucha; port. truta; bulg. balkanska pastarva; cec. pstruh potočni; croat. pastrmka; dan. baekørred; fin. puro taimen; gr. agria pestrofa; nor. bekkeørret; ol. beekforel; pol. pstrag potokowy; rum. păstrăv; russ. rutschevnaja forel; sv. bäckforell; tur. alabalığı; ung. sebes pisztrang.

La trota fario non rappresenta una specie distinta, ma è semplicemente un tipo di trota di mare che trascorre parte del suo ciclo vitale in acque dolci. È diffusa in Europa nordoccidentale e predilige acque a corrente veloce e ben ossigenate. Deposita le uova in queste stesse acque.

<u>Caratteristiche:</u> da un punto di vista estetico si distingue difficilmente dalla trota di mare. Sopra e sotto la linea laterale la trota fario presenta macchie oculari chiare e dal contorno rosso. La carne è bianca, mai rossa. Può raggiungere i 50 cm di lunghezza.

<u>Utilizzi:</u> la trota fario è particolarmente buona bollita, in padella o alla griglia.

Sono note nelle acque europee altre due specie originarie degli Stati Uniti occidentali: la trota **cutthroat** *(Salmo clarki)*, con lunghe strisce rosse su entrambi i lati della gola, e la **golden trout** *(Salmo aguabonita)*, color oro scintillante.

SALMERINO DI FONTANA (4) *(Salvelinus fontinalis)*

ing. brook trout; fr. saumon, omble de fontaine; ted. Bachsaibling; sp. salvelino; port. truta das fontes; bulg. siven; croat. potočna zlatovčica; dan. kildeørred; fin. puronieriä; nor. bekkerøye; ol. bronforel; pol. pstrag Zródlany; sv. bäckröding; rum. fîntînel; russ. amerikanski goletz; ung. pataki galóca.

Il salmerino di fontana si trova allo stato brado nella maggior parte dei paesi d'Europa. Ma poichè la trota iridea, più robusta, ha conquistato quasi tutto il mercato, il salmerino è di difficile reperibilità.

<u>Caratteristiche:</u> i salmerini durante il periodo di fregola si presentano variopinti e mostrano una fascia longitudinale di un bianco abbagliante sul bordo anteriore delle pinne pettorali e ventrali.

<u>Utilizzi:</u> come le trote, sono buoni bolliti, in padella e alla griglia. Si consiglia di non coprire il sapore raffinato (molto più delicato di quello della trota iridea) con spezie troppo forti o cuocendoli in padella.

Il **salmerino americano** *(Salvelinus namaycush,* ing. *american lake trout)* può superare 1 m di lunghezza e raggiungere un peso di 8 kg. È stato introdotto nei laghi europei. Nell'area del Pacifico settentrionale ha un ruolo particolarmente importante in termini economici il **Dolly Varden** *(Salvelinus malma)*.

SALMERINO ALPINO (5) *(Salvelinus alpinus salvelinus)*

ing. char; fr. omble chevalier; ted. Seesaibling; port. salvelino ártico; croat. jezerska zlatovčica; dan. fjeldørred; fin. nieriä; nor. røye; ol. riddevis, arktische zalmforel; russ. goletz; sv. röding.

Il salmerino alpino è una razza stanziaria che vive nei laghi profondi, freddi e ricchi di ossigeno delle isole britanniche, delle regioni alpine (fino a 2.000 m di altitudine), della Scandinavia, dell'Islanda, della Russia orientale, del Giappone e del Nord America.

<u>Caratteristiche:</u> può raggiungere dai 15 ai 75 cm di lunghezza e ha una carne molto pregiata, compatta e soda, dello stesso colore del salmone.

<u>Utilizzi:</u> il salmerino è disponibile in Europa centrale, solo a livello locale. È particolarmente buono bollito, in padella o alla griglia.

(3) La **TROTA FARIO** *(Salmo trutta fario)* è una delle trote di migliore qualità. Sul mercato si trova soprattutto fresca.

(4) Il **SALMERINO DI FONTANA** *(Salvelinus fontinalis)* ha pinne pettorali, ventrali e anali arancioni e una dorsale marmorizzata di scuro.

(5) Il **SALMERINO ALPINO** *(Salvelinus alpinus salvelinus)* possiede pinne pettorali, ventrali e anali rosse. La pinna dorsale è monocolore.

Coregonidi *(Coregonidae)*

I Coregonidi sono pesci color argento dal corpo affusolato e compresso lateralmente, muniti di una pinna adiposa e una pinna caudale profondamente incisa. Se ne distinguono diversi tipi: i coregoni sono pesci di acqua libera che si nutrono di plancton e di piccoli animali dei fondali. Esistono specie anadrome (dalle acque salmastre costiere ai fiumi) e altre stanziali in fiumi e laghi.

COREGONE BIANCO (1) *(Coregonus albula)*

ing. white fish, vendace; fr. petite marêne, corégone blanc; ted. Kleine Maräne, Mairenke; cec. maréna malá; dan. heltling; fin. muikku; nor. lagesild; pol. sielawa; rum. coregonmic; russ. europeiskaya ryapushka; slovac. maréna malá; sv. siklöja, småsik.

Il coregone bianco dimora nelle acque dell'Europa settentrionale. In Germania è presente nei laghi dell'Holstein e del Mecklenburg e, per immissione, anche nei laghi della Germania meridionale, della Francia e della Russia meridionale. Vive anche nel Mar Baltico come pesce anadromo che risale i fiumi per deporre le uova.
<u>Caratteristiche</u>: raggiunge circa 20 cm di lunghezza, raramente anche 45 cm.
<u>Utilizzi</u>: buoni bolliti o al vapore, prelibati affumicati.

COREGONE LAVARELLO (2) *(Coregonus lavaretus)*

ing. pollan; fr. lavaret du Bourget; ted. Felchen, Ostseeschnäpel; cec. maréna velká; dan. helt; fin. vaellussiika; nor. sik; ol. grote marene; pol. sieja; rum. coregon; russ. prokhodskoi sig; slovac. maréna velká; sv. sik.

Il coregone lavarello è diffuso nei laghi inglesi e scozzesi, nel Mar Baltico, in Scandinavia, Russia settentrionale e nei laghi delle regioni prealpine.

<u>Caratteristiche</u>: è caratterizzato da fianchi argentati, grosse squame ed è lungo fino a 70 cm.
<u>Utilizzi</u>: ideale affumicato e in padella.

COREGONE PIDSCHIAN *(Coregonus pidschian)*

ing. humpback whitefish; ted. Kleine Bodenrenke; fin. pohjasiika, russ. ledovitomoskje sighi; sv. Storsik.

Il coregone pidschian è presente lungo i confini artici in Siberia, Russia settentrionale, Finlandia e Norvegia fino all'Alaska e nei laghi della Svezia centrale e dell'area alpina.
<u>Utilizzi</u>: è buono affumicato, appena scottato in padella, bollito o al vapore.

COREGONE TOZZO (3) *(Coregonus nasus)*

ing. lake whitefish; fr. palée du Léman; ted. Große Maräne, Sandfelchen; dan. helt; fin. karisiika; russ. tschir; sv. älvsik.

Il coregone tozzo è presente nei laghi del NewEngland fino all'Artico canadese, in Scandinavia, Russia settentrionale e Siberia e in numerosi laghi della Germania settentrionale e del territorio alpino.
<u>Caratteristiche</u>: raggiunge gli 85 cm di lunghezza e 15 kg di peso, nei laghi alpini non supera i 50-60 cm per un peso di 1 kg o poco più.
<u>Utilizzi</u>: ideale affumicato o in padella.

COREGONE BONDELLA *(Coregonus oxyrhynchus)*

ing. houting; fr. bondelle; ted. Kleine Schwebrenke, Edelmaräne; port. coregono bicudo; dan. snaebel; fin. järvisiika; gr. korégonos; ol. houting; sv. planktonsik, älvsik.

È diffuso dall'Alaska fino all'Europa settentrionale, compreso Mar Baltico e Mare del Nord, dove risale i fiumi per deporre le uova.

(1) Il **COREGONE BIANCO** *(Coregonus albula)* si distingue per la mascella superiore molto prominente rispetto a quella inferiore.

(2) Il **COREGONE LAVARELLO** *(Coregonus lavaretus)* fa parte del gruppo dei coregoni con bocca infera. È buono soprattutto in padella o affumicato, ma anche alla griglia.

(3) Il **COREGONE TOZZO** *(Coregonus nasus)*, viene pescato nei laghi dell'Holstein, del Mecklenbur e della Polonia. La carne è di pari qualità rispetto a quella delle specie affini.

Caratteristiche: è caratteristico il mento allungato a guisa di naso.

Utilizzi: buoni bolliti o al vapore, prelibati affumicati.

Temoli *(Thymallidae)*

La famiglia dei Temoli si contraddistingue per la lunga pinna dorsale di cui sono provvisti gli esemplari. In Europa è presente solo una specie.

TEMOLO (4) *(Thymallus thymallus)*

ing. grayling; fr. ombre; ted. Äsche; port. peixe sombra; cec. lipan podhorní; croat. lipljen; dan. stalling; fin. harjus; nor. harr; ol. vlagzalm; pol. lipień; rum. lipan; russ. kharius; sv. harr; ung. pénzes per.

Il temolo è diffuso in Francia, Italia settentrionale e nei Balcani fino ai fiumi che sfociano nel Mar Bianco.

Caratteristiche: è argentato, con dorso più scuro rispetto a ventre e fianchi. Raggiunge i 60 cm di lunghezza e 2,5 kg di peso.

Utilizzi: la carne, bianca, magra e compatta, profuma di timo e il sapore raffinato viene esaltato se preparato al vapore o bollito.

Lucci *(Esocidae)*

I lucci hanno un mento lungo che ricorda il becco dell'anatra e un corpo a sezione piatta. Vivono da abili cacciatori sia in acque correnti che stagnanti.

LUCCIO (5) *(Esox lucius)*

ing. pike; fr. brochet; ted. Hecht; sp. lucio; port. lúcio; cec. tschtika; croat. štuka; dan. gedde; fin. hauki; gr. turna; nor. gjedde; ol. snoek; pol. sczupak; rum. stiucă; russ. shtschuka; sv. gädda; tur. turna.

L'area di diffusione del luccio si estende dall'Europa occidentale (penisola iberica esclusa) fino alla Camciatca. La specie è presente anche in Nord America dalla costa atlantica canadese fino al Pacifico, inclusa parte dell'Alaska.

Caratteristiche: il colore di base varia a seconda dei luoghi e dell'età: i lucci di un anno provenienti dalle rigogliose zone litoranee sono di colore verde mentre quelli di acqua salmastra sono giallastri. Negli esemplari più anziani predominano le tonalità del grigio e del marrone. I fianchi e il ventre sono più chiari. L'intero corpo è ricoperto di macchie irregolari più chiare.

Utilizzi: il luccio è molto buono da settembre a gennaio (escluso il periodo della fregola). Sono adatti da preparare al vapore o bolliti solo gli esemplari giovani; i più anziani (oltre i 2,5 kg) vengono spesso utilizzati per preparare ripieni e farciture. La carne bianca e compatta è davvero gustosa. L'unico difetto sono le numerose lische forcute e ramificate che possono ridurre il piacere di mangiarlo.

(4) Il **TEMOLO** *(Thymallus thymallus)* è un pesce dal sapore delicato. Solitamente quello in commercio è lungo 30 cm e pesa circa 250 g.

(5) Il **LUCCIO** *(Esox lucius)* si distingue per la testa che ricorda il becco di un'anatra. Raggiunge 1,50 m di lunghezza e 35 kg di peso. La carne bianca e delicata è davvero gustosa.

Petromizontiformi *L'illusione è quasi perfetta:*
ciò che sembra pesce in realtà non lo è affatto. Poiché imita molto bene i pesci, viene anche catturato e cucinato come un pesce.

LAMPREDA DI MARE *(Petromyzon marinus)*

ing. sea lamprey; fr. lamproie marine; ted. Meerneunauge; sp. lamprea de mar; croat. morska paklara; dan. havlampret; fin. merinahkiainen; gr. lámprena; nor. havniøye; ol. zeeprik; russ. morskaya minoga; sloven. morski piškur; sv. hafsnejonöga.

La lampreda di mare è ormai assai rara a causa dell'inquinamento delle acque e si trova difficilmente sul mercato. La carne, ricca di grassi, è particolarmente buona in inverno.

<u>Caratteristiche:</u> la bocca presenta piastre munite di file circolari di denti cornei; il corpo è maculato e può raggiungere i 70 cm di lunghezza.

<u>Utilizzi:</u> se fresco, viene cotto in padella e quindi servito all'agro. Molto buono anche affumicato.

LAMPREDA DI FIUME (1) *(Perca fluviatilis)*

ing. lampern; fr. lamproie de rivière; ted. Flussneunauge; sp. lamprea de río; port. lampreia do rio; cec. mihle řiční; croat. riječna paklara; dan. flodlampret; fin. nahkiainen; nor. elveniøye; ol. rivierprik; pol. minog rzeczny; russ. retschnaja minoga; slovac. mihuła riečna; sloven. recni piškur; sv. flodnejonöga.

<u>Caratteristiche:</u> la livrea è di colore grigio-verde uniforme sul dorso mentre l'area ventrale è più chiara.

<u>Utilizzi:</u> è buona in padella e affumicata, e particolarmente gustosa marinata.

- I Petromizontiformi non sono veri e propri pesci, ma nell'aspetto e nell'uso sono molto simili ad essi.
- Si attaccano con forza alle prede.

Petromizontiformi *(Petromyzontiformes)*

I Petromizontiformi non sono pesci nel vero senso della parola. Appartengono, insieme ai Missiniformi *(Myxiniformes)*, ai Ciclostomi, pesci dalla bocca rotonda, che rappresentano i primitivi più antichi tra i vertebrati viventi senza mascella. Non dispongono né di un apparato mandibolare né di pinne pari.

Petromizontidi *(Petromyzontidae)*

I Petromizontiformi hanno una bocca a imbuto con pareti munite di denti cornei che consente loro di attaccarsi alle vittime, per lo più pesci, come ventose. La lingua rasposa viene utilizzata per raschiare la carne dei pesci. Le secrezioni immesse nella ferita impediscono la coagulazione del sangue disgregando ulteriormente i tessuti di cui si nutrono. I Petromizontiformi, serpentiformi, sono privi di squame, hanno pelle viscida e presentano su ogni lato 7 tasche branchiali che, sommate agli occhi e alle narici, sono pari a 9 "occhi".

(1) La **LAMPREDA DI FIUME** *(Lampetra fluviatilis)* dispone di una sola fila di denti cornei e non cresce oltre i 30 cm. È quindi notevolmente più piccola della lampreda di mare, ma, da un punto di vista culinario, di gran lunga superiore.

Siluriformi *Hanno la stoffa per diventare star della cucina: l'aspetto piacevole e gli imponenti barbigli li rendono inconfondibili. Asso nella manica: sono privi di lische!*

Siluriformi *(Siluriformes)*

La maggior parte delle 2.000 specie vive in acqua dolce. Solo poche famiglie sono pesci marini.

Siluridi *(Siluridae)*

I Siluridi hanno testa larga e schiacciata, con numerosi barbigli di diversa lunghezza, una corta pinna dorsale e una lunghissima pinna anale.

SILURO D'EUROPA (1) *(Silurus glanis)*

ing. wels; fr. silure; ted. Wels, Waller; port. siluro europeu; bulg. som; cec. sumec; croat. som; dan. malle; fin. monni; gr. goulianos; nor. malle; ol. meerval; pol. sum; rum. somn; russ. som; sv. mal; tur. yayın; ung. harcsa.

L'area di diffusione del siluro d'Europa è l'Europa orientale.

Caratteristiche: il corpo non è rivestito di squame, le mascelle superiore e inferiore presentano lunghi barbigli. Il dorso è blu-nero, l'area ventrale è più chiara e i fianchi verdastri. Raggiunge i 3 m di lunghezza e 150 kg di peso.

Utilizzi: la carne è molto grassa, i siluri adulti durante il periodo della fregola (maggio-giugno) sono quasi immangiabili. È preferibile prepararlo in padella o alla griglia, in modo tale che si sciolgano i grassi.

Il *Silurus pangasius* ha una carne molto bianca ed è allevato in acquacoltura nel Vietnam. Ne esistono 2 specie: Il *Pangasius bocourti* è grasso ed è disponibile sul mercato asiatico. Il *Pangasius hypothalamus*, invece, è magro e disponibile sul mercato europeo.

Ictaluridi *(Ictaluridae)*

L'area di diffusione della famiglia degli Ictaluridi è circoscritta all'America settentrionale e centrale.

PESCE GATTO *(Ictalurus nebulosus)*

ing. American catfish, brown bullhead; fr. poisson chat noir; ted. Zwergwels; cec. sumĕček zakrský; croat. američki somić; dan. dvaergmalle; ol. dwergmeerval; pol. sumik karlowaty; rum. somn-american; russ. amerikanskii som; slovac. sumček; ung. törpe harcsa.

Il pesce gatto è stato introdotto in Europa nel 1885 e si è naturalizzato in Slesia, Bielorussia e Ucraina.

Caratteristiche: anche i pesci gatto, come i Salmoniformi, hanno una pinna adiposa e possono raggiungere i 45 cm di lunghezza.

Utilizzi: ideale in padella o fritto.

Il **pesce gatto blu** (2) *(Ictalurus furcatus)* e il **pesce gatto punteggiato** (3) *(Ictalurus punctatus)* sono apprezzati negli stati Uniti. Sono caratterizzati da carne soda.

- I Siluridi si distinguono per barbigli di varia lunghezza, piccole pinne dorsali e una lunga pinna anale.
- La maggior parte delle specie sono molto grasse.

(1) Il **SILURO D'EUROPA** *(Silurus glanis)* ha un corpo allungato e pelle viscida. La carne è bianca, quasi priva di lische e buona in padella o alla griglia.

(2) Il **PESCE GATTO BLU** *(Ictalurus furcatus)*, con oltre 1 m di lunghezza, è uno dei pesci d'acqua dolce più grandi del Nord America. La carne è soda e molto buona.

(3) Il **PESCE GATTO PUNTEGGIATO** *(Ictalurus punctatus)* è il più importante pesce d'allevamento della famiglia negli Stati Uniti. La carne è eccellente.

Anguilliformi *Pesci senza "zampe posteriori"? Esistono davvero: gli "apodi" non posseggono pinne ventrali.*

- Gli Anguilliformi non dispongono di pinne ventrali. Per questo vengono chiamati anche "apodi".

- Gli Anguilliformi sono privi di squame o presentano squame cicloidi affondate nella cute.

- Sono caratterizzati da una pelle molto viscida.

Anguilliformi *(Anguilliformes)*

Appartengono a quest'ordine pesci dal corpo lungo, serpentiforme e dalla pelle molto viscida, per lo più priva di squame o con squame cicloidi affondate nella cute. Le tasche branchiali sono molto strette. Le pinne ventrali sono assenti e per questo vengono definiti "apodi" *(Apodes)*. Sono solitamente pesci marini, ad eccezione della famiglia degli Anguillidi *(Anguillidae)*, la cui riproduzione, tuttavia, avviene in mare. La famiglia degli Anguillidi comprende un unico genere *(Anguilla)*, che con le sue 16 specie è rappresentato in tutti i litorali (eccetto le coste occidentali degli Stati Uniti e dell'Atlantico meridionale).

ANGUILLA (1) *(Anguilla anguilla)*

ing. eel; fr. anguille; ted. Flussaal; sp. anguila; port. enguia; croat. jegulja; dan. ål; gr. cheli; nor. ål; ol. paling; sv. ål; tur. yllan baliği.

L'anguilla è diffusa in tutte le acque dolci d'Europa, ma è presente anche nelle acque dei litorali del Mar Bianco fino alle coste mauritane. Dopo 4-10 anni trascorsi nei fiumi e nei laghi, l'anguilla, raggiunta la maturità sessuale, sotto forma di "anguilla argentata", ad agosto/settembre inizia a spostarsi in mare per la deposizione delle uova. L'area di deposizione delle uova sono le profondità del Mar dei Sargassi. Grazie alla Corrente del Golfo conducono le larve, quasi trasparenti, dette leptocefali, verso ovest e nell'arco di 3 anni raggiungono le coste europee. Qui i leptocefali si trasformano in piccole anguille, dette "cieche", dal colore giallognolo e iniziano a sfidare le correnti per risalire i fiumi.

Caratteristiche: le anguille hanno pinne dorsali in posizione molto arretrata rispetto alle pinne ventrali. L'anguilla è di colore marrone verdastro, con il ventre giallognolo (anguilla gialla). All'età dei 6 anni il dorso diventa più scuro e il ventre argentato (anguilla argentata). Le femmine possono raggiungere 1 m di lunghezza mentre i maschi circa 50 cm.

Utilizzi: l'anguilla è un pesce pregiato. È possibile bollirla, stufarla o cuocerla in padella. Per quest'ultima preparazione sono particolarmente indicati gli esemplari più piccoli, grandi quanto un dito. Le anguille più grandi e grasse, invece, sono da preferire affumicate.

Le specie affini sono l'**anguilla americana** *(Anguilla rostrata)*, presente nelle coste atlantiche del Nord America, molto simile all'anguilla europea, e l'**anguilla giapponese** (2) *(Anguilla japonica)*, utilizzata tradizionalmente in Giappone allo stesso modo dell' *Anguilla marmorata*. L'anguilla **australiana**

Con l'arrivo dell'estate, quando l'acqua dei fiumi e dei laghi si riscalda, le anguille dalle aree più profonde affiorano in superficie dove possono essere pescate.

(Anguilla australis) è diffusa nella regione meridionale dell'Australia, in Tasmania e Nuova Zelanda. È presente sul mercato europeo in numero crescente, così come l'**anguilla neozelandese** *(Anguilla dieffenbachii)*, poiché la richiesta interna è in calo.

MURENA (3) *(Muraena helena)*

ing. moray eel; fr. murène; ted. Mittelmeer-Muräne; sp. morena; port. moreia; croat. murina; gr. smerna; ol. moeraal, murene; sv. muräna; tur. merina.

La murena è diffusa dall'Inghilterra meridionale fino al Senegal.

<u>Caratteristiche</u>: le murene dispongono di piccole pinne pettorali e sono caratterizzate da una livrea di colore variabile, contraddistinta soprattutto da una maculatura scura su uno sfondo marroncino.

<u>Utilizzi</u>: la carne è bianca, molto grassa e abbastanza tenera. Non è adatta al trasporto e quindi viene usata solo in specialità gastronomiche regionali. In alcuni periodi dell'anno e in determinate regioni la carne può avere effetti tossici. Le ragioni esatte di tali effetti non sono state ancora scoperte.

GRONGO *(Conger conger)*

ing. conger; fr. congre; ted. Meeraal; sp. congrio; port. congro, safio; croat. ugor; dan. havål; gr. mougri; ol. congeraal, zeepaling; nor. havål; sv. hafsål; tur. miğri.

Il grongo è diffuso dalla Norvegia fino al Senegal e nel Mediterraneo. È disponibile regolarmente sul mercato. Vengono pescati, soprattutto nell'Europa settentrionale, con lenze, tremagli, nasse e reti a strascico. L'eviscerazione e la decapitazione sono molto difficili e si consiglia quindi di affidarle a un esperto del settore.

<u>Caratteristiche</u>: contrariamente all'anguilla, il grongo ha pinne dorsali posizionate subito dietro a quelle pettorali. Anche il grongo raggiunge i 3 m di lunghezza, quasi il doppio, quindi, rispetto al suo corrispettivo di fiume. Possiede una livrea verde, notevolmente più chiara sul ventre.

<u>Utilizzi</u>: il grongo ha una carne delicata quasi quanto quella dell'anguilla. È quindi ideale per gli stufati.

Il sangue dell'anguilla è velenoso!

Le anguille dovrebbero essere di preferenza fatte eviscerare e pulire da esperti del settore poiché il sangue contiene un veleno, l'ittiotossina, che agisce sul sistema nervoso.

(1) L'ANGUILLA *(Anguilla anguilla)* può raggiungere 1 m di lunghezza ed è di colore verdognolo con ventre giallastro. Il margine delle pinne è in posizione molto arretrata rispetto alle pinne pettorali. L'anguilla viene cucinata soprattutto fritta.

(2) L'ANGUILLA GIAPPONESE *(Anguilla japonica)* gioca un ruolo importante da un punto di vista economico. In Giappone gli esemplari giovani, spesso provenienti dal Nord America, vengono allevati con successo e in grandi quantità in piscicolture.

(3) La MURENA *(Muraena helena)* è disponibile sui mercati dell'area mediterranea. Nell'antica Roma era considerata una prelibatezza, ma il suo valore culinario attualmente è messo in discussione.

Ateriniformi *Di aspetto insignificante a prima vista, alcune specie, a uno sguardo più attento, risultano sorprendenti: "volano"!*

- Appartengono all'ordine degli Ateriniformi gli Exocetidi, i Belonidi e i Latterini.
- Il rappresentante più spettacolare di quest'ordine è il pesce volante.

Ateriniformi *(Atheriniformes)*

Exocetidi *(Exocoetidae)*

Il corpo allungato presenta una pinna dorsale posizionata nella parte posteriore e pinne pettorali simili ad ali. In caso di pericolo si trasforma in un "aliante" che vola fino a 200 m.

PESCE VOLANTE *(Exocoetus volitans)*

ing. tropical two-wing flying fish; fr. exocet; ted. Fliegender Fisch; sp. pez volador.

È diffuso in tutte le acque tropicali, raramente nel Mediterraneo.

Caratteristiche: il pesce volante raggiunge massimo 20 cm di lunghezza. Il dorso è color blu cangiante, il ventre è argentato e le pinne sono quasi trasparenti.

Utilizzi: è particolarmente buono anche impanato o fritto.

Belonidi *(Belonidae)*

I Belonidi sono caratterizzati da un corpo allungato e snello e da una mascella lunga e sottile con tanti piccoli denti acuminati. Sono eccellenti nuotatori e sfuggono ai propri inseguitori con balzi alti e lunghi.

AGUGLIA (1) *(Belone belone)*

ing. garfish; fr. orphie; ted. Hornhecht; sp. aguja; port. agulha; croat. iglica; dan. hornfisk; gr. zargana; nor. horngjel; ol. geep; sv. horngädda, näbbgädda; tur. zargana.

L'aguglia vive in tutte i litorali europei, dalla Norvegia centrale proseguendo verso sud, ed è possibile trovarla anche nel Mediterraneo.

Caratteristiche: la colonna vertebrale e le attigue lische di questo pesce sono verdi. In Germania viene altresì chiamato *Grünknochen* (ossa verdi).

Utilizzi: tagliato in tranci, è ideale in padella. Gli esemplari più piccoli sono ottimi per stufati.

Aterinidi *(Atherinidae)*

Si tratta di pesci gregari di piccole dimensioni, delicati e quasi trasparenti, spesso confusi con le sardine.

LATTERINO (2) *(Atherina spec.)*

ing. sand smelt; fr. sauclet; ted. Ährenfisch; sp. chucleto, pejerrey; port. peixe-rei; croat. zeleniš šiljan; gr. atherina; nor. stripefisk; ol. kornaarvis; tur. gümüş.

Il latterino è diffuso soprattutto nel Mediterraneo.

Caratteristiche: dispongono di 2 corte pinne dorsali e raggiungono una lunghezza massima di 20 cm, ma solitamente non superano i 15 cm.

Utilizzi: i latterini non vanno eviscerati, ma semplicemente lavati, asciugati e fritti integralmente.

(1) L'AGUGLIA *(Belone belone)* può raggiungere una lunghezza di 90 cm, ma di solito resta sotto i 50 cm. Il dorso è verde e i fianchi sono caratterizzati da una fascia longitudinale verde. I Belonidi hanno una carne delicata e soda, ottima per zuppe, minestroni, arrosti e affumicature.

(2) I LATTERINI *(Atherina spec.)* hanno dorso verde e strisce laterali.

Lofiformi *I pesci non sanno solo nuotare: alcune specie sanno anche camminare sui fondali marini. E' loro possibile grazie alle pinne pettorali particolarmente sviluppate e simili a braccia.*

Lofiformi *(Lophiiformes)*

In questo gruppo, di cui fanno parte circa 280 specie diffuse nei mari tropicali e nei mari temperati di tutto il mondo, il primo raggio della pinna dorsale si è trasformato e allungato diventando indipendente e mobile come una canna da pesca che oscilla in acqua avanti e indietro fino a catturare le prede. L'apertura delle enormi fauci provoca un vortice che conduce la preda direttamente nella bocca del pesce.

Lofidi *(Lophiidae)*

Della famiglia dei Lofidi sono conosciute circa 25 specie, provenienti da tutti i mari tropicali e temperati del mondo. La più rinomata in tutti i ristoranti per buongustai è la rana pescatrice.

RANA PESCATRICE (1) *(Lophius piscatorius)*

ing. angler; fr. lotte, baudroie; ted. Seeteufel; sp. rape; port. temboril; croat. grdobina; dan. havtaske; gr. peskantritsa, fanari; nor. breiflabb, havtaske; ol. zeeduivel; sv. marulk; tur. fener.

L'area di diffusione della rana pescatrice si estende dal Mare di Barents sud-occidentale a Gibilterra, inclusi Mar Mediterraneo e Mar Nero. Vive in acque basse fino a circa 500 m di profondità. Grazie alla capacità di mimetizzarsi, che la rende poco riconoscibile, la rana pescatrice rimane inerte sui fondali marini, lasciando oscillare lentamente la propria "lenza" avanti e indietro. Subito dopo aver abboccato a questo amo, il pesce-vittima viene direttamente trasportato nella bocca della rana pescatrice che viene aperta in moda tale da creare un vortice che risucchia la preda. L'area in cui viene pescata più copiosamente è l'Atlantico settentrionale.

Caratteristiche: la rana pescatrice ha un corpo di forma piatta. Ha una grande testa e un'enorme apertura orale. Le pinne pettorali sono posizionate orizzontalmente rispetto ai fianchi. La pinna dorsale si suddivide nella parte anteriore in singoli raggi,

(1) La **RANA PESCATRICE** *(Lophius piscatorius)* con il nome di "coda di rospo" o *baudroie* è una presenza costante nei menù dei migliori ristoranti. La carne delicata e soda, di cui si commercializzano solo le parti utilizzabili della coda, con o senza pelle, è piuttosto costosa.

di cui il primo è subito dietro la bocca. Il dorso, di colore marrone oliva e maculato, si mimetizza bene nei fondali marini. Il pesce può raggiungere i 2 m di lunghezza, ma solitamente è inferiore a 1 m.

Utilizzi: la rana pescatrice è versatile. La carne, delicata e soda, è ottima per arrosti o stufati. La rana pescatrice è considerata un pesce prelibato e viene pertanto venduto a prezzi elevati. Viene comunemente chiamata in commercio anche "coda di rospo". Particolarmente gradevole: ad eccezione della colonna vertebrale la rana pescatrice è praticamente priva di lische. I pescatori preferiscono questo pesce dalla carne compatta tagliato a cubetti, immerso nell'uovo e quindi cotto al forno.

Nelle stesse aree di diffusione si trova la *Lophius budegassa*. Raggiunge una lunghezza di massimo 70 cm ed è nera nell'area ventrale. Lungo le coste americane dell'Atlantico vive anche la **rana pescatrice americana** *(Lophius americanus,* ing. *goosefish* o *monkfish)*, molto apprezzata in gastronomia, che può raggiungere 1,20 m di lunghezza.

• Il primo raggio della pinna dorsale si è trasformato in una canna da pesca.

• Le pinne pettorali dei Lofiformi sono sviluppate come braccia.

Perciformi *L'enorme clan annovera con orgoglio 180 famiglie.*
La pluralità dei componenti rende quest'ordine importante: gastronomica-
mente parlando troviamo molti pesci di buona qualità.

- I Perciformi hanno una pinna caudale divisa e un alto dorso.
- Sono squisiti se preparati al vapore o in padella.

(1) La **PERCHIA** *(Serranus cabrilla)* in alcuni paesi del Mediterraneo è considerato il migliore dei perciformi piccoli. La carne, tenera ma asciutta, in padella diventa morbida e delicata. Nelle regioni del Mediterraneo occidentale è sempre disponibile.

Perciformi *(Perciformes)*

I Perciformi rappresentano uno degli ordini più estesi dei pesci ossei e sono, tra i pesci con raggio spinoso, in assoluto i più vari in specie e forma. Comprendono circa 180 famiglie e 8.000 specie. La maggior parte vive in mare, alcuni in acqua salmastra o dolce. Molti di questi sono di rilevante importanza dal punto di vista economico.

Moronidi *(Moronidae)*

La famiglia dei Moronidi si caratterizza per la presenza di due pinne dorsali ben distinte di cui quella anteriore munita di raggi spinosi e quella posteriore di raggi molli. La famiglia dei Moronidi comprende sia specie d'acqua dolce che marine, e vive di solito in acque fredde o moderatamente calde.
Attenti all'acquisto! Il nome francese *loup de mer* è ormai comunemente utilizzato da tutti. Nelle stesse acque naviga anche un altro *"loup"*, il *seewolf* o lupo di mare, che dal punto di vista culinario non si avvicina minimamente al moronide. Non si tratta di un

trucco poiché l'espressione "filetto di lupo" è del tutto corretta. Ma l'acquirente dovrebbe essere a conoscenza della sottile differenza e sapere che acquistando un filetto di "lupo" economico comprerà un lupo di mare. I Moronidi si trovano raramente sotto forma di filetto, ma i singoli, lunghi filetti, molto simili a quelli di merluzzo, sono facili da riconoscere.

SPIGOLA (2) *(Dicentrarchus labrax)*

ing. seabass; fr. bar, loup de mer; ted. Wolfsbarsch; sp. lubina; port. robalo legítimo; croat. lubin; dan. bars; gr. lavraki; nor. havabbor; ol. zeebaars; sv. havsabborre; tur. levrek.

La spigola raggiunge massimo 1 m di lunghezza ed è diffusa dalla Norvegia meridionale al Senegal, in tutto il Mediterraneo e nel Mar Nero. Vive nelle aree costiere, su fondali di vario tipo e predilige le coste rocciose. È un abile pesce predatore molto vorace che si nutre di crostacei e pesci. Viene pescata con tipi diversi di reti derivanti e a strascico e spesso anche con palamiti e lenze da canna.

Caratteristiche: la spigola raggiunge al massimo 1 m di lunghezza. È dotata di due pinne dorsali più o meno della stessa lunghezza di cui la prima munita esclusivamente di raggi spinosi. La pinna anale è corta e si trova al di sotto della pinna dorsale posteriore. Le pinne ventrali sono dietro quelle pettorali. La pelle è rivestita di grosse squame. L'area dorsale è color grigio cenere scuro, talvolta tendente al verde o al blu, i fianchi sono argento e il ventre è più chiaro. Sull'opercolo reca una vistosa macchia scura dai contorni non ben definiti.

Utilizzi: la spigola è un pesce eccellente dal punto di vista gastronomico. Grazie alla carne compatta e povera di lische che la caratterizza, la spigola è il pesce generalmente più apprezzato e si presta a tutti i tipi di preparazione. Unico consiglio: non eccedere con le spezie per evitare di coprirne il sapore delicato.

Di qualità altrettanto buona è la **spigola macchiata** (3) *(Dicentrarchus punctatus)* che si distingue dalla spigola per la presenza di macchie nere sparse sul dorso e sui fianchi. È apprezzata quanto la spigola, ma meno nota perchè si trova più difficilmente sul mercato. Anche la spigola macchiata si presta a tutti i tipi di preparazione.

Serranidi *(Serranidae)*

I Serranidi vivono nelle aree litoranee di mari temperati e tropicali. Molte specie possono cambiare sesso con la crescita mentre altre sono semplicemente ermafrodite. Il corpo è ricoperto di squame ossee embricate. Sull'opercolo sono presenti spine.

PERCHIA (1) *(Serranus cabrilla)*

ing. comber; fr. serran chèvre; ted. Sägebarsch; sp. cabrilla; port. serrano alecrim; croat. kanjak; gr. chanos; nor. abborkilling; ol. zaagbaars; tur. hani.

La perchia è una specie che predilige le acque calde dell'Atlantico ed è ampiamente diffusa dal Canale della Manica fino al Sud Africa e nel Mediterraneo a 500 m di profondità massima. È spesso disponibile sul mercato delle regioni del Mediterraneo occidentale, molto raramente altrove.

Caratteristiche: ha una lunga pinna dorsale, di cui la parte anteriore munita di raggi spinosi e quella posteriore di raggi molli. Caratteristica è la colorazione variopinta, in particolare le tre fasce longitudinali arancioni. La perchia può raggiungere i 40 cm di lunghezza, ma solitamente arriva ai 20 cm.

Utilizzi: la carne tenera ma asciutta diventa morbida e delicata se cucinata in padella.

PERSICOSPIGOLA STRIATA (4) *(Morone saxatilis)*

ing. striped bass, rockfish; fr. bar d'Amérique; ted. Felsenbarsch; sp. lubina estriada; port. robalo-muge; ol. gestreepte zeebaars.

La persicospigola striata dimora nelle coste atlantiche dell'America dal fiume San Lorenzo fino al Golfo del Messico.

Caratteristiche: a prescindere dalla bella striatura questo serranide non è confondibile con l'affine spigola. Sul mercato il peso medio della persicospigola striata oscilla dai 600 g ai 2 kg.

Utilizzi: la carne è della stessa buona qualità di quella della spigola. È adatta a tutti i metodi di cottura ed è particolarmente gustosa appena scottata in padella col burro.

(2) La **SPIGOLA** *(Dicentrarchus labrax)* può raggiungere 1 m di lunghezza. È un pesce pregiato dal sapore delicato.

(3) Anche la **SPIGOLA MACCHIATA** *(Dicentrarchus punctatus)* è molto apprezzata, ma è meno nota della spigola.

(4) La **PERSICOSPIGOLA STRIATA** *(Morone saxatilis,* ing. *striped bass)* ha un sapore delicato quanto quello della spigola.

(1) Il **CONEY** *(Cephalopholis fulva)* vive nelle barriere coralline del Golfo del Messico e nelle acque che circondano le isole caraibiche. Viene denominato anche *strawberry grouper*. La carne, bianca e soda, è ideale per essere cucinata alla griglia.

SCIARRANO SCRITTURA *(Serranus scriba)*

ing. painted comber; fr. serran écriture; ted. Schriftbarsch; sp. serrano; port. serrano riscado; croat. pirka; gr. perca; ol. schriftbaars; tur. yazılı hani.

Lo sciarrano scrittura vive nelle acque dell'Atlantico orientale, del Mediterraneo e del Mar Nero. Viene pescato in piccole quantità e nelle regioni mediterranee si reperisce più facilmente sul mercato rispetto alla perchia.

Caratteristiche: raggiunge una lunghezza di massimo 35 cm e nell'aspetto è simile alla perchia.

Utilizzi: lo sciarrano scrittura è particolarmente buono in padella.

CERNIA DI FONDALE *(Polyprion americanus)*

ing. wreckfish; fr. cernier commun; ted. Atlantischer Wrackbarsch; sp. cherna; port. cherne; croat. kirnja glavata; gr. vlachos; nor. vrakfisk; ol. wrakbaars; sv. vrakfisk; tur. iskorpit hanisi.

La cernia (o dotto) di fondale vive nell'Atlantico e nell'area occidentale dell'Oceano Indiano.

Caratteristiche: la cernia di fondale può raggiungere i 2 m di lunghezza ed è caratterizzata da colore scuro. Si trova regolarmente nelle regioni mediterranee.

Utilizzi: la carne, succulenta e bianca, viene cotta soprattutto in tranci e stufata.

Da un punto di vista culinario è interessante anche il **dotto neozelandese** *(Polyprion oxygeneios)*. La carne pregiata e soda che lo contraddistingue è adatta ai più svariati tipi di preparazione, ma è particolarmente gustosa in padella o affumicata.

Grouper o cernia

Quello del *grouper* o cernia è un gruppo distinto appartenente alla famiglia dei Serranidi. È presente in tutti i mari tropicali e temperati, sempre nelle aree in prossimità di barriere coralline e rocciose che ne rendono difficile la pesca. I *grouper* sono pesci pregiati: si nutrono di crostacei e molluschi e hanno, quindi, carne bianca di qualità superiore alla media. Le regioni più pescose sul versante Atlantico sono i litorali della Carolina del Nord e della Florida, del Golfo del Messico e dei Caraibi, nonché una parte delle coste settentrionali del Brasile. La cernia del Pacifico è diffusa a sud della California fino all'America centrale e meridionale e in tutta l'area dell'Asia orientale. Le cernie sono pesci di buona qualità, e in più sono spesso esteticamente gradevoli: la **cernia pagliaccio** (2) *(Cromileptis altivelis)* si nota grazie alla bella livrea di cui dispone e la **cernia puntinata** (3) *(Cephalopholis miniata)* spicca per il colore rosso che la contraddistingue.

CONEY (1) *(Cephalopholis fulva)*

ing. coney; fr. coné ouatalibi; ted. Coney; sp. cherna cabrilla; small grouper (Puerto Rico); deady (Jamaica).

Il *coney* è spesso presente nelle barriere rocciose delle isole dell'India occidentale e della Florida meridionale.

<u>Caratteristiche:</u> solitamente è caratterizzato da una livrea bruno-arancio cosparsa di puntini blu.

<u>Utilizzi:</u> il *coney* possiede carne bianca ed è buono in padella, alla griglia e stufato.

CERNIA BRUNA *(Epinephelus guaza)*

ing. dusky grouper; fr. mérou gris; ted. Brauner Zackenbarsch; sp. cherne déntón; port. mero legítimo; croat. kirnja; gr. rophos, orfos; tur. orfoz.

Il territorio di diffusione della cernia bruna si estende dal Canale della Manica fino al Sudafrica, Mediterraneo incluso, ma non nel Mar Nero; nell'Atlantico occidentale dalle Bermudas al Brasile. Si tratta di pesci molto sedentari che amano le coste rocciose e vivono in profondità che oscillano dagli 8 m fino ai 200 m. Vengono pescati con palangresi o arpioni. Per questo motivo su gran parte delle coste del Mediterraneo sono diventati una rarità. I pesci che offre il mercato provengono soprattutto dalle acque più profonde del Mar Mediterraneo.

<u>Caratteristiche:</u> questo serranide si distingue dalla cernia di fondale per la caratteristica livrea rosso-bruno con macchie più chiare distribuite in modo irregolare. Raggiunge al massimo la lunghezza di 1,5 m, ma solitamente è di dimensioni inferiori. La maggior parte degli esemplari è lungo solo circa 90 cm.

<u>Utilizzi:</u> la carne delicata si presta a tutti i tipi di preparazione.

L'offerta di **cernia nera** (4) *(Epinephelus caninus)* sul mercato è inferiore rispetto a quella della cugina bruna. Il sapore è, però, altrettanto raffinato.

CERNIA GIGANTE *(Epinephelus itajara)*

ing. esonue grouper, goliath grouper; fr. mérou géant; ted. Riesenzackenbarsch, Judenfisch; sp. mero gigante; port. carapú; merote; dan. havaborre, jødefísk; fin. raitameriahven; gr. rophós; is. vartari; nor. havabbor; pol. itajara zmienna; sv. havsabborre, judefisk; tur. orfoz, ortoz.

La cernia gigante è diffusa in Florida, golfo del Messico e Brasile.

(2) La **CERNIA PAGLIACCIO** *(Cromileptes altivelis,* ing. *hump-backed sea bass, polka-dot grouper),* lunga fino a 60 cm, ha una livrea chiara o color lilla-marroncino con puntini neri. La sua carne è bianca e tenera, ed è squisita soprattutto in padella.

(3) La **CERNIA PUNTINATA** *(Cephalopholis miniata,* ing. *coral hind)* è una delle specie più appariscenti delle cernie tropicali. È ideale per zuppe e raffinati stufati.

(4) La **CERNIA NERA** *(Epinephelus caninus),* è presente nelle acque della Florida meridionale e dell'Atlantico tropicale. Generalmente raggiunge il peso di 10 kg. La carne, bianca e compatta, è molto apprezzata.

Caratteristiche: è la cernia di dimensioni maggiori e può raggiungere il peso di 300 kg.

Utilizzi: la carne, dal sapore leggermente dolciastro, è adatta a tutti i tipi di preparazione.

CERNIA DI NASSAU *(Epinephelus striatus)*

ing. Nassau grouper, Hamlet; fr. mérou rayé; ted. Nassau-Zackenbarsch; sp. cherna criolla, mero gallina; port. mero-crioulo, garoupa pintada; dan. Nassau-koralbars; fin. Nassaun-meriahven; ol. Jacob Peper; sv. Nassaugrouper; Jakupepu (Caraibi).

La cernia di Nassau è nota sopratutto nell'Atlantico tropicale. In termini economici è una delle cernie più importanti degli Stati Uniti.

Caratteristiche: il colore della livrea può variare a seconda dell'habitat. Può raggiungere la lunghezza di 1,20 m per un peso di circa 25 kg.

Utilizzi: si presta a tutti i tipi di preparazione. La carne è eccellente per sapore e consistenza.

CERNIA GIALLA *(Epinephelus flavolimbatus)*

ing. Yellowedge grouper; fr. mérou aile jaune; ted. Gelb-gesäumter Zackenbarsch; sp. mero aleta amarilla, cherna blanca; giapp. kiherihata; port. cherne amarelo; pol. granik strojny; Yellowfinned grouper, Poey's grouper (Cuba); White Grouper (Barbados).

La cernia gialla viene pescata nelle acque dell'Atlantico, dalla Carolina al Brasile, compreso tutto il Golfo del Messico, e nelle aree delle isole caraibiche.

Caratteristiche: può raggiungere la lunghezza di 1,15 m per un peso di 20 kg, ma solitamente è di dimensioni inferiori. È un pesce pregiato.

Utilizzi: la cernia gialla si presta a tutti i tipi di preparazione.

Nelle stesse acque viene pescata anche la **snowy grouper** *(Epinephelus niveatus)*. Anche questo tipo di cernia è, in termini culinari, di eccellente qualità e si presta a tutti i tipi di preparazione. Altri ottimi pesci sono la **cernia caraibica** *(Epinephelus guttatus)*, con livrea a puntini rossi, la **cernia codadiluna** (**1**) *(Variola louti)* e la **cernia rosa** (**2**) *(Cephalopholis sonnerati)*.

CERNIA ROSSA *(Epinephelus morio)*

ing. red grouper; fr. mérou rouge; ted. Braunroter Zacken-barsch; sp. mero americano; sv. Röd grouper; Brown Grouper (Guyana, Barbados); Deer Grouper (Bahamas).

La cernia rossa è diffusa soprattutto nella Florida meridionale e nell'Atlantico tropicale. Si tratta di un pesce significativo, economicamente parlando, in tutto il territorio del Golfo e pregiato da un punto di vista gastronomico.

Caratteristiche: raggiunge i 1,25 m di lunghezza e 23 kg di peso. È rosso-bruno, con macchie chiare o sfumature rosa lungo i fianchi e nell'area ventrale.

Utilizzi: questo pesce, disponibile sul mercato sia fresco che surgelato, è adatto a tutti i tipi di preparazione.

(**1**) La **CERNIA CODADILUNA** *(Variola louti*, ing. *lyretail grouper)* è diffusa dalle acque del Mar Rosso fino ai Mari del Sud. L'offerta sui nostri mercati è in aumento.

(**2**) La **CERNIA ROSA** *(Cephalopholis sonnerati*, ing. *tomato grouper)* viene denominata anche *vieille ananas*. È presente nell'Indopacifico dall'Africa orientale fino a Samoa.

CERNIA MACULATA *(Epinephelus analogus)*

ing. spotted grouper, rock bass; fr. mérou cabrilla, mérou marbré; ted. Pazifischer Fleckenbarsch; sp. mero moteado, cabrilla pinta; sv. fläckig grouper.

La cernia maculata è la cernia delle coste americane del Pacifico più grande e significativa.

Caratteristiche: raggiunge 1 m di lunghezza e 20 kg di peso. Anche questo tipo di cernia è caratterizzato da carne eccellente.

Utilizzi: adatta a tutti i tipi di preparazione.

PERCHIA STRIATA, PERCHIA NERA (3)

(Centropristis striata)

ing. black sea-bass, blackfish; fr. séran noir, fanfre noir; ted. Schwarzer Sägebarsch; sp. mero, serrano estriado.

La perchia striata vive nelle acque temperate dell'Atlantico settentrionale, presso le coste occidentali degli Stati Uniti.

Caratteristiche: il corpo è massiccio. Le pinne sono munite di raggi spinosi.

Utilizzi: la carne, facilmente deperibile, è buona soprattutto in padella.

CERNIA GIGANTE DEL PACIFICO

(Stereolepis gigas)

ing. giant sea bass; fr. mérou géant du Pacifique; poisson juif; ted. Kalifornischer Judenfisch; sp. mero gigante del Pacifico .

È diffusa nel Pacifico da Humboldt Bay fino al Golfo di California.

Caratteristiche: la cernia gigante del Pacifico può raggiungere i 2 m di lunghezza e 300 kg di peso. Si tratta di un pesce dalla carne bianca e magra, molto usato in gastronomia, la cui esistenza è minacciata dalla pesca eccessiva.

Utilizzi: adatta a tutti i tipi di preparazione.

Tra le cernie asiatiche merita di essere citato il **brown coral cod** *(Cephalopholis pachycentrum),* lungo soli 25 cm. La carne viene utilizzata per preparare zuppe di pesce o viene servita sotto forma di bistecca alla griglia. La **cernia corallina leopardo** *(Plectropomus leopardus,* ing. *bluespotted sea bass)* è presente in tutto l'Indopacifico e dal Giappone all'Africa occidentale. È un pesce pregiato e costoso. Anche le cernie **dwarf spotted grouper** *(Epinephelus merra)* (**4**) e **white-blotched grouper** *(Epinephelus multinotatus)* (**5**) hanno un sapore delicato.

(**3**) La **PERCHIA STRIATA** *(Centropristis striata)* si nutre di crostacei e pesci che donano alla sua carne un sapore delicato. Tuttavia deperisce facilmente. In padella è molto buona.

(**4**) La cernia **DWARF SPOTTED GROUPER o HONEYCOMB** *(Epinephelus merra)* dimora nelle acque dell'Indopacifico ed è diffusa dall'Africa orientale alla Polinesia. Raggiunge circa 30 cm di lunghezza.

(**5**) La cernia **WHITE-BLOTCHED GROUPER** *(Epinephelus multinotatus)* viene anche denominata *white blotched rock cod.* È diffusa solo nell'Oceano Indiano.

Centropomidi *(Centropomidae)*

Appartengono alla famiglia dei Centropomidi (ing. *snooks*) alcune specie di grossa taglia. Sono caratteristiche le pinne dorsali distinte, munite di raggi spinosi e morbidi, e la fronte infossata.

BARRAMUNDI (1) *(Lates calcarifer)*

ing. giant sea perch, barramundi; fr. perche barramundi; ted. Barramundi; sp. perca gigante.

Il barramundi è presente in tutto l'Indopacifico, può raggiungere i 2 m di lunghezza, ma solitamente non supera 1 m. In Australia viene persino allevato ed è offerto sul mercato in tranci da 400 a 600 g.
Caratteristiche: questo pesce è caratterizzato dalla forma arcuata, da una grande bocca, da un preopercolo munito di spine e da una pinna caudale tondeggiante nella parte posteriore. La livrea è argentea, più scura sul dorso dove assume un colore verde o marrone.
Utilizzi: la carne, bianca e tenera, rende al meglio se cotta al forno o alla griglia.

Nell'Atlantico occidentale gioca un ruolo importante lo *snook* comune, detto anche robalo *(Centropomus undecimalis)*. È delicato quanto il barramundi e viene pescato in Messico e Venezuela. In Florida si è estinto.

Tili *(Branchiostegidae)*

Le specie appartenenti alla famiglia dei Tili sono caratterizzate da una testa grande e arrotondata, una grande bocca, labbra carnose e un'escrescenza a forma di pinna dietro alla testa.

TILE BIANCO (2) *(Caulolatilus principes)*

ing. ocean whitefish, ocean tilefish, tile; fr. tile fin, poisson blanc; ted. Weißer Ziegelfisch, Pazifischer Ziegelfisch; sp. peje fino, blanquillo.

Il tile bianco è presente nelle coste del Pacifico da Vancouver fino alla Bassa California.
Caratteristiche: il corpo è allungato, ha una lunga pinna dorsale e anale, è di color verde-marrone, la coda caudale è giallastra.
Utilizzi: la delicata carne bianca è particolarmente buona in padella.

Il **tile gibboso** *(Lopholatilus chamaeleonticeps,* ing. *golden tilefish* o *rainbow tilefish)*, lungo 60 cm, è presente nelle coste orientali degli Stati Uniti. La carne delicata si presta a tutti i tipi di cottura.

Pomatomi *(Pomatomidae)*

Gli esemplari di questa famiglia sono predatori veloci che nelle acque libere attaccano in grandi branchi tutto ciò che passa nelle loro vicinanze.

BALLERINO (3) *(Pomatomus saltator)*

ing. bluefish; fr. tassergal; ted. Blaufisch; sp. anjova; port. anchova; croat. bilizmica zubatica; gr. gofari; ol. blauwe baars; tur. lüfer.

Il ballerino è presente in tutti i mari del mondo eccetto il Pacifico orientale.
Caratteristiche: il raggio spinoso portante della pinna dorsale è più corto di quello posteriore molle. Il dorso è verdastro e i fianchi sono argentati.

(1) Il **BARRAMUNDI** *(Lates calcarifer)* viene pescato in tutto il territorio di diffusione e appartiene alla categoria dei pesci pregiati. In Australia è considerato il re dei pesci, il meglio che si possa desiderare.

(2) Il **TILE BIANCO** *(Caulolatilus principes)* può raggiungere 1 m di lunghezza e 5 kg di peso. La carne bianca e delicata è ottima per tutti i tipi di preparazione, ma rende al meglio in padella.

Raggiunge massimo 1,30 m di lunghezza e 15 kg di peso, ma solitamente resta sotto i 60 cm.

Utilizzi: gli esemplari più grandi sono piuttosto grassi e sono da preferire alla griglia o affumicati, gli esemplari più piccoli, fino a 30 cm di lunghezza, sono squisiti in padella o al vapore.

Carangidi *(Carangidae)*

La famiglia dei Carangidi comprende oltre 150 specie differenti. Quasi tutte sono dotate di una robusta pinna caudale forcuta e vivono nei mari temperati e tropicali.

SURO (4) *(Trachurus trachurus)*

ing. horse mackerel; fr. chinchard; ted. Stöcker, Bastardmakrele; sp. jurel; port. carapau; croat. šarun; dan. hestemakrel; gr stavridi; nor. taggmakrell; ol. horsmakreel; sv. taggmakril; tur. istavrit.

L'area di diffusione del suro è molto vasta e si estende dall'Islanda a Capoverde. La pesca avviene essenzialmente nell'Atlantico settentrionale e nel Mediterraneo.

Caratteristiche: è dotato di una pinna dorsale anteriore corta e di una posteriore lunga. Le squame della linea laterale sono grandi e vistose e di solito non ne ha altre. Il corpo è bluastro o verdastro e i fianchi argentati. Sul bordo posteriore dell'opercolo è presente un'evidente macchia di colore scuro. Raggiunge al massimo i 60 cm di lunghezza.

Utilizzi: gli esemplari grandi risultano essere un po' "stopposi". I migliori dal punto di vista gastronomico sono quelli di dimensioni dai 10 ai 15 cm, cotti in padella e croccanti.

LECCIA STELLA *(Trachinotus ovatus)*

ing. pompano; fr. palomine; ted. Gabelmakrele; sp. palometa blanca; port. sereia camochilo; croat. lica modrulja; gr. litsa; nor. gaffelmakrell; ol. gaffelmakreel; tur. yaladerma.

La leccia stella è diffusa dal Golfo di Biscaglia fino all'Angola ed è presente anche nel Mediterraneo.

Caratteristiche: sulla linea laterale non sono presenti squame. Caratteristiche sono le 3-5 macchie scure nella zona anteriore della linea laterale. Il dorso è verde e i fianchi sono argentati. Può raggiungere i 70 cm di lunghezza.

Utilizzi: la carne, delicata e compatta, è particolarmente buona leggermente rosolata nel burro o alla griglia.

(3) Il **BALLERINO** *(Pomatomus saltator)* è presente in tutti i mari tropicali e subtropicali del mondo ed è pescato a livello commerciale. La carne è leggermente grigia e presenta lische relativamente grandi, facili da togliere.

(4) Il **SURO** *(Trachurus trachurus)* è un pesce popolare e importante nel Mar Nero e nel Mediterraneo mentre nell'Atlantico settentrionale non gode di molta considerazione, da cui anche il nome di sgombro bastardo, ossia finto sgombro.

PALOMA POMPANO *(Trachinotus paitensis)*

ing. paloma pompano; fr. pompaneau colombe; ted. Paloma Pompano; sp. palometa, pampanito.

L'area di diffusione di questo pesce si estende nelle acque subtropicali del Pacifico orientale dalla California meridionale al Perù, incluse le acque che circondano le Isole Galapagos.

Caratteristiche: è molto simile, nell'aspetto e nel comportamento, all'affine leccia stella, ma a differenza di quest'ultima, non supera i 50 cm di lunghezza. Si nutre di molluschi, crostacei e piccoli pesci. È un eccellente pesce dal punto di vista culinario, ma raramente disponibile sui nostri mercati.

Utilizzi: la sua carne si presta a tutti i tipi di preparazione.

La vera forchetta da pesce

Le punte scure delle pinne dorsale, anale e caudale hanno dato origine al nome tedesco di questa specie: *Gabelmakrele*, ossia "sgombro-forchetta".

LECCIA DEI CARAIBI (1) *(Trachinotus carolinus)*

ing. Florida pompano, common pompano; fr. carangue, pompaneau sole; ted. Gemeiner Pompano; sp. palometa, pámpano amarillo; port. sereia, enxova; dan. atlantisk pompano; sv. vanlig pompano; pol. sierpnìk karolinski.

La leccia dei Caraibi vive nelle acque temperate e calde dell'Atlantico occidentale dal Massachusetts al Brasile. Si tratta di una specie gregaria che vive su fondali sabbiosi nutrendosi di crostacei e molluschi.
<u>Caratteristiche</u>: si riconosce facilmente dal muso corto e schiacciato. Il corpo è tozzo e ovale. È uno dei pochi pesci che fuori dall'acqua ha un colore molto più intenso: il dorso blu-verde argentato diventa verde-blu scuro, i fianchi sono bianco-argento. Raggiunge i 65 cm di lunghezza e pesa 4 kg.

<u>Utilizzi</u>: questo pesce, apprezzato sopratutto in Florida, è adatto a tutti i tipi di preparazione.

RICCIOLA (2) *(Seriola dumerili)*

ing. greater amberjack, rudderfish; fr. sériole couronnée, sériole du Dumerie; ted. Bernsteinmakrele, Bernsteinfisch; sp. pez de limón, medregal; croat. orhan; gr. magiatico; tur. sarıkuyruk.

È diffusa nelle acque temperate e tropicali dell'Atlantico, Mar mediterraneo, Oceano Indiano, Sudafrica, Giappone e Australia.
<u>Caratteristiche</u>: il corpo della ricciola, allungato e compresso lateralmente, presenta un dorso blu-argento o grigio.
<u>Utilizzi</u>: la carne, compatta, presenta poche lische. Questo pesce è adatto a tutti i tipi di preparazione. Squisiti i filetti arrostiti nel burro.

(1) La **LECCIA DEI CARAIBI** *(Trachynotus carolinus)* come il carango cavallo, è un pesce molto pescato lungo le coste della Florida. La leccia dei Caraibi è però qualitativamente superiore e raggiunge sul mercato prezzi molto elevati.

(2) La **RICCIOLA** *(Seriola dumerili)* può raggiungere i 2 m, ma generalmente non supera 1 m. È di colore blu-argento o grigio, molto più chiara sui fianchi, di solito con riflessi ambra, da cui il nome tedesco *Bernsteinmakrele* (ricciola ambrata).

(3) La **RICCIOLA DEL PACIFICO** *(Seriola lalandi,* ing. *yellowtail amberjack)* appartiene al genere dei grandi pesci tanto diffusi nei mari tropicali. Raggiunge i 2,50 m di lunghezza e pesa ben 100 kg. Si trova in commercio fresco, salato o essiccato.

(4) Il **CARANGO DENTICE** *(Caranx georgianus)* vive in gruppi numerosi e si nutre di plancton animale. Durante la ricerca del cibo il branco affiora nelle superfici che appaiono, così, "spumeggianti".

(5) Il **CARANGO CAVALLO** *(Caranx hippos)* viene pescato nelle coste della Florida. Quando esce dall'acqua emette spesso suoni simili a grugniti o gracchi.

(6) Il **CARANGO MEDITERRANEO** *(Caranx crysos)* è diffuso nell'Atlantico da Cape Cod fino al Brasile, ed è particolarmente numeroso nel Golfo del Messico, in Florida e nelle Indie occidentali.

L'affine **ricciola del Pacifico** (3) *(Seriola lalandi)*, appartiene al genere dei grandi pesci molto diffusi nei mari tropicali.

CARANGO DENTICE (4) *(Caranx georgianus)*

ing. trevally, white trevally; fr. carangue, dentue; ted. Neuseeländische Stachelmakrele; sp. jurel dentón; giapp. shimaaji; port. xaréu.

Il carango dentice è presente nell'Indopacifico, nei pressi della Nuova Zelanda, ed ha una notevole rilevanza in termini economici.
Caratteristiche: il corpo alto e un po' tozzo può raggiungere 1,20 m di lunghezza e 20 kg di peso.
Utilizzi: gli esemplari grandi tendono a diventare un po' asciutti e vanno pertanto stufati con qualcosa di grasso. I più piccoli, invece, sono buoni in padella o al forno.

CARANGO CAVALLO (5) *(Caranx hippos)*

ing. crevalle jack, Samson fish; fr. sériole cheval, carangue cheval; ted. Pferde-Stachelmakrele; sp. seriola caballo.

Il caranco cavallo viene pescato lungo le coste della Florida da aprile a novembre.
Caratteristiche: può raggiungere 1,25 m di lunghezza e 30 kg di peso. In commercio si trovano per lo più esemplari di dimensioni inferiori, del peso di circa 3 kg.
Utilizzi: è buono soprattutto in padella e affumicato.

Alla stessa famiglia appartiene il **carango mediterraneo** (6) *(Caranx crysos, ing. blue runner)*. Questa specie pesa 1-2 kg ed è buona soprattutto in padella o alla griglia.

BLACKFIN JACK *(Atropus atropus)*

ing. blackfin jack, cleftbelly trevally; ted. Schwarzflossen-Jack; sp. pámpano de quilla; dan. kløftbuget trevalle; pol. atropus indyjski.

Il *blackfin jack* è diffuso nelle acque litoranee dell'Indopacifico.
Caratteristiche: raggiunge circa 35 cm di lunghezza e si distingue per la pinna ventrale nera; la livrea è verde-blu sul dorso, argento sul ventre.
Utilizzi: viene utilizzato per preparare zuppe oppure viene salato e essiccato.

LECCIA SCAGLIOSA *(Megalaspis cordyla)*

ing. torpedo scad; fr. saurel torpille; ted. Torpedo-Stachelmakrele; sp. panga, tetenkel.

La leccia scagliosa è diffusa nell'Africa orientale e meridionale e in tutto l'Indopacifico.
Caratteristiche: si riconosce dalla forma di siluro e dalle piccole pinne dietro la seconda pinna dorsale e la pinna anale; molto appariscente è anche la macchia scura sull'opercolo.
Utilizzi: è adatta a tutti i tipi di preparazione.

CARANGO INDIANO *(Alectis indicus)*

ing. threadfin-trevally, diamond trevally; fr. cordonnier plume; ted. Indische Fadenmakrele; sp. pámpano índico.

Il carango indiano è presente nelle acque dell'Indopacifico, intorno alle Hawaii e nel mar Rosso.
Caratteristiche: raggiunge 1,50 m di lunghezza e 15 kg di peso. Negli esemplari giovani, i primi raggi della pinna dorsale e anale sono allungati e filiformi.
Utilizzi: come il carango dentice.

Un pesce altrettanto prelibato è il **pesce castagna nero** (1) *(Parastromateus niger)*, che vive in acque litoranee profonde. Il **carango indiano** (2) *(Alectis indicus)* è presente in tutto l'Indopacifico, Mar Rosso incluso. È un buon pesce, ma disponibile solo a livello locale.

Corifenidi *(Coryphaenidae)*

La piccola famiglia dei Corifenidi è diffusa nei mari temperati e tropicali. Questi pesci dai colori vivaci si trovano anche nel Mediterraneo.

LAMPUGA, CONTALUZZO (4)

(Coryphaena hippurus)

ing. common dolphinfish; fr. grande coryphène; ted. Große Goldmakrele; sp. lampuga; gr. kynigòs.

La lampuga è diffusa in tutto il mondo nelle acque tropicali e subtropicali, Mediterraneo incluso, ma solo in singoli esemplari. Si nutre di pesci volanti, crostacei e calamari.
Caratteristiche: raggiunge 2 m di lunghezza e 30 kg di peso. Il corpo è allungato, compresso lateralmente, con profilo della fronte verticale, bocca larga e mascella inferiore protratta. La pinna dorsale si estende dalla testa fino all'estremità della pinna caudale biforcuta. Il dorso è verde-blu, il ventre bianco-argento, i fianchi sono color oro acceso.
Utilizzi: la carne, tenera, è squisita alla griglia o al forno con erbe aromatiche.

Bramidi *(Bramidae)*

I componenti della famiglia dei Bramidi hanno un corpo ovale e gibboso e dimorano sia nelle acque dell'Atlantico che del Pacifico.

PESCE CASTAGNA *(Brama brama)*

ing. Atlantic pomfret, ray's bream; fr. grande castagnole, hirondelle de mer; ted. Atlantische Brachsenmakrele; sp. japuta, castañeta; port. xaputa; dan. havbrasen; gr. kastanófaro; nor. havbrasen; ol. braam; sv. havsbraxen.

Il pesce castagna è presente nelle acque dell'Atlantico orientale, da Madeira alla Norvegia settentrionale e all'Islanda, nel Canale della Manica, nel Mare del Nord e nel Mediterraneo centrale e occidentale.
Caratteristiche: questo pesce gibboso, dal colore nero con riflessi argento, dispone di una pinna caudale marcatamente biforcuta e raggiunge in media circa 50 cm di lunghezza.
Utilizzi: al forno il sapore è particolarmente delicato, le braciole sono decisamente buone alla griglia.

CASTAGNOLA, PESCE CASTAGNA (3)

(Brama japonica)

ing. Pacific pomfret, bigtooth pomfret; fr. castagnole du Pacifique; ted. Pazifische Brachsenmakrele; sp. castañeta del Pacífico, japuta; dan. Pacifisk havbrasen; fin. voikala.

La castagnola vive nel Pacifico settentrionale, dal Giappone al Mare di Bering e a sud fino alle coste della Bassa California.

(1) Il **PESCE CASTAGNA NERO** *(Parastromateus niger)* non è affine al pesce castagna vero e proprio, ma appartiene alla famiglia dei Carangidi. Raggiunge i 75 cm di lunghezza ed è presente in Africa occidentale fino al Giappone e all'Australia.

(2) Il **CARANGO INDIANO** *(Alectis indicus)*, all'estero noto con il nome di *diamond trevally*, si distingue per il corpo alto e la fronte spigolosa. É diffuso nell'Indopacifico e nel Mar Rosso e può raggiungere 1,50 m di lunghezza.

<u>Caratteristiche:</u> può raggiungere i 60 cm di lunghezza e ha un vistoso labbro inferiore.

<u>Utilizzi:</u> la carne, compatta e molto sapida, è buona alla griglia o al forno.

Arripidi *(Arripidae)*

Nonostante siano noti anche con il nome di "salmoni australiani", non hanno nulla a che fare con i salmoni, se non una lontana somiglianza nella forma.

SALMONE AUSTRALIANO *(Arripis trutta)*

ing. Eastern Australian salmon, Pacific salmon; fr. saumon australien; ted. Australischer Lachs; sp. salmón australiano; mi: kahawai.

Il salmone australiano è diffuso dall'Australia meridionale alla Nuova Zelanda.

<u>Caratteristiche:</u> il corpo, dalla forma allungata, è sul dorso di colore verde-blu e più chiaro sul ventre. Questo salmone può raggiungere gli 80 cm di lunghezza.

<u>Utilizzi:</u> la carne, relativamente scura, viene utilizzata soprattutto per preparare conserve. Il pesce ha un sapore un po' forte, ma se preparato alla griglia (precedentemente marinato in olio, limone, sale e aglio), affumicato o al forno è buono.

SALMONE DI GEORGIA *(Arripis georgianus)*

ing. Australian herring, Australian salmon; fr. saumon de Georgie; ted. Georgia-Lachs, Ruff; sp. salmón de Georgia; Ruff, Tommy Rough (Australia).

Piccole barche, grande freschezza: questo pesce spagnolo arriva direttamente sul mercato o nei vicini ristoranti, subito dopo la pesca.

Il salmone di Georgia è diffuso nell'area meridionale dell'Australia e vive in fitti branchi.

<u>Caratteristiche:</u> raggiunge i 40 cm di lunghezza e 800 g di peso. È verde sul dorso, argento nel ventre.

<u>Utilizzi:</u> la carne ha un sapore molto buono. Poiché ha un alto contenuto di grassi viene cotto soprattutto alla griglia o affumicato. Entrambi questi tipi di preparazione riducono un po' i grassi.

(3) La **CASTAGNOLA** *(Brama japonica)* nelle aree di diffusione si trova spesso in superficie. Si nutre di crostacei, piccoli pesci e calamari e può raggiungere una lunghezza di 60 cm.

(4) La **LAMPUGA** *(Coryphaena hippurus)* vive sempre in mare aperto. È una specie gregaria che vive in piccoli branchi e che, per ragioni non ancora studiate, è spesso vicino a relitti galleggianti. Pratica volentieri la caccia ai pesci volanti, saltando anche fuori dall'acqua.

Lutianidi *(Lutjanidae)*

La famiglia dei Lutianidi comprende circa 185 specie, diffuse in tutti i mari subtropicali. Questi pesci predatori conquistano il proprio cibo con attacchi improvvisi. I Lutianidi hanno carne di eccellente qualità. Tuttavia talvolta dopo il consumo si è vittime dell'intossicazione detta ciguatera, provocata da una serie di tossine. L'intossicazione è causata da veleni di particolari alghe di cui si nutrono i pesci e accumulatisi nella catena alimentare. Nei pesci predatori la concentrazione di sostanze tossiche può essere molto elevata. Le alghe tossiche sono presenti in tutti i mari caldi, ma soprattutto in Madagascar, alle Seychelles e nei Caraibi. Il veleno è insapore ed è termoresistente. Tuttavia la presenza delle alghe e dell'avvelenamento è stagionale e limitata geograficamente. In caso di pesce importato il pericolo è limitato poiché nei luoghi di provenienza la pesca è proibita nei periodi e nelle aree a rischio. Prestare attenzione ai pesci pescati privatamente e al pesce offerto sul posto.

La sottile differenza

Red snapper e lutiano rosso non sono identici: ciò che si acquista negli Stati Uniti per *red snapper*, è, da un punto di vista zoologico, un *Lutjanus campechanus.*

LUTIANO ROSSO (1) *(Lutjanus campechanus)*

ing. northern red snapper; fr. vivaneau rouge, vivaneau campèche; ted. Red Snapper; sp. pargo del Golfo; guachinango del Golfo (Messico).

Il lutiano rosso viene pescato nell'Atlantico nordoccidentale dalla Carolina al Messico.
Caratteristiche: ha una testa triangolare con una bocca molto profonda.
Utilizzi: questo pesce, molto apprezzato in gastronomia, ha carne bianca e solo poche, grandi lische. Si adatta a tutti i tipi di cottura ed è buono da preparare con ripieni.

LUTIANO INDOPACIFICO *(Lutjanus malabaricus)*

ing. malabar blood snapper, saddletail snapper; fr. vivaneau malabar; ted. Malabar-Schnapper; sp. pargo malabárico; hamrah (Arabien).

Il lutiano indopacifico viene pescato nel Golfo Persico e in Australia fino allo zoccolo settentrionale. L'area di diffusione si estende da oriente fino alla Melanesia e al Giappone.
Caratteristiche: ha una pinna dorsale lunga fino alla coda. Gli esemplari giovani sono contraddistinti da una fascia bruna che si estende dalla mascella inferiore alla pinna caudale.
Utilizzi: in padella, alla griglia e bollito.

LUTIANO IMPERIALE *(Lutjanus sebae)*

ted. Kaiser-Schnapper; Red Emperor (Australia); Emperor Snapper (Sudafrica); Bourgeois (Seychelles).

Il lutiano imperiale è il lutiano dell'Indopacifico più importante dal punto di vista economico. È particolarmente frequente nelle coste dell'Australia.
Caratteristiche: esteticamente e per qualità della carne è simile al lutiano rosso, ma può raggiungere la lunghezza di 1 m. Le dimensioni di mercato sono di gran lunga inferiori.
Utilizzi: la carne bianca e molto sapida è buona in padella e alla griglia.

CUBERA *(Lutjanus cyanopterus)*

ted. Cubera Snapper; sp. pargo cubera, guasinuco.

(1) Il **LUTIANO ROSSO** *(Lutjanus campechanus)* negli Stati Uniti è il lutiano più ricercato. Si trova sul mercato con un peso di circa 3 kg ed è costoso come la leccia stella.

(2) L'**AZZANNATORE ROSSO** *(Lutjanus bohar)* è diffuso dal Mar Rosso fino ai Mari del Sud e ha molti nomi regionali, a dimostrazione del valore di questo pesce in gastronomia.

La cubera è diffusa dalle coste statunitensi dell'Atlantico attraverso il Golfo del Messico e i Caraibi fino all'Amazzonia.

<u>Caratteristiche</u>: la cubera in Venezuela è la più grande rappresentante della famiglia, con un peso massimo di 40 kg e una lunghezza di 1,60 m.

<u>Utilizzi</u>: buona in padella e alla griglia.

AZZANNATORE ROSSO (2) *(Lutjanus bohar)*

ing. red bass, twin spot snapper; fr. vivaneau chien rouge; ted. Doppelfleck-Schnapper; bohar (Arabia); vara vara (Seychelles).

È presente dal Mar Rosso ai Mari del Sud.

<u>Caratteristiche</u>: gli esemplari giovani sono caratterizzati da due macchie chiare che li distinguono da quelli adulti.

<u>Utilizzi</u>: è ottimo soprattutto in padella. Nella regione di diffusione orientale (Isole dei Mari del Sud) sussiste il rischio di intossicazione da ciguatera.

SILK SNAPPER *(Lutjanus vivanus)*

ing. silk snapper, Westindian snapper; fr. vivaneau soie; ted. Seiden-Schnapper; sp. pargo de lo alto; sv. sidensnapper.

Questa specie è diffusa nell'Atlantico occidentale dalle Bermudas e Carolina del Nord fino al Brasile.

<u>Caratteristiche</u>: è un pesce che vive in acque profonde, di medie dimensioni, di colore rosa-rosso, simile al lutiano rosso, ma con sottilissime strisce longitudinali gialle.

<u>Utilizzi</u>: è ottimo in padella e alla griglia. Anche questa specie ha già provocato intossicazioni da ciguatera.

Sono pesci buoni da mangiare anche il **lutiano** (3) *(Lutjanus sanguineus)*, il **lutiano verde** (4) *(Aprion virescens)*, il **lutiano argentato** (5) *(Aphareus rutilans)*, la **rabirrubia** (6) *(Ocyurus chrysurus)* e il **pargo criollo** *(Lutjanus analis)*, di color rosso-arancio e con dorso color verde oliva.

(3) Il **LUTIANO** *(Lutjanus sanguineus)* è presente nell'area occidentale dell'Oceano Indiano e giunge fino a noi col nome spagnolo *bordomar*. La carne è eccellente.

(4) Il **LUTIANO VERDE** *(Aprion virescens)* è commercializzato localmente dall'Africa orientale fino ai Mari del Sud. Il nome commerciale in caso di importazione è *job gris*, o, talvolta, *green jobfish*.

(5) Il **LUTIANO ARGENTATO** *(Aphareus rutilans)* viene chiamato anche *job jaune*, *rusty jobfish* o *vivaneau Rouillé*. È diffuso dall'Africa orientale fino ai Mari del Sud.

(6) La **RABBIRUBIA** *(Ocyurus chrysurus)* viene chiamata sul mercato *yellowtail* snapper, e nei territori ispanofoni *rabirrubia*, come in italiano. È diffusa dal Massachusetts fino al Brasile.

Centracantidi *(Centracanthidae)*

La famiglia dei Centracantidi si caratterizza per una mascella inferiore prominente e per la presenza di una macchia scura rettangolare al centro dei fianchi.

ZERRO *(Spicara smaris e Spicara maena)*

ing. picarel; fr. mendole, picarel; ted. Schnauzenbrassen; sp. chucla; port. trombeiro; croat. gera, tragalj; gr. marida; tur. izmarit.

La diffusione dello zerro si limita al Mar Mediterraneo e al contiguo Atlantico (Portogallo, Isole Canarie). Si trova raramente sul mercato.

Sottigliezze regionali

Nella Germania settentrionale e centrale, il pagello viene chiamato col nome maschile *der Brassen*, che nel sud, in Austria e in Svizzera diventa femminile, *die Brasse*. Si può dire che il pagello, nelle aree germanofone, ha un "gemello monozigote". Lo stesso avviene con il nome *Brachsen* (in italiano, abramide).

Caratteristiche: lo zerro è simile alla perchia. La pinna dorsale, che attraversa tutto il corpo, è munita anteriormente di raggi spinosi mentre nell'area posteriore presenta raggi molli. Caratteristico è il muso, molto prominente. Il corpo è rivestito di squame e presenta una livrea argentea con una macchia nera al centro, sopra all'estremità delle pinne pettorali. Raggiunge al massimo 25 cm di lunghezza.

Utilizzi: ha un sapore delicato, specialmente cotto in padella, ma è necessario dapprima squamarlo.

SALPA (1) *(Sarpa salpa)*

ing. salema; fr. saupe; ted. Goldstriemen; sp. salema; port. salema; croat. salpa; gr. salpa; ol. gestreepte bokvis; tur. çitarı.

L'area di diffusione della salpa si estende dalla Biscaglia fino al Sudafrica, incluso tutto il Mediterraneo. Caratteristiche: la salpa è molto più gibbosa rispetto alla boga. Segno distintivo è la presenza di 11 striature dorate longitudinali sui fianchi. Questo pesce può raggiungere i 45 cm di lunghezza, ma di solito misura circa 30 cm.
Utilizzi: la carne, piuttosto molle, non resiste molto al trasporto e di conseguenza viene servita soprattutto localmente, cotta alla griglia.

BOGA (2) *(Boops boops)*

ing. bogue; fr. bogue; ted. Gelbstriemen; sp. boga; port. boga do mar; croat. bukva, sivac; gr. gopa; nor. okseøyefisk; ol. bokvis; tur. kupez, istrongiloz.

L'area di diffusione principale della boga si estende dal Canale della Manica all'Angola. È rara nel Mare del Nord mentre si trova di frequente nel Mediterraneo. Nell'Atlantico occidentale popola le acque del Golfo del Messico e dei Caraibi. È spesso disponibile nei mercati delle aree mediterranee e si trova regolarmente anche in Germania.
Caratteristiche: la boga è meno gibbosa rispetto agli altri Centracantidi. La struttura e la disposizione delle pinne è simile a quella dello zerro. Si distingue, però, per la presenza di 3-5 striature dorate longitudinali sui fianchi argentati. Può raggiungere i 35 cm di lunghezza, ma solitamente non supera i 20 cm.
Utilizzi: si consiglia di squamarla con delicatezza, altrimenti diventa poltiglia. La carne bianca è gustosa, soprattutto cotta in padella.

Sparidi *(Sparidae)*

La famiglia degli Sparidi comprende circa 100 specie diffuse in tutti i mari temperati e tropicali. Alcuni Sparidi vivono da soli in acque dolci e salmastre, ma molti vivono in fitti branchi nelle aree litoranee. Nel Mediterraneo sono presenti oltre 20 specie.
La maggior parte degli Sparidi ha una carne prelibata, molto apprezzata in cucina e buona soprattutto in padella o alla griglia. In caso di cottura alla griglia, si consiglia sempre di utilizzare un po' d'olio per evitare che la carne diventi troppo asciutta. Gli esemplari più grandi sono buoni anche al forno.

(1) La **SALPA** *(Sarpa salpa)*, molto comune nel Mediterraneo, è un pesce dalla carne di media qualità. Si distingue dalle 11 striature dorate longitudinali presenti sui fianchi.

PAGRO DENTICE (3) *(Pagrus pagrus)*

ing. seabream; fr. pagre; ted. Sackbrassen; sp. pargo; port. pargo legítimo; croat. pagar; gr. fangrí; tur. mercan.

Il pagro dentice è diffuso dalla Biscaglia fino al Senegal, Mediterraneo incluso. Si trova spesso sul mercato ed è importato regolarmente.

Caratteristiche: il pagro dentice, a causa del colore rosa che lo caratterizza, viene spesso confuso con il fragolino, ma si distingue da quest'ultimo per una forma del corpo molto più arcuata. Inoltre, non presenta la macchia alla base della pinna pettorale e si distingue per la punta della pinna caudale chiara. Può raggiungere al massimo 75 cm di lunghezza, ma solitamente non supera i 30-35 cm. Il livello qualitativo è lo stesso del fragolino.

Utilizzi: la carne delicata è particolarmente gustosa cotta in padella, alla griglia o al forno.

FRAGOLINO (4) *(Pagellus erythrinus)*

ing. pandora; fr. pageot; ted. Rotbrassen; sp. breca; port. bica; croat. rumenac; gr. lethrini; nor. rødpagell; ol. rode zeebrasem; sv. rödpagell; tur. mercan.

Il fragolino popola le acque dalla Biscaglia fino alle Canarie e il Mar Mediterraneo. Vive nelle vicinanze del fondale. Viene pescato soprattutto nel Mediterraneo, dove è regolarmente disponibile sul mercato.

Caratteristiche: il fragolino è relativamente gibboso e completamente di colore rosa. Alla base della pinna pettorale è presente una macchia color rosso intenso. La lunghezza può raggiungere i 60 cm, ma solitamente è inferiore ai 25 cm.

Utilizzi: grazie alla sua carne delicata e compatta, rappresenta uno dei pesci più gustosi della famiglia dei Centracantidi. È ottimo per la preparazione di zuppe oppure bollito e cotto in padella. In caso di cottura alla griglia, occorre pennellarlo con olio.

PAGELLO MAFRONE (5) *(Pagellus acarne)*

ing. axillary sea bream; fr. pageot acarné; ted. Achselfleck-Brassen; sp. aligote; port. besugo; dan. akarnisk blankesten; gr. murmuli; ol. zeebrasem; tur. kırma mercan.

Il pagello mafrone è diffuso dalla Biscaglia fino al Senegal ed è presente anche nel Mediterraneo. È spesso disponibile sui mercati delle regioni mediterranee.

Caratteristiche: rispetto al fragolino è meno arcuato e presenta alla base della pinna pettorale una macchia scura leggermente spostata verso l'alto. La livrea tende più al grigio che al rosa. Raggiunge circa 35 cm di lunghezza.

Utilizzi: la carne, di media qualità, è simile a quella del fragolino. È preferibile cuocerla in padella, perché bollita o al vapore diventa stopposa.

OCCHIALONE *(Pagellus bogaraveo)*

ing. blackspot sea bream; fr. dorade rose; ted. Graubarsch, Seekarpfen; sp. besugo; port. goraz; dan. spidstandet blankesten; gr. kefalas; ol. zeebrasem.

(2) La **BOGA** *(Boops boops)* è consigliata soprattutto fresca e coi suoi 300 g di peso, è ideale come monoporzione.

(3) Il **PAGRO DENTICE** *(Pagrus pagrus)* ha una carne delicata. Qualitativamente è paragonabile al fragolino.

(4) Il **FRAGOLINO** *(Pagellus erythrinus)* ha carne gustosa e compatta, adatta al trasporto.

(5) Il **PAGELLO MAFRONE** *(Pagellus acarne)* non è disponibile sul mercato così di frequente come le altre specie.

L'occhialone è diffuso dalla Norvegia a Capo Blanco in Mauritania. È molto comune nel Mediterraneo occidentale, mentre si trova solo raramente nel Mediterraneo orientale.

Caratteristiche: il segno distintivo rispetto alle altre specie affini è la presenza di una macchia scura nella parte anteriore della linea laterale. La livrea è grigia con riflessi rosa. Può raggiungere i 70 cm di lunghezza, ma di solito è notevolmente più piccolo.

Utilizzi: rende al meglio cotto in padella. La carne è simile a quella del pagello mafrone.

ORATA *(Sparus aurata)*

ing. gilthead seabream; fr. dorade royale; ted. Goldbrassen; sp. dorada; port. dourada; croat. lovrata; gr. tsipura; ol. goadbrasem; tur. çipura.

L'orata è diffusa dalle Isole Britanniche fino a Capo Verde e nel Mediterraneo. Viene pescata nel Mediterraneo con reti da posta o ami. Si trova regolarmente sui nostri mercati.
Caratteristiche: deve il nome alla fascia dorata con contorno scuro che si estende dalla fronte fino agli occhi. All'estremità anteriore della linea laterale è presente una macchia scura che interessa anche l'opercolo. L'orata può raggiungere i 70 cm, ma di solito è lunga circa 35 cm.
Utilizzi: ideale in padella e alla griglia.

SARAGO *(Diplodus sargus)*

ing. white seabream; fr. sar commun; ted. Geißbrassen; sp. sargo; port. sargo legítimo; gr. sargós; tur. karagöz.

Il sarago è diffuso dalla Biscaglia fino a Capo Verde ed è presente anche nel Mediterraneo.
Caratteristiche: ha una macchia nera alla base della coda e alcune sottili fasce oblique scure sui fianchi. Questo pesce può raggiungere i 45 cm di lunghezza, ma di solito è lungo solo 30 cm circa.
Utilizzi: in padella o alla griglia, spennellata con olio per evitare che la carne diventi troppo asciutta.

SARAGO PIZZUTO *(Diplodus puntazzo)*

ing. sharpsnout seabream; fr. sar à museau pointu; ted. Spitzbrassen; sp. sargo picudo; port. sargo bicudo; gr. úgena mitáchi; tur. sivriburun karagöz.

Il sarago pizzuto vive nelle acque dell'Atlantico orientale, del Mediterraneo e del Mar Nero.
Caratteristiche: è caratterizzato da un muso prominente e appuntito e fasce scure oblique sui fianchi. La base della coda presenta una macchia scura. Può raggiungere una lunghezza di 60 cm, ma solitamente non supera i 25-30 cm.
Utilizzi: la sua carne, tenera e delicata, in Italia è molto apprezzata cotta in padella o al forno.

SPARAGLIONE *(Diplodus annularis)*

ing. annular seabream; fr. sparaillon commun; ted. Ringelbrassen; sp. raspallón; port. sargo alcorraz; croat. špar, kolorep; gr. sparos; tur. karagöz.

Lo sparaglione è diffuso nel Mediterraneo, nel Mar Nero e nell'attiguo Atlantico.
Caratteristiche: può raggiungere i 25 cm di lunghezza, ma solitamente non supera i 15 cm. È più gibboso che l'occhiata.
Utilizzi: è ottimo soprattutto in padella.

Fa parte della stessa famiglia anche il **sarago fasciato (1)** *(Diplodus vulgaris)*, adatto a metodi di cottura a fuoco vivace, come in padella e alla griglia.

OCCHIATA (2) *(Oblada melanura)*

ing. saddled bream; fr. oblade; ted. Oblada; sp. oblada; port. dobradiça; croat. ušatz; gr. melanuri; ol. oblada; tur. melanurya.

L'occhiata è diffusa dalla Biscaglia all'Angola. È molto comune nel Mar Mediterraneo, mentre è più rara nel Mar Nero.

(1) Il **SARAGO FASCIATO** *(Diplodus vulgaris)* è un pesce con carne di media qualità. È buono soprattutto in padella e alla griglia.

(2) L'**OCCHIATA** *(Oblada melanura)* ha forma arcuata e si distingue per la macchia scura con contorno chiaro che precede la pinna caudale. La carne si sposa bene con spezie forti.

(3) La **MORMORA** *(Lithognathus mormyrus)* è uno degli Sparidi più comuni. Si nutre di piccoli crostacei e molluschi. La carne è di media qualità.

Caratteristiche: questa specie, dal corpo non molto arcuato, può raggiungere 30 cm di lunghezza, ma di solito non supera i 20 cm.

Utilizzi: è ideale in padella o alla griglia e si sposa bene anche con spezie forti.

DENTICE *(Dentex dentex)*

ing. dentex; fr. denté; ted. Zahnbrassen; sp. dentón; port. capatão legítimo; croat. zubatac; gr. sinagrida; ol. tandbrasem; tur. sinarit.

Il dentice è diffuso dalla Biscaglia fino al Senegal ed è presente anche nel Mediterraneo. È disponibile solo sporadicamente.

Caratteristiche: la specie deve il suo nome alla robusta dentatura che la contraddistingue. Gli esemplari medi sono di colore rosa mentre i più anziani grigio-blu. Con 1 m di lunghezza, la specie rappresenta uno dei più grandi Centracantidi delle acque europee.

Utilizzi: è ottimo in padella, alla griglia e al forno.

MORMORA (3) *(Lithognathus mormyrus)*

ing. striped seabream; fr. marbré; ted. Marmorbrassen; sp. herrera; port. ferreira; croat. kopač; gr. murmura; tur. çizgili mercan.

È diffusa dalla Biscaglia al Sudafrica, nel Mediterraneo, nel Mar Rosso e nell'Oceano Indiano sudoccidentale.

Caratteristiche: presenta 14-15 fasce oblique scure. Può raggiungere i 55 cm di lunghezza, ma solitamente non supera i 25 cm.

Utilizzi: la sua carne, compatta e di colore grigio, è buona in padella, alla griglia e al forno.

CANTARA (4) *(Spondylosoma cantharus)*

ing. black seabream; fr. dorade grise; ted. Streifenbrassen; sp. chopa; port. choupa; croat. kantar; dan. havsrude; gr. scathari; nor. havkaruss; sv. havsruda; tur. sarıgöz.

La cantara è diffusa dalla Norvegia centrale all'Angola. Nell'area mediterranea si trova regolarmente sul mercato.

Caratteristiche: questo pesce, arcuato e con livrea blu-verde, presenta sui fianchi righe dorate, per lo più interrotte. Può raggiungere i 60 cm di lunghezza.

Utilizzi: è buona in padella e cotta intera alla griglia.

Nelle aree intorno al Sudafrica, gli Sparidi, ad esempio i **pagri testatonde** *(Rhabdosargus globiceps)*, sono ritenuti pesci dal sapore delicato. Gli esemplari che si trovano sul mercato misurano solitamente 35 cm di lunghezza per 750 g di peso. Di eccellente qualità è anche il **pagro soldato** (5) *(Argyrops spinifer)*, diffuso nell'Indopacifico dal Mar Rosso e dalle coste orientali dell'Africa fino all'Australia. Significativo per il mercato degli Stati Uniti è il **sarago americano** (6) *(Archosargus probatocephalus,* ing. *sheepshead)*, pescato lungo le coste atlantiche degli Stati Uniti dalla Terranova alla Florida. Grazie al morso potente che lo contraddistingue, stritola ostriche, molluschi e lumache. I filetti sono disponibili sul mercato anche surgelati. Un rappresentante particolarmente raffinato delle coste settentrionali degli Stati Uniti è lo *scup (Stenotomus chrysops)*, reperibile sul mercato con un peso che raggiunge 1 kg e adatto a tutti i tipi di cottura. Ha poche e grandi lische, per cui è molto facile da preparare.

(4) La **CANTARA** *(Spondylosoma cantharus)* non è il rappresentante di punta della specie, tuttavia è buona cotta intera alla griglia.

(5) Il **PAGRO SOLDATO** *(Argyrops spinifer)* si distingue facilmente grazie ai lunghi raggi delle pinne dorsali. La carne è buonissima, specialmente alla griglia.

(6) Il **SARAGO AMERICANO** *(Archosargus probatocephalus)* è molto apprezzato negli Stati Uniti per la carne bianca, asciutta e gustosa.

(1) Il **GRUGNITORE BIANCO** *(Haemulon plumieri)* è il rappresentante più comune della famiglia. È commercializzato soprattutto fresco ed è allevato con successo anche in cattività.

Pomadasidi o grugnitori *(Pomadasyidae)*

La famiglia dei Pomadasidi o grugnitori (ing. *grunts*) è caratterizzata da una buona qualità della carne. Le specie appartenenti a questa famiglia vivono nei mari tropicali e subtropicali. Di colore particolarmente vivace, i grugnitori si concentrano soprattutto nelle barriere coralline.

Il nome di questi pesci deriva dal verbo "grugnire". Infatti, non appena fuoriescono dall'acqua, producono con i denti un verso che ricorda molto un grugnito.

GATERINO DELLE VERGINI

(Anisotremus virginicus)

ing. porkfish; fr. daurade américaine, poisson cochon; ted. Schweinsfisch; sp. dorada americana, burro catalina.

Il gaterino delle vergini è diffuso nell'Atlantico occidentale dalle Bermuda e dalla Florida fino al Brasile.

<u>Caratteristiche</u>: è il miglior grugnitore in assoluto. Raggiunge circa 40 cm di lunghezza, possiede carne candida e può raggiungere il peso di 1 kg.

<u>Utilizzi</u>: gli esemplari piccoli sono ideali per preparare *bouillabaisse* o altre zuppe. Nelle Antille francesi è molto apprezzato nel *blaff*, una zuppa creola.

GRUGNITORE BIANCO (1) *(Haemulon plumieri)*

ing. white grunt; fr. gorette blanche; ted. Weißer Grunzer; sp. ronco margariteño, ronco arara.

Il grugnitore bianco è presente lungo le coste atlantiche degli Stati Uniti, dal Maryland verso il sud fino al Brasile, Mar dei Caraibi e Antille inclusi.

<u>Caratteristiche</u>: il colore di base può variare, ma di solito è giallastro. Segno distintivo è la presenza di fasce longitudinali blu sulla testa. Il grugnitore bianco può raggiungere i 50 cm di lunghezza.

<u>Utilizzi</u>: gli esemplari piccoli sono adatti a zuppe e minestroni; quelli più grandi sono squisiti alla griglia.

Altri delicati grugnitori da prendere in considerazione sono il **grugnitore dipinto** (2) *(Diagramma pictum)* e l'**emulide** (3) *(Haemulon sciurus)*.

(2) Il **GRUGNITORE DIPINTO** *(Diagramma pictum)* viene importato dalle Seychelles e quindi commercializzato in alcuni paesi con il nome di *capitaine du port*. Si presta a tutti i tipi di preparazione.

(3) L'**EMULIDE** *(Haemulon sciurus)* è diffuso nelle stesse regioni del corrispettivo grugnitore bianco, da cui si distingue per la presenza di striature blu. È un buon pesce da grigliata.

Letrinidi *(Lethrinidae)*

La famiglia dei Letrinidi è diffusa nell'Indopacifico ed è molto apprezzata gastronomicamente.

PESCE IMPERATORE *(Lethrinus microdon)*

ing. smalltooth emperor; fr. empereur tidents, capitaine gueule longue; ted. Spitzkopf-Straßenkehrer; sp. emperador boquidulce; khutam, sheiry (Arabia); long-nosed emperor (Papua Nuova Guinea).

Il pesce imperatore è molto diffuso nell'Indopacifico ed è presente anche nel Mar Rosso, nel Golfo Persico e nell'Africa orientale fino a Sri Lanka e Papua Nuova Guinea.

Caratteristiche: la livrea è grigio-blu o marrone e presenta spesso macchie scure irregolari. Raggiunge gli 80 cm di lunghezza e 5 kg di peso.
Utilizzi: adatto a tutti i tipi di preparazione.

LETRINIDE ORNATO, IMPERATORE IRIDESCENTE (4) *(Lethrinus nebulosus)*

ing. bluescale emperor; fr. capitaine rouge, écrivain; ted. Blauschuppen-Straßenkehrer; sp. emperador relámpago; af: blue keiser.

Il letrinide ornato è diffuso dal Mar Rosso fino a Samoa.
Caratteristiche: il colore della livrea è verdastro, con squame caratterizzate da linee blu, soprattutto nell'area della testa. Raggiunge circa 85 cm di lunghezza.
Utilizzi: ideale da cuocere al forno.

Sempre dalle Seychelles giunge fino a noi un altro tipo di **pesce imperatore** (5) *(Gymnocranius robinsoni)*.

Scienidi *(Sciaenidae)*

Sono pesci predatori molto soggetti a parassiti quali, ad esempio, i trematodi. Tuttavia, se il pesce non viene consumato crudo, come nel caso del *sashimi*, non è pericoloso. Per questo motivo è consigliabile optare per la cottura del pesce e, in caso di affumicatura, prediligere quella a caldo.

CORVINA *(Sciaena umbra)*

ing. brown meagre; fr. corb commun; ted. Meerrabe; sp. corvallo; port. roncadeira preta; croat. skrap; gr. skios; ol. zeeraaf; tur. işkine.

La corvina è diffusa dal Canale della Manica al Senegal. Il suo areale include il Mar Mediterraneo e il Mar Nero.
Caratteristiche: dispone di una pinna dorsale che percorre tutto il corpo, nettamente suddivisa in due da una profonda incisura. La mascella inferiore non presenta barbigli. La livrea è di colore blu-grigio, più chiara nell'area ventrale.
Utilizzi: si adatta a tutti i tipi di preparazione.

OMBRINA INDOPACIFICA *(Protonibea diacanthus)*

ing. blackspotted croaker, speckled drum; fr. courbine pintade; ted. Spotted Croaker; sp. corvina pintada.

L'ombrina indopacifica vive nelle acque calde dell'Atlantico occidentale e dell'Indopacifico.
Caratteristiche: può raggiungere 1,50 m di lunghezza e in Asia è considerata il miglior Scienide.
Utilizzi: la carne dell'ombrina indopacifica si presta a tutti i tipi di preparazione.

Pesce o maiale?

Il gaterino delle vergini è un tipico rappresentante della famiglia dei grugnitori: appena esce dall'acqua emette un verso che ricorda molto un grugnito.

(4) Il **LETRINIDE ORNATO** *(Lethrinus nebulosus)* è il più diffuso rappresentante della famiglia ed è la specie più grande del genere. Ideale da cuocere al forno.

(5) Il **PESCE IMPERATORE** *(Gymnocranius robinsoni)* è un pesce di scogliera molto gustoso. La carne, bianca e tenera, è adatta a tutti i tipi di preparazione. Viene esportato anche col nome di *capitaine blanc*.

BOCCA D'ORO (1) *(Argyrosomus regius)*

ing. meagre; fr. maigre; ted. Adlerfisch; sp. corvina; port. corvina legítima; croat. sjenka; dan. ørnefisk; gr. aetos, kranios; nor. ørnefisk; ol. ombervis; sv. havsgös; tur. sarıağız.

La bocca d'oro è diffusa dalle coste della Norvegia meridionale fino al Congo, nel Mediterraneo e in parte del Mar Nero.

Caratteristiche: può raggiungere i 2 m di lunghezza e ha la stessa struttura della pinna dorsale della corvina. Non è, però, così gibbosa. Un infallibile segnale di freschezza è, in questo pesce, il colore giallo-arancio dell'interno della cavità orale. Questo colore diventa rapidamente bluastro e successivamente grigio.

Utilizzi: la sua carne tenera è adatta a tutti i tipi di preparazione. Per non coprirne il sapore delicato, si consiglia di non speziarlo troppo.

OMBRINA (2) *(Umbrina cirrosa)*

ing. shi drum; fr. ombrine; ted. Bartumber; sp. verrugato; port. calafate de riscas; croat. kurjal; gr. mylokopi; ol. gestreepte ombervis; tur. kötek.

Suonatori di tamburo

Gli Scienidi sono noti anche col nome di *Drummer* perchè, con l'ausilio della vescica natatoria e di speciali muscoli, producono suoni potenti simili a quelli di un tamburo.

L'ombrina è diffusa dalla Biscaglia fino al Senegal ed è presente anche nel Mediterraneo e nel Mar Nero.

Caratteristiche: l'ombrina è provvista di un barbiglio sulla mascella inferiore. La livrea è argento scuro, il dorso è percorso da linee scure trasversali. La lunghezza massima è di 1 m, ma di solito misura circa 60 cm.

Utilizzi: è adatta a tutti i tipi di preparazione, soprattutto alla cottura a vapore e al forno.

CORVINA STRIATA (3) *(Leiostomus xanthurus)*

ing. spot, spot croaker; fr. tambour croca; ted. Zebra-Umberfisch, Punkt-Umberfisch; sp. verrugato croca.

La corvina striata è comune soprattutto nell'Atlantico occidentale. In estate e autunno ne vengono pescate grandi quantità tra la Delaware Bay e la Georgia.

Caratteristiche: nonostante una maggiore gibbosità, non è distinguibile dall'ombrina americana. La macchia dietro all'opercolo, però, fa la differenza.

Utilizzi: la corvina striata possiede una carne eccellente. Una ricetta molto apprezzata in Virginia è il *panfried spot* (corvina fritta in padella) con rosmarino.

AGUGLIA AMERICANA *(Micropogonias undulatus)*

ing. Atlantic croaker, crocus; fr. tambour du Brésil; ted. Westatlantischer Umberfisch; sp. corvinón brasileño.

L'aguglia americana rappresenta il pesce di maggior importanza commerciale delle coste del Nordamerica e del Sudamerica.

Caratteristiche: è più affusolata della corvina striata e presenta una pinna caudale convessa. In media raggiunge il peso di circa 1 kg.

Utilizzi: la carne è di buona qualità. È buona in padella e alla griglia. I filetti degli esemplari più grandi sono adatti alla preparazione di stufati.

OMBRINA NERA (4) *(Pogonias cromis)*

ing. black drum, sea drum; fr. grand tambour, grondeur noir; ted. Scharzer Umberfisch, Trommelfisch; sp. corvinón negro.

L'ombrina nera è il più grande scienide dell'Atlantico occidentale e viene pescato da Cape Cod fino all'Argentina.

Caratteristiche: può raggiungere un peso di 50-60 kg, ma il peso degli esemplari in vendita sul mercato oscilla solo tra i 5 e i 10 kg.

Utilizzi: la carne, bianca e aromatica, si presta a tutti i tipi di cottura. Gli esemplari più grandi sono ottimi per preparare i *chowder* (zuppe di pesce).

OMBRINA OCELLATA *(Sciaenops ocellatus)*

ing. red drum, channel bass; fr. tambour rouge; ted. Roter Umberfisch, Augenfleck-Umberfisch; sp. corvinón ocelado, pescado colorado.

L'ombrina ocellata viene pescata lungo le coste dal New England al Messico.

Caratteristiche: è la seconda per dimensioni e allo stesso tempo la migliore della famiglia. È disponibile sul mercato con un peso che oscilla tra i 2 e i 3 kg.

Utilizzi: questo pregiato pesce vanta una carne aromatica, compatta e tenera. È ottimo soprattutto in padella e alla griglia.

OMBRINA DENTATA (5) *(Cynoscion nebulosus)*

ing. spotted sea trout, spotted weakfish; fr. acoupa pintade; ted. Gefleckter Umberfisch; sp. corvinata pintada, trucha de mar.

L'ombrina dentata è diffusa da New York fino al Golfo del Messico. La denominazione inglese di *spotted sea trout* è fuorviante, per quanto, in effetti, sussista una somiglianza puramente esteriore con la trota.

Caratteristiche: l'ombrina dentata raggiunge in media il peso di 1 kg.

Utilizzi: la carne è ottima, ma facilmente deperibile. È semplice da sfilettare e si presta a essere cotta in padella.

Il **whiting** *(Menticirrhus littoralis)* popola le acque che si estendono da Chesapeake Bay fino al Brasile. Altrettanto richiesti sono l'**ombrina americana** *(Menticirrhus americanus)*, pescata da Cape Cod all'Argentina e il **northern kingfish** *(Menticirrhus saxatilis)*. Entrambi possono raggiungere un peso di 1-1,5 kg. La carne, magra, compatta e bianca, è molto gustosa. Lo stesso vale per la **California corbina** *(Menticirrhus undulatus)*, che può raggiungere i 4 kg di peso.

OMBRINA BIANCA *(Atractoscion nobilis)*

ing. white seabass, white weakfish; fr. acoupa blanc, mamselle mexicaine; ted. Weißer Seebarsch; sp. corvinata blanca.

L'ombrina bianca vive nel Pacifico, dal sud dell'Alaska fino alla Bassa California.

Caratteristiche: può raggiungere 1,65 m di lunghezza e un peso di 40 kg.

Utilizzi: la sua carne, bianca e delicata, si presta a tutti i tipi di cottura.

Specie affini, altrettanto richieste, provenienti dal Pacifico sono il **white croaker** *(Genyonemus lineatus)*, con carne relativamente bianca, e il **yellowfin croaker** *(Umbrina roncador)*. Entrambi sono disponibili sul mercato con un peso medio di 1 kg e sono buoni cotti in padella.

(1) La **BOCCA D'ORO** *(Argyrosmus regius)* in francese *maigre*, è molto apprezzata in Francia. La sua carne tenera ha un aroma delicato ed è disponibile sul mercato sia fresca che surgelata, ma solo raramente in Germania.

(2) L'**OMBRINA** *(Umbrina cirrosa)* appartiene propriamente alla famiglia degli Scienidi, ma, contrariamente alla bocca d'oro e ad altre specie, presenta un barbiglio sulla mascella inferiore, da cui deriva il nome tedesco *Bartumber*, ombrina barbuta. Inoltre, dispone di una lunga pinna dorsale che percorre il corpo, la cui parte anteriore è molto più alta della posteriore, e da questa separata da una netta incisura. È indicata per ogni tipo di preparazione, ma è particolarmente buona al vapore o al forno.

(3) La **CORVINA STRIATA** *(Leiostomus xanthurus)* è molto affine all'ombrina americana, ma è più gibbosa e presenta una macchia scura dietro all'opercolo. La carne ha un sapore eccellente.

(4) L'**OMBRINA NERA** *(Pogonias cromis)* viene pescata da Cape Cod all'Argentina. Grazie alle dimensioni che la caratterizzano, è facile da preparare. La si acquista solo in filetti privi di lische o tranci.

(5) L'**OMBRINA DENTATA** *(Cynoscion nebulosus)* è un pesce eccellente, facile da sfilettare. È facilmente deperibile, per cui deve essere ben congelata e consumata rapidamente.

Mullidi *(Mullidae)*

I Mullidi sono pesci di fondale che vivono nei mari temperati e tropicali. Solitamente si spostano in piccoli branchi. Dall'autunno a primavera vivono a grandi profondità, in estate prediligono le aree costiere ed è possibile trovarli anche in acque salmastre. Il mento è provvisto di due lunghi barbigli forcuti, dotati di organi tattili e gustativi utili per il procacciamento del cibo. Questi barbigli possono essere estesi in avanti e ritratti all'indietro. Già all'epoca dei greci e dei romani i Mullidi erano pesci molto apprezzati in cucina ed estremamente costosi. La carne bianca è delicata e presenta solo qualche lisca.

Ben equipaggiati

Chi vive a grandi profondità o nelle torbide acque salmastre ha bisogno di efficaci accessori che fungano da ausilio alla vista. I Mullidi dispongono di due lunghi barbigli forcuti con funzione soprattutto di organo tattile e gustativo.

TRIGLIA DI FANGO (2) *(Mullus barbatus)*

ing. red mullet; fr. rouget de vase; ted. Rote Meerbarbe; sp. salmonete de fango; port. salmonete da vasa; croat. trlja od blata; gr. kutsomura; ol. zeebarbel; sv. skäggmullus; tur. barbunya.

La triglia di fango è presente raramente nel Mare del Nord, mentre è comune dal Canale della Manica al Senegal. Questa specie dimora anche nel Mar Mediterraneo e nel Mar Nero. Vive su fondali fangosi, a profondità da 10 a 500 m, e scava sul fondo alla ricerca di invertebrati, grazie anche ai barbigli di cui è dotata, che fungono da organi tattili e gustativi. La pesca avviene mediante l'uso di reti da posta. Arriva sui mercati tedeschi solo saltuariamente. Bisogna però sottolineare che si tratta della specie migliore offerta sul mercato.

Caratteristiche: le triglie di fango sono dotate di due corte pinne dorsali, sono appiattite a livello ventrale e dispongono di un paio di lunghi barbigli sulla mascella inferiore. La triglia di fango ha un profilo della testa molto verticale ed è totalmente di colore rosso. Le grandi squame vengono rimosse in gran parte dopo la pesca. In questo modo, il colore rosso della pelle viene messo particolarmente in evidenza. La triglia di fango può raggiungere i 30 cm di lunghezza, ma la maggior parte degli esemplari non supera i 20 cm.

Utilizzi: il sapore delicato della sua carne viene esaltato dalla cottura a vapore e dall'aggiunta di succo di limone. La cottura in padella copre leggermente questo gusto delicato.

TRIGLIA DI SCOGLIO (3) *(Mullus surmuletus)*

ing. striped red mullet; fr. rouget de roche; ted. Streifenbarbe; sp. salmonete de roca; port. salmonete legítimo; croat. trlja od kamena; gr. barbouni; nor. mulle; ol. mul; tur. tekir.

L'area di diffusione della triglia di scoglio coincide in linea di massima con quella della triglia di fango. La triglia di scoglio vive a profondità ridotte su fondali rocciosi, ma spesso anche sabbiosi, e in praterie di posidonie. Viene pescata soprattutto con sciabiche da spiaggia e reti da posta ed è regolarmente disponibile sul mercato. Sui mercati tedeschi si trova più di frequente rispetto alla triglia di fango. Viene denominata anche *rouget de roche*.

Caratteristiche: la triglia di scoglio si distingue dalla triglia di fango per il profilo più piatto, per una striatura longitudinale rossa e giallo-marrone e per una fascia longitudinale scura sulla prima pinna dorsale. La lunghezza massima è di 40 cm, ma di solito misura circa 25 cm.

Utilizzi: gli esemplari più gustosi sono i più piccoli, fino a 15 cm di lunghezza. La triglia di scoglio è soprannominata anche "beccaccia di mare" perché caratterizzata da interiora commestibili. Quindi, gli esemplari piccoli possono essere preparati alla griglia o in padella senza essere eviscerati. Sono buoni anche al vapore.

TRIGLIA ATLANTICA *(Pseudupeneus prayensis)*

ing. West-African goatfish; fr. rouget du Sénégal; ted. Stachelbarbe; sp. salmonete barbudo.

L'area di diffusione della triglia atlantica abbraccia le coste atlantiche del Marocco fino all'Angola. Vive in fondali sabbiosi e fangosi a medie profondità. In Africa occidentale viene pescata in grandi quantità mediante l'uso di reti a strascico. La triglia atlantica rappresenta la specie della famiglia maggiormente reperibile sul mercato sotto forma di prodotto surgelato, ma, dal punto di vista culinario, è meno significativa della triglia comune.

Caratteristiche: la robusta spina presente sul margine posteriore dell'opercolo la distingue dalle altre specie della famiglia dei Mullidi. Il profilo è straordinariamente piatto, più piatto ancora di quello della triglia di scoglio. Caratteristica è anche la livrea che si distingue per la presenza di 3-4 linee longitudinali rosse. La lunghezza massima è di 55 cm, ma di solito misura circa 30 cm.

Utilizzi: poiché la carne non è molto tenera, si consiglia di prepararla in padella.

TRIGLIA MACCHIATA (1) *(Pseudupeneus maculatus)*

ing. spotted goatfish, goat mullet; fr. rouget-barbet tacheté, barbaray rouge; ted. Gefleckte Meerbarbe, Gefleckter Ziegenfisch; sp. salmonete manchado, salmonete colorado; port. canaiú, beija-moça; dan. plettet mulle; ol. barbeel; pol. sultanka trójpalma; copper pilot (Barbados); red goatfish (Cuba, Haiti, Martinique).

La triglia macchiata è diffusa lungo le coste atlantiche occidentali, da Cape Cod fino alla Florida ed è presente anche nel Golfo del Messico e a sud fino alle coste del Brasile. Il suo areale include sia il Golfo del Messico che i Caraibi. La triglia macchiata è, in tutte le aree di diffusione, un pesce importante dal punto di vista economico.

Caratteristiche: è facilmente riconoscibile dalle tre macchie scure lungo la linea laterale. Può cambiare il proprio aspetto e, nell'arco di pochi minuti, riesce a produrre una livrea completamente maculata di rosso, da cui il suo nome. Questo pesce, apprezzato in gastronomia, può raggiungere i 30 cm di lunghezza e vive a profondità di fino a 90 m.

Utilizzi: è buono bollito, al vapore e stufato. Sono note occasionali intossicazioni da ciguatera.

(2) La **TRIGLIA DI FANGO** *(Mullus barbatus)* è la più pregiata dei Mullidi. Di solito raggiunge una lunghezza di soli 20 cm circa ed è particolarmente adatta a tipi di preparazione che non ne coprano il sapore delicato, quali, ad esempio, la cottura a vapore.

(3) La **TRIGLIA DI SCOGLIO** *(Mullus surmuletus)* era già celebre in epoca medievale, soprattutto per i bei colori. Si nutre di piccoli crostacei e molluschi che scova sul fondale utilizzando i barbigli.

Cepolidi *(Cepolidae)*

La famiglia dei Cepolidi è caratterizzata da un corpo nastriforme e allungato. Le squame sono piccole e le pinne presentano piccoli raggi spinosi.

CEPOLA (1) *(Cepola macrophthalma)*

ing. red bandfish; fr. cépole; ted. Roter Bandfisch; sp. cepola; port. suspensório; croat. kurdela; gr. kordella; ol. rode bandvis; tur. kurdela.

L'area di diffusione della cepola si estende dalle coste britanniche occidentali fino al Senegal, incluso tutto il Mar Mediterraneo.
Caratteristiche: la specie, dal corpo serpentiforme molto schiacciato lateralmente, può raggiungere i 70 cm di lunghezza.
Utilizzi: la carne, buona e con molte lische, rende al meglio tagliata in tranci e cotta in padella.

Embiotocidi *(Embiotocidae)*

La famiglia è diffusa, in poche specie, lungo le coste del Pacifico settentrionale, dal sud dell'Alaska fino alla Bassa California e alla California meridionale.

WHITE SURFPERCH (2) *(Phanerodon furcatus)*

ing. white surfperch, sea perch; ted. Weißer Brandungsbarsch; dan. hvid braendingsaborre; pol. szumien bialy.

Il *white surfperch* è presente sulle coste del Pacifico, da Vancouver fino alla Bassa California.
Caratteristiche: questo pesce, apprezzato in cucina, può raggiungere i 30 cm di lunghezza. Il colore va dall'argento-bluastro fino al verde oliva, più chiaro nell'area ventrale, talvolta anche con sfumature rosa o gialle. La base della pinna dorsale è attraversata da una sottile linea nera.
Utilizzi: ideale in padella e alla griglia.

Cheilodactilidi *(Cheilodactylidae)*

La famiglia dei Cheilodactilidi è diffusa nelle acque che circondano il Giappone, l'Australia, il Sudafrica e il Sudamerica.

PSEUDOSARAGO *(Nemadactylus macropterus)*

ing. jacksass fish, silver bream; fr. castanette Tarakihi; ted. Großflossen-Morwong, Tarakihi; sp. pintadilla de cola larga.

Lo pseudosarago è diffuso nell'Oceano Indiano, intorno all'Australia meridionale e alla Nuova Zelanda. È diffuso anche nell'Atlantico sudoccidentale e all'estremità meridionale del Sudamerica.
Caratteristiche: può raggiungere i 70 cm di lunghezza, ma per lo più non supera i 30-50 cm e 2 kg scarsi. Viene pescato in grandi quantità.
Utilizzi: la carne è abbastanza compatta e molto buona. Si presta a essere cotta a vapore, in padella, al forno e sobbollita.

Mugilidi *(Mugilidae)*

I Mugilidi sono pesci costieri che dimorano in tutte le acque temperate e tropicali. Questi pesci gregari si aggirano nelle foci e nelle lagune e si nutrono di plancton e piccoli animali. Giocano un ruolo importante nell'economia dell'area mediterranea, del Mar Nero, del Mar Caspio e delle coste atlantiche degli

(1) La **CEPOLA** *(Cepola macrophthalma)* è serpentiforme e dalla forma allungata. La pinna dorsale e quella anale sono unite, ma la pinna caudale è separata e ben distinguibile. In cucina è apprezzata soprattutto in Italia. È disponibile sul mercato solo occasionalmente. Rende al meglio tagliata in tranci e cotta in padella.

(2) Il **WHITE SURFPERCH** *(Phanerodon furcatus)* è un pesce da tavola molto apprezzato lungo le coste occidentali degli Stati Uniti, dove viene utilizzato soprattutto nelle grigliate. Può raggiungere i 30 cm di lunghezza e la sua livrea ha una colorazione che va dal blu-argento al verde oliva.

Stati Uniti. Nelle acque europee sono presenti sette specie di Mugilidi, non distinte dal punto di vista commerciale. I Mugilidi hanno qualità differente a seconda dei luoghi in cui vengono pescati. I migliori sono gli esemplari più piccoli, mentre gli esemplari grandi, che spesso provengono da foci con acque torbide, hanno un sapore "di muffa". I migliori in assoluto sono gli esemplari grandi provenienti da aree ricche di correnti.

CEFALO (3) *(Mugil cephalus)*

ing. flathead grey mullet; fr. mullet à grosse tête; ted. Großköpfige Meeräsche; sp. pardete; port. tainha olhalvo; croat. cipal glavač; gr. kephalos; tur. kefal.

Il cefalo è diffuso in tutto il mondo. Nelle acque europee è presente dalla Biscaglia fino al Mediterraneo e nel Mar Nero. Viene pescato con reti da posta, da lancio o sciabiche da spiaggia. La pesca all'amo è adatta solo per gli esemplari giovani.

<u>Caratteristiche:</u> ha una grande testa schiacciata anteriormente e due corte pinne dorsali separate, che sono poste subito dietro le pinne pettorali.

<u>Utilizzi:</u> gli esemplari più piccoli sono buoni cotti in padella, mentre i più grandi al vapore o stufati. I cefali sono buoni anche affumicati o salati. In Grecia e in Turchia le uova del cefalo vengono salate, pressate e, in questo modo, essiccate. Dopo l'essiccatura vengono rivestite con cera d'api e conservate sottovuoto. Questo *avgotaracho* è una prelibatezza molto costosa. Anche in Provenza e in Giappone vengono sottoposte a un trattamento simile, prendendo rispettivamente il nome di *poutargue* e *karasumi.*

CEFALO, BOSEGA, CERINA *(Chelon labrosus)*

ing. thick-lipped grey mullet; fr. mulet lippu, muge à grosse lèvre; ted. Dicklippige Meeräsche, Grauäsche; sp. lisa, corcón, lisa negra.

La bosega è diffusa nell'Atlantico occidentale, dalla Scandinavia all'Islanda fino al Senegal, nonché nel Mar Mediterraneo e nel Mar Nero.

<u>Caratteristiche:</u> raggiunge i 60 cm di lunghezza e 5 kg di peso. Lo spesso labbro superiore presenta piccole file di papille corneificate.

<u>Utilizzi:</u> come il cefalo.

CEFALO DORATO, MUGGINE DORATO

(Liza aurata)

ing. golden grey mullet, glory mullet; fr. mulet doré, mulet daurin; ted. Goldmeeräsche, Goldäsche; sp. galupe, dabeta.

Il cefalo dorato è diffuso nell'Atlantico orientale, dalla Scozia a Capo Verde, e gioca un ruolo importante nell'economia dell'intera area del Mediterraneo.

<u>Caratteristiche:</u> presenta una macchia dorata ai lati della testa e sull'opercolo.

<u>Utilizzi:</u> come il cefalo.

Allo stesso genere appartengono anche il **botolo** o **caustelo** (4) *(Liza ramada)* e il **cefalo verzelata** (5) *(Liza saliens)*. Rappresentanti asiatici significativi della famiglia dei Mugilidi sono il **greenback grey mullet** *(Liza dussumieri)*, che può raggiungere i 35 cm di lunghezza, il **diamond-scaled grey mullet** *(Liza vaigiensis)*, che può raggiungere i 60 cm di lunghezza e il **blue-spot grey mullet** *(Valamugil seheli)*.

(3) Il **CEFALO** *(Mugil cephalus)* è di colore argento ed è rivestito da grandi squame. Con una lunghezza massima di 1,20 m e 9 kg di peso, è il più grande dei Mugilidi.

(4) Il **BOTOLO** *(Liza ramada)* assomiglia nella forma e nell'aspetto al cefalo. Popola l'Atlantico orientale e ha una carne compatta, un po' grassa ma molto gustosa.

(5) Il **CEFALO VERZELATA** *(Liza saliens)* ha una forma un più affusolata rispetto agli altri pesci affini e predilige acque molto salate. È diffuso nell'Atlantico orientale dal Marocco fino alla Biscaglia ed è considerato una prelibatezza.

(1) Il **GRANDE BARRACUDA** *(Sphyraena barracuda)* è diffuso nei mari tropicali e subtropicali di tutto il mondo a eccezione del Pacifico orientale. Vive a una profondità massima di 100 m, ma predilige rimanere in prossimità della superficie. Può raggiungere una lunghezza di 2 m e un peso di 50 kg. Il grande barracuda viene considerato una prelibatezza in tutte le aree di diffusione. Si trova in commercio fresco, essiccato o salato si presta a essere tagliato a fette e cotto in padella oppure stufato.

Sfirenidi *(Sphyraenidae)*

Gli Sfirenidi sono pesci predatori a tutti gli effetti, con due pinne dorsali separate l'una dall'altra e una pinna caudale forcuta. Dimorano soprattutto nelle acque tropicali e, per inseguire le proprie prede, raggiungono anche acque moderatamente calde.

LUCCIO DI MARE *(Sphyraena sphyraena)*

ing. *European barracuda*; fr. *bécune européenne*; ted. *Pfeilhecht, Europäischer Barrakuda*; sp. *espetón*; port. *bicuda*; croat. *škaram*; gr. *lutros*; tur. *iskarmoz.*

Il luccio di mare è diffuso nell'Atlantico orientale, dalle Isole Canarie fino alla Biscaglia e nel Mar Mediterraneo. È un nuotatore eccezionale, che per inseguire branchi di piccoli pesci (sardine) percorre lunghe distanze. È molto aggressivo e, se provocato o pescato, con i suoi morsi può causare gravi lesioni.
<u>Caratteristiche:</u> il corpo è affusolato e presenta una testa lunga e appuntita con una larga bocca. La mascella inferiore è prominente ed è munita di robuste zanne. La livrea è di colore grigio-verdastro sul dorso e argentata sul ventre, e presenta fino a 24 strisce scure oblique sul dorso. La carne è di elevata qualità.
<u>Utilizzi:</u> il luccio di mare si presta a essere tagliato a fette e cotto in padella oppure stufato.

Il **barracuda del Pacifico** *(Sphyraena argentea)* è diffuso dalle isole Kodiak fino alla Bassa California e gioca un ruolo importante nell'economia di quelle aree. Questo pesce costiero può raggiungere 1,20 m di lunghezza e 8,5 kg di peso. La sua carne è eccellente. Il **grande barracuda (1)** *(Sphyraena barracuda,* ing. *sea pike o great barracuda)* è invece diffuso in tutti i mari tropicali e subtropicali del mondo. Viene pescato nelle aree di diffusione ed è disponibile sui mercati locali. La sua carne è delicata. Gli esemplari grandi sono, però, da evitare poiché spesso provocano intossicazioni da ciguatera. Sono particolarmente a rischio le specie tropicali.

Labridi *(Labridae)*

La famiglia dei Labridi è un gruppo di pesci molto vasto che vive in tutti i mari tropicali, temperati e freddi. La struttura corporea ricorda quella dei Percidi, ma si distingue per l'enorme differenza di colori e dimensioni. I Labridi dispongono di una pinna dorsale lunga che attraversa il corpo, di cui la parte anteriore è munita di raggi spinosi, mentre quella posteriore di raggi molli. Le pinne ventrali sono poste subito dietro le pinne pettorali. La pelle è rivestita di robuste squame. Caratteristiche sono le labbra grandi e carnose, che danno il nome alla famiglia. I Labridi vivono nelle barriere coralline e rocciose e in aree ricche di alghe. Si nutrono di piccoli crostacei e molluschi, e alcuni vivono come pesci pulitori, mangiando parassiti e avanzi di cibo dalla bocca e dalla pelle degli altri pesci. Nei paesi tropicali vengono mangiate tutte le specie, ma solo poche di queste sono pregiate dal punto di vista culinario.

TORDO MARVIZZO (2) *(Labrus bergylta)*

ing. ballan wrasse; fr. vieille; ted. Gefleckter Lippfisch; sp. maragote; port. bodião reticulado; croat. vrana atlanska; dan. berggylt; gr. chilou papagallos; nor. berggylt; ol. gevlekte lipvis; sv. berggylta; tur. kikla.

L'area di diffusione del tordo marvizzo si estende dalla Norvegia centrale alle Canarie. Nel Mediterraneo è presente solo in alcune regioni, in particolare nelle acque della Turchia, nel Mar di Marmara.
Caratteristiche: il tordo marvizzo è caratterizzato da una livrea con macchie chiare su fondo scuro. Il colore della livrea varia dal rosso-marrone al verde. Con una lunghezza massima di 60 cm, questa specie è la più grande tra i Labridi europei.
Utilizzi: è particolarmente buono cotto in padella.

TORDO FISCHIETTO, LABBRO PAVONE (3)

(Labrus bimaculatus)

ing. cuckoo wrasse; fr. vieille coquette; ted. Kuckuckslippfisch; sp. gallano; port. bodião canário; croat. smokva; dan. blaastaal (maschi), rodnaeb (femmine); gr. chilou; nor. blåstål (maschi), rødnebb (femmine); ol. gestreepte lipvis; sv. blågylta (maschi), rödnäbba (femmine); tur. lâpin.

Il tordo fischietto è diffuso dalla Norvegia centrale fino al Senegal, e anche nel Mediterraneo. Vive a profondità comprese tra i 20 e i 40 m, ma anche in acque basse. Si può parlare di vera e propria pesca solo nel Mediterraneo occidentale. Nelle altre aree è presente solo occasionalmente.

Caratteristiche: il tordo fischietto è caratterizzato da colori vivaci che differiscono a seconda del sesso. Negli esemplari maschi il corpo è di color giallo-arancio e il dorso presenta righe longitudinali di un blu intenso, che confluiscono anteriormente riunendosi nella testa del medesimo colore. Le femmine si distinguono per il corpo color rosso mattone, con tre grandi macchie scure all'estremità posteriore del dorso. La lunghezza massima è di 35 cm.
Utilizzi: la sua carne è decisamente di buona qualità, ma come in tutti i Labridi, è piena di lische. Le lische sono molto calcificate e quindi dure. Rende al meglio cotto in padella.

Altre grandi specie europee sono il **tordo nero** *(Labrus merula)* di una colorazione che va dal grigioblu al verde oliva o marrone, il **tordo verde** *(Labrus viridis)*, più affusolato, che si riconosce facilmente per il suo colore verde. Entrambe le specie sono diffuse dal Portogallo al Marocco e in tutto il Mediterraneo, e si trovano sul mercato solo raramente. La carne è mediocre. Spesso questo pesce viene utilizzato per preparare zuppe.

(2) Il **TORDO MARVIZZO** *(Labrus berggylta)* si trova raramente sul mercato tedesco, e quando è disponibile proviene dalla Turchia. È molto gustoso e si presta a essere cotto in padella.

(3) Il **TORDO FISCHIETTO** *(Labrus bimaculatus)* vive in coppia. Si tratta di un pesce apprezzato dal punto di vista culinario, contrariamente alle altre circa 450 specie di Labridi, solitamente di piccole dimensioni e di scarso valore gastronomico.

Scaridi *(Scaridae)*

Ancora più variopinti dei Labridi sono i pesci pappagallo della famiglia degli Scaridi, che vivono nelle ripide barriere coralline dei mari tropicali. Grazie ai denti di cui dispongono, sviluppati come il becco di un pappagallo, raschiano dai coralli piccoli animali e alghe. Alcune specie riescono a staccare interi rami di corallo stritolandoli con il robusto becco corneo.

PESCE PAPPAGALLO (1) *(Sparisoma chrysopterum)*

ing. parrotfish; fr. scare, perroquet vert; ted. Rotschwanz-Papageifisch; sp. loro verde, jabón; port. papagaio, budião; giapp. munaten-budai; blisterside, kwab (Jamaica).

Il pesce pappagallo è diffuso nelle acque tropicali dell'Atlantico occidentale, dalla Florida al Brasile.
<u>Caratteristiche</u>: è caratterizzato da un corpo ovale allungato, dalla testa grande e dalla mascella superiore leggermente prominente. Il colore della livrea varia in base al sesso: i maschi sono blu, mentre le femmine presentano diverse tonalità di rosso.

<u>Utilizzi</u>: prima di consumarli, è necessario rimuovere la pelle poiché ha un sapore abbastanza forte. Gli esemplari piccoli possono essere cotti sia in padella che al vapore, mentre i più grandi sono adatti per zuppe e stufati.

> ## *Ingannevole*
>
> I pesci pappagallo devono il loro nome non alla livrea variopinta, ma alla bocca cornea, molto simile al becco di un pappagallo.

I maschi della specie affine *Scarus rubroviolaceus* (2) sono di colore straordinariamente verde, mentre le femmine sono di colore rosso intenso. L'area di diffusione è limitata all'Oceano Indiano, dall'Africa occidentale all'Arcipelago indo-malaysiano. Nel Mediterraneo è presente una sola specie, il **pesce pappagallo mediterraneo** *(Sparisoma cretense,* ing. *parrotfish)*, che gioca un ruolo importante soprattutto nei mercati di Creta e Turchia.

PESCE PAPPAGALLO A BANDE BLU (3)
(Scarus ghobban)

ing. bluebarred parrotfish, yellowscale parrotfish; fr. perroquet à ecailles jaunes, perroquet barbe bleu; ted. Blauflecken-Papageifisch; sp. loro barba azul, loro de escamas amarillas; dan. blåbåndet papegøjefisk; giapp. hibudai; pol. kaliodon natalski; babbegha (Arabia); molmol (Filippine); ying gor lie (Hongkong); noo landaa (Maledive); cateau bleu, robinne (Mauritius).

Il pesce pappagallo a bande blu è diffuso dal Mar Rosso attraverso l'Oceano Indiano fino alle coste pacifiche dell'America centrale.
<u>Caratteristiche</u>: è giallo con macchie blu e può raggiungere i 90 cm di lunghezza.
<u>Utilizzi</u>: i piccoli esemplari sono buoni cotti senza pelle in padella o al vapore. Gli esemplari più grandi, invece, sono adatti a zuppe e stufati.

Morati *(Mugiloididae)*

Anche la famiglia dei Morati fa parte dei pesci costieri dei mari dalle acque caldo-temperate e tropicali. Il corpo affusolato è dotato di piccole squame.

(1) Gli esemplari maschi del **PESCE PAPPAGALLO** *(Sparisoma chrysopterum)* sono blu, con la pinna caudale dotata di un bordo interno rosso o arancione. Le femmine, invece, sono caratterizzate dalle più diverse tonalità di rosso.

(2) Gli esemplari maschi della specie **SCARUS RUBROVIOLACEUS** sono di un verde straordinario, mentre le femmine sono di colore rosso intenso.

(3) Il **PESCE PAPPAGALLO A BANDE BLU** *(Scarus ghobban)* vive da solo. I maschi adulti prediligono profondità moderate, mentre le femmine arrivano fino a 35 m di profondità. È molto apprezzato soprattutto a Hongkong.

La pinna dorsale si divide in alcuni raggi spinosi corti e una parte morbida più lunga e alta. Attenzione! I piccoli raggi spinosi possono provocare ferite dolorose.

PARAPERCA BLU (4) *(Parapercis colias)*

ing. New Zealand blue cod; fr. morue bleue de Nouvelle-Zélande; ted. Neuseeländischer Blaubarsch; sp. paraperca azul, namorado; giapp. toragisu.

Il paraperca blu è diffuso esclusivamente in Nuova Zelanda, a profondità di fino a 150 m.
Caratteristiche: la colorazione del dorso va dal verde-blu al blu-nero, mentre i fianchi sono marroni. Si nutre di pesci, piccoli crostacei e molluschi. Raggiunge i 45 cm di lunghezza e 2,5 kg di peso.
Utilizzi: ha una carne molto buona che rende al meglio affumicata.

Il **rollizo** *(Mugiloides chilensis)* predilige acque leggermente più fredde ed è presente sulle coste del Cile. La carne è di eccellente qualità ed è spesso disponibile sul mercato.

Trachinidi *(Trachinidae)*

I Trachinidi sono pesci di fondale con un corpo allungato e schiacciato lateralmente. Gli occhi sono posizionati nella parte superiore, la bocca è obliqua e rivolta verso l'alto. L'opercolo è munito di robusti aculei con ghiandole velenifere. Anche la prima pinna dorsale dispone di 5-7 raggi spiniformi velenosi. Questo veleno, che agisce sul sistema nervoso, non è termoresistente, per cui occorre detergere subito le ferite e lasciarle asciugare al caldo per circa 1 ora e mezza. Nei pesci grandi la prima pinna dorsale, insieme alla testa, viene staccata dopo la pesca. Per rimuovere gli aculei si consiglia di utilizzare robuste forbici.

DRAGONE (5) *(Trachinus draco)*

ing. greater weever; fr. grande vive; ted. Großes Petermännchen; sp. escorpión; port. peixe aranha maior; croat. pauk byeli; dan. fjäsing; gr. drakena; nor. fjesing; ol. grote pieterman; sv. tjärsing; tur. trakonya.

L'area di diffusione del dragone si estende dalla Norvegia fino a Madeira, inclusi il Mar Mediterraneo e il Mar Nero.
Caratteristiche: la specie può raggiungere i 40 cm di lunghezza ed è riconoscibile dalla livrea: linee oblique gialle e blu su sfondo giallo chiaro. Sull'opercolo

è situato un robusto aculeo velenifero rivolto all'indietro. La prima pinna dorsale, corta e con aculei veleniferi, è di colore marcatamente nero. Il dragone si trova regolarmente sui nostri mercati.
Utilizzi: la sua carne bianca e compatta è un po' asciutta ma gustosa. Il pesce viene cotto in padella intero o utilizzato come ingrediente di zuppe. In Italia è presente in ogni zuppa di pesce che si rispetti.

Nell'area del Mediterraneo sono presenti 2 ulteriori specie: la **tracina raggiata** *(Trachinus radiatus)* (6) e il **trachino ragno** *(Trachinus araneus)*, tra le quali, commercialmente parlando, non c'è distinzione.

(1) Il **PESCE LUPO** *(Anarhichas lupus)* è caratterizzato da 9-13 bande oblique scure e può raggiungere una lunghezza di 1,25 m. La pinna dorsale si estende dalla testa alla coda. Sul mercato si trova solitamente senza testa e spellato.

da 15 fino a 400 m e si nasconde spesso sui fondali marini sabbiosi o fangosi.

<u>Caratteristiche:</u> dietro all'opercolo, sul dorso, è situato un aculeo velenifero. Il corpo giallo-grigio presenta macchie irregolari. Raggiunge al massimo 35 cm di lunghezza.

<u>Utilizzi:</u> viene utilizzato per preparare zuppe.

L'**uranoscopo** (3) *(Kathetostoma giganteum)*, detto *stargazer* in Australia, *giant stargazer* in Nuova Zelanda e *mishima-okoze* in Giappone, è un pesce importante dal punto di vista economico. La sua carne bollita è simile a quella dell'aragosta.

Anaricadidi o pesci lupo *(Anarhichadidae)*

La famiglia degli Anaricadidi o pesci lupo comprende nove specie che dimorano tutte nei mari freddi dell'emisfero settentrionale. È caratterizzata da una testa spessa, una bocca larga, pelle liscia e priva di squame e un morso potente.

Uranoscopidi *(Uranoscopidae)*

Gli Uranoscopidi sono diffusi nelle acque temperate e tropicali di tutto il mondo.

PESCE PRETE, LUCERNA, URANOSCOPO
(Uranoscopus scaber) (3)

ing. stargazer; fr. uranoscope; ted. Himmelsgucker; sp. miracielo; port. cabeçudo; croat. batogla; gr. lychnos; ol. sterrenkyker; tur. kurbağa.

Il pesce prete è diffuso dalla Biscaglia al Marocco, nel Mar Mediterraneo e nel Mar Nero. Vive a profondità

PESCE LUPO, LUPO DI MARE (1)
(Anarhichas lupus)

ing. wolf fish; fr. loup de mer; ted. Gestreifter Seewolf, Katfisch; port. peixe lobo riscado; dan. havkat; nor. gråsteinbit; ol. zeewolf; sv. havskatt.

Il lupo di mare è diffuso nell'Atlantico settentrionale dallo Spitzbergen fino alle Isole Britanniche e vive a oltre 20 m di profondità, preferibilmente su fondali duri. Il nome francese *loup de mer* genera spesso confusione con l'omonima spigola, molto diversa, però, dal punto di vista del valore culinario.

(2) Il **GATTOMARE MACCHIATO** *(Anarhichas minor)*, con la sua lunghezza massima di 1,45 m, è più grande del cugino pesce lupo. Le due specie dal punto di vista culinario risultano essere identiche.

(3) L'**URANOSCOPO** *(Uranoscopus scaber)* ha un corpo massiccio con testa piatta e occhi rivolti verso l'alto, da cui il nome della specie.

Acquistando un filetto di *loup* economico, sicuramente si riceverà un filetto di lupo di mare.
Caratteristiche: la livrea è bluastra. Non è munito di pinne ventrali.
Utilizzi: si trova in commercio fresco o surgelato, sia intero, che sotto forma di filetti o fettine. Si presta soprattutto alla cottura in padella.

GATTOMARE MACCHIATO (2) *(Anarhichas minor)*

ing. spotted wolf fish; ted. Gefleckter Seewolf; port. peixe lobo malhado; nor. flekksteinbitt; ol. gevlekte zeewolf; sv. fläckig havskatt.

L'area di diffusione del gattomare macchiato è simile a quella del lupo di mare ed è identica per ciò che concerne la zona settentrionale.
Caratteristiche: il gattomare macchiato si distingue dal lupo di mare per la maculatura.
Utilizzi: si presta soprattutto alla cottura in padella.

Ammoditidi *(Ammodytidae)*

Sono specie gregarie serpentiformi. Vivono lungo le coste dei Mari del Nord e dell'Indopacifico.

CICERELLO (4) *(Hyperoplus lanceolatus)*

ing. greater sand eel, launce; fr. lançon; ted. Großer Sandaal; port. galeota maior; dan. store tobis; nor. storsil; ol. smelt; sv. tobiskhu.

Il cicerello è diffuso dallo Spitzbergen al Portogallo, nel Mare del Nord e nel Mar Baltico.
Caratteristiche: è di colore verde-blu con i fianchi argentati. La pinna dorsale è unica e a guisa di orlo.
Utilizzi: è buono ben rosolato in padella.

La **smooth sandeel** *(Gymnammodytes semisquamatus)* (5) è di color bruno. È diffuso dalle coste portoghesi fino alla Norvegia meridionale. La **Mediterranean sandeel** *(Gymnammodytes cicerelus)* è presente nel Mediterraneo e nel Mar Nero.

Acanturidi o pesci chirurgo
(Acanthuridae)

Vivono nei mari tropicali, nelle barriere coralline. Le specie più grandi sono buone da mangiare.

PESCE CHIRURGO ALLUNGATO
(Acanthurus bleekeri)

ing. elongate surgeonfish, blue-lined surgeonfish; fr. chirurgien; ted. Westlicher Doktorfisch, Schwarzdorn-Doktorfisch; port. cirurgião comprido; dan. aflang kirurgfisk.

È diffuso nel Mar Rosso fino alla Polinesia francese e dal Giappone al KwaZulu-Natal.
Caratteristiche: può raggiungere i 50 cm di lunghezza. La livrea è marrone, ma il colore può variare e diventare azzurro. Caratteristiche sono la fascia gialla nella zona oculare e la macchia gialla davanti al "bisturi".
Utilizzi: il pesce chirurgo è da spellare, sfilettare e cuocere in padella.

Anche il **pesce coniglio macchie bianche** (6) *(Siganus canaliculatus)*, parente stretto del pesce chirurgo allungato, è gustosissimo. È reperibile sempre più facilmente ed è importato dalle Seychelles.

Con il bisturi

Incide con la precisione di un chirurgo: il pesce chirurgo deve il proprio nome all'aculeo affilato come un bisturi situato sulla coda, che può provocare profonde ferite.

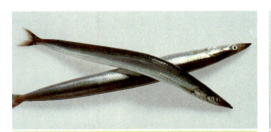

(4) Il **CICERELLO** *(Hyperoplus lanceolatus)* ha un corpo allungato e una testa che termina a punta. Raggiunge al massimo 40 cm di lunghezza. In caso di inseguimento si nasconde nella sabbia.

(5) La **SMOOTH SANDEEL** *(Gymnammodytes semisquamatus)* è ancora più difficile da trovare sul mercato del cicerello *(Hyperoplus lanceolatus)*. Da un punto di vista culinario non esistono differenze tra queste due specie.

(6) Il **PESCE CONIGLIO MACCHIE BIANCHE** *(Siganus canaliculatus)* è diffuso nelle torbide acque costiere dell'Indopacifico. È importato con il nome di *Cordonnier brisdant* ed è buono soprattutto spellato e cotto a vapore.

La qualità del pesce è particolarmente buona nei mercati vicini alle aree di pesca. Fate un giro tra i banchi e lasciatevi ispirare.

Gobidi *(Gobiidae)*

I Gobidi sono diffusi in tutto il mondo e rappresentano la famiglia più numerosa tra i Perciformi di mare. Sono schiacciati nella zona ventrale. Quasi tutte le specie sono munite di due pinne dorsali, di cui quella anteriore è più corta. Le pinne ventrali di entrambi i lati si riuniscono e formano una sorta di imbuto. La maggior parte delle specie riesce a mutare rapidamente il proprio colore e vive sui fondali o nelle loro vicinanze, in aree di acqua bassa.

GHIOZZO NERO (1) *(Gobius niger)*

ing. black goby; fr. gobie noir; ted. Schwarzgrundel; sp. chaparrudo; port. caboz negro; croat. glavoč melar; dan. sort kutling, smorbutte; gr. gobios; nor. svartkutling; ol. zwarte grondel; sv. svart smörbult; tur. kömürcü kayası.

Il ghiozzo nero è diffuso dalla Norvegia centrale alla Mauritania. Nelle regioni del Mediterraneo è commercializzato regolarmente.
Caratteristiche: la livrea è completamente scura e presenta macchie scure sui fianchi e all'estremità della pinna dorsale.
Utilizzi: la squamatura e l'eviscerazione di questo pesce relativamente piccolo è un po' difficoltosa, ma ben rosolato in padella è davvero gustoso.

GHIOZZO TESTONE (2) *(Gobius cobitis)*

ing. giant goby; fr. gobie céphalote; ted. Riesengrundel; sp. gobito de roca; port. caboz cabeçudo; croat. glavočpločar; gr. gobios; nor. kjempekutling; ol. reuzegrondel; tur. dev kaya.

Il ghiozzo testone è diffuso dal Canale della Manica al Marocco, nel Mediterraneo e in alcune aeree del Mar Nero. Vive in acque basse fino a 10 m di profondità, su fondali rocciosi ricoperti di alghe.
Caratteristiche: il corpo è completamente ricoperto da macchie grigie e può raggiungere circa 25 cm di lunghezza.
Utilizzi: il pesce squamato è particolarmente adatto ad essere cotto in padella.

Gempilidi *(Gempylidae)*

I Gempilidi dimorano in acque profonde e sono diffusi in tutti i mari temperati e tropicali. Hanno una pinna dorsale divisa, di cui la parte anteriore formata da raggi spinosi, e pinne ventrali molto piccole o totalmente assenti. La mascella inferiore è allungata e munita di robusti denti.

TIRSITE *(Thyrsites atun)*

ing. snoek; fr. thyrsite, escolier, escolar; ted. Atun-Schlangen-makrele; sp. sierra, sierra común; giapp. okisawara; barracouta (Nuova Zelanda, Australia).

Il tirsite gioca un ruolo importante nell'economia dell'Atlantico meridionale e del Pacifico.
Caratteristiche: raggiunge 1,40 m di lunghezza e 6-10 kg di peso. Talvolta arriva in Europa anche con la denominazione commerciale di "pesce burro", proprio come l'affine **ruvetto** *(Ruvettus pretiosus)*, in tedesco chiamato *Ölfisch*, "pesce olio", poiché entrambi sono molto grassi.
Utilizzi: i filetti, di un colore rosa intenso molto invitante, sono adatti soprattutto per fritture con o senza pastella protettiva (es. pastella alla birra). Anche affumicati sono una vera e propria leccornia.

Trichiuridi *(Trichiuridae)*

La famiglia dei Trichiuridi si distingue per un corpo allungato, nastriforme, una lunga pinna dorsale molle e una pinna caudale piccola e forcuta o filiforme.

PESCE BANDIERA (4) *(Lepidopus caudatus)*

ing. silver scabbard fish; fr. sabre argenté; ted. Strumpf-bandfisch; sp. pez cinto; port. peixe espada; croat. sablja; gr. spathopsaro; nor. slirefisk; ol. kousebandvis; tur. çatalkuyruk.

Il pesce bandiera è diffuso dalla Bretagna al Senegal, nel Mediterraneo occidentale e nell'emisfero meridionale (Australia, Nuova Zelanda, Sudafrica). Viene pescato in Portogallo e Marocco e nel Mediterraneo anche nei pressi di Messina. Si trova regolarmente sul mercato.

<u>Caratteristiche</u>: si tratta di un pesce serpentiforme, dal corpo molto allungato e schiacciato lateralmente. La testa è allungata e presenta una mascella inferiore prominente. Entrambe le mascelle sono munite di robuste zanne. La pinna dorsale è unita e forma una specie di orlo. La pelle, priva di squame, è di colore argentato.

<u>Utilizzi</u>: ha una carne bianca e aromatica, che si presta a essere cotta in padella e stufata.

PESCE SCIABOLA NERO *(Aphanopus carbo)*

ing. black scabbard fish; fr. sabre noir; ted. Schwarzer Strumpfbandfisch; sp. sable negro; port. peixe espada preto; nor. dolkfisk; ol. zwarte Kouselandvis.

Il pesce sciabola nero è diffuso dall'Islanda fino all'Africa nordoccidentale. Vive fino a 1.600 m di profondità.

<u>Caratteristiche</u>: è completamente di colore nero e dispone di una pinna dorsale incavata. Può raggiungere 1,10 m di lunghezza e vive a grandi profondità.

<u>Utilizzi</u>: il pesce sciabola nero è particolarmente gustoso soffritto e poi stufato a fuoco basso. A Madeira, la sua carne bianca e tenera viene molto apprezzata con l'accompagnamento di banane.

Molto apprezzato in gastronomia è anche l'affine **pesce coltello** *(Trichiurus lepturus,* ing. *Atlantic cutlass-fish),* la cui carne è eccellente. Il suo corrispettivo del Pacifico è il **Pacific cutlass fish** *(Trichiurus nitens),* diffuso nel Pacifico occidentale e nell'Oceano Indiano.

(1) Il **GHIOZZO NERO** *(Gobius niger)* vive a profondità da 1 fino a 75 m e può raggiungere una lunghezza di 20 cm. Nelle regioni del Mediterraneo è commercializzato regolarmente. È particolarmente buono cotto in padella.

(2) Il **GHIOZZO TESTONE** *(Gobius cobitis)* è un ghiozzo a macchie grigie che può raggiungere i 25 cm di lunghezza. È diffuso dal Canale della Manica al Marocco, nel Mediterraneo e in alcune aree del Mar Nero. In termini culinari, è paragonabile al ghiozzo nero.

(3) Il **PESCE BANDIERA** *(Lepidopus caudatus)* può raggiungere i 2 m di lunghezza. La pinna dorsale forma una specie di orlo. Vive a una profondità compresa tra 100 e 200 m ed è un predatore. Viene pescato soprattutto in Portogallo e Marocco.

(1) Lo **SGOMBRO** *(Scomber scombrus)* dispone di due pinne dorsali e una corta pinna anale. È inconfondibile grazie alla livrea con striature scure irregolari sul dorso solitamente verde-blu. La lunghezza massima è di 50 cm, ma di solito misura circa 30 cm.

Scombridi *(Scombridae)*

Gli Scombridi sono pesci d'alto mare, che percorrono grandi distanze in fitti branchi rimanendo in prossimità della superficie. Il corpo è aerodinamico, le pinne dorsali sono separate e la pinna caudale, forcuta, è preceduta da 5-7 minuscole pinne. Tutte le pinne spaiate possono adagiarsi in una scanalatura del corpo.

SGOMBRO, LACERTO, MACCARELLO (1)

(Scomber scombrus)

ing. mackerel; fr. maquereau; ted. Atlantische Makrele; sp. caballa; port. sarda; croat. skuša; dan. makrel; gr. skumbri; nor. makrell; ol. makreel; sv. makrill; tur. uskumru.

Lo sgombro è un veloce nuotatore e popola le acque d'alto mare. Questa specie è diffusa dalla Norvegia al Marocco, nel Mar Mediterraneo e nel Mar Nero. A inizio estate si avvicina alle coste per depositare le uova ed è questo tradizionalmente il periodo di maggiore pesca.
Caratteristiche: ha due pinne dorsali e una corta pinna anale. È inconfondibile grazie alla livrea a fasce scure irregolari sul dorso solitamente verde-blu. La lunghezza massima è di 50 cm, ma di solito misura circa 30 cm. È molto grasso e di conseguenza facilmente deperibile. Al momento dell'acquisto occorre fare attenzione, quindi, al fatto che la pelle sia tesa e lucida, gli occhi chiari e le branchie rosse.
Utilizzi: si può utilizzare in moltissimi modi diversi: le porzioni da 300-400 g sono ideali per essere stufate, cotte in padella o grigliate.

LANZARDO *(Scomber japonicus)*

ing. chub mackerel; fr. maquereau espagnol; ted. Mittelmeermakrele; sp. estornino; port. cavala, sarda; croat. plavica; gr. kolios; ol. spaanse makreel; tur. kolyoz.

Il lanzardo è diffuso nelle acque tropicali e subtropicali di tutto il mondo. Nelle acque europee è presente dalla Biscaglia alle Canarie, nel Mediterraneo e nella parte meridionale del Mar Nero.
Caratteristiche: il lanzardo si distingue dallo sgombro per il ventre a macchie irregolari.
Utilizzi: ideale stufato, cotto in padella e grigliato.

SGOMBRO AUSTRALE *(Scomber australasicus)*

ing. blue mackerel; ted. Blaue Makrele, Schleimige Makrele; giapp. saba; English mackerel (Nuova Zelanda).

L'area di diffusione dello sgombro australe si estende dall'Australia al Giappone.
Caratteristiche: il dorso è blu-verdastro con puntini e striature scure, mentre i lati e il ventre sono bianco-argento. Raggiunge i 40 cm di lunghezza e 1,5 kg di peso.
Utilizzi: la carne scura ha un contenuto molto alto in grassi ed è particolarmente adatta per la preparazione di conserve. In Australia i filetti vengono fritti.

Scomberomoridi *(Scomberomoridae)*

La famiglia degli Scomberomoridi comprende pesci gregari simili agli sgombri. Le pinne dorsali sono situate una vicina all'altra. Sono caratterizzati da una sorta di corazza costituita da squame ("corsaletto") e da un sottile peduncolo caudale affilato. La pinna caudale è a forma di mezzaluna.

MACCARELLO REALE (2)

(Scomberomorus maculatus)

ing. Spanish mackerel; fr. thazard; ted. Spanische Makrele; sp. carita.

Il maccarello reale è diffuso nell'Atlantico occidentale, da Capo Cod a Cuba e Haiti. La specie è presente anche in Florida e nel Golfo del Messico.
Caratteristiche: il corpo è affusolato e la testa piccola e appuntita. Segno distintivo è la presenza sui fianchi di circa 3 file longitudinali di macchie.
Utilizzi: ideale in padella e alla griglia.

Una specie affine, il **maccarello reale maculato** *(Scomberomorus brasiliensis)* è presente dal Belize fino al Brasile. Il **maccarello reale di Guinea** *(Scomberomorus tritor)* è diffuso esclusivamente nelle acque dell'Atlantico occidentale, dalle Canarie all'Angola.

PALAMITA (3) *(Sarda sarda)*

ing. Atlantic bonito; fr. bonite à dos rayé; ted. Pelamide; sp. bonito atlántico; port. serrajão; croat. polanda; dan. rygstribet pelamide; gr. palamida; nor. striped pelamide; ol. bonito; sv. rygstrimmig pelamid; tur. palamut, torik.

L'area di diffusione della palamita include tutto l'Atlantico orientale, dallo Skagerrak al Sudafrica. Le colonie europee depositano le uova nel Mediterraneo. Questo provoca dei grandi spostamenti, durante i quali viene pescato. In particolare, si pesca in grandi quantità in Turchia, durante lo spostamento della colonia del Mar Nero attraverso il Bosforo.
Caratteristiche: la palamita può raggiungere i 90 cm di lunghezza, ma di solito misura circa 50 cm.
Utilizzi: si presta a tutti i tipi di preparazione. Gli esemplari grandi possono essere molto grassi e per questo si consiglia di prepararli alla griglia. Per cuocerli in padella, si consiglia di tagliare il pesce a fette, in modo tale che la cottura possa avvenire in modo uniforme.

Parente stretto della palamita è il **Pacific bonito** *(Sarda chilensis)*, diffuso lungo le coste americane del Pacifico dall'Alaska fino al Perù e al Cile. Può raggiungere 1 m di lunghezza per un peso di ben 5 kg. Gioca un ruolo importante nell'economia dell'intera costa pacifica. Appartiene a questa famiglia anche la

palamita bianca *(Orcynopsis unicolor)*, che non presenta le appariscenti striature diagonali. Vive nelle acque tropicali dell'Atlantico orientale. Viene pescata soprattutto sulle coste del Marocco e utilizzata per preparare conserve. Il **tombarello bastardo** (4) *(Acanthocybium solandri,* ing. *kingfish)* può raggiungere i 2 m di lunghezza e i 60 kg di peso ed è diffuso nelle acque calde di tutto il mondo. Alcuni esemplari sono noti anche nel Mediterraneo.

(2) Il **MACCARELLO REALE** *(Scomberomorus maculatus)* dispone di robuste pinne dorsali disposte l'una accanto all'altra e di una pinna caudale ampiamente forcuta a forma di mezzaluna. Sulle coste orientali degli Stati Uniti è considerato il n° 1 dei pesci da barbecue.

(3) La **PALAMITA** *(Sarda sarda)* si distingue per la prima pinna dorsale relativamente lunga, a cui è collegata la seconda, e per le striature blu. Tra le specie affini al tonno, è la più importante dal punto di vista economico.

(4) Il **TOMBARELLO BASTARDO** *(Acanthocybium solandri)* non forma mai fitti branchi, ma si muove da solo o in piccoli gruppi. È un predatore molto veloce che predilige il mare aperto. Nei Caraibi, la sua carne viene servita soprattutto cotta in padella.

Tunnidi *(Thunnidae)*

I Tunnidi hanno un corpo più o meno allungato, con presenza di squame solo lungo la linea laterale e sul petto e dorso fino all'estremità della prima pinna dorsale ("corsaletto"). Sono pesci a sangue caldo grazie al sistema di vasi sanguigni ben sviluppato. I Tunnidi hanno una temperatura corporea superiore a quella dell'acqua: in fase di movimento, oscilla tra i 6 e i 12 °C. Sono diffusi in tutti i mari. La maggior parte delle specie depone le uova in estate e per questo si spostano in prossimità delle coste, dove vengono pescati in grandi quantità. Successivamente, questi pesci gregari percorrono vaste distanze alla ricerca del cibo, in parte attraverso gli oceani. Trascorrono gli inverni in aree fino a 180 m di profondità.

I Tunnidi sono i pesci gastronomicamente più importanti a livello mondiale. Le principali nazioni nel settore della pesca, prima di tutte il Giappone, e le industrie di trasformazione basano gran parte delle proprie attività su questo pesce delicato. Specialità quali il "lattume", come viene chiamato in Sicilia il latte o lo sperma degli esemplari maschi, riescono però a entusiasmare solo i palati più fini.

Grande velocità

Il movimento è di vitale importanza per questo pesce, uno dei più grandi e veloci, poiché le branchie funzionano solo quando è in moto. Per questo motivo è in perenne movimento, anche mentre dorme.

TONNO (1, 2) *(Thunnus thynnus)*

ing. bluefin tuna; fr. thon rouge; ted. Roter Tun, Blauflossentun; sp. atún rojo; port. atum rabilho; croat. tun; dan. thunfisk; gr. tonnos; nor. makrellstørje; ol. tonijn; sv. tonfisk; tur. ton balığı, orkinoz.

L'area di diffusione del tonno si estende nell'Atlantico settentrionale dalla Norvegia alle Azzorre, nel Mediterraneo e nel Mar Nero. La specie vive in acque libere e percorre grandi distanze. Il tonno, grazie allo stile nel nuoto che lo contraddistingue, è un pesce affascinante: muovendo soltanto la parte anteriore del corpo, raggiunge una velocità di 70 km/h. La riproduzione avviene nei mesi di giugno e luglio, nel Mediterraneo e vicino alle coste spagnole.

Caratteristiche: il dorso è blu, fianchi e ventre sono argentati. La lunghezza massima è di oltre 3 m, ma solitamente non superano i 2 m. Alcuni esemplari pesano fino a 700 kg.

Utilizzi: la sua carne, povera di grassi, è molto compatta e rossa. Si presta a essere grigliata e cotta in padella. Per evitare che la carne diventi troppo asciutta, si consiglia di prestare attenzione al tempo di cottura. È molto apprezzata anche per conserve, e in Giappone è utilizzata per preparare il *sushi*.

(1) Il **TONNO** viene offerto quasi esclusivamente sotto forma di filetti o tranci. Ha carne relativamente povera di grassi, che risulta leggermente asciutta quando la si cuoce in padella o alla griglia. La sua carne compatta è da usare preferibilmente per preparare il carpaccio e il *sushi*.

(2) Il **TONNO** *(Thunnus thynnus)* ha pinne dorsali di diversi colori: la prima è gialla o blu, la seconda rosso-marrone. Questo pesce, a forma di siluro, durante le sue migrazioni percorre centinaia di chilometri.

ALALONGA (3) *(Thunnus alalunga)*

ing. albacore; fr. germon; ted. Weißer Tun; sp. atún blanco; port. atum voador; croat. šilac; gr. tonnos macropteros; ol. witte tonyn.

L'alalonga è diffusa in tutto il mondo. Nelle acque europee è presente dalle Azzorre all'Irlanda e in gran parte del Mediterraneo.

<u>Caratteristiche</u>: l'alalonga si distingue dal tonno comune per la lunghezza delle pinne pettorali, che sporgono oltre la metà del corpo, e per la sua carne bianca. Non supera 1,30 m di lunghezza ed è, quindi, notevolmente più piccola del tonno comune.

<u>Utilizzi</u>: la carne è leggermente più grassa di quella del suo affine, e quindi migliore da un punto di vista culinario. Si presta a essere grigliata e cotta in padella.

Una specie affine, ma più grande, è il **tonno a pinne gialle** *(Thunnus albacares,* ing. *yellowfin tuna)*. Può raggiungere 1,90 m di lunghezza e 200 kg di peso ed è diffuso nell'Atlantico, nel Pacifico e nell'Oceano Indiano. Il **tonno atlantico** *(Thunnus atlanticus,* ing. *blackfin tuna)* vive nell'Atlantico occidentale. Le regioni più pescose sono le coste della Florida e del Texas.

TAMBARELLO *(Auxis rochei)*

ing. bullet tuna; fr. bonitou; ted. Unechter Bonito; sp. melva; port. judeu; croat. trupac; gr. kopani; nor. auxid; ol. valse bonito; tur. yalancı palamut.

Il tambarello vive da cosmopolita nelle acque calde di tutti gli oceani, nell'Atlantico a nord fino alla Biscaglia e nel Mediterraneo. L'area più pescosa è quella del Pacifico meridionale.

<u>Caratteristiche</u>: può raggiungere circa 1 m di lunghezza, ma solitamente non supera gli 85 cm.

<u>Utilizzi</u>: la succulenta carne è delicata e superiore qualitativamente rispetto a quella della maggior parte degli altri Tunnidi. Si presta soprattutto a essere cotto in padella e alla griglia.

Una qualità di carne simile offre anche il **tonnetto indopacifico** (4) *(Euthynnus affinis)*, che può raggiungere 1 m di lunghezza e 5,5 kg di peso.

TONNETTO STRIATO *(Katsuwonus pelamis)*

ing. skipjack tuna; fr. bonite à ventre rayé; ted. Echter Bonito, Gestreifter Tun; sp. listado; port. gaiado; croat. trup prugavac; giapp. katsuo; gr. tónos ravdotòs.

Il tonnetto striato è diffuso in tutti i mari caldi e moderatamente caldi. Si pesca tutto l'anno, soprattutto sulle coste americane. Si tratta della specie di Tunnide di maggiore importanza commerciale a livello mondiale.

<u>Caratteristiche</u>: l'area ventrale argentata è caratterizzata da 4-7 striature longitudinali scure. Può raggiungere gli 80 cm di lunghezza.

<u>Utilizzi</u>: la carne è delicata e non così asciutta come quella del tonno comune. Si presta perciò a essere grigliata e cotta in padella.

(3) L'ALALONGA *(Thunnus alalunga)* non è il Tunnide più grande, ma il più pregiato. Lo rende così apprezzato la sua carne chiara e delicata, molto gustosa ed eccellente cotta in padella e alla griglia.

(4) Il TONNETTO INDOPACIFICO *(Euthynnus affinis,* giapp. *suma)* viene pescato soprattutto in Asia sudorientale, ma anche in Giappone. La sua carne succulenta raggiunge il livello qualitativo del tombarello e può essere preparata allo stesso modo.

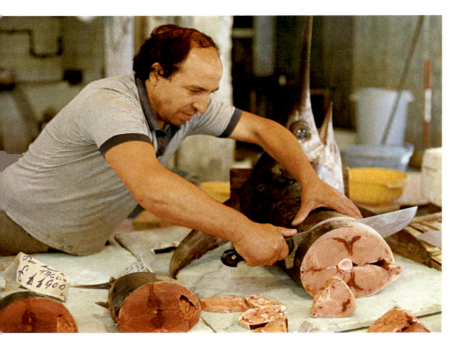

Il pesce spada viene commercializzato come una prelibatezza soprattutto nei mercati intorno al Mediterraneo. La carne, muscolosa ma tenera, è straordinariamente gustosa.

Xifidi *(Xiphiidae)*

La famiglia degli Xifidi o pesci spada è simile a quella dei Tunnidi, ma si distingue per la mascella superiore che, nei pesci spada, è molto schiacciata e prominente come una spada, e rappresenta un terzo della lunghezza totale del corpo. Il pesce spada è diffuso nelle acque tropicali e moderatamente calde

di tutto il mondo: nell'Atlantico, dall'Islanda fino al Sudafrica, nel Mediterraneo e nel Mar Nero. Esiste una sola specie in tutto il mondo. Nei mercati dell'area mediterranea il pesce spada è considerato come il primo nella classifica delle prelibatezze in commercio. La carne, muscolosa ma tenera, è molto gustosa. Per ciò che riguarda la consistenza, ha poca somiglianza con gli altri pesci, a parte il tonno.

PESCE SPADA (1, 2) *(Xiphias gladius)*

ing. swordfish; fr. espadon; ted. Schwertfisch; sp. pez espada; port. espadarte; croat. igo; dan. svaerdfisk; gr. xiphios; nor. sverdfisk; ol. zwaardvis; sv. svärdfisk; tur. kılıç balığı.

Il pesce spada vive da cosmopolita in tutte le acque tropicali e moderatamente calde del mondo. Il periodo della riproduzione (da giugno a settembre) nel Mediterraneo è un periodo importante per la pesca.
<u>Caratteristiche</u>: il pesce spada è reso inconfondibile dalla mascella superiore prominente a forma di spada. Inoltre, dispone di due pinne dorsali relativamente corte e distanti l'una dall'altra. I pesci spada sono di colore blu scuro-nero. Raggiungono una lunghezza massima di 4,50 m e oltre 650 kg di peso, ma solitamente non superano i 3,50 m.
<u>Utilizzi</u>: la carne tenera e gustosa è adatta ad essere cotta in padella e grigliata. La migliore ricetta per il pesce spada è al tempo stesso la più semplice: tranci dello spessore di 2 cm cotti al punto giusto sulla griglia e subito conditi con un'emulsione di olio di oliva e succo di limone.

(1) Il **PESCE SPADA** *(Xiphias gladius)* è inconfondibile grazie alla prominente mascella superiore, a cui deve il nome. La sua carne, muscolosa e compatta, è più simile alla carne rossa che al pesce (ad eccezione dei Tunnidi).

(2) Il **PESCE SPADA** presenta spesso, lateralmente alle fasce muscolari, delle aree più scure. Queste non devono essere consumate poiché contengono grandi quantità di istamine che provocano allergie.

Istioforidi *(Istiophoridae)*

Gli appartenenti alla famiglia degli Istioforidi hanno una mascella superiore molto prominente e arrotondata. La prima pinna dorsale è lunga e a forma di vela spiegata. La pinna caudale è a forma di falce.

ACURA IMPERIALE, AGUGLIA IMPERIALE

(Tetrapturus beione)

ing. Mediterranean spearfish, shortbill spearfish; fr. marlin de Méditerranée, poisson-pique; ted. Mittelmeer-Speerfisch, Langschnäuziger Speerfisch; sp. marlín del Mediterráneo, aguja de pico corto; gr. marlinos Mesogiou; tur. Yelken baliği.

L'aguglia imperiale è molto comune in prossimità delle coste italiane. È un veloce nuotatore che percorre ampie distanze nutrendosi di branchi di pesci. Solitamente si sposta in coppia e predilige profondità fino a 200 m.

Caratteristiche: raggiunge 2,40 m di lunghezza e 70 kg di peso.

Utilizzi: ideale in padella e alla griglia.

PESCE LANCIA STRIATO *(Tetrapturus audax)*

ing. striped marlin; fr. makaire strié; ted. Gestreifter Speerfisch; sp. marlín rayado; port. espadim raiado; giapp. makajiki.

Il pesce lancia striato è diffuso nel Pacifico e nell'Oceano Indiano. Predilige profondità fino a 100 m circa e zone dove l'acqua è leggermente più fredda.

Caratteristiche: il dorso è di color grigio-blu, mentre la zona del ventre è argentata. Può raggiungere i 4,20 m di lunghezza e 440 kg di peso.

Utilizzi: è buono in padella e alla griglia, e in Giappone viene utilizzato prevalentemente per preparare il *sushi*.

MARLIN AZZURRO *(Makaira nigricans)*

ing. blue marlin; fr. makaire bleu; ted. Blauer Marlin; sp. marlín azul; port. espadim azul del Atlantico.

Il marlin azzurro è presente in tutto l'Atlantico. È in assoluto uno dei nuotatori più veloci.

Caratteristiche: il dorso è di colore variabile dal blu scuro al blu grigio, i fianchi sono chiari e il ventre argentato. Può raggiungere i 5 m di lunghezza e 600-900 kg di peso.

Utilizzi: ideale in padella e alla griglia.

Centrolofidi *(Centrolophidae)*

I Centrolofidi hanno un corpo ovale e affusolato, un'unica lunga pinna dorsale e, come segno distintivo, un esofago munito di denti cornei.

RICCIOLA DI FONDALE *(Centrolophus niger)*

ing. blackfish; fr. centrolophe noire; ted. Schwarzfisch; sp. romerillo; croat. pastir siljoglavac.

La ricciola di fondale è diffusa nell'Atlantico settentrionale, nel Mediterraneo occidentale, nell'Adriatico, in Sudafrica, in Australia meridionale e in Nuova Zelanda. È un pesce d'alto mare e si nutre di crostacei e i piccoli pesci.

Caratteristiche: può raggiungere 1,50 m di lunghezza ed è un pesce apprezzato in gastronomia.

Utilizzi: adatto a tutti i tipi di preparazione.

SERIOLELLA, RICCIOLA DI FONDALE AUSTRALE (3) *(Seriolella brama)*

ing. blue warehou; fr. warehou bleu, carangue du Pacifique Sud; ted. Südpazifik-Schwarzfisch, Blue Warehou; sp. seriolella, cojinova australiana azul; mao. common warehou.

La ricciola di fondale australe è un pesce che gioca un ruolo molto importante nell'economia dell'Australia e della Nuova Zelanda.

Caratteristiche: ha un corpo allungato e una pinna ventrale a ventaglio.

Utilizzi: la sua carne, povera di grassi, ha un sapore molto buono ed è particolarmente adatta a essere sobbollita o stufata.

(3) La **SERIOLELLA** *(Seriolella brama)* ha un corpo allungato e pinne ventrali a ventaglio. Essendo povera di grassi, è adatta a essere sobbollita e preparata al vapore.

Luvaridi *(Luvaridae)*

I Luvaridi sono specie solitarie di profondità con corpo lungo e conico. Esiste una sola specie al mondo.

LUVARO, PESCE IMPERATORE *(Luvarus imperialis)*

ing. luvar; fr. louvereau; ted. Hahnenfisch, Dianafisch; sp. emperador.

Il pesce imperatore è diffuso nelle acque calde e moderatamente calde dell'Atlantico, del Pacifico (Giappone, Australia) e del Mediterraneo.
Caratteristiche: il corpo conico è schiacciato lateralmente. La fronte è verticale, occhi e bocca sono piccoli. La colorazione di base va dall'argento all'oro. Può raggiungere una lunghezza di 1,90 m per un peso di 100 kg, ma solitamente non supera 1,50 m.
Utilizzi: adatto a tutti i tipi di preparazione.

Stromateidi *(Stromateidae)*

I membri della famiglia degli Stromateidi sono per lo più pesci d'alto mare che popolano le acque calde e moderatamente calde. Il corpo è ovale e di colore argento. La famiglia degli Stromateidi è composta da circa una dozzina di specie.

PAMPO ARGENTEO (1) *(Pampus argenteus)*

ing. silver pomfret; fr. stromaté argenté, aileron argenté; ted. Silberner Pampel; sp. palometa plateada; giapp. managatsuo.

Il pampo argenteo vive nelle acque costiere dell'Oceano Indiano e del Pacifico occidentale, dal Golfo Persico al Giappone. È un pesce molto apprezzato in gastronomia ed è conosciuto anche col nome di **pomfret**.
Caratteristiche: il corpo è ovale e la piccola testa non sporge dal contorno del corpo. Le estremità delle pinne dorsale e anale sono particolarmente corte e a forma di falce, così come il lato della pinna caudale, molto forcuta. Il colore varia dal grigio argento al bianco, spesso con minuscoli punti scuri.
Utilizzi: la carne, tenera e candida, è squisita preparata al vapore o stufata.

FIETO AMERICANO (2) *(Peprilus triacanthus)*

ing. butterfish, Atlantic butterfish; fr. stromaté à fossetes; ted. Amerikanischer Butterfisch, Dollarfisch; sp. pez mantequilla americano.

Il fieto americano è diffuso in tutta la costa orientale dell'America settentrionale e vive in branchi a profondità inferiori ai 60 m.
Caratteristiche: il corpo sottile e ovale è blu pallido sul dorso, più chiaro sui fianchi e argentato sul ventre.
Utilizzi: ha una carne bianca, compatta e povera di lische ed è disponibile in commercio sia fresco che surgelato. Ideale in padella o alla griglia.

Appartiene allo stesso genere il **Pacific butterfish** *(Peprilus simillimus)*. È presente lungo le coste americane del Pacifico.

(1) Il **PAMPO ARGENTEO** *(Pampus argenteus)*, chiamato anche *Pomfret*, ha nella zona dell'Indopacifico lo stesso prestigio della nostra sogliola. In Cina viene preparato soprattutto al vapore, a Singapore affumicato.

(2) Il **FIETO AMERICANO** *(Peprilus triacanthus)* è diffuso su tutta la costa orientale dell'America settentrionale. Ha una carne bianca e compatta ed è molto richiesto come pesce monoporzione.

Gadiformi *Sono i pesci più "noiosi", perchè si "vestono" sempre in modo poco appariscente e non danno all'occhio nemmeno se "minacciati". In compenso sono molto gustosi!*

Gadiformi *(Gadiformes)*

Le pinne sono protette da raggi molli; per questo in Germania vengono chiamati anche "pinne molli" *(Weichflosser)*. La famiglia più significativa e ricca di specie è quella dei Gadidi.

Gadidi *(Gadidae)*

Gli esemplari sono caratterizzati da ampie tasche branchiali e una pinna caudale distinta. La maggior parte delle specie ha un barbiglio sul mento. Alcune dispongono di pinne anale e dorsale separate, altre sono quasi serpentiformi.

MERLUZZO (1) *(Gadus morhua)*

ing. cod; fr. morue; ted. Kabeljau, Dorsch; sp. bacalao; port. bacalhau do Atlântico; dan. torsk; nor. torsk; ol. kabeljauw; sv. torsk.

Il merluzzo è diffuso dallo Spitzbergen fino alle coste occidentali della Gran Bretagna e anche alle coste groenlandesi e nordamericane. Il merluzzo vive nei pressi dei fondali, ma emerge nelle acque libere laddove trova delle prede.
Caratteristiche: il merluzzo presenta tre pinne dorsali. La bocca è infera, il dorso marrone-verdastro con macchie più scure, mentre l'area ventrale è più chiara. Solitamente non supera gli 80 cm.
Utilizzi: è reperibile sia fresco che surgelato. Le uova sono commercializzate affumicate o sotto forma di pasta. Nell'Europa meridionale e in Scandinavia è apprezzato anche come stoccafisso e baccalà. Il baccalà è merluzzo salato ed essiccato, che deve essere bagnato 1-2 giorni prima dell'uso. Per stoccafisso si intende merluzzo essiccato all'aria (cfr. pagg. 120 e 121). Il merluzzo conservato in salamoia è ancora poco diffuso in commercio.

Altrettanto importanti sono, nel Pacifico settentrionale, il **merluzzo del Pacifico** *(Gadus macrocephalus,* ing. *Pacific cod)*, che può raggiungere i 115 cm di lunghezza, e in Russia il **merluzzo artico** *(Boreogadus saida,* ing. *Arctic cod, Polar cod).*

EGLEFINO (2) *(Melanogrammus aeglefinus)*

ing. haddock; fr. églefin; ted. Schellfisch; port. arinca; dan. kuller; nor. hyse, kolje; ol. schelvis; sv. kolja.

L'eglefino è diffuso dall'Islanda alle coste settentrionali della Spagna ed è presente anche lungo le coste atlantiche degli Stati Uniti.
Caratteristiche: è facilmente riconoscibile grazie alla linea laterale nera e al caratteristico punto sulla pinna pettorale. Ha una bocca supera e non possiede barbigli. Può raggiungere 1,10 m di lunghezza, ma di solito non supera i 75 cm.
Utilizzi: è disponibile in commercio sia fresco che surgelato ed è ideale in padella e sobbollito.

- La maggior parte delle specie vive nei mari dell'emisfero settentrionale.
- La pinne sono protette da raggi molli, per questo in Germania vengono chiamati anche "raggi molli" *(Weichflosser).*

(1) Il **MERLUZZO** *(Gadus morhua)* ha, durante il periodo della migrazione per il deposito delle uova, una carne molto delicata. Il merluzzo viene bollito o stufato intero mentre i filetti o le fettine (cotolette) vengono preparati per lo più in padella.

(2) L'**EGLEFINO** *(Melanogrammus aeglefinus)* è facilmente riconoscibile grazie alla linea laterale nera e al punto sulla pinna pettorale che lo caratterizza. È molto importante nella pesca, ma non quanto il merluzzo.

MERLUZZO CARBONARO (1)

(Pollachius virens)

ing. saithe, black pollack; fr. lieu noir; ted. Seelachs, Köhler; sp. carbonero; port. escamudo; dan. sej; nor. sei; ol. koolvis; sv. gråsej.

Il merluzzo carbonaro è diffuso dallo Spitzbergen alla Biscaglia e lungo le coste atlantiche del Nordamerica. Vive nei pressi dei fondali e in acque libere.
Caratteristiche: ha bocca supera, il che significa che la mascella inferiore è più prominente di quella superiore. Raggiunge al massimo 1,20 m di lunghezza.
Utilizzi: la sua carne è squisita e apprezzata sia fritta che sotto forma di bastoncini di pesce. Affumicato, funge da "surrogato del salmone".

MERLUZZO GIALLO (2) *(Pollachius pollachius)*

ing. pollack lythe, green pollack; fr. lieu jaune, colin jaune, ted. Pollack, Steinköhler; sp. abadejo, serreta; russ. saida.

Il merluzzo giallo è diffuso nell'Atlantico nordorientale, dalla Norvegia fino alla Biscaglia settentrionale, nel Mare del Nord, nello Skagerrak e nel Kattegat.
Caratteristiche: ha bocca supera e si distingue per la linea laterale anteriore a ventaglio. Solitamente misura circa 80 cm.
Utilizzi: la carne del merluzzo giallo è bianchissima e si presta in particolare a essere cotta in padella, un po' meno a essere bollita o cotta a vapore.

L'appetito viene coi colori

Il merluzzo carbonaro in passato non era molto amato da mangiare fresco. La sua carne magra grigio-marrone diventa chiara con la cottura. L'invenzione delle conserve pastorizzate sott'olio nel XX secolo lo riportò ai primi posti nel mercato.

MERLUZZO DELL'ALASKA *(Theragra chalcogramma)*

ing. Alaska pollack, Walleye pollack; fr. morue du Pacifique occidental; ted. Alaska-Pollack; sp. abadejo de Alaska.

Il merluzzo dell'Alaska dimora lungo le coste del Pacifico settentrionale.
Caratteristiche: può raggiungere circa 90 cm di lunghezza e ha un'ottima resa. Solo una piccola percentuale viene commercializzata fresca.
Utilizzi: è ideale da preparare in padella.

MERLANO (3) *(Merlangius merlangus)*

ing. whiting; fr. merlan; ted. Wittling; sp. merlán, plegonero; port. badejo; croat. pišmolj; dan. hvilling; gr. bakaliaros, tauki; nor. hvitting; ol. wijting; sv. hvitling; tur. bakalyaro, mezit.

Il merlano vive in prossimità dei fondali. L'area di diffusione si estende dall'Islanda al Portogallo. Nel Mar Adriatico, nel Mar Egeo, nel Mar di Marmara e nel Mar Nero, è presente una sola specie *(Merlangius merlangus euxinus)*.
Caratteristiche: è caratterizzato da bocca infera e assenza di barbigli. Si distingue per la presenza di una macchia nera alla base della pinna pettorale. Può raggiungere la lunghezza di 70 cm, ma solitamente non supera i 40 cm.
Utilizzi: la carne, tenera e bianca, ha un sapore delicato. Si presta a essere sobbollita o cotta in padella.

MERLUZZO FRANCESE (4) *(Trisopterus luscus)*

ing. pouting; fr. tacaud; ted. Franzosendorsch; sp. faneca; port. fameca; dan. kortsnudet torsk; nor. skjeggtorsk; ol. steenbolk; sv. skäggtorsk, bredtorsk.

Il merluzzo francese è diffuso dalla Scandinavia meridionale al Marocco settentrionale, nel Mediterraneo nordoccidentale e nell'Adriatico.

(1) Il **MERLUZZO CARBONARO** *(Pollachius virens)* si presta soprattutto a essere cotto in padella sotto forma di filetti o tranci, perchè viene così messo in risalto il forte aroma.

(2) Il **MERLUZZO GIALLO** *(Pollachius pollachius)* ha carne bianchissima e un po' asciutta, ma molto gustosa appena pescata.

(3) Grazie all'aroma che lo caratterizza, il **MERLANO** *(Merlangius merlangus)* è, per gli esperti di pesce, uno dei migliori pesci di mare, anche se non si annovera tra i pesci pregiati.

Caratteristiche: ha un barbiglio e bocca infera. Raggiunge al massimo 45 cm, ma solitamente non supera i 30 cm.

Utilizzi: la sua carne è buona al vapore, stufata, sobbollita e come ingrediente di zuppe. Ha un sapore molto delicato se cotta in padella al burro.

BROSME (5) *(Brosme brosme)*

ing. tusk; fr. brosme; ted. Lumb; port. bolota; dan. brosme; nor. brosme; ol. lom; sv. lubb.

È diffuso nell'Atlantico settentrionale dallo Spitzbergen al Mare di Barents fino al Mare del Nord centrale e settentrionale, e a ovest fino alla Groenlandia e al Canada. Vive in fondali fangosi a profondità comprese tra 100 e 400 m, e viene pescato soprattutto con palangresi. La Norvegia è la nazione in cui si pesca la maggiore quantità di questi pesci.

Caratteristiche: il brosme si distingue per l'unica, lunga pinna dorsale, divisa dalla pinna caudale solo da una piccola incisura. La livrea è marrone-grigio, più chiara sul ventre. Le pinne dorsale e anale hanno un contorno nero. Solitamente misura 40 cm di lunghezza, raramente raggiunge 1 m.

Utilizzi: la carne, bianca e delicata, si trova solo raramente sui mercati. È adatto a tutti i tipi di preparazione, ma è particolarmente buono sobbollito. In Norvegia viene utilizzato per preparare lo stoccafisso.

MOLVA (6) *(Molva molva)*

ing. ling; fr. lingue; ted. Leng; sp. maruca; port. maruca; dan. lange; nor. lange; ol. leng; sv. långa.

L'area di diffusione della molva si estende dal Mar di Barents e dall'Islanda fino alla Biscaglia. Nel Mediterraneo occidentale e nell'Atlantico nordoccidentale è presente sporadicamente e viene pescata solo casualmente. L'area principale di pesca di questa specie è l'Atlantico settentrionale, in cui viene catturata mediante l'uso di palangresi e reti a strascico.

Caratteristiche: la molva ha un corpo allungato, un barbiglio e due pinne dorsali, di cui quella posteriore corrisponde a circa la metà della lunghezza del corpo. Il dorso è scuro, verde-marrone, e si distingue per la presenza di una maculatura. Il ventre è più chiaro. Può raggiungere i 2 m di lunghezza per un peso di 30 kg, ma solitamente non supera 1,80 m.

Utilizzi: la carne della molva ha una struttura un po'grossolana e viene commercializzata soprattutto fresca sotto forma di filetto e surgelata. La molva è uno dei pesci più economici sui mercati tedeschi.

In Norvegia, Scozia, Islanda e nelle Isole Färöer viene utilizzata anche per preparare il baccalà. Il filetto di molva è buono cotto in padella e fritto.

(**4**) Il **MERLUZZO FRANCESE** *(Trisopterus luscus)* non è affatto una rarità, eppure non è un pesce di grande rilevanza economica. Quando lo si trova fresco, non bisogna perdere l'occasione di acquistarlo.

(**5**) Il **BROSME** *(Brosme brosme)* è pescato solo in piccole quantità, eccetto che sulle coste norvegesi. La sua carne bianca, il cui sapore ricorda quello del gambero, viene offerta soprattutto sotto forma di filetti.

(**6**) La **MOLVA** *(Molva molva)* è un pesce economico da acquistare, anche se non è oggetto di pesca mirata. Segni distintivi sono il corpo dalla forma allungata e la lunga pinna dorsale posteriore.

(1) La **MUSDEA BIANCA** *(Phycis blennoides)* ha un ruolo di primo piano solo nella gastronomia delle aree mediterranee. È facilmente riconoscibile dalla prima pinna dorsale a punta e dalle lunghe pinne ventrali filiformi e forcute. Si presta soprattutto a essere cotta in padella e alla preparazione di ragù.

MOLVA ATLANTICA *(Molva dypterygia dypterygia)*

ing. blue ling; fr. lingue bleue; ted. Blauleng; sp. maruca azul.

È diffusa dalla Norvegia settentrionale all'Islanda meridionale fino all'Irlanda sudoccidentale.

<u>Caratteristiche:</u> ha un corpo sottile, serpentiforme. I grandi occhi la contraddistinguono come pesce delle grandi profondità. Vive tra i 200 e i 1.500 m di profondità e può raggiungere 1,50 m di lunghezza.

<u>Utilizzi:</u> la carne è compatta, bianca e povera di grassi. I filetti cotti in padella al burro sono molto buoni. In caso di stufati, occorre aggiungere grassi.

(2) La **MOTELLA MEDITERRANEA** *(Gaidropsarus mediterraneus)* ha una carne molto delicata, ma che non si conserva a lungo. Per questo motivo, l'importanza economica della motella è limitata a livello regionale.

La *Molva dypterygia macrophthalma* è diffusa nel Mar Mediterraneo e nell'Atlantico orientale fino all'Irlanda meridionale. La carne è buona anche se, a causa della scarsa pescosità, poco significativa dal punto di vista economico. La **motella mediterranea** **(2)** *(Gaidropsarus mediterraneus)* ha rilevanza solo a livello regionale: la carne non si conserva a lungo.

MUSDEA BIANCA (1) *(Phycis blennoides)*

ing. greater forkbeard, forked hake; fr. phycis de fond, mostelle de roche; ted. Gabeldorsch; sp. brótola de fango, brótola de roca; croat. tabinja bjelica; gr. saluvardos; tur. gelincik.

La musdea bianca è diffusa nell'Atlantico nordorientale fino alla Groenlandia e alla Norvegia. Si trova raramente nel Mare del Nord, ma è presente anche nel Mediterraneo e nell'Adriatico.

<u>Caratteristiche:</u> è riconoscibile dalla prima pinna dorsale a punta e dalle lunghe pinne ventrali filiformi e biforcute. Raggiunge al massimo 1 m di lunghezza.

<u>Utilizzi:</u> ha importanza gastronomica solo nell'area mediterranea. Grazie alla carne di buona qualità, viene pescata in grandi quantità e preparata localmente sotto forma di filetto o fettine (cotolette). Si tratta di un pesce utilizzato soprattutto nell'industria della pesca, generalmente per produrre farina di pesce. I filetti degli esemplari più grandi sono buoni cotti in padella. Le fettine possono essere utilizzate anche per la preparazione di ragù.

(3) Il **NASELLO** *(Merluccius merluccius)* si trova sul mercato tedesco sotto forma di filetti e fettine (cotolette). Nell'Europa meridionale e sudoccidentale il nasello ha la stessa importanza che il merluzzo riveste in Germania. È buono in padella e stufato e si sposa bene anche con condimenti forti. Il nasello fresco raggiunge la qualità migliore in estate.

Simili sono la **musdea** o **mostella** *(Phycis phycis,* ing. *forkbeard)* e il **red hake** *(Urophycis chuss).* L'area più pescosa è la costa della Carolina del Nord.

Merluccidi *(Merlucciidae)*

La famiglia dei Merluccidi è molto affine a quella dei Gadidi *(Gadidae).* L'importanza economica di questo pesce predatore è molto aumentata negli ultimi anni.

NASELLO (3) *(Merluccius merluccius)*

ing. hake; fr. merlu; ted. Seehecht; sp. merluza; port. pescada branca; croat. mol; dan. kulmule; gr. bacaliaros; nor. lysing; cl. heek; sv. kolmule; tur. berlam.

Il nasello è diffuso dalla Norvegia settentrionale e dall'Islanda fino alla Mauritania, e nel Mar Mediterraneo. Durante la notte sale in superficie per catturare clupeidi. Ha un ruolo di primo piano in gastronomia e viene pescato con reti a strascico e palangresi. Tre quarti del pescato provengono dall'Atlantico settentrionale.

Caratteristiche: il nasello ha una bocca supera munita di robusti denti. La pinna dorsale posteriore copre quasi la metà del corpo e ha nella terza parte un'evidente rientranza. La pinna anale ha la stessa lunghezza della seconda pinna dorsale. Il dorso è grigio argento, il ventre più chiaro, la linea laterale è per lo più scura. Può raggiungere la lunghezza di 1,20 cm, ma solitamente non supera i 70 cm.

Utilizzi: il nasello si presta a essere cotto in padella e stufato e si sposa bene con spezie dal sapore forte. In Spagna il nasello è l'ingrediente classico per preparare la *Zarzuela*, una famosa zuppa di pesce.

NASELLO ATLANTICO *(Merluccius bilinearis)*

ing. silver hake, whiting; fr. merlu argenté d'Amerique du Nord; ted. Silberhecht, Nordamerikanischer Seehecht; sp. merluza de Boston, merluza norteamericana.

Il nasello dimora nelle acque lungo le coste atlantiche nordoccidentali, dal Canada alle Bahamas.

Caratteristiche: il corpo del nasello è argentato, tendente al marrone sul dorso e al bianco nell'area ventrale. Raggiunge i 75 cm di lunghezza e 2,3 kg di peso.

Utilizzi: la sua carne è buona ed è utilizzabile in vari modi, come il nasello.

Di rilevanza solo regionale sono il **nasello del Pacifico** *(Merluccius productus,* ing. *Pacific hake),* e il **nasello australe** *(Merluccius australis,* ing. *southern hake).* Più importante in termini economici è il **nasello neozelandese** *(Macruronus novaezelandiae),* diffuso in Nuova Zelanda e Giappone.

Zoarcidi *(Zoarcidae)*

I componenti della famiglia degli Zoarcidi hanno un corpo serpentiforme con pinne unite. Vivono a nord dell'Atlantico e del Pacifico, nonché nelle acque artiche e antartiche, e vengono catturati soprattutto durante la pesca dei gamberi.

BLENNIO VIVIPARO (1) *(Zoarces viviparus)*

ing. eelpout; fr. blennie vivipare, loquette; ted. Aalmutter; sp. blenio vivíparo; dan. ålekvabbe; fin. kivinilkka; nor. ålekvabbe; ol. puitaal; russ. beldyuga; sv. tånglake.

Il blennio viviparo è diffuso nelle aree litoranee e nelle foci dei fiumi dal Canale della Manica attraverso il Mare d'Irlanda (anche Mar Baltico) fino al Mar Bianco.

Madre o no?

Nel medioevo si pensava che il blennio viviparo desse alla luce piccoli di anguille, poiché l'aspetto era molto simile ai piccoli di queste ultime, da cui il nome tedesco "madre delle anguille" *(Aalmutter)*.

Caratteristiche: dispone, come tutti i Gadiformi, di piccole pinne ventrali inserite a livello giugulare. La pinna caudale è poco distinta. Il blennio viviparo può raggiungere una lunghezza di 60 cm e mette al mondo piccoli serpentiformi completamente sviluppati. Nello scheletro è depositato il composto di fosfato che durante la cottura colora di verde le lische. Il sapore non viene però alterato.

Utilizzi: la carne bianca e delicata ricorda quella dell'anguilla. Gli Zoarcidi rendono al meglio eviscerati, infarinati e rosolati nell'olio.

Macruridi *(Macrouridae)*

La famiglia dei Macruridi è diffusa in tutti i mari del mondo.

GRANATIERE (2, 3) *(Coryphaenoides rupestris)*

ing. grenadier; ted. Rundnasiger Grenadierfisch; port. lagartixa da rocha; dan. skolæst, langhale; nor. skolest; ol. grenadier; sv. skoläst.

È diffuso nelle profondità dell'Atlantico settentrionale.
Caratteristiche: la prima pinna dorsale è grande ed è posizionata direttamente dietro alla testa, che presenta i tipici grandi occhi; la seconda pinna dorsale parte dal centro del corpo, sotto forma di banda molto scura, e raggiunge l'estremità della coda. La pinna caudale non è strutturata. Può raggiungere 1,50 m di lunghezza.
Utilizzi: i filetti sono ideali da preparare in padella.

(2) Il GRANATIERE *(Coryphaenoides rupestris)* ha un'enorme testa con occhi grandi tipici dei pesci che vivono in acque profonde. È considerato privo di valore nel settore della pesca, anche se la carne è di ottima qualità.

(1) Il BLENNIO VIVIPARO *(Zoarces viviparus)* raggiunge al massimo 60 cm di lunghezza. Durante la cottura le lische si colorano di verde per la presenza di un composto di fosfato, ma questo non influisce sul sapore della carne.

(3) Il FILETTO DEL GRANATIERE corrisponde a circa un terzo del suo peso. La carne, magra e quasi del tutto priva di lische, è molto buona scottata in padella o fritta.

Clupeiformi *Nel linguaggio popolare, le specie di questo gruppo vengono chiamate "pesce azzurro" per il caratteristico riflesso delle loro scaglie argentate.*

Clupeiformi *(Clupeiformes)*

Hanno pinne con raggi molli, un'unica pinna dorsale, e pinna caudale biforcata in due lobi simmetrici (omocerca): le specie della famiglia dei Clupeidi intraprendono lunghe migrazioni per deporre le uova, occasione in cui alcune di esse risalgono anche i corsi d'acqua dolce. Un terzo di tutto il pesce pescato al mondo è costituito da Clupeiformi, e in particolare dall'aringa e dall'aringa del Pacifico. Questi pesci rappresentano un'importante fonte di nutrimento fin dall'antichità, e oggi le aringhe fresche vengono considerate una prelibatezza. L'aringa freschissima si riconosce per la brillantezza della pelle, degli occhi e dei lati del capo. Infatti, le "guance" diventano rapidamente rosse: se sono di questo colore, l'aringa non è più fresca come appena pescata, ma è ancora di alta qualità. Se la colorazione rossa svanisce di nuovo e la pelle assume una tinta grigiastra, vuol dire che il pesce è vecchio e non è più che l'ombra di se stesso a livello culinario. Meglio lasciarlo perdere!

ARINGA (1) *(Clupea harengus harengus)*

ing. herring; fr. hareng; ted. Atlantischer Hering; port. aremque; dan. sild; nor. sild; ol. haring; sv. sill.

L'aringa è diffusa nell'Atlantico del Nord, dalla Bretagna alla Groenlandia fino all'isola di Spitzbergen, oltre che nel Mare del Nord e nel Baltico, nel Mar Bianco e nel Mare di Barents. Nell'Atlantico occidentale, si trova nelle acque del Canada e degli Stati Uniti del Nord. Nonostante lo sfruttamento intensivo, le aringhe sono tuttora uno dei prodotti più importanti dell'industria della pesca.
Caratteristiche: l'aringa è il più grande tra i Clupeiformi di interesse commerciale. Si differenzia dalla sardina perché ha l'opercolo branchiale liscio e privo di creste ossee.
Utilizzi: le aringhe fresche vengono spesso cotte in padella, ma il loro elevato contenuto di grassi le rende adatte anche alla griglia. Tuttavia, è bene utilizzare sempre una speciale griglia da pesce perché tendono ad attaccarsi, frantumandosi quando si cerca di girarle. Le aringhe salate e in conserva si prestano a molte diverse preparazioni, e di solito le ricette più semplici sono anche le più gustose. Le femmine mature che contengono uova vengono chiamate "aringhe da uova" per distinguerle dai maschi, che contengono sperma e sono denominati "aringhe da latte".

ARINGA DEL PACIFICO (1) *(Clupea harengus pallasi)*

ing. Pacific herring; fr. hareng du Pacifique; ted. Pazifischer Hering; sp. arenque del Pacífico; giapp. nishin.

L'aringa del Pacifico è parente stretta della specie atlantica, tanto che per molto tempo è stata considerata una sua sottospecie. La sua area di diffusione va dal Mar Bianco e dal Mare di Barents fino al Pacifico del Nord, in cui si trova su entrambe le sponde dello Stretto di Bering ed è diffusa dal Giappone e dalla Corea fino alla California. Oggi, però, gli stock di questi pesci sono molto ridotti a causa della pesca eccessiva.

- I Clupeiformi hanno una sola pinna dorsale.
- La pinna caudale è divisa in due lobi simmetrici.
- Importante pesce da tavola fin dall'antichità, il pesce azzurro rappresenta un terzo di tutto il pescato mondiale.

(1) L'ARINGA *(Clupea harengus harengus)* e la sua parente stretta, l'ARINGA DEL PACIFICO *(Clupea harengus pallasi)* sono identiche per l'aspetto esterno ma hanno un diverso numero di vertebre.

Caratteristiche: anche se dall'aspetto esterno l'aringa del Pacifico è indistinguibile da quella atlantica, le due specie non hanno lo stesso numero di vertebre. Anche le loro abitudini riproduttive sono diverse.

Utilizzi: come l'aringa atlantica, quella del Pacifico viene impiegata sia fresca sia salata. Poiché in commercio vi sono moltissimi prodotti diversi a base di aringa, sempre più lontani dal prodotto fresco, si dovrebbero sempre leggere attentamente le indicazioni riportate sulla confezione. Nell'ABC dell'Aringa pubblicato qui sotto, troverete le informazioni più importanti.

SARDINA (1) *(Sardina pilchardus)*

ing. pilchard; fr. sardine; ted. Sardine; sp. sardina; port. sardinha; croat. srdela; dan. sardin; gr. sardella; nor. sardin; ol. sardien, pelser; sv. sardin; tur. sardalya.

L'areale della sardina si estende dal Mare del Nord meridionale, dove è rara, fino alla costa atlantica del Marocco. Nel Mediterraneo si spinge fino all'estremo Est e al Mar Nero. Viene pescata con reti da traino e con le "sciabiche pelagiche", un particolare tipo di rete che circonda il banco di pesci e si chiude nella parte inferiore, catturando le prede come se fosse un sacchetto. Soprattutto nel Mediterraneo,

i pescatori si servono anche di fonti luminose per attirare i pesci (le "lampare"). La sardina, insieme all'aringa, è uno dei più importanti pesci di utilizzo alimentare.

Caratteristiche: le sardine si distinguono facilmente dalle aringhe e dalle sarde perché il loro opercolo branchiale è provvisto di bordi ossei rettilinei. Inoltre, presentano una fila di chiazze scure lungo la linea dorsale, grosso modo in corrispondenza della metà del corpo. Possono raggiungere la lunghezza di 25 cm, ma di solito restano al di sotto dei 20 cm.

Utilizzi: le sardine fresche vengono spesso cotte in padella, ma sono ottime anche alla griglia.

A volte, vengono chiamate "false sardine" quelle del genere *Sardinops*; si tratta di una prospettiva molto eurocentrica, poiché in essa viene considerata "vera" solo la sardina europea. I *Sardinops* si distinguono dalle sardine europee perché i raggi posteriori della loro pinna anale sono nettamente più lunghi.

Rivestono interesse economico la **sardina del Giappone** *(Sardinops melanosticta)* e quella del **Perù** *(Sardinops sagax)*. Anche la **sardina della California** *(Sardinops caeruleus)* aveva una notevole importanza

Piccolo ABC dell'aringa

Non è vero che un'aringa vale l'altra: soprattutto nelle località costiere, questi pesci vengono catturati giovani, saltati in padella fino a renderli croccanti e consumati interi. In passato, venivano usate per produrre olio o farina di pesce. La denominazione *Matjes* indica le aringhe giovani ancora "vergini", sottoposte a una leggera salatura che consente di conservarle per un periodo limitato. Le aringhe adulte sono suddivise in "aringhe da latte" o "aringhe da uova" e si trovano fresche, affumicate o sotto sale. In tedesco vengono denominate *Ihle* le aringhe pescate subito dopo la riproduzione, che non contengono più né uova, né "latte". Fresche o leggermente salate, hanno un sapore meno pronunciato, e si prestano quindi a essere marinate e arrotolate. Le aringhe fresche che arrivano sul mercato conservate su ghiaccio sono adatte alla cottura in padella. Le aringhe fresche salate e poi affumicate hanno carni tenere e delicate, mentre quelle salate, sciacquate e infine affumicate sono più coriacee.

economica; nel 1967, tuttavia, l'industria della pesca californiana è andata completamente a rotoli perché l'eccessivo sfruttamento aveva ridotto gli stock di questa specie. In Sudafrica e Namibia ha interesse commerciale la **sardina del Sudafrica** *(Sardinops ocellatus)*. Tutte queste specie non arrivano fresche sul mercato europeo, ma una volta inscatolate vengono esportate in tutto il mondo.

SARDA, PAPALINA (2) *(Sprattus sprattus)*

ing. sprat; fr. sprat; ted. Sprotte; sp. espadín; port. espadilha; croat. gavica; dan. brisling; gr. papalina; ol. sprot; nor. brisling; sv. skarpsill; tur. çaça.

La sarda è diffusa dal Mare del Nord e dal Baltico fino alla costa atlantica del Marocco, e si trova anche nel Mediterraneo e nel Mar Nero. Il suo terreno di pesca principale è l'Atlantico del Nord, ma viene regolarmente pescata anche nel Mediterraneo e nel Mar Nero.

<u>Caratteristiche</u>: la sarda è molto più piccola dell'aringa (raggiunge al massimo 15 cm). Ha dorso verde-azzurro e ventre argentato.

<u>Utilizzi</u>: le sarde fresche hanno un sapore gustoso se cotte in padella; nell'Europa del Nord, si trovano più comunemente affumicate.

ACCIUGA, ALICE (3) *(Engraulis encrasicolus)*

ing. anchovy; fr. anchois; ted. Sardelle; sp. boquerón; port. biqueirão; croat. inčun; dan. ansjos; gr. gavros; nor. ansjos; ol. ansjovis; sv. sardell, ansjovis; tur. hamsi.

L'acciuga si estende dal Mare del Nord, dov'è piuttosto rara, alla costa atlantica del Marocco, compreso il Mediterraneo e il Mar Nero, dove l'*Hamsi* è una specie di specialità nazionale. Spesso le acciughe formano branchi molto numerosi e vengono pescate con reti da traino, sciabiche e altri tipi di rete di profondità.

<u>Caratteristiche</u>: è un pesce di piccole dimensioni (al massimo 15 cm), con la mandibola nettamente più corta della mascella. Ha il dorso scuro e presenta una banda azzurro-argentea lungo i fianchi.

<u>Utilizzi</u>: l'acciuga viene usata come pesce fresco oppure per produrre filetti che vengono messi sotto sale e commercializzati dopo una stagionatura di 6-12 mesi. Sul mercato si trova anche un olio d'acciuga. Le acciughe intere si possono anche cuocere in padella.

(1) Grazie alle sue carni saporite e relativamente grasse, la **SARDINA** *(Sardina pilchardus)* è un pesce ideale per la griglia. Solo gli esemplari di lunghezza inferiore ai 15 cm vengono commercializzati con la denominazione di sardine.

(2) La **SARDA** *(Sprattus sprattus)* è ottima anche da fresca, ma nel Nord dell'Europa questi piccoli pesci si trovano più spesso affumicati. In Germania, la sarda viene pescata soprattutto nella Baia di Eckernförde e nel Baltico.

(3) Spesso l'**ACCIUGA** *(Engraulis encrasicolus)* si trova sul mercato sotto forma di conserva piccante. Tuttavia, questi pesciolini dal sapore spiccato sono veramente ottimi anche fritti o in padella.

Le aringhe di Bismarck e le tenere aringhe vergini

Le aringhe marinate sono considerate un efficace rimedio contro i postumi della sbronza, poiché la loro marinata a base d'aceto fornisce all'organismo preziosi minerali. In generale, l'aringa è un alimento molto sano, grazie al suo elevato contenuto di acidi grassi del tipo Omega-3.

Già il medico curante di Bismarck prescrisse al Cancelliere, che aveva problemi di peso, una dieta speciale a base di questi pesci. Nel 1871, l'anno della fondazione del Reich tedesco, un produttore di conserve di pesce di Stralsund inviò allo statista prussiano un barile di legno pieno di aringhe del Baltico marinate e gli chiese il permesso di commercializzarle con il nome di "aringhe alla Bismarck". Nei secoli scorsi si pescavano moltissime aringhe, che erano un importante bene di scambio fin dal Medioevo, quando gli europei avevano scoperto la tecnica per conservare il pesce sotto sale: questo metodo si era rivelato adatto soprattutto all'aringa, facilmente deperibile a causa del suo elevato contenuto di grassi. Già allora si era notato che l'aringa era sensibilissima ai cambiamenti ambientali, tanto che i banchi di questi pesci scomparivano nei periodi più freddi.

La cosiddetta *Matjeshering* è un'apprezzatissima specialità dell'Europa del nord. In origine, si preparava esclusivamente con le aringhe giovani pescate in primavera, tanto che il suo nome deriva dall'antico olandese *maeghdekens haerinck*, letteralmente "aringa vergine". Questi pesci sono ancora troppo giovani per riprodursi, e quindi non hanno ancora dato fondo alle loro riserve di grasso per produrre uova o latte. Nella loro preparazione, si sfrutta una particolarità delle aringhe che, in sé, rappresenta uno svantaggio: questi pesci si nutrono filtrando lo zooplancton dall'acqua di mare, per cui hanno enzimi muscolari e digestivi attivissimi. Tali enzimi, insieme all'elevato contenuto di grassi, fanno sì che il pesce si decomponga molto in fretta dopo la morte, sviluppando un odore forte e diventando rancido. Mettendo le aringhe in salamoia o sotto sale si contrastano questi processi; ciò rende la salatura un metodo di conservazione altrettanto efficace dell'odierno congelamento. Le aringhe salate vanno però sempre risciacquate, e quindi sottoposte a una preparazione prima di poterle consumare. Una volta, grazie a un pescatore che aveva esaurito le sue scorte di sale, si scoprì un nuovo metodo di conservazione: invece di eviscerare le aringhe, ci si limita ad aprire la cavità ventrale e a inserirvi una quantità di sale molto minore del solito. Con questa tecnica, si stimolano i succhi digestivi, che rafforzano gli enzimi dei muscoli e della pelle e provocano la scomposizione di altre proteine; dopo qualche giorno, si ottiene un'aringa più tenera e morbida, la cui carne si scioglie letteralmente in bocca. Inoltre, questo tipo di aringa si può mangiare direttamente dal barile, senza bisogno di sciacquarla.

Oggi, la cosiddetta "maturazione enzimatica" si ottiene usando enzimi industriali in polvere, e il prodotto che ne deriva viene chiamato "alla Matjes" o "alla nordica". Tuttavia, il primato del sapore spetta ancora alle vere aringhe "vergini" pescate a fine maggio e sottoposte a leggerissima salatura prima di lasciarle maturare con tutte le lische. Per mangiare questi pesci, si usa una tecnica particolare: si rovescia la testa all'indietro, si afferra il pesce per la coda e lo si mangia intero.

Ursula Heinzelmann

Tetraodontiformi *Se si vuol essere sicuri che tutti i commensali sopravvivano a questo costosissimo manicaretto, è meglio far preparare il temuto pesce palla da un grande esperto...*

Tetraodontiformi *(Tetraodontiformes)*

Dal punto di vista gastronomico, hanno importanza soprattutto due gruppi: i pesci balestra o pesci porco (Balistidi) e i Tetraodontidi o pesci palla.

Pesci balestra *(Balistidae)*

Le robuste scaglie spinose che hanno sulla coda e sul dorso possono provocare ferite. Il modo migliore per pulirli è inciderli con un trinciapollo; poi, si mozza la testa e si tira la pelle a partire dal taglio.

PESCE BALESTRA *(Balistes carolinensis)*

ing. grey triggerfish; fr. baliste cabri; ted. Drückerfisch; sp. pez ballesta; croat. mihaca; gr. gurunópsaro; tur. çütre.

Il pesce balestra si trova su entrambe le sponde dell'Atlantico.

Caratteristiche: ha un tipico corpo arcuato, ovale e appiattito ai lati, e una grande testa con una piccola bocca. I raggi superiore e inferiore della pinna caudale sono sottilissimi e molto lunghi. Può raggiungere i 40 cm di lunghezza.

Utilizzi: i filetti vengono bene al forno e in padella.

PESCE BALESTRA REGINA (1) *(Balistes vetula)*

ing. queen triggerfish; fr. baliste vétule; ted. Königin-Drückerfisch.

Il pesce balestra regina è diffuso nell'Atlantico occidentale, dal Massachusetts fino al Brasile.

Caratteristiche: vistose strisce celesti ricurve, che simulano una bocca più grande.

Utilizzi: molto amato nei Caraibi, vi viene proposto con il nome di "rombo" perché, una volta spellato, può ricordare un rombo.

Il **pesce balestra stellato** *(Abalistes stellaris,* ing. *leatherjacket)*, è diffuso dal Mar Rosso e dall'Oceano Indiano fino alle isole del Pacifico occidentale e può raggiungere una lunghezza di 60 cm. Come il **pesce balestra striato** (2) *(Balistapus undulatus)*, è un pesce da tavola di media qualità.

Pesci palla *(Tetraodontidae)*

Solo una specie è di interesse gastronomico.

PESCE PALLA (3) *(Fugu rubripes)*

ted. Kugelfisch; giapp. fugu.

Caratteristiche: il pesce palla può essere pulito e preparato solo da cuochi espressamente addestrati a questo compito.

Utilizzi: in Giappone viene considerato una vera prelibatezza; lo si prepara crudo e tagliato a fettine sottilissime nel tipico *sashimi*.

- La maggior parte dei Tetraodontidi vive nelle acque costiere dei mari tropicali.
- Alcuni di questi pesci vivono sulle barriere coralline.
- In Giappone il pesce palla, chiamato *fugu*, viene considerato una raffinata prelibatezza.

(1) Il **PESCE BALESTRA REGINA** *(Balistes vetula)* è amatissimo nelle isole dei Caraibi. La sua carne bianca e tenerissima ha una gradevole consistenza.

(2) Il **PESCE BALESTRA STRIATO** *(Balistapus undulatus)* è diffuso dal Mar Rosso fino ai Mari del Sud.

(3) Il **PESCE PALLA** *(Fugu rubripes)* è conosciuto in tutto il mondo come una prelibatezza non del tutto priva di rischi.

Salmoniformi di mare *Alcuni cercano di sfuggire alla cattura vivendo sui fondali più profondi, altri invece migrano volentieri anche in acque basse.*

- Alcuni Salmoniformi vivono quasi esclusivamente in acque profonde.
- I Salmoniformi possiedono una seconda pinna dorsale, la cosiddetta pinna adiposa.

Salmoniformi *(Salmoniformes)*

Questo grande ordine raccoglie otto sottordini, alcuni dei quali comprendono quasi esclusivamente pesci di profondità. I Salmonidi, pesci migratori diffusi in tutto l'emisfero settentrionale, presentano una seconda pinna dorsale spessa e priva di raggi, denominata pinna adiposa.

Osmeridi *(Osmeridae)*

Di questa famiglia fanno parte pesci di forma affusolata e poco appiattita ai lati, con bocca larga e mandibola più lunga della mascella. Sono ricoperti di scaglie morbide e leggermente spioventi.

SPERLANO (1) *(Osmerus eperlanus)*

ing. smelt; fr. éperlan; ted. Stint; port. peixe de cheiro; dan. smelt; nor. krøkle; ol. spiering; sv. nors, sparling.

Lo sperlano è diffuso dal Mar Bianco al Canale della Manica, e il suo areale comprende il Mar Baltico. Pesce pelagico, vive nelle acque costiere, dove forma grandi banchi. Tra marzo e i primi di maggio si addentra nei fiumi, per deporre le uova nel tratto inferiore del loro corso. Anche nelle acque profonde di alcuni laghi, in particolare nella regione del Baltico, vivono sperlani che risalgono gli affluenti per deporvi le uova.

Caratteristiche: può raggiungere una lunghezza di 45 cm, ma la maggior parte degli esemplari non supera i 20 cm.

Utilizzi: lo sperlano si presta bene alla cottura in padella. Le sue carni sono tenere ma poco saporite, e non vengono considerate pregiate dal punto di vista gastronomico.

Il **capelano** *(Mallotus villosus)* raggiunge i 20 cm circa di lunghezza. Vive vicino al Polo Nord, nel Mare Artico e nella parte più settentrionale del Pacifico.

Il **surf smelt** *(Hypomesus pretiosus)* (2), che raggiunge i 25 cm di lunghezza, è diffuso dall'Alaska alla California Meridionale e lungo la costa asiatica fino alla Corea. Entrambe queste specie possono essere cotte in padella intere.

L'**eulachon** *(Thaleichthys pacificus)*, uno sperlano del Pacifico nordoccidentale che raggiunge i 30 cm di lunghezza, viene chiamato anche "pesce candela" a causa della sua carne oleosa. Tutte e tre queste specie si trovano molto di rado sui mercati europei.

(1) Lo **SPERLANO** *(Osmerus eperlanus)* ha un odore particolare che ricorda il cetriolo, e che non risulta gradito a tutti. Tuttavia, ha un buon sapore quando viene cotto in padella, impanato o fritto.

(2) Il **SURF SMELT** *(Hypomesus pretiosus)* è molto diffuso nel Pacifico del Nord, in Giappone e in Cina. In genere questo pesce viene cotto in padella o alla griglia.

Scorpeniformi *Il loro aspetto orrendo non deve trarre in inganno: lo scorfano e altri esponenti degli Scorpeniformi hanno un sapore davvero squisito.*

Scorpeniformi *(Scorpaeniformes)*

All'ordine degli Scorpeniformi appartengono pesci con appendici spinose molto sviluppate e una grossa testa corazzata da placche ossee.

Scorpenidi *(Scorpaenidae)*

La famiglia degli Scorpenidi comprende più di 1.000 specie, alcune delle quali hanno nomi indicativi del loro aspetto, come pesce-scorpione e pesce-pietra. Vivono in mari relativamente caldi e subtropicali, hanno una testa larga con creste ossee spinose e molte appendici dermiche. Le spine della pinna dorsale anteriore e dell'opercolo branchiale sono velenose. Nel Sud dell'Europa, la pinna dorsale viene rimossa al momento dell'acquisto; nel Nord no, e quindi si raccomanda di fare molta attenzione. Il veleno diventa innocuo con il calore.

SCORFANO NERO *(Scorpaena porcus)*

ing. black scorpionfish; fr. rascasse brune; ted. Brauner Drachenkopf; sp. rascacio; port. rascasso de pintas; croat. škrpun; gr. skorpios; ol. bruine schorpioenvis; tur. iskorpit.

Lo scorfano nero è diffuso dall'Irlanda al Senegal, nel Mediterraneo e nel Mar Nero. Vive in acque basse, mimetizzato tra gli scogli coperti di alghe. La pesca avviene con lenze e nasse. Ha un sapore migliore del suo più grande cugino di colore rosso, ma è più raro trovarlo sul mercato.

Caratteristiche: lo scorfano nero raggiunge i 25 cm di lunghezza, ma nella maggior parte dei casi non supera i 20 cm. La sua pinna caudale presenta tre strisce brunastre oblique.

Utilizzi: la preparazione classica dello scorfano nero è la stufatura. È anche un pregiato ingrediente di zuppe e casseruole di pesce, in cui esprime al meglio il suo delicato sapore.

SCORFANO (1) *(Scorpaena scrofa)*

ing. red scorpionfish; fr. rascasse rouge; ted. Großer Roter Drachenkopf; sp. cabracho; port. rascasso vermelho; croat. škrpina; gr. skorpios; ol. oranje schorpioenvis; tur. lipsoz.

L'areale dello scorfano coincide con quello del suo cugino scorfano nero, fatta eccezione per il Mar Nero, dove non è presente. Vive in acque più profonde, tra i 20 e i 200 m. Viene catturato con reti a traino o lenze, ed è piuttosto diffuso in commercio.

- Gli Scorpeniformi sono irti di spine e hanno una testa corazzata con scaglie ossee.
- Hanno una spina ossea formata dalle ossa suboculari, che raggiunge gli opercoli branchiali anteriori.

(1) Lo **SCORFANO** *(Scorpaena scrofa)* è un tipico ingrediente della *bouillabaisse* francese. La sua lunghezza oscilla tra i 30 e i 50 cm.

(2) Lo **SCORFANO ATLANTICO** *(Sebastes marinus)* è uno dei pesci più apprezzati del mondo. La sua carne soda, di color rosa pallido e mediamente grassa viene commercializzata soprattutto sotto forma di filetto.

(1) Il **VERMILION ROCKFISH** *(Sebastes miniatus)* è uno dei pesci-pietra di maggiore interesse dell'area del Pacifico. La sua ottima carne è buona fresca. Al contrario della maggior parte degli altri pesci di scogliera, non si presta affatto alla congelazione.

(2) Il **YELLOWMOUTH ROCKFISH** *(Sebastes reedi)* vive sui fondali rocciosi del Pacifico. Può raggiungere i 60 cm di lunghezza e ha una colorazione che va dal giallo-arancio al rossastro. Si distingue per la sua bocca a chiazze rosa e bianche con puntini gialli e scuri.

(3) Il **DUSKY ROCKFISH** *(Sebastes ciliatus)* vive nel Pacifico del Nord, dallo stretto di Bering alla Colombia Britannica. Raggiunge i 55 cm e 1,8 kg di peso. I suoi filetti vengono commercializzati sia freschi, sia surgelati.

Caratteristiche: più grande dello scorfano nero, può raggiungere i 50 cm di lunghezza.

Utilizzi: la carne compatta e bianca di questo pesce, che di solito si trova in commercio fresco, è un ingrediente essenziale della *bouillabaisse* francese. A parte questa specialità, viene cucinato come lo scorfano nero. Gli esemplari più piccoli hanno un gusto migliore di quelli più grandi.

SCORFANO ATLANTICO (2, pag. 91)

(Sebastes marinus)

ing. golden redfish; fr. grande sébaste; ted. Rotbarsch, Goldbarsch; port. peixe vermelho; dan. stor rodfisk; nor. uer; ol. roodbaars; sv. större kungfisk.

Questa specie è diffusa nei mari del nord: da Nowaja Semlja e dall'isola di Spitzbergen fino alla parte settentrionale del Mare del Nord e al Kattegat. Si trova anche nell'Atlantico occidentale, anche se solo nelle zone in cui le acque sono più fredde. Mentre gli esemplari giovani vivono nelle acque costiere, gli adulti si trovano di norma a una profondità compresa tra i 100 e i 1.000 m. Si pescano con reti a traino e lenze. Lo scorfano atlantico è una specie di grande rilievo economico nel Nord Europa.

Caratteristiche: lo scorfano atlantico è parente degli scazzoni, da cui si distingue soprattutto per la mancanza di robuste spine sulla fronte e per una spina molto più lunga sulla pinna dorsale. Può raggiungere la lunghezza di 1 m e un peso di circa 15 kg, ma la pesca intensiva ha reso rarissimi gli esemplari di dimensioni così grandi; oggi, la lunghezza media è di circa 40 cm, e quindi anche i filetti sono più piccoli.

Utilizzi: i filetti di scorfano atlantico sono la forma commerciale più diffusa, e si prestano soprattutto alla cottura in padella con burro o olio d'oliva. Questo pesce dalle carni sode e rosate è ottimo anche bollito, stufato o al forno. A volte, nei mercati di pesce delle regioni costiere se ne trovano in vendita esemplari interi.

Viene comunemente chiamato **scorfano atlantico** anche il *Sebastes mentella* che presenta una protuberanza conica sulla mandibola. Un loro parente stretto è il **sebaste** *(Sebastes viviparus)*, che raggiunge i 30 cm di lunghezza ed è diffuso su entrambe le sponde dell'Atlantico del Nord.

PESCI-PIETRA DEL PACIFICO

Parenti dei nostri scorfani, questi pesci del Pacifico hanno lunghezza compresa tra i 40 e i 60 cm e forma molto simile, anche se presentano un'ampia gamma di colorazioni e disegni. Per quanto riguarda il colore, predominano le tipiche tinte rosse e brune, con molte tonalità intermedie che vanno dall'arancione al bruno-grigio fino al grigio scuro o al nero bluastro. I disegni possono essere striati, marmorizzati o vistosamente maculati. Quasi tutti i pesci-pietra fanno parte del genere *Sebastes*. La maggior parte di essi sono diffusi dall'Alaska alla California meridionale. Alcuni vivono a grande profondità, mentre altri preferiscono zone meno profonde dove brucano la vegetazione di laminarie (ingl. *kelp*). Alcune specie si nutrono anche di crostacei, molluschi, krill, aringhe e altri tipi di pesci: questo tipo di alimentazione conferisce un buon sapore e una consistenza gradevole alle loro carni. Alcune specie, come il **yellowmouth rockfish** (2) *(Sebastes reedi)*, si trovano in commercio sotto forma di pesce fresco; altre, come il **dusky rockfish** (3) *(Sebastes ciliatus)* si trovano generalmente surgelate o anche già lavorate.

VERMILION ROCKFISH (1) *(Sebastes miniatus)*

ing. vermilion rockfish; ted. Vermilion; sp. rocote bermejo; pol. karmazyn wermilon.

Il *vermilion rockfish* è uno dei pesci-pietra più importanti del Pacifico. È diffuso nel Pacifico orientale, dal Canada fino al Messico.

<u>Caratteristiche:</u> pesce di scogliera, può raggiungere i 90 cm di lunghezza e 7 kg. Ha colore rosso scuro ed è cosparso di puntini grigi sui fianchi. Ottimo pesce da tavola, viene commercializzato solo fresco perché con la congelazione perde le sue caratteristiche, anche se non se ne è ancora compreso il motivo.

<u>Utilizzi:</u> viene preparato come il sebaste del Pacifico, ma anche in padella e fritto.

SEBASTE DEL PACIFICO (4) *(Sebastes alutus)*

ing. Pacific ocean perch; fr. sébaste du Pacifique; ted. Pazifischer Rotbarsch, Schnabelfelsenfisch; sp. gallineta del Pacífico.

Il sebaste del Pacifico è diffuso nel Pacifico settentrionale, nel Mare di Bering, al largo della California e delle Aleutine fino all'Alaska. Le sue carni si trovano in commercio fresche o surgelate, soprattutto sotto forma di filetti.

(**4**) Il **SEBASTE DEL PACIFICO** *(Sebastes alutus)* è il pesce-pietra più importante sotto il profilo economico.

(**5**) Il **CHANNEL ROCKCOD** *(Sebastolobus alascanus)*, è chiamato anche *shortspine thornyhead* (testa spinosa spinacorta).

(**6**) Il **SEBASTE BRUNO** *(Sebastes entomelas)* deve il suo nome inglese di *widow rockfish* (pesce vedova) al suo colore.

(**7**) Il **CANARY ROCKFISH** *(Sebastes pinniger)* ha una livrea dai colori decisamente vistosi.

<u>Caratteristiche:</u> colore rosso chiaro, spesso interrotto da chiazze scure nella zona dorsale. Vive in acque profonde fino a 800 m e può raggiungere i 50 cm di lunghezza e un peso massimo di 1,5 kg.

<u>Utilizzi:</u> i pesci-pietra hanno un buon sapore e carni di consistenza gradevole. Nella cucina cinese, vengono spesso cotti nel grasso e serviti in salsa agrodolce, mentre in Giappone le loro carni bianche e delicate sono apprezzate anche crude. Sono anche un buon ingrediente per le zuppe di pesce.

Le specie economicamente più importanti nonché migliori dal punto di vista del gusto sono il **channel rockcod** *(5, pag. 93)* *(Sebastolobus alascanus)* e il **China rockfish** *(Sebastes nebulosus)*. Il **yellowtail** *(Sebastes flavidus)* e il **bocaccio** *(Sebastes paucispinis)* sono ottimi pesci da tavola. Hanno un sapore piacevole anche il **sebaste bruno** *(6, pag. 93)* *(Sebastes entomelas)* e il **Canary rockfish** *(7, pag. 93)* *(Sebastes pinniger)*. Nella gastronomia delle regioni costiere dell'Australia hanno uno spazio importante l'**ocean perch** *(Helicolenus percoides)*, detto *red gurnard perch* in Tasmania, e il **red rock cod** *(Scorpaena cardinalis)*. Entrambe queste specie si trovano solo a livello locale e, come altri Scorpenidi, si prestano molto bene alla preparazione di zuppe

di pesce. La loro carne è saporita quanto quella dei loro parenti europei.

Triglie *(Triglidae)*

Anche i Triglidi fanno parte dell'ordine degli Scorpeniformi. Gli esponenti di questa famiglia sono caratterizzati da una testa grossa e corazzata e sono diffusi in tutti i mari tropicali e temperati. Si nutrono di piccoli crostacei e pesci, e hanno carni ottime. I Triglidi sono pesci di fondale con la parte ventrale appiattita e la testa corazzata. La pinna dorsale è divisa in due parti, di cui quella anteriore provvista di robusti raggi spinosi e quella posteriore di raggi morbidi. Queste spine, come quelle presenti sulle branchie, possono provocare brutte ferite se non si fa molta attenzione nel manipolare questo pesce, soprattutto durante l'eviscerazione: non sono velenose, ma possono spezzarsi nella ferita, causandone l'infezione. Le pinne ventrali si trovano in posizione molto avanzata, sotto quelle pettorali. Nella parte anteriore delle pinne pettorali vi sono alcune spine che si sono separate dalle altre e si muovono in modo indipendente: su di esse si trovano molti organi del gusto, che il pesce usa per individuare e tastare le prede sul fondale. Quando si osserva un Triglide vivo, si ha l'impressione che si serva di queste spine per "camminare" sul fondale.

Pesci... brontoloni

I Triglidi sono considerati pesci molto socievoli: amano riunirsi in branchi e "chiacchierare" tra loro usando la vescica natatoria per emettere suoni che ricordano un grugnito o un brontolio.

CAPPONE IMPERIALE (1) *(Aspitrigla cuculus)*

ing. red gurnard; fr. grondin rouge; ted. Seekuckuck; sp. arete; port. cabra vermelha; croat. krkotajka; dan. tvaerstribet knurhane; gr. kaponi; nor. tverrstripet knurr; ol. engelse poon; sv. rödknot; tur. kırlangıç.

L'areale del cappone imperiale va dal Mare del Nord, dove se ne trovano esemplari isolati, alla Mauritania. Nel Mediterraneo è diffuso soprattutto nelle regioni occidentali e sudoccidentali, mentre nelle altre zone è raro.

<u>Caratteristiche:</u> si distingue da altri Triglidi di colore rosso per una caratteristica fila di piccole squame trasformate in scudetti ossei e situate molto in alto lungo la linea laterale, quasi a toccare la base

(1) Il **CAPPONE IMPERIALE** *(Aspitrigla cuculus)* è uno degli esponenti più diffusi e più apprezzati della famiglia dei Triglidi. Tuttavia, a causa delle grandi dimensioni della testa, se ne ricava relativamente poca carne.

della pinna dorsale. Il profilo della testa è ripido, la parte anterosuperiore arrotondata, senza nessun accenno a biforcature. Le pinne pettorali sono rosso acceso. Può raggiungere una lunghezza massima di circa 50 cm, ma nella maggior parte dei casi si aggira intorno ai 25 cm.

Utilizzi: gli esemplari dal sapore migliore sono quelli lunghi circa 20 cm. In alcune zone, la loro carne bianca e compatta viene cotta a vapore e condita con uno spruzzo di succo di limone.

CAPPONE, GALLINELLA (2) *(Trigla lucerna)*

ing. tub gurnard; fr. grondin perlon; ted. Roter Knurrhahn; sp. bejel; port. cabra cabaço; croat. kokot balavac; dan. rod knurhane; gr. kaponi; nor. rødknurr; ol. rode poon; sv. fenknot; tur. kırmızı kırlangıç.

Diffuso dalla Norvegia centrale e dall'Islanda fino a tutto il Mediterraneo e il Mar Nero, il cappone viene catturato con reti radenti. Nell'area del Mediterraneo, viene considerato il migliore dei Triglidi.

Caratteristiche: è facilmente riconoscibile dalla sua colorazione rosso-grigia e dalle pinne pettorali di colore violaceo intenso o bluastro con bordo blu brillante. Può raggiungere i 75 cm di lunghezza, ma di solito si aggira intorno ai 35 cm.

Utilizzi: le sue carni affumicate hanno un gusto delicato, ma non si trovano facilmente. Poiché sono molto magre, possono risultare un po' asciutte ma sempre molto gustose. Di solito si trova in commercio senza testa, e ha carni compatte e bianche. Il pesce intero si presta bene alla cottura alla griglia e a vapore, ed è un buon ingrediente per zuppe di pesce. A volte, viene filettato e cotto in padella, ma il sapore delicato delle sue carni viene compromesso dalle alte temperature. Per esaltare il gusto dei filetti di cappone, è meglio farli raffreddare e poi sottoporli a una seconda cottura più lenta, ad esempio in salsa di pomodoro.

CAPPONE GORNO, ANGIOLETTO (3)

(Eutrigla gurnardus)

ing. grey gurnard; fr. grondin gris; ted. Grauer Knurrhahn; sp. borracho; port. cabra morena; croat. krkaja; dan. grå knurhane; nor. knurr; ol. grauwe poon; sv. knorrhane; tur. benekli kırlangıç.

Il cappone gorno è diffuso dalla Norvegia Centrale e Islanda fino al Marocco, e il suo areale comprende tutto il Mediterraneo e il Mar Nero. Specie molto numerosa, in Europa rappresenta la maggior parte dei Triglidi pescati. Tuttavia, il suo sapore non è nemmeno paragonabile a quello della gallinella.

Caratteristiche: questa specie diffusissima si distingue per il colore grigio del dorso, che nella maggior parte degli esemplari è cosparso di vistosi puntini chiari. La prima pinna dorsale è contraddistinta da una chiazza scura tondeggiante. Può raggiungere la lunghezza massima di 50 cm, ma di solito si aggira intorno ai 30 cm.

Utilizzi: la preparazione più gustosa è quella in padella, per la quale è necessario spellare preventivamente il pesce.

Della stessa famiglia fa parte il **latchett** *(Pterygotrigla polyommata)*, che si trova nelle acque dell'Australia meridionale e può raggiungere un peso di 1,5 kg. La sua carne è compatta, di colore rosato e mediamente grassa.

(**2**) Le carni bianche, sode e saporite del **CAPONE** *(Trigla lucerna)* lo rendono un pesce apprezzato per tutte le preparazioni gastronomiche.

(**3**) Anche se il loro sapore non è all'altezza di quelle della gallinella, le carni del **CAPPONE GORNO** *(Eutrigla gurnardus)* sono piacevolmente compatte e si prestano bene a molte preparazioni.

CAPPONE LIRA *(Trigla lyra)*

ing. piper gurnard; fr. grondin lyre; ted. Pfeifen-Knurrhahn; sp. garneo; port. cabra lira; croat. kapun, balavica; gr. kokkino kaponi; nor. lyreknurr; ol. stekelpoon; sv. lyrknot; tur. çatalburun kırlangıç.

L'areale del cappone lira si estende dalla parte sudoccidentale del Mare del Nord fino all'Africa sudoccidentale, comprendendo tutto il Mediterraneo ma non il Mar Nero. Il cappone lira si pesca con reti radenti. Nel Mediterraneo viene considerato di scarso interesse economico perché le sue carni sono meno saporite rispetto a quelle di altri Triglidi.

<u>Caratteristiche:</u> la sua colorazione rossa a volte lo fa confondere con la gallinella, da cui tuttavia si distingue a causa di una netta escrescenza che fa apparire la testa biforcata e per la lunga spina postopercolare che raggiunge la metà circa della pinna pettorale. Inoltre, non presenta una fascia blu all'estremità delle pinne pettorali. Può raggiungere una lunghezza massima di 60 cm, ma di solito resta intorno ai 30 cm.

<u>Utilizzi:</u> non ha il gusto altrettanto marcato di altri Triglidi, e quindi è opportuno cuocerlo in umido con sughi più saporiti. Si può anche cuocere in padella, ma risulta leggermente asciutto.

Verdi ma buoni

Anche se la colorazione delle carni degli Exagrammidi può lasciare perplessi, è proprio quella normale per loro, anzi è una loro caratteristica distintiva. Le carni perdono il colore verde con la cottura.

Exagrammidi *(Hexagrammidae)*

La famiglia degli Exagrammidi si distingue dai suoi parenti scorpenidi per il corpo lungo e affusolato, la testa piccola e i raggi delle pinne molli e flessibili. Ottimi nuotatori, sono provvisti di denti robusti e si nutrono prevalentemente di molluschi. Vivono nel Pacifico, sia nella regione asiatica, sia in quella americana.

KELP GREENLING (1) *(Hexagrammos decagrammus)*

ing. kelp greenling; ted. Tanggrünling; pol. terpuga oregonska.

Diffusa in tutto il Pacifico, questa specie vive vicino alla costa, su fondali sabbiosi o rocciosi e alla profondità massima di 40 m.

<u>Caratteristiche:</u> si differenzia dagli scorpenidi per il suo corpo lungo e affusolato, con testa piccola e raggi delle pinne molli e flessibili. Può raggiungere i 50 cm circa e presenta diverse colorazioni a seconda della zona in cui vive.

<u>Utilizzi:</u> è un apprezzato pesce da tavola con ottime qualità organolettiche. Le sue carni hanno una particolare tonalità verdastra, che tuttavia scompare con la cottura. Si presta a tutte le preparazioni culinarie.

Allo stesso genere appartiene anche il **rock greenling** *(Hexagrammos lagocephalus)*.

(1) Il **KELP GREENLING** *(Hexagrammos decagrammus)* è un pesce del Pacifico dall'ottimo sapore ma dalle carni verdastre. Questa tipica colorazione, tuttavia, scompare con la cottura. Anche se è oggetto di pesca commerciale, non ne vengono pescati grandi quantitativi.

(2) L'**OFIODONTE** *(Ophiodon elongatus)* è uno dei più diffusi pesci commestibili della costa pacifica degli USA e del Canada, e ha una lunga tradizione culinaria alle spalle: infatti, veniva già cacciato dagli indiani americani con l'aiuto di lunghe lance. Come altri Exagrammidi, ha carni dal sapore ottimo.

OFIODONTE (2) *(Ophiodon elongatus)*

ing. lingcod, blue cod; fr. rascasse verte, morue-lingue; ted. Pazifischer Lengdorsch, Terpug; sp. bacalao largo; port. lorcha; dan. lingtorsk; fin. vihersimppu; giapp. ainame; pol. ofiodon; sv. grönfisk.

L'ofiodonte si trova nel Pacifico, dalle isole Kodiak fino alla Bassa California.

<u>Caratteristiche:</u> può raggiungere una lunghezza massima di 1,50 m e un peso di 30 kg.

<u>Utilizzi:</u> la carne di questa specie, dal gusto eccezionale, è verdastra, ma diventa bianca con la cottura. Come nel caso dell'*Hexagrammos decagrammus*, questa colorazione non compromette affatto il sapore, e le due specie vengono utilizzate negli stessi modi.

Un altro Exagrammide è l'**Atka mackerel** *(Pleurogrammus monopterygius)*, diffuso dal Mar del Giappone al Mare di Bering e alla California meridionale.

(3) Il **MERLUZZO DELL'ALASKA** *(Anoplopoma fimbria,* ing. *sablefish)* si trova nel Pacifico settentrionale ed è un apprezzato pesce commestibile. La sua silhouette relativamente snella consente di distinguerlo dagli altri Scorpeniformi. La sua carne tenera si presta soprattutto alla bollitura e alla cottura a vapore.

Platicefali *(Platycephalidae)*

La famiglia dei Platicefali, caratterizzata da un corpo marcatamente appiattito, comprende una sessantina di specie diffuse in tutti i mari caldi. Vengono apprezzati come pesci da tavola soprattutto in Australia, dove vengono commercializzati con il nome di *flathead*. In questo contesto, una specie in particolare ha un grande ruolo gastronomico.

DUSKY FLATHEAD *(Platycephalus fuscus)*

ing. dusky flathead, black flathead; ted. Dunker Flachkopf; dan. mork fladhovedulk; estuary flathead, mud flathead (Australia).

Il *dusky flathead* vive nel Pacifico occidentale vicino all'Australia ed è diffuso soprattutto lungo la sua costa orientale, tra Cairns e Victoria. Vive in acque basse, fino a una profondità di 30 m.

<u>Caratteristiche:</u> questo pesce ha un corpo appiattito ed è può raggiungere una lunghezza massima di 1,50 m. È consigliabile fare attenzione quando lo si pulisce, perché le spine che ha sul capo possono provocare ferite dolorose. Una volta catturati, devono essere eviscerati il prima possibile, perché il contenuto dello stomaco comincia a putrefarsi velocemente.

<u>Utilizzi:</u> tagliato a filetti oppure, nel caso degli esemplari più grandi, a cotolette, è adatto soprattutto alla cottura in padella.

Anoplopomatidi
(Anoplopomatidae)

Gli esponenti della famiglia degli Anoplopomatidi sono di casa nel Pacifico settentrionale, e sono apprezzatissimi pesci da tavola. Si distinguono dagli altri Scorpeniformi per la loro forma sottile ed elegante.

MERLUZZO NERO (3) *(Anoplopoma fimbria)*

ing. sablefish, coal cod, coalfish; fr. morue charbonnière; ted. Kohlenfisch.

È diffuso in Giappone e dal Mare di Bering alla Bassa California. Da adulto vive a profondità comprese tra i 300 e i 900 m, mentre i giovani vivono in acque basse. In Canada viene commercializzato anche con il nome di *black cod* e le sue carni surgelate sono un importante articolo d'esportazione.

<u>Caratteristiche:</u> ha colore scuro, nerastro o verde-grigio; può raggiungere 1 m di lunghezza, ma di solito gli esemplari in commercio sono lunghi tra i 40 e i 60 cm e pesano tra i 2 e gli 8 kg.

<u>Utilizzi:</u> è ottimo bollito e al vapore, ma le sue carni morbide vanno condite con molta misura.

Della famiglia fa parte anche lo **skilfish** *(Erilepis zonifer)*, anche ha importanza commerciale come apprezzato pesce da tavola.

Cottidi *(Cottidae)*

La famiglia dei Cottidi *(Cottidae)* comprende sia specie che vivono sui fondali marini, sia specie d'acqua dolce. Le caratteristiche comuni sono la testa larga e piatta, provvista di spine preopercolari, e il corpo privo di squame ma munito di piastre ossee che possono presentare spine.

SCAZZONE SCORPIONE (1)

(Myoxocephalus scorpius)

ing. bull-rout; fr. chabot; ted. Seeskorpion; sp. cabracho, charrasco; dan. almindelig ulk; nor. mareulk; ol. zee-donderpad; russ. evropeysky kerchak; sv. rötsimpa, ulk.

Lo scazzone scorpione è diffuso nell'Atlantico del Nord, dalla Groenlandia Nordorientale alla Biscaglia, e si spinge ad Est fino al Mar Bianco, al Mare di Barents, al Mare di Kara e ad Est della Groenlandia. Si nutre di granchi, uova di pesce e pesci piccoli.

<u>Caratteristiche:</u> la pelle è liscia e priva di scaglie, e presenta numerose spine lungo la linea laterale. Le robuste spine sull'opercolo e sulla pinna dorsale non sono velenose ma possono provocare brutte ferite. La colorazione è variabile, ma di solito è grigio-verdastra con macchie bianche.

<u>Utilizzi:</u> gli intenditori, soprattutto in Francia, apprezzano molto le sue carni candide e compatte. È un ingrediente ideale delle zuppe di pesce.

LOMPO, CICLOTTERO (2) *(Cyclopterus lumpus)*

ing. lumpfish, lumpsucker; fr. lompe; ted. Seehase, Lumpfisch; sp. ciclóptero, liebre de mar; dan. stenbider; nor. rognkjaeks; ol. snotdolf; sv. sjurygg.

Il lompo si trova nelle regioni costiere di entrambe le sponde dell'Atlantico del Nord, dall'Artide, alla Biscaglia fino al Maryland. È un pesce di fondale e si nutre di granchi, pesciolini e ctenofori.

<u>Caratteristiche:</u> il corpo è paffuto e tondeggiante, coperto di piccoli tubercoli ossei e con 4 file di spine. Le pinne dorsali sono ricoperte da uno spesso strato cutaneo ("cresta"), quelle ventrali sono modificate a formare una ventosa. La colorazione va dal brunastro al bluastro-grigio, ma assume una tinta più vivace nel periodo della riproduzione. Può raggiungere i 60 cm, ma di solito ha dimensioni inferiori.

<u>Utilizzi:</u> nei Paesi nordici, il lompo si trova in commercio fresco, affumicato o sotto sale. La sua carne ricca d'acqua si presta particolarmente alla stufatura. I filetti affumicati di lompo sono una specialità gastronomica della costa baltica della Germania. Le uova di lompo sono lavorate come succedaneo del caviale e si trovano con diversi nomi commerciali in diversi Paesi: *Perles du Nord* in Islanda, *Limfjordskaviar* in Danimarca e *Deutscher Kaviar* in Germania.

(1) Nell'Europa del Nord, lo **SCAZZONE SCORPIONE** *(Myoxocephalus scorpius)* non è un pesce molto apprezzato, tanto che le navi da pesca lo ributtano in mare quando lo trovano nelle loro reti.

(2) Il **LOMPO** *(Cyclopterus lumpus)* non è tanto ricercato per le sue carni, quanto soprattutto per le sue uova piccole e scure, da cui si ricava un succedaneo a buon mercato del caviale.

Zeiformi *Una macchia che ricorda l'impronta di un pollice, un Apostolo e un lago di cui si parla nel Vangelo: da questi ingredienti è nata la leggenda che ha dato il nome al pesce San Pietro.*

Zeiformi *(Zeiformes)*

Le caratteristiche principali degli esponenti di quest'ordine sono il corpo tondeggiante e molto appiattito ai lati, le file di placche ossee e di spine alla base delle pinne dorsale e anale e il profilo obliquo dovuto alla mandibola prominente. L'esponente più noto di quest'ordine è il pesce San Pietro.

PESCE SAN PIETRO (1) *(Zeus faber)*

ing. John Dory; fr. Saint-Pierre; ted. Petersfisch, Heringskönig; sp. pez de San Pedro; port. galo negro; croat. kovač; dan. St. Petersfisk; gr. christopsaro; nor. St. Petersfisk; ol. zonnevis; sv. St. Persfisk; tur. dülger.

Il pesce San Pietro ha un areale molto vasto, che comprende tutto l'Atlantico orientale dalla Norvegia al Sudafrica e si estende al Pacifico (Giappone, Corea, Australia, Nuova Zelanda). Gli esemplari singoli o in piccoli gruppi si uniscono ai grandi banchi di pesci pelagici di cui si nutrono. Dato che in certe stagioni viene pescato regolarmente, anche se in numero ridotto, insieme al pesce azzurro, in Germania ha anche il nome di *Heringskönig*, ossia "re delle aringhe". Trovarne uno viene considerato di buon auspicio.

Nella maggior parte delle lingue europee, il nome di questo pesce riconduce all'Apostolo Pietro (*Saint-Pierre*, San Pietro); anche il suo nome inglese *John Dory* è una deformazione dell'italiano antico "janitore" (= portiere, custode) e si riferisce al ruolo di San Pietro come custode delle porte del Paradiso.

<u>Caratteristiche</u>: questa specie vistosa si riconosce facilmente: ha il dorso molto alto e una silhouette ellittica. La testa è molto grossa e presenta una grande apertura boccale. La parte anteriore della lunga pinna dorsale è provvista di lunghe spine ben visibili. Il suo colore è grigio scuro, e i fianchi sono

Narra la leggenda

che la macchia ovale sui fianchi del pesce San Pietro sia l'impronta lasciata delle dita dell'Apostolo Pietro, che aveva pescato questo pesce nel lago di Genezareth e gli aveva estratto dalla bocca una moneta d'oro come tributo per Gesù.

(1) Il **PESCE SAN PIETRO** *(Zeus faber)* ha carni bianche, tenere e delicate ed è uno dei migliori pesci di mare in assoluto. Poiché viene pescato in quantità limitate e la carne che se ne ricava è relativamente poca rispetto al peso, è anche molto costoso.

contrassegnati da una grossa chiazza scura con bordo giallo. Raggiunge la lunghezza massima di 65 cm, ma di norma resta tra i 20 e i 50 cm. Dopo la cattura, l'aspetto del pesce San Pietro si deteriora molto rapidamente; gli occhi si infossano e la pelle assume un aspetto grinzoso. Gli esemplari di buona qualità hanno occhi limpidi, pelle di colore uniforme e la tipica macchia scura con contorni ben nitidi.

<u>Utilizzi</u>: il San Pietro è uno dei pesci migliori che la gastronomia mondiale possa offrire. La sua carne tenera e bianca ha qualità organolettiche straordinarie, ed è quindi consigliato di scegliere una preparazione semplice che ne metta in risalto il sapore delicato, come la bollitura o la cottura a vapore. Non aggiungere troppi condimenti!

- Gli Zeiformi hanno corpo di forma circolare e appiattito ai lati.
- Le file di placche ossee e di spine alla base delle pinne anale e dorsale sono ben visibili.

Tanti tipi di pesci piatti *Questi pesci devono il loro nome alla forma particolare del loro corpo, appiattito di lato. Il loro sapore, però, è tutt'altro che piatto: a quest'ordine appartengono alcune delle specie più apprezzate al mondo.*

- La principale caratteristica di tutti i Pleuronectiformi è la forma del corpo, molto piatta e allargata in senso laterale.
- Alcune specie hanno gli occhi sul lato sinistro, altre sul destro.
- Il lato oculare è pigmentato, mentre di solito quello cieco è biancastro.

Pesci piatti *(Pleuronectiformes)*

La principale caratteristica dei pesci di quest'ordine è la forma piatta e larga del corpo. Allo stadio di larve, hanno ancora una forma come quella degli altri pesci, e nuotano liberamente nell'acqua. Quando raggiungono alcuni centimetri di lunghezza, tuttavia, le larve si trasferiscono sul fondale, e a questo stadio uno degli occhi e alcune ossa del capo cominciano a migrare verso quello che in seguito diventerà il lato superiore del pesce, che assume anche una colorazione più marcata. La parte inferiore cieca, nella maggior parte delle specie il lato sinistro, resta biancastra.

In questi pesci di fondale, inoltre, la pinna dorsale e quella anale si fondono in un'unica pinna nastriforme che circonda il disco del corpo. A seconda della specie, il lato oculare può essere il sinistro o il destro. Tutti i pesci piatti vivono sul fondale, affondando in parte nella sabbia. Per spostarsi, imprimono al corpo un particolare movimento ondulatorio o si sospingono con l'aiuto della lunga pinna nastriforme.

I pesci piatti rivestono grande importanza commerciale da tempo immemorabile, poiché si trovano numerosi nelle acque basse, calde e temperate. Inoltre, tra di essi si annoverano alcuni dei pesci più pregiati del mondo, come l'halibut, il rombo, la sogliola e la passera di mare.

Psettodidi *(Psettodidae)*

I più antichi Pleuronectiformi sono gli Psettodidi, grandi pesci piatti dotati di un robustissimo apparato boccale. Gli esponenti di questa famiglia si differenziano da altri pesci piatti perché hanno le pinne dorsale e anale provviste di spine acuminate.

Le specie più conosciute sono tre, diffuse sia nell'Atlantico orientale sia nella regione dell'Indopacifico e pescate in tutto il loro areale.

(1) L'**INDIAN SPINY TURBOT** *(Psettodes erumei)* è caratterizzato dalla particolare chiusura delle mascelle. A differenza di altri pesci piatti, nuota spesso in posizione diritta. Sul mercato si trova soprattutto fresco, ma anche surgelato e affumicato.

(2) La **LINGUATTOLA** *(Citharus linguatula)*, caratterizzata da grandi scaglie e occhi sul lato sinistro, è diffusa dal Portogallo all'Angola, oltre che nel Mediterraneo. Vive a profondità massime di 300 m e si nutre di piccoli pesci e crostacei. Si trova relativamente di rado sul mercato.

INDIAN SPINY TURBOT (1) *(Psettodes erumei)*

ing. Indian spiny turbot; fr. turbot épineux indien; ted. Indischer Stachelbutt; sp. lenguado espinudo indio; Queensland halibut (Australia).

La zona di diffusione di questa specie va dal Mar Rosso e dall'Africa orientale fino al Pacifico occidentale.

<u>Caratteristiche</u>: può raggiungere i 60 cm, ma di solito resta intorno ai 40 cm circa. Ha una colorazione bruna uniforme o attraversata da fasce oblique scure.

<u>Utilizzi</u>: si presta alla bollitura e alla cottura in forno.

Citaridi *(Citharidae)*

La famiglia dei Citaridi comprende due generi rappresentati da una specie ciascuno. I suoi esponenti si differenziano dagli altri pesci piatti perché hanno un'apertura nasale posteriore molto più grande, grosse scaglie e una bocca di grandi dimensioni con la mandibola robusta e sporgente.

LINGUATTOLA, CIANCHITTONE, PALAIA, PATARACCIA (2) *(Citharus linguatula)*

ing. left-eyed spotted flounder, fr. cithare feuille, fausse limande; ted. Linksäugige Großschuppige Spitzzunge; sp. solleta, capella; port. carta-de-bico; mousa (Egitto).

La linguattola è diffusa dal Portogallo all'Angola e si trova anche nel Mediterraneo.

<u>Caratteristiche</u>: corpo ovaleggiante allungato, occhi grandi e ravvicinati, lunghezza massima 30 cm. Generalmente ha colorazione bruno chiaro o grigio-biancastra con riflessi giallastri. Presenta chiazze scure lungo la base della pinna derivata dalla fusione.

<u>Utilizzi</u>: la linguattola ha carni tenere e bianche, e si presta soprattutto alla cottura in padella.

Un'altra specie, la **linguattola dell'Indopacifico** *(Citharoides macrolepis,* ing. *twospot largescale flounder),* raggiunge i 25 cm di lunghezza e vive lungo le coste del Sudafrica, della Corea e del Giappone.

Rombi *(Scophthalmidae)*

Gli Scoftalmidi hanno gli occhi sul lato sinistro del corpo. Sono caratterizzati da una grande bocca in cui la mandibola sporge rispetto alla mascella. Se ne conoscono cinque tipi che vivono nell'Atlantico del Nordest.

ROMBO CHIODATO (1, pag. 102) *(Psetta maxima)*

ing. turbot; fr. turbot; ted. Steinbutt, Tarbutt; sp. rodaballo, turbot; port. pregado; croat. oblić; dan. pigvarre; gr. kalkani; ol. tarbot; sv. piggvar; tur. kalkan.

Il suo areale va dall'Islanda fino al Marocco, e comprende tutto il Mediterraneo e il Mar Nero. Il rombo chiodato vive su fondali di diverso tipo, a una profondità massima di 70 m, e viene catturato soprattutto con reti a traino da fondale e lenze. La principale zona di pesca di questa specie è l'Atlantico del Nord. Per quanto riguarda il Mediterraneo, viene catturato soprattutto in acque turche. In tutta Europa, non è difficile trovarlo sul mercato.

<u>Caratteristiche</u>: come tutti gli Scoftalmidi, anche il rombo chiodato ha gli occhi situati sul fianco sinistro (tenendo il pesce con il ventre, ossia il lato con

Battuta di pesca con vista: è raro che i pescatori groenlandesi abbiano il tempo di ammirare lo splendido panorama di fiordi che li circonda.

le viscere, verso il basso). I tubercoli ossei che gli ricoprono la pelle rendono facilissimo distinguerlo da qualsiasi altra specie di pesci piatti. Nel Mar Nero e nel Mare di Marmara vive una sua particolare sottospecie *(Psetta maxima maeotica)*, che presenta tubercoli ossei molto grandi su entrambi i lati del corpo. Il rombo chiodato può raggiungere una lunghezza massima di 1 m.

Utilizzi: il rombo chiodato è uno dei pesci da tavola più pregiati e delicati, anche se ha un prezzo decisamente esagerato. Si presta a qualsiasi tipo di preparazione gastronomica.

ROMBO LISCIO (2) *(Scophthalmus rhombus)*

ing. brill; fr. barbue; ted. Glattbutt, Kleist; sp. rémol, rombo; port. rodoralho; croat. platak; dan. sletvarre; gr. pisi; nor. slettvar; ol. griet; sv. slätvar; tur. dişikalkan.

L'area di diffusione del rombo liscio è un po' più ristretta rispetto a quella del rombo chiodato: si estende dalla Norvegia del Sud fino al Marocco settentrionale, comprendendo tutto il Mediterraneo e il Mar Nero. La sua zona di pesca principale è l'Atlantico del Nord, dove però il quantitativo di pescato è pari solo a 1/5 di quello del rombo chiodato. Il rombo liscio si trova regolarmente in commercio.

Caratteristiche: il rombo liscio è simile a quello chiodato, ma senza i tubercoli ossei caratteristici dell'altra specie. Raggiunge una lunghezza massima di 75 cm.

Utilizzi: è meno saporito e decisamente meno pregiato del rombo chiodato, ma resta un pesce alimentare valido e apprezzato, che si presta a tutti i metodi di cottura.

ROMBO GIALLO (3) *(Lepidorhombus whiffiagonis)*

ing. megrim, whiff; fr. cardine, cardin franche; ted. Flügelbutt, Glasbutt; sp. gallo del norte; port. areeiroe; gr. zanketa glorra.

Il rombo giallo si trova dall'Atlantico nordorientale al Mediterraneo.

Caratteristiche: può raggiungere i 60 cm di lunghezza. Si riconosce per la caratteristica testa molto ripida e per la presenza di una grossa sporgenza sulla mandibola. Il lato oculare del suo corpo ovaleggiante è color sabbia cosparso di macchioline, una colorazione mimetica che rende praticamente invisibile il rombo giallo sui fondali sabbiosi.

Utilizzi: i rombi gialli sono particolarmente gustosi in padella, appena scottati nel burro.

Un suo parente stretto è il **rombo quattrocchi** (4) *(Lepidorhombus boscii,* ing. *four-spot megrim).* Il **rombo peloso norvegese** *(Phrynorhombus norvegicus)* raggiunge solo 12 cm di lunghezza ed è diffuso dalla Manica all'Islanda. Il suo parente **rombo camaso** *(Zeugopterus punctatus)* ha scaglie provviste di curiose protuberanze che ricordano setole. Può raggiungere i 25 cm di lunghezza ed è diffuso dalla Biscaglia alla Norvegia centrale.

(1) Il **ROMBO CHIODATO** *(Psetta maxima)* è uno dei pesci da tavola più pregiati e richiesti di tutto l'Atlantico. Nell'area del Mediterraneo è considerato una vera prelibatezza fin dall'epoca dei Greci e dei Romani.

(2) Il **ROMBO LISCIO** *(Scophthalmus rhombus),* che a volte si trova sui menu con il suo nome francese *(Barbue),* è meno pregiato del suo cugino chiodato. Viene commercializzato soprattutto fresco.

(3) Il **ROMBO GIALLO** *(Lepidorhombus whiffiagonis)* è un vero maestro del mimetismo: la sua colorazione, identica a quella del fondale sabbioso su cui vive, lo rende praticamente invisibile.

Botidi *(Bothidae)*

Questa famiglia comprende 13 generi e parecchie specie, tutte con occhi situati sul lato sinistro del corpo.

ROMBO CANADESE (5) *(Paralichthys dentatus)*

ing. summer flounder, gulf flounder; fr. cardeau d'été; ted. Sommerflunder; port. carta-de-verão; dan. sommerhvarre; ol. zomervogel; pol. poskarp letnica; sv. sommarvar.

D'estate, questo esponente dei Botidi che vive al largo degli Stati Uniti orientali si trasferisce nelle acque costiere, dove viene pescato.

<u>Caratteristiche:</u> si riconosce per le macchioline scure bordate di chiaro sul lato oculare, e può raggiungere i 70 cm di lunghezza.

<u>Utilizzi:</u> la sua carne soda e bianca ha un sapore piacevole e si presta bene alla cottura in padella.

Un suo parente stretto è il **southern flounder** *(Paralichthys lethostigma)*, anch'esso un pesce commestibile grosso e apprezzato, che si trova nelle acque costiere degli USA, dalla Carolina del Nord al Texas.

SUACIA, ZANCHETTA (6) *(Arnoglossus laterna)*

ing. scaldfish; fr. fausse limande; ted. Lammzunge; sp. serradell; port. carta do Mediterrâneo; croat. pataraca; dan. tungevarre; gr. arnoglossa; nor. tungevar; ol. schurftvis; sv. tungehvarf.

Diffusa dalla Norvegia meridionale alla Mauritania e al Mediterraneo, vive nelle acque superficiali fino a 200 m di profondità. Le sue principali zone di pesca sono il Mediterraneo e la costa occidentale dell'Africa.

<u>Caratteristiche:</u> la sua forma ricorda quella della sogliola; il corpo semitrasparente raggiunge una lunghezza massima di 20 cm.

<u>Utilizzi:</u> si trova in commercio fresca solo sulle coste meridionali del Mediterraneo e in Africa occidentale. Questa specie, paragonabile alla sogliola, ha una carne tenera e delicata e si presta bene alla cottura in padella con una noce di burro.

ROMBO DI RENA *(Bothus podas)*

ing. wide-eyed flounder; fr. rombou podas, platophrys; ted. Weitäugiger Butt; sp. podas; croat. poklopac glatkiš; gr. pisi kalkani.

Il rombo di rena si trova nel Mediterraneo e lungo la costa occidentale dell'Africa fino all'Angola.

<u>Caratteristiche:</u> ha corpo ovaleggiante, occhi distanziati l'uno dall'altro, una spina sotto l'occhio inferiore e un'altra sul muso (maschi). In genere, la colorazione è a sfondo grigio con due chiazze scure davanti alla pinna caudale. Questa specie può raggiungere i 50 cm, ma la maggior parte degli esemplari si aggira sui 20 cm.

<u>Utilizzi:</u> la preparazione ideale è la cottura al burro in padella.

Già puliti

Quasi sempre, i pesci piatti si trovano in commercio già eviscerati. Infatti le loro interiora possono essere infestate da alcuni vermi specifici di queste specie, che si diffondono nelle carni dopo la morte del pesce. Per evitarlo, le interiora vengono asportate con cura.

(4) Il **ROMBO QUATTROCCHI** *(Lepidorhombus boscii)* è diffuso dal Mediterraneo alle isole Orcadi. Si trova soprattutto sui mercati delle coste del Mediterraneo, ed è particolarmente adatto alla cottura in padella.

(5) Il **ROMBO CANADESE** *(Paralichthys dentatus)* vive nell'Atlantico occidentale e in estate si trasferisce nelle acque costiere degli Stati Uniti orientali. È un ottimo e apprezzatissimo pesce da tavola.

(6) Grazie al suo sapore delicato, la **SUACIA** *(Arnoglossus laterna)* è un buon succedaneo della sogliola. Tuttavia si trova in commercio soprattutto lungo la costa meridionale del Mediterraneo e in Africa Occidentale.

Pleuronectidi *(Pleuronectidae)*

La famiglia dei Pleuronectidi comprende molte specie, ed è diffusa dall'Antartico all'Artico. Di solito, a differenza dei Botidi, gli esponenti di questa famiglia hanno gli occhi sul lato destro del corpo.

PASSERA (1) *(Platichthys flesus)*

ing. flounder, white fluke; fr. jangroga; ted. Ostseeflunder, Flunder; sp. platija común; port. solha de pedras; croat. list; dan. skrubbe; gr. chomatida; nor. skrubbe; ol. bot; sv. skrubbskädda; tur. pisi balığı.

L'area di diffusione della passera si estende dal Mar Bianco al Marocco e comprende tutto il Mediterraneo e il Mar Nero. Questo pesce vive a poca profondità e si spinge anche negli estuari dei fiumi: se la salinità dell'acqua marina è eccessiva, a volte risale addirittura per lunghi tratti il corso d'acqua dolce.

Viene pescata soprattutto nel Baltico e nelle acque danesi, anche se in quantitativi nettamente inferiori alla platessa. Le sue carni hanno un sapore simile a quelle della platessa.

Caratteristiche: la passera è molto simile alla platessa, da cui si distingue per la presenza di tubercoli ossei e di robuste squame nella parte anteriore della linea laterale. Raggiunge una lunghezza massima di 50 cm, ma di solito resta intorno ai 30 cm circa.

Utilizzi: la sua carne è decisamente magra e tenera. È particolarmente gustosa cotta al burro in padella.

PLATESSA (2) *(Pleuronectes platessa)*

ing. plaice; fr. plie; ted. Scholle; sp. solla; port. solha; dan. roedspette; nor. rodspette; ol. schol; sv. rödspotta.

(1) La **PASSERA** *(Platichthys flesus)* è altrettanto popolare della platessa. Quando il livello di salinità aumenta troppo, risale anche per lunghi tratti i fiumi che sfociano sulla costa.

(2) La **PLATESSA** *(Pleuronectes platessa)* è il pesce piatto più popolare d'Europa. Nella sua zona di diffusione è anche uno dei più importanti sotto il profilo economico.

(3) La **PASSERA ATLANTICA** *(Glyptocephalus cynoglossus)*, ha carni abbastanza sode di media qualità. È adatta alla cottura in padella e alla griglia.

(4) Il **FLATHEAD SOLE** *(Hippoglossoides elassodon)* è un buon pesce da tavola. In Europa si può trovare surgelato.

Vive in acque basse (per lo più gli esemplari giovani) fino a una profondità di circa 100 m. La pesca viene effettuata con reti a traino ed è praticata quasi esclusivamente nell'Atlantico del Nord.

Mermale: la platessa è facile da distinguere dalle specie affini perché il suo corpo ha un dorso molto curvo, la pelle è liscia e presenta una punteggiatura rossa sul lato oculare, che a parte questo ha una colorazione brunastra uniforme. Presenta diversi tubercoli sulla testa, nella parte anteriore della linea laterale. Può raggiungere 1 m, ma di solito si trovano sul mercato esemplari di lunghezza compresa tra i 35 e i 45 cm. Gli esemplari giovani che vengono pescati nel mese di maggio sono particolarmente apprezzati perché hanno carni tenerissime.

Utilizzi: la cottura ideale per la platessa fresca è quella in padella. Per valutarne la freschezza, bisogna osservare bene il lato oculare: infatti di solito, in pescheria i pesci vengono sistemati in modo che si veda il lato cieco e bianco, che ha un bell'aspetto.

PASSERA ATLANTICA (3) *(Glyptocephalus cynoglossus)*

ing. witch; fr. plie cynoglosse; ted. Hundszunge, Zungenbutt; port. solhão; dan. skjaerising; nor. smorflyndre; ol. witje; sv. rödtunga.

Diffusa dalla Norvegia settentrionale fino al Nord della Spagna, oltre che nelle acque islandesi e nel Mare del Nord. Inoltre, si trova nella regione meridionale dell'Atlantico occidentale, fino a Cape Cod.

Caratteristiche: in questa specie, le mascelle e i denti sono più sviluppati sul lato cieco che su quello oculare. Il corpo è linguiforme, la linea laterale rettilinea. Raggiunge una lunghezza massima di 60 cm, ma di solito resta intorno ai 40 cm.

Utilizzi: la sua carne compatta si presta bene alla cottura in padella e alla griglia.

PASSERA ATLANTICA *(Hippoglossoides platessoides)*

ing. American plaice, long rough dab; fr. balai de l'Atlantique; ted. Doggerscharbe, Raue Scharbe; sp. platija americana; dan. almindelig håising; nor. lerflyndre; russ. kambala jozsh; sv. leskädda.

Si trova su entrambe le sponde dell'Atlantico del Nord.

Caratteristiche: il suo corpo ovaleggiante è caratterizzato da una colorazione grigia o bruno-rossastra sul lato oculare, ma può anche presentare una fitta punteggiatura o una debole marmorizzazione. Le scaglie hanno margine ruvido e dentellato.

Utilizzi: si presta alla cottura in padella.

Anche un'altra specie affine, il **flathead sole (4)** *(Hippoglossoides elassodon)*, è un buon pesce da tavola.

Giovani platesse di maggio

Specialità tipica primaverile, le *Maischolle* sono tenerissime e hanno un ottimo sapore. Le si può preparare con contorno di patate novelle, con un buon *riesling* o con l'asperula appena colta… In Germania, ogni cuoco ha la sua ricetta personale per esaltare il sapore di questo pesce delicato. La preparazione più famosa è quella "alla Finkenwerder", in padella con pezzettini di speck. Le *Maischolle* non sono una specie particolare: si tratta semplicemente delle prime platesse pescate a maggio nell'Atlantico settentrionale e nel Mare del Nord. Questi pesci si riproducono nei mesi invernali, e a maggio i giovani esemplari sono abbastanza cresciuti perché catturarli abbia un senso economico, soprattutto perché in questa stagione sono tenerissimi e hanno dimensioni ideali per una porzione singola. La vera *Maischolle* deve passare rapidamente dall'acqua alla padella. Quelle davvero fresche hanno branchie di un colore rosso brillante, fianchi turgidi con riflessi argentati e non hanno mai l'occhio appannato.

Claudia Bruckmann

(1) L'**HALIBUT** (*Hippoglossus hippoglossus*) è il più grande dei pesci piatti e spesso si trova solo su ordinazione.

(2) L'**HALIBUT DELLA GROENLANDIA** (*Reinhardtius hippoglossoides*) può raggiungere una lunghezza di 1,20 m. La sua carne è una vera prelibatezza.

(3) La **LIMANDA** (*Microstomus kitt*) si trova in commercio fresca soprattutto a fine estate, quando questi pesci si avvicinano alla costa.

(4) Lo **SLIPPER** O **SLIME SOLE** (*Microstomus pacificus*) è un pesce da tavola piuttosto apprezzato.

HALIBUT (1) *(Hippoglossus hippoglossus)*

ing. halibut; fr. flétan; ted. Weißer Heilbutt, Heilbutt; port. alabote de Atlântico; dan. haelleflynder; nor. kveite; ol. heilbot; sv. hälleflundra.

L'halibut non fa parte dei Botidi ma dei Pleuronectidi: infatti, ha gli occhi sul lato destro del corpo. La sua zona di diffusione va da Spitzbergen fino alla Biscaglia, e comprende anche l'Atlantico nordoccidentale. Viene pescato con la lenza, ma a volte anche con le reti a traino. Ha un notevole interesse economico, anche se i quantitativi di pescato sono molto diminuiti.
Caratteristiche: corpo relativamente allungato e affusolato. Le mascelle e i denti sono altrettanto sviluppati sia sul lato oculare che su quello cieco. La linea laterale delinea un arco che attraversa le pinne pettorali. Il corpo è di colore bruno più o meno

scuro sul lato oculare, bianco su quello cieco. Può raggiungere i 4 m di lunghezza.
Utilizzi: le sue carni dall'aroma delicato, candide e magre si prestano a tutti i tipi di preparazione, ma sono ottime soprattutto bollite o stufate. Non aggiungere troppo condimento!

HALIBUT DELLA GROENLANDIA (2)

(Reinhardtius hippoglossoides)

ing. Greenland halibut; fr. flétan noir; ted. Schwarzer Heilbutt; port. alabote de Gronelândia; nor. blåkveite; ol. zwarte heilbot; sv. liten hälleflundra.

L'area di diffusione di questo halibut va da Spitzbergen fino alla costa Ovest dell'Irlanda e nell'Atlantico occidentale fino a Terranova. Si trova anche nel Pacifico del Nord. Vive a una profondità compresa tra i 200 e i 2.000 m e viene pescato soprattutto con la lenza. Per l'industria della pesca dell'Europa del Nord, ha un'importanza maggiore del suo parente halibut e si trova regolarmente sul mercato.
Caratteristiche: si differenzia dall'halibut per la posizione dell'occhio superiore, situato sul margine superiore della testa, e perché ha una linea laterale rettilinea. Ha una colorazione nera uniforme, e anche il lato cieco è di colore scuro.
Utilizzi: le carni dell'halibut della Groenlandia sono più grasse di quelle dell'halibut, e si prestano in modo particolare alla cottura alla griglia e in padella.

SOGLIOLA LIMANDA (3) *(Microstomus kitt)*

ing. lemon sole; fr. limande sole; ted. Rotzunge, Limande; port. solha limão; dan. mareflynder; nor. lomre; ol. tongschar; sv. bergskädda.

L'area di diffusione della sogliola limanda si estende dal Mar Bianco alla Biscaglia e comprende le acque islandesi e il Mare del Nord. In queste regioni vive a profondità comprese tra i 20 e i 200 m.
Caratteristiche: si riconosce per la pelle completamente liscia. La linea laterale è quasi rettilinea. La testa e la bocca sono notevolmente piccole. Il colore di fondo è brunastro, con un numero variabile di macchioline più chiare e più scure. Può raggiungere i 45 cm, ma di solito resta intorno ai 30 cm.
Utilizzi: sviluppa un ottimo sapore cotta al burro a fuoco dolce oppure dopo una rapida bollitura.
Lo **slipper** o **slime sole** (4) *(Microstomus pacificus)* è una voce importante dell'industria della pesca della costa occidentale dell'America del Nord. Ha corpo sottile e pelle viscida.

LIMANDA (5) (*Limanda limanda*)

ing. dab; fr. limande; ted. Kliesche; port. solha escura do mar do Norte; dan. ising, slette; nor. sandflyndre; ol. schar; sv. sandskädda.

Il suo areale va dal Mar Bianco alla Biscaglia e comprende le acque islandesi. Vive tra le acque superficiali e i 100 m di profondità e viene pescata in grandi quantitativi nell'Atlantico del Nord, dove si trova in commercio come pesce fresco. In Europa del Nord, si trova soprattutto nelle zone costiere.

Caratteristiche: ha un dorso molto più arcuato della passera lingua di cane. La sua linea laterale traccia un ampio arco sopra la pinna pettorale. La pelle è ruvida a causa delle piccole scaglie che la ricoprono. Il lato oculare ha pigmentazione scura ed è spesso cosparso di fitte macchioline color ruggine. Raggiunge un massimo di 40 cm, ma di solito si aggira intorno ai 30 cm.

Utilizzi: la sua carne ha un sapore molto delicato; la preparazione più adatta è una breve cottura in padella.

LIMANDA ASPERA (*Limanda aspera*)

ing. yellowfin sole; ted. Pazifische Kliesche; giapp. koganegarei.

L'equivalente della limanda nell'Oceano Pacifico; questa specie è diffusa dal Mar del Giappone al Mare di Bering, fino alla California.

Caratteristiche: la caratteristica principale è la colorazione gialla delle pinne dorsale e anale, che sono solcate da sottili linee scure. La maggior parte dei pesci catturati si aggira intorno ai 90 cm, ma la specie può raggiungere anche i 2 m.

Utilizzi: come quelli della limanda. In Giappone è apprezzata nella preparazione *sashimi* (cruda, tagliata a fettine), che esalta bene le sue carni tenere e magre.

PASSERA DEL PACIFICO (6) (*Lepidopsetta bilineata*)

ing. rock sole; ted. Felsenkliesche; giapp. shumushugarei.

La passera del Pacifico è diffusa dal Mar del Giappone alla California, compreso il Mare di Bering. Buon pesce da tavola, in Giappone ha un grande interesse economico.

Caratteristiche: come tutte le limande, ha una linea laterale che traccia una curva verso l'alto, attraversando la pinna pettorale, e presenta anche un piccolo ramo laterale.

Utilizzi: la sua carne bianca e saporita si presta bene alla cottura in padella.

Alla famiglia dei Pleuronectidi appartiene anche la **limanda del Pacifico (7)** (*Parophrys vetulus,* ing. *English sole*). Questa specie ha gli occhi sul lato destro, ma l'occhio superiore è posizionato tanto in alto da risultare visibile anche dal lato cieco. Raggiunge i 55 cm circa e si trova sulla costa pacifica degli USA. Le sue carni sono buone, ma a volte hanno un leggero sapore di iodio. In Europa si trova di rado sul mercato.

PASSERA DELLA CALIFORNIA (8)
(Eopsetta jordani)

ing. petrale sole; fr. plie de Californie; ted. Pazifische Scharbe; sp. rodaballo de California.

Questa specie è diffusa dal Mare di Bering fino alla Bassa California. Vive su fondali sabbiosi a una profondità massima di 450 m, ed è uno dei pesci piatti più frequenti lungo la costa californiana.

(5) La **LIMANDA** (*Limanda limanda*) viene spesso erroneamente considerata meno pregiata della platessa.

(6) La **PASSERA DEL PACIFICO** (*Lepidopsetta bilineata*) è un buon pesce da tavola che si trova però solo di rado sul mercato negli Stati Uniti.

(7) La sogliola **LIMANDA DEL PACIFICO** (*Parophrys vetulus*) non è molto apprezzata, a causa del suo leggero aroma di iodio.

(8) La **PASSERA DELLA CALIFORNIA** (*Eopsetta jordani*) è apprezzata nella costa pacifica degli Stati Uniti.

<u>Caratteristiche</u>: raggiunge una lunghezza massima di 70 cm. Il suo corpo è ricoperto di scaglie ruvide.
<u>Utilizzi</u>: ha carni sode e bianche dall'ottimo sapore. Si presta particolarmente bene alla cottura in padella.

Una sua parente stretta è la **passera neozelandese** (*Pelotretis flavilatus*, ing. *lemon sole*). Questa specie ha una pigmentazione grigio-bruna con marmorizzatura più scura, mentre il lato cieco è bianco. Si trova solo nelle acque neozelandesi a una profondità massima di 100 m, e raggiunge i 35 cm.
Nelle acque della Nuova Zelanda vive anche un'altra specie, il **New Zealand sole**, (*Peltorhamphus novaezeelandiae*), la cui caratteristica principale è la testa arrotondata. Ha carni delicate, ma si trova solo in quantitativi ridotti.

Sogliole *(Soleidae)*

I Soleidi sono una famiglia di Pleuronectiformi caratterizzata da un corpo ovaleggiante, più lungo che largo, e da una testa arrotondata. Inoltre, sono più spessi e meno appiattiti di altri Pleuronectiformi. Nella maggior parte dei casi, gli occhi si trovano sul lato destro. I Soleidi sono tra i migliori pesci da tavola del mondo. Prima della preparazione vanno privati della pelle, che è ricoperta da squame sottili.

SOGLIOLA (1) *(Solea vulgaris)*

ing. sole, Dover sole; fr. sole; ted. Seezunge; sp. lenguado; port. linguado legítimo; croat. list; dan. tunge; gr. glossa; nor. tunge; ol. tong; sv. tunga; tur. dil balığı.

La sogliola è diffusa dalla Norvegia meridionale al Senegal e in il Mediterraneo. In Europa esistono diverse altre specie simili, che solo gli esperti riescono a riconoscere con sicurezza e che sono altrettanto pregiate anche sotto il profilo gastronomico.
<u>Caratteristiche</u>: può raggiungere i 70 cm di lunghezza. In tutto il mondo, la sogliola viene considerata un ottimo pesce e venduta a un prezzo corrispondente.
<u>Utilizzi</u>: la sogliola si presta a bollitura, stufatura, cottura a vapore, in padella e al forno. In tutti questi casi, tuttavia, la temperatura non deve essere troppo alta per evitare che la sua carne tenera indurisca. Un'altra ottima preparazione sono i filetti ripieni.

SOGLIOLA DAL PORRO *(Solea lascaris)*

ing. lascar; fr. sole-pole; ted. Sandzunge; sp. lenguado de arena.

La sogliola dal porro vive nelle acque tiepide dell'Atlantico dalla Manica al Sudafrica, nel Mediterraneo occidentale e nell'Adriatico. Pesce di media qualità, di solito viene commercializzata surgelata.
<u>Caratteristiche</u>: raggiunge i 40 cm e ha una colorazione bruno-giallastra o bruno-rossastra.
<u>Utilizzi</u>: non ha le stesse qualità organolettiche della sogliola, ma viene usata per le stesse preparazioni.

SOGLIOLA GIALLA *(Buglossidium luteum)*

ing. solenette, fr. petite sole jaune; ted. Zwerg-Seezunge; sp. tambor.

La sogliola gialla vive nell'Atlantico orientale, dall'Angola all'Islanda e dallo Skagerrak alla costa iberica; si trova anche in tutto il Mediterraneo e nel Mare di Marmara.

Magnifica preda. Per catturare un halibut splendido come questo c'è bisogno di grande abilità e di un pizzico di fortuna.

Caratteristiche: è la più piccola delle sogliole: infatti raggiunge solo i 15 cm. Si trova spesso sui mercati italiani, ciprioti e francesi. Soprattutto in Francia, la sogliola gialla è molto apprezzata a livello locale.

Utilizzi: le sue ottime carni la rendono adatta a una cottura veloce nel burro, ma anche al forno (a bassa temperatura!); si presta bene anche alla frittura.

SOGLIOLA FASCIATA, SOGLIOLA VARIEGATA (2) *(Microchirus variegatus)*

ing. wedge sole, thickback sole; fr. sole panachée, sole-perdrix commune; ted. Bastardzunge; sp. acedía, golleta.

La sogliola fasciata è diffusa dal Senegal alle Isole Britanniche e nel Mediterraneo.

Caratteristiche: raggiunge i 35 cm di lunghezza, ed è parente stretta della soglia cuneata.

Utilizzi: le sue carni hanno un ottimo sapore e vengono commercializzate anche surgelate. È particolarmente buona cotta in padella al burro.

SOGLIOLA CUNEATA *(Dicologoglossa cuneata)*

ing. wedge sole, thickback sole, Senegal sole; fr. céteau, langue d'avocat; ted. Lange-Zunge, Cuneata-Zunge; sp. acedía, lenguadillo.

La sogliola cuneata si trova nell'Atlantico orientale, dalla Biscaglia al Sudafrica; è frequente anche nel Mediterraneo occidentale e vive a profondità massime di 100 m.

Caratteristiche: ha un corpo più allungato di quello della sogliola, e presenta una pigmentazione color sabbia scuro.

Utilizzi: soprattutto in Spagna, dove si trova molto facilmente sul mercato, è considerata molto pregiata dal punto di vista gastronomico, tanto che in alcune località viene addirittura preferita alla sogliola (sebbene immotivatamente). Si presta alla cottura in padella e al forno.

SOGLIOLA OCCHIUTA *(Microchirus ocellatus)*

ing. four-eyed sole; fr. sole ocelée, sole-perdrix; ted. Augen-Seezunge; sp. tambor real.

Questa specie è diffusa dalla costa occidentale dell'Africa fino alla Biscaglia e nel Mediterraneo.

Rara e cara

La sogliola viene considerata un pesce nobile, ma viene pescata solo in quantità limitate; inoltre, in diversi Paesi non è consentito pescarne esemplari di lunghezza inferiore ai 24 cm. Tutto ciò la rende ancor più pregiata ma anche molto costosa.

(1) La **SOGLIOLA** *(Solea vulgaris)* viene considerata il più raffinato pesce da tavola del mondo. Non solo viene commercializzata fresca in Europa, ma viene anche esportata fresca o surgelata in America e in Asia.

(2) La **SOGLIOLA FASCIATA** *(Microchirus variegatus)* viene pescata nel Mediterraneo e commercializzata fresca o surgelata sul mercato italiano. Le sue carni sono apprezzatissime per il loro sapore delicato.

Caratteristiche: raggiunge i 20 cm.

Utilizzi: la sua carne delicata si presta molto bene a una rapida cottura al burro in padella.

SOGLIOLA PELOSA *(Monochirus hispidus)*

ing. whiskered sole; fr. sole velue; ted. Haar-Seezunge, Pelz-Seezunge, Pelz-Zunge; sp. soldado.

La sogliola pelosa si trova nell'Atlantico orientale dal Ghana al Portogallo, oltre che nel Mediterraneo.

Caratteristiche: il suo corpo ovale è ricoperto da squame irsute. Il lato cieco è privo di pinna pettorale. La sogliola pelosa può raggiungere una lunghezza massima di 20 cm.

Utilizzi: le sue carni delicate si prestano molto bene a una rapida cottura al burro in padella.

Bericiformi *I berici e i pesci specchio non hanno un aspetto attraente, ma dal punto di vista gastronomico hanno grandi qualità: le loro carni dal colore bianco perlaceo hanno un sapore delicato.*

• I Bericiformi hanno numerosi canali colmi di muco sotto la cute della testa e diverse spine distribuite su tutto il corpo.

• La maggior parte dei Bericiformi vive a grande profondità.

Bericiformi *(Beryciformes)*

Di quest'ordine fanno parte due famiglie di interesse gastronomico: i pesci specchio (Trachictidi) hanno una forma che ricorda i pesci persici, con dorso alto e fianchi solo moderatamente appiattiti. La famiglia dei Bericidi comprende prevalentemente specie di profondità. Il **berice rosso** *(Beryx decadactylus)* si trova nel Mare del Nord.

PESCE SPECCHIO ATLANTICO (1)

(Hoplostethus atlanticus)

ing. orange roughy, deep sea perch; fr. hoplostète orange, poisson montre; ted. Sägebauch, Granatbarsch; sp. reloj anaranjado, reloj atlántico.

Il pesce specchio atlantico è diffuso in tutti gli Oceani, vive fino ai 1.100 m di profondità e rappresenta uno dei più importanti pesci d'esportazione della Nuova Zelanda, dell'Australia del Sud e della Tasmania.
Caratteristiche: ha 6 spine davanti alla parte molle della pinna dorsale. Ha colorazione arancio-rossa, misura 30-40 cm di lunghezza e pesa circa 1,5 kg.
Utilizzi: le sue carni bianco perlaceo sono delicatissime, e si prestano a essere cotte in padella o stufate.

BERICE ROSSO (2) *(Beryx splendens)*

ing. alfonsino; fr. béryx rouge; ted. Alfoncino; sp. alfonsiño, besugo americano; giapp. kinmedai.

Il berice rosso è diffuso in quasi tutto il mondo e vive a profondità massime di 750 m.
Caratteristiche: le sue squame sono provviste di spine. Il dorso, la testa e le pinne sono rosso intenso, mentre i fianchi e il ventre hanno un colore bianco lucente. Il berice rosso raggiunge i 60 cm di lunghezza e pesa circa 1,4 kg.
Utilizzi: può essere cotto in padella o al forno. Alle Canarie, il berice rosso è apprezzato anche alla griglia su carbone di legna.

Un'altra specie di berice, il **nannygal** o **redfish** *(Centroberyx affinis)*, è commercializzata in Australia. Il primo, esotico nome deriverebbe dal termine "nan a di", che nella lingua degli aborigeni significa più o meno "madre". La sua denominazione commerciale di *redfish fillet*, rischia di causare confusione con i filetti di sebaste atlantico islandese, che può essere esportato sotto lo stesso nome. La sua carne ha un sapore dolciastro.

(1) Il **PESCE SPECCHIO ATLANTICO** *(Hoplostethus atlanticus)* si presta alla cottura in padella o alla stufatura. Quando lo si spella, si deve fare attenzione a rimuovere anche lo spesso strato di grasso che si trova sotto la pelle.

(2) Il **BERICE ROSSO** *(Beryx splendens)* è ben riconoscibile dal colore rosso della testa, delle pinne e del dorso. Dopo la morte, l'intero corpo assume un color rosso scuro.

Acipenseriformi *Sono più antichi dell'Uomo e racchiudono in sé il mistero della nuova vita: gli storioni forniscono il vero caviale, una prelibatezza conosciuta e apprezzata in tutto il mondo.*

(1) Lo **STORIONE DANUBIANO** *(Acipenser gueldenstaedti)* si trova soltanto nel Mar Nero, dove rappresenta la maggior parte del pescato di storioni. Oggi è la specie di storione più diffusa in commercio ed è facile da riconoscere per il muso arrotondato e tronco. Oltre che fresco, è commercializzato anche affumicato.

- Gli Acipenseriformi vivono sulla Terra da più di 70 milioni di anni.
- La punta del capo è allungata, la bocca si trova in basso.
- Il corpo presenta 5 file di tubercoli ossei.

Acipenseriformi *(Acipenseriformes)*

L'estremità della testa è allungata, la bocca situata nella parte inferiore. Il corpo è provvisto di cinque file di scudi ossei dalla caratteristica forma romboidale. La pinna caudale è asimmetrica (eterocerca), con lobo superiore più lungo di quello inferiore. Una serie di altre caratteristiche anatomiche indica che gli Acipenseriformi o storioni sono antichissimi: infatti hanno raggiunto la loro massima fioritura più di 70 milioni di anni fa. Oggi, se ne conoscono 19 specie. Rivestono importanza economica soprattutto come fonte del vero caviale.

STORIONE *(Acipenser sturio)*

ing. sturgeon; fr. esturgeon; ted. Stör; sp. esturión; port. esturjão, solho; croat. jesetra; dan. stør; gr. muruna, sturioni; nor. stør; ol. steur; sv. stör; tur. mersin, kolan.

Lo storione è diffuso dal Circolo polare al Marocco e in tutto il Mediterraneo. Nel secolo scorso, un gran numero di storioni migrava in quasi tutti i principali fiumi europei per la deposizione delle uova. Tuttavia, l'alterazione del corso dei fiumi e l'inquinamento hanno reso rara questa specie, che oggi da noi è quasi scomparsa e viene pescata molto di rado.

Caratteristiche: gli storioni si riconoscono per le file di scudi ossei romboidali lungo i fianchi e la linea dorsale. Hanno un muso nettamente allungato e due paia di barbigli che fungono da organi tattili. Lo storione raggiunge una lunghezza massima di 3,50 m per 280 kg di peso, ma di solito resta intorno agli 1-2 m. La pesca dello storione è finalizzata soprattutto alla produzione di caviale, ma a volte questo pesce viene anche commercializzato per le sue carni.

Utilizzi: le carni tenere e magre degli storioni sono adatte alla cottura in padella e alla stufatura: gli esemplari piccoli sono migliori spellati e tagliati a tocchetti; quelli più grandi fatti a fettine con tutta la pelle. Occorre cautela nello spellare gli storioni, perché i loro scudi ossei hanno bordi taglienti.

Lusso allo stato puro

È difficile che gli storioni finiscano sulla nostra tavola: questi pesci vengono catturati per estrarne il prezioso caviale, e solo in seconda battuta come fonte di cibo in sé.

Un pescatore e la sua preda. Questo storione di 10 chili è finito nella rete di un indigeno della tribù degli Anu (Cina).

Gli storioni frutto di incrocio (**1**), per esempio con lo **storione sterleto** *(Acipenser ruthenus)* hanno una qualità equivalente a quella delle specie pure e sono altrettanto resistenti.

STORIONE DANUBIANO (1, pag. 111)

(Acipenser gueldenstaedti)

ing. osetr-sturgeon, Russian sturgeon; fr. esturgeon russe, osetr; ted. Waxdix, Waxdick; sp. esturión del Danubio.

La zona di diffusione dello storione danubiano è limitata al Mar Caspio e al Mar Nero, dove rappresenta la maggior parte del pescato di storioni.

(**1**) A volte, in Europa si può trovare in commercio un incrocio tra una specie di storione e lo sterleto (non è una specie a sé). In questo esemplare prevalgono le caratteristiche dello sterleto, ad esempio il muso aguzzo.

<u>Caratteristiche</u>: simile allo storione comune ma leggermente più piccolo: raggiunge infatti una lunghezza massima di 2,40 m e un peso di 115 kg. La caratteristica tipica più evidente è il muso arrotondato e tronco.

<u>Utilizzi</u>: si presta agli stessi utilizzi dello storione ed è adatto alla cottura in padella e alla stufatura.

STORIONE LADANO *(Huso huso)*

ing. beluga; fr. beluga; ted. Hausen, Beluga; port. esturjão beluga; bulg. moruna; croat. moruna; nor. hus; ol. europese huso; rum. morun; russ. beluga; sv. husblossstör; tur. mersin morinası; ung. viza.

L'areale principale dello storione ladano si trova nel Mar Nero e nel Mar Caspio, ma a volte lo si trova anche nell'Adriatico. Risale i corsi d'acqua dolce per deporre le uova, e un tempo risaliva anche il Danubio fino a Passau. Le stagioni della riproduzione, in primavera (da marzo a maggio) e in autunno, coincidono con la stagione principale della pesca.

<u>Caratteristiche</u>: lo storione ladano ha un muso appuntito e una bocca larga a forma di mezzaluna. Il dorso è grigio-verde, il ventre più chiaro. Può raggiungere i 9 m di lunghezza e i 1.500 kg di peso. Oggi, però, la pesca eccessiva ha reso rari nelle acque europee gli esemplari di dimensioni maggiori di 2,50 m e 360 kg.

<u>Utilizzi</u>: lo storione ladano è apprezzato come produttore del pregiato caviale beluga, ma le sue carni non sono molto saporite.

Dell'ordine degli Elopiformi *(Elopiformes)*, anch'esso molto antico, fanno parte tre famiglie: gli Elopidi *(Elopidae)*, i Tarponi *(Megalopidae)* e gli Albulidi *(Albulidae)*.

Il **tarpone** *(Albula vulpes, ing. bonefish)* è diffuso in tutti i mari tropicali e temperati ad eccezione del Mediterraneo. Spesso è conosciuto solo con la sua denominazione regionale, come ad esempio *macabi* in America Centrale, *kondo* in Africa orientale e *oío* alle Hawaii. Veloce nuotatore, raggiunge i 90 cm di lunghezza e un peso massimo di 10 kg, ma di solito gli esemplari di questa apprezzata specie da tavola che si trovano sul mercato pesano solo 2-3 kg. Ha molte spine ma le sue carni sono bianche e delicate.

Squali e razze *Hanno qualcosa che gli esseri umani desidererebbero segretamente per sé: i pesci cartilaginei sono mobilissimi e hanno file di denti che continuano a crescere per tutta la vita.*

Squali e razze *(Elasmobranchii)*

Gli Elasmobranchi fanno parte del gruppo dei pesci cartilaginei: il loro scheletro è interamente fatto di cartilagine, senza lische o costole ossee. Anche se a prima vista sono molto diversi, squali e razze sono strettamente imparentati tra di loro. Entrambi hanno fessure branchiali (spiracoli) ben visibili dall'esterno, attraverso i quali passa il flusso d'acqua per la respirazione. I denti sono disposti in diverse file e continuano a crescere per tutta la vita: quelli della fila più esterna vengono sostituiti regolarmente, garantendo così che la dentatura funzionale sia sempre in condizioni ottimali. A differenza degli squali, che hanno una silhouette affusolata, le razze hanno forma appiattita, ma esistono anche forme intermedie. Ad esempio, il pesce angelo è uno squalo dal corpo appiattito, mentre il pesce chitarra è una razza molto meno piatta delle altre, che nuota usando appendici laterali del corpo.

Squali *(Selachii)*

Gli squali sono diffusi in tutti i mari del mondo e comprendono circa 350 razze conosciute; alcune specie tropicali si spingono in profondità anche nelle acque dolci. Gli squaliformi hanno una pessima nomea: considerati mangiatori d'uomini, il loro avvistamento provoca panico nella maggior parte delle persone. In realtà, però, solo una dozzina di grandi specie sono pericolose per l'uomo. Tra le altre, invece, vi è una serie di specie commestibili che vengono pescate da molto tempo, anche se i commercianti evitano di usare la denominazione "squalo" per non allontanare i clienti: ad esempio, non tutti sanno che lo spinarolo e lo smeriglio appartengono a questa famiglia. Nelle bistecche di squalo si notano alcune chiazze scure, che di solito sono reti di vasi sanguigni che irroravano i muscoli dei fianchi. La decomposizione del sangue che vi scorre produce istamina; poiché tale sostanza può causare reazioni allergiche, i vasi vengono rimossi prima di consumare la carne. Gli stessi vasi sanguigni si trovano anche nei tonni e nelle balene; nel caso di queste ultime, consentono la regolazione della temperatura corporea e la distribuzione dell'ossigeno.

Gli squali non vengono pescati solo per le loro carni: infatti, dal loro fegato si estrae l'olio di fegato di pesce e la loro pelle può essere lavorata per produrre un pellame molto resistente che si presta, per esempio, alla rilegatura di libri. Alcune specie, come lo squalo della Groenlandia *(Somniosus microcephalus)*, vengono pescate in primo luogo per ricavarne il fegato e la pelle.

- Squali e razze non hanno strutture scheletriche ossee.
- Possiedono fessure branchiali ben visibili dall'esterno, attraverso le quali scorre il flusso dell'acqua della respirazione.
- Hanno diverse file di denti, che continuano a crescere per tutta la vita.

(1) Come il suo cugino gattuccio, anche il **GATTOPARDO** *(Scyliorhinus stellaris)* ha carni saporite e compatte che ne fanno un apprezzato pesce da tavola soprattutto nel Mediterraneo. In Inghilterra viene commercializzato, spellato e privato di testa e coda, con il nome di *rock salmon* o *rock eel*, in Francia con quello di *saumonette*.

Di solito gli squali e i prodotti da loro derivati arrivano sui nostri mercati già puliti e preparati per la cottura, ma a volte, soprattutto nell'Europa del Sud, si possono trovare anche piccoli squali interi, ancora da eviscerare e spellare. L'operazione di rimozione della loro pelle richiede abilità, perché la loro epidermide è tanto ruvida che si rischiano ferite da sfregamento. Anche la spina che si trova sulla pinna dorsale dello spinarolo può essere pericolosa.

SMERIGLIO, CAGNIZZA (Lamna nasus)

ing. porbeagle; fr. taupe commune; ted. Heringshai; sp. marrajo sardinero; port. tubarão sardo; croat. kucina; dan. sildehaj; gr. skylopsaro, lamia; nor. habrann; ol. haringhaai, latour; sv. sillhaj; tur. dikburun karkarias.

Lo smeriglio è diffuso nell'Atlantico del Nord e nel Mediterraneo, oltre che nelle regioni temperate dell'emisfero meridionale (Atlantico, Oceano Indiano e Pacifico). Nelle regioni più fredde, scende anche in profondità. Nell'Atlantico orientale, si spinge fino alla parte occidentale del Mare di Barents ed è frequente anche nel Mare del Nord. Spesso segue i branchi di sgombri, aringhe e seppie.

<u>Caratteristiche</u>: ben riconoscibile per le due accentuate nervature carenate che corrono nel senso della lunghezza del corpo, a entrambi i lati del peduncolo caudale. Raggiunge i 4 m circa di lunghezza e ha un corpo fusiforme che si ingrossa notevolmente a livello del dorso. Il dorso è azzurro o grigio-azzurro, mentre la parte ventrale ha una colorazione biancastra.

<u>Utilizzi</u>: lo smeriglio è uno dei maggiori fornitori di bistecche di squalo. Di solito, viene affettato in senso obliquo per farne cotolette, senza prima spellarlo. A volte, queste fettine vengono commercializzate con nomi di fantasia; tuttavia si può capire di che pesce si tratta a causa della pelle ruvida e coriacea e dell'assenza di vertebre ossee. La carne di questa specie è compatta e molto saporita, e di solito viene cotta in padella.

GATTUCCIO (Scyliorhinus canicula)

ing. smallspotted catshark; fr. petite roussette; ted. Kleingefleckter Katzenhai; sp. pintarroja; port. caneja, gata; croat. macka mala; dan. småpletted rodhaj; gr. skylaki; nor. småflekket rødhai; ol. hondshaai; sv. småflekket rödhaj; tur. kedi.

Il gattuccio si trova nell'Atlantico nordorientale e in tutto il Mediterraneo, e il suo areale si estende dalle Shetland fino alla costa del Senegal. Vive vicino al fondale, a una profondità di oltre 100 m (nel Mediterraneo fino a 400 m).

<u>Caratteristiche</u>: le sue caratteristiche distintive sono le numerose macchiette sul dorso e il colore brunastro. Raggiunge un massimo di 1 m di lunghezza, ma di solito resta sotto agli 80 cm.

<u>Utilizzi</u>: il gattuccio ha carni sode e saporite. Tagliate a tocchetti dopo la spellatura, vengono passate in padella o usate come componente delle zuppe di pesce. La sua carne è però di qualità inferiore a quella di altri squali di piccole dimensioni.

GATTOPARDO (1, pag. 113) (Scyliorhinus stellaris)

ing. nursehound; fr. grande roussette; ted. Großgefleckter Katzenhai; sp. alitán; port. pata-roxa gata; croat. macka mrkulja; dan. storplatted radhai; gr. gatos; nor. storflekket rødhai; ol. kathaai; sv. storflåckig rödhaj.

L'areale del gattopardo è simile a quello del gattuccio, ma si spinge a Sud solo fino al Marocco anziché raggiungere il Senegal.

<u>Caratteristiche</u>: somiglia al gattuccio anche per l'aspetto, ma se ne distingue perché ha macchie più grandi il cui centro è contrassegnato da numerose chiazzettine nere.

<u>Utilizzi</u>: la sua carne, soda e saporita, viene utilizzata come quella del gattuccio.

Lo squalo deve fare ricorso a tutta la sua forza e agilità per cacciare prede veloci come le foche.

(1) Il **PALOMBO LISCIO** *(Mustelus mustelus)* viene considerato un ottimo pesce da tavola in alcuni Paesi dell'area del Mediterraneo, e i suoi parenti sono molto apprezzati in Asia orientale. La sua carne tenera e delicata è una prelibatezza.

SQUALO CAPOPIATTO, NOTIDANO CAPOPIATTO *(Hexanchus griseus)*

fr. requin griset; ted. Grauhai, Sechskiemer; sp. cañabota gris; port. tubarão albafar; croat. pas glavonja; nor. kamtannhai; ol. grauwehaai.

Il suo areale comprende tutti i mari tropicali e temperati. Viene pescato e commercializzato soprattutto in Italia, dove è molto apprezzato.

Caratteristiche: si riconosce facilmente per la presenza di sei fessure branchiali e di un'unica pinna dorsale situata in posizione molto arretrata. Tutti gli altri squali di interesse commerciale hanno cinque fessure branchiali e due pinne dorsali situate l'una dietro l'altra. Lo squalo capopiatto può raggiungere i 5 m di lunghezza.

Utilizzi: la sua carne tenera è adatta sia alla cottura in padella (bistecca) sia allo stufato.

PALOMBO LISCIO (1) *(Mustelus mustelus)*

ing. smoothhound; fr. émissole lisse; ted. Glatthai; sp. musola; port. cação liso; croat. pas glusak; gr. galeos; ol. gladde haai; sv. hundhaj; tur. köpek.

Il suo areale si estende dalla costa occidentale dell'Inghilterra e dell'Irlanda fino al Marocco e alle Canarie, e comprende tutto il Mediterraneo.

Caratteristiche: il palombo liscio ha denti piccoli e arrotondati e pelle meno ruvida rispetto agli altri squali; le sue due pinne dorsali sono di pari dimensioni. La parte dorsale ha una colorazione grigia uniforme, quella ventrale è chiara. Di solito, raggiunge una lunghezza massima di 1,50 m.

Utilizzi: il palombo liscio spellato e tagliato a fette viene spesso cotto in padella o in crosta. Tuttavia, la sua carne si presta anche alla stufatura con vino bianco, aglio, cipolla e pomodoro fresco.

CANESCA *(Galeorhinus galeus)*

ing. tope shark; fr. requin hâ; ted. Hundshai, Grundhai; sp. cazón; port. perama de moça; croat. pas butor; dan. gråhai; gr. galeos; ol. ruwehaai; nor. gråhai; sv. gråhaj; tur. camgöz.

La canesca si trova nelle acque temperate a sud dell'Oceano Indiano, Pacifico e Atlantico, nell'Atlantico nordorientale fino al Marocco e in tutto il Mediterraneo. Vive a profondità comprese tra i 20 e i 470 m, e anche vicino alla costa. Viene pescato in grandi quantitativi solo nell'Adriatico e al largo della Sicilia.

Caratteristiche: la canesca somiglia al palombo liscio, ma la sua seconda pinna dorsale è molto più piccola della prima. Saperli distinguere è importante perché dal punto di vista gastronomico la canesca non è assolutamente all'altezza del palombo, con cui a volte si trova mescolata sui banchi delle pescherie. La canesca può raggiungere i 2 m, ma di solito non supera 1,50 m.

Utilizzi: non è molto pregiata dal punto di vista culinario. Il suo forte odore svanisce con la cottura, ma il sapore resta mediocre.

Canesca o palombo?

Una volta spellati, è molto difficile distinguere l'uno dall'altro. In questo caso, la prova dell'odore può aiutare. Infatti la canesca ha un odore molto spiccato (che ricorda quello del cane, e a cui deve il suo nome), mentre il palombo non ha un odore particolare.

(1) La **VERDESCA** *(Prionace glauca)* è una specie di squalo notturna e aggressiva che si nutre soprattutto di pesci che vivono in banchi, ma a volte anche di spinaroli o seppie.

VERDESCA (1) *(Prionace glauca)*

ing. blue shark; fr. peau bleue; ted. Blauhai; sp. tiburón azul.

La verdesca è diffusa in tutti i mari tropicali e temperati del mondo, e d'estate a volte la si può trovare anche nel Mare del Nord, nello Skagerrak e fino alla Norvegia centrale. Si trova anche nel Mediterraneo. Si nutre di pesci che vivono in banchi (soprattutto sgombri e aringhe), ma anche di altri tipi di pesci, di spinaroli e di seppie. In Europa è poco apprezzato come pesce da tavola, mentre in Giappone viene commercializzato in grandi quantità.

<u>Caratteristiche</u>: ha corpo fusiforme con un muso lungo e appuntito. Le caratteristice principali sono il color azzurro brillante del dorso e le lunghissime pinne pettorali falcate. La pelle è quasi liscia, con piccoli denticoli dermici (scaglie placoidi). La verdesca può superare i 4 m.

<u>Utilizzi</u>: i suoi filetti si prestano bene alla cottura in padella, sia semplici, sia infarinati o in crosta.

È uno squalo... oppure no?

In Germania, i filetti ricavati dal ventre dello spinarolo e poi affumicati hanno la denominazione commerciale di *Schillerlocken*, mentre quelli del dorso (freschi o affumicati) vengono venduti come *Seeaal* (lett. "anguilla di mare"). Il filetto di squalo della Groenlandia trattato con affumicatura a caldo (e tagliato in carré) è denominato *Speckfisch* (lett. "pesce pancetta"), mentre *Kalbfisch* (lett. "pesce-vitello") o *Seestör* (lett. "storione di mare") sono i nomi alternativi dello smeriglio.

SQUALO PINNA NERA *(Carcharinus limbatus)*

ing. blacktip shark; fr. requin bordé; ted. Schwarzspitzenhai; sp. tiburón macuira.

Lo squalo pinna nera è una specie cosmopolita che si trova in tutti i mari caldi e temperati. Nel Mediterraneo viene pescato un po' più spesso lungo la costa nordafricana, ma lo si cattura anche sulle coste spagnole, francesi e dell'Italia occidentale. Sotto il profilo commerciale, tuttavia, riveste interesse soprattutto sulla costa atlantica degli USA, e particolarmente nel Golfo del Messico.

<u>Caratteristiche</u>: come indicato dal nome, lo squalo pinna nera si riconosce facilmente per la colorazione nera della punta di tutte le sue pinne tranne quella anale. Si distingue da altre specie simili per la testa appuntita. Può raggiungere i 2,50 m circa, ma di solito misura intorno a 1,70 m.

<u>Utilizzi</u>: le sue carni sono di buona qualità. Di solito i suoi teneri filetti vengono cotti in padella e conditi con qualche goccia di succo di limone.

SPINAROLO, SPINARDO (2) *(Squalus acanthias)*

ing. piked dogfish; fr. aiguillat commun; ted. Gefleckter Dornhai; sp. mielga; port. galhudo malhado; croat. koscanjak; dan. pighaj; gr. kentroni, kokalas; nor. pigghå; sv. pigghaj; tur. mahmuzlu camgöz.

Lo spinarolo è diffuso in tutti gli oceani temperati di entrambi gli emisferi; nell'Atlantico del Nord si spinge fino alla Groenlandia centrale. Di solito vive in grossi branchi a una profondità compresa tra i 10 e i 200 m. Si nutre soprattutto di pesci. Gli spinaroli vengono pescati in tutto il loro areale e sono gli squali di maggiore interesse commerciale. La Gran Bretagna e la Norvegia ne sono i maggiori produttori, e il

(2) Lo **SPINAROLO** *(Squalus acanthias)* ha una spina velenosa davanti a ciascuna pinna dorsale.

principale territorio di pesca è l'Atlantico del Nord; se si calcolano anche gli spinaroli pescati nelle acque irlandesi, questi Paesi pescano l'80% circa di tutti gli spinaroli catturati al mondo.

Caratteristiche: gli spinaroli si distinguono perché presentano una spina velenosa davanti a ciascuna pinna dorsale (**4**); la lunghezza di queste due spine varia di specie in specie. Hanno una colorazione grigia o bruno-grigia sul dorso e più chiara sul ventre. Spesso il dorso presenta fitte chiazzette di tonalità più chiare, che tuttavia in alcuni casi sono del tutto assenti. È raro che superi 1 m di lunghezza.

Utilizzi: gli spinaroli hanno carni delicatissime e si trovano sul mercato già puliti (spellati e decapitati). Nei mercati ittici del Sud si possono trovare esemplari interi. In alcuni Paesi, le diverse parti di questo pesce vengono commercializzate sotto diversi nomi: in tedesco, ad esempio, il filetto ventrale affumicato è denominato *Schillerlocken* e quello dorsale *Seeaal* ("anguilla di mare", da non confondere con il grongo, che è un pesce osseo simile a un'anguilla e viene venduto intero). Lo spinarolo è adatto alla cottura in padella, alla bollitura, alla stufatura e all'affumicatura. In Inghilterra, è un apprezzatissimo ingrediente del tipico *Fish and Chips*.

Lo **zigrino** (**3**) *(Dalatias licha)* si trova spesso frammisto ad altri squali già spellati nei mercati di pesce. È meno pregiato dello spinarolo e del palombo liscio.

PESCE ANGELO, SQUADRO (5)

(Squatina squatina)
ing. angel shark; fr. ange de mer; ted. Engelhai, Meerengel; sp. angelote; port. anjo, viola; croat. sklat; dan. havengel; gr. rina, violi; nor. havengel; ol. zeeengel; sv. havsängel; tur. keler.

Il pesce angelo è diffuso dalla parte meridionale del Mare del Nord fino alla Mauritania, nonché in tutto il Mediterraneo e il Mar Nero. Nella parte meridionale della sua area di diffusione (dal Mediterraneo verso Sud) si trovano anche altri due suoi parenti stretti, lo squadrolino *(Squatina aculeata,* ing. *sawback angel shark)* e lo squadro pelle rossa *(Squatina oculata,* ing. *smoothback angel shark),* che non vengono differenziati a livello commerciale. Queste specie sono oggetto di pesca soprattutto nel Mediterraneo, ma i quantitativi di pescato sono limitati e finiscono sui mercati locali; è quindi difficile trovare squadri sui mercati dell'Europa centro-settentrionale.

Caratteristiche: il pesce angelo è uno degli squali piatti che somigliano alle razze. Tuttavia, le fessure branchiali non si trovano integralmente sulla sua parte inferiore ma appena di lato, e la bocca è situata nella parte anteriore del corpo. Le pinne pettorale e ventrale hanno forma d'ala e si trovano sui lati del corpo: è a questa caratteristica che la specie deve l'appellativo di "angelo". Può raggiungere una lunghezza di 2,50 m e un peso di circa 80 kg.

Utilizzi: sui mercati dell'Europa meridionale (soprattutto nel Sud Italia e in Turchia) si trovano cotolette già spellate di pesce angelo. La sua carne si presta particolarmente alla cottura a vapore e alla bollitura, preparazioni che preservano ed esaltano in modo particolare il suo sapore delicato. Poiché la consistenza e il sapore delle sue carni ricordano quelle dei crostacei, nell'area del Mediterraneo viene talvolta usato per completare i cocktail di aragosta o di granchio.

(**3**) Lo **ZIGRINO** *(Dalatias licha)* si trova regolarmente sui mercati ittici italiano e greco.

(**4**) Gli spinaroli si distinguono per le **SPINE**.

(**5**) Il **PESCE ANGELO** o **SQUADRO** *(Squatina squatina)* somiglia molto a una razza.

Razze *(Rajiformes)*

Tra i più importanti gruppi di razze vi sono i pesci sega, le torpedini, le pastinache *(Dasiatidi)* e le "vere razze" *(Rajidi)*. In Europa, solo l'ultimo gruppo ha importanza commerciale, mentre tutti gli altri hanno carni acquose e in alcuni casi di sapore sgradevole. A livello locale, tuttavia, vengono utilizzate anche altre specie di Rajiformi (costa occidentale dell'Italia, Tunisia). In Europa meridionale, le vere razze si trovano intere, mentre nel Nord di solito si commercializzano solo le parti laterali o "ali", complete di pinne pettorali, e più di rado anche la coda. Prima della preparazione, le ali vanno spellate e private della cartilagine; per facilitare tale operazione, vengono sbollentate.

RAZZA CHIODATA (1) *(Raja clavata)*

ing. thornback ray; fr. raie bouclée; ted. Nagelrochen, Keulenrochen; sp. raya de clavos; port. raia lemga; croat. raza kamenica; dan. somrokke; gr. selachi, vatos; nor. piggskate; ol. stekelrog; sv. klorocka; tur. dikenli vatoz.

La razza chiodata si trova nell'Atlantico da poco più a Sud del Circolo polare fino al Sudafrica, e da qui fino alla regione sudoccidentale dell'Oceano Indiano. Per quanto riguarda i mari europei, si trova nel Mare del Nord, nel Baltico occidentale, in tutto il Mediterraneo e nel Mar Nero occidentale. Vive di preferenza sui fondali sabbiosi e melmosi, in acque relativamente basse, fino a circa 300 m di profondità, e si nutre soprattutto di invertebrati del fondale.

La razza chiodata è una delle specie di maggiore interesse commerciale. I principali territori di pesca sono in Nord Europa e nel Mediterraneo, ma è difficile stabilire quante ne vengano pescate, poiché in commercio non si fa differenza tra le singole specie di razza, che infatti sono equivalenti dal punto di vista gastronomico.

Caratteristiche: tra le razze che si trovano sul mercato europeo, la razza chiodata si distingue per via della robusta serie di spine a metà del corpo, dei gruppetti di spine più piccole sparse sul dorso e del disegno irregolare di chiazze sulla superficie superiore, che altrimenti è di un colore bruno. Raggiunge la lunghezza massima di circa 1 m, ma di solito si trovano esemplari di fino a 80 cm.

Utilizzi: per preservare il loro sapore delicato, le ali di razza, pulite e private della cartilagine, non vanno cotte a calore eccessivo. Si prestano in modo particolare alla cottura a vapore o alla bollitura, una preparazione per cui di solito 15-20 minuti di cottura sono sufficienti anche nel caso di ali più grosse. Le ali si prestano anche alla cottura in padella, ma anche in questo caso la temperatura dev'essere moderata. Per la cottura in padella è consigliabile usare il burro, che esalta il gusto delicato di questo pesce.

> ### *Una razza vale l'altra*
>
> Il commercio non differenzia le diverse specie di razza vendute a scopo gastronomico. In effetti, sono tutte molto simili per sapore e consistenza.

(1) La **RAZZA CHIODATA** *(Raja clavata)* è un richiesto pesce da consumo. Con il suo limitatissimo contenuto di grassi (solo 0,2%), è anche uno dei pesci da tavola più magri.

(2) La **RAZZA MACULATA** *(Raja montagui)* si trova nell'Atlantico orientale dalle Isole Shetland al Marocco, nella Manica e nel Mediterraneo.

(3) La **RAZZA CUCOLO** *(Raja naevus)* si confonde facilmente con la *Raja miraletus* e con la razza rotonda. Si trova spesso in commercio.

(4) ALI DI RAZZA ONDULATA. In Germania è raro trovare sul mercato le razze intere, mentre sono più diffuse le loro ali. Nella maggior parte dei casi sono ali di razza ondulata, una delle specie più numerose e dall'areale più ampio.

RAZZA BAVOSA *(Raja batis)*

ing. skate; fr. pocheteau gris; ted. Glattrochen; sp. noriega; port. raia oirega; croat. volina murkulja, raza scedrica; dan. skade; gr. selachi, vatos; nor. storskate; ol. vleet; sv. slätrocka.

Il suo areale è l'Atlantico del Nord, dove questa specie si estende dal Mare di Barents e dall'Islanda al Marocco e a Madeira; l'areale comprende il Mare del Nord e il Mediterraneo occidentale. Questa specie vive su fondali sabbiosi e melmosi, dalle acque costiere ai 200 m, ma esemplari isolati si possono trovare a profondità massime di 600 m. La razza bavosa è la specie più importante per la pesca nell'Europa del Nord.

Caratteristiche: si distingue dalla razza chiodata per il rostro molto più aguzzo e pronunciato. La serie di spine mediana è limitata alla coda, mentre nella razza chiodata raggiunge almeno la metà del corpo. La parte superiore del corpo ha una colorazione bruno-verdastra più o meno uniforme, a volte cosparsa da chiazzette. La razza bavosa è anche molto più grande. Infatti, può raggiungere i 2,50 m e i 100 kg.

Utilizzi: in commercio si trovano quasi solo le ali. In Germania, le sue carni affumicate o marinate vengono commercializzate con il nome di *Seeforelle* (let. "trota di mare"). I suoi utilizzi corrispondono a quelli della razza chiodata.

La **razza maculata** (2) *(Raja montagui)* ha un areale molto simile.

RAZZA ONDULATA (4) *(Raja undulta)*

ing. undulate ray, painted ray; fr. raie ondulée, raie brunette; ted. Marmorrochen, Bänderrochen; sp. raya mosaica; port. curva; dan. broget rokke; fin. aaltorausku; gr. kymatovatos; ol. golfrog; pol. raja bruzdowana; sv. brokrocka; tur. boyalivatoz balığı.

È una delle specie di razza più diffuse e di più ampia distribuzione dei mari europei; si trova nell'Atlantico nordorientale, dall'Inghilterra sudoccidentale alla Mauritania, più raramente anche nel Mediterraneo.

Caratteristiche: la razza ondulata ha corpo largo e romboidale con ali arrotondate; il rostro è leggermente allungato e ottusangolo. La parte dorsale è spinosa. La sua caratteristica tipica è la colorazione del dorso: bruno-grigia, dal bruno al bruno giallastro, con fasce ondulate color bruno scuro cosparse di puntini bianchi. La sua lunghezza massima è di circa 1 m.

Utilizzi: coincidono con quelli della razza bavosa e di quella chiodata.

RAZZA MONACA *(Raja oxyrinchus)*

ing. long-nosed skate, bottle-nosed skate; fr. pocheteau noir, raie capucin; ted. Spitzrochen; sp. raya picuda, picón.

La razza monaca si trova nell'Atlantico nordorientale dalla Norvegia al Marocco e nel Mediterraneo, soprattutto intorno alla Sicilia e nei dintorni di Venezia.

Caratteristiche: raggiunge 1,60 m di lunghezza e ha un rostro notevolmente appuntito.

Utilizzi: si trova sul mercato fresca, e si presta bene alla cottura in padella e bollita.

La **razza polistimma** *(Raja polystigma)* si trova unicamente nel Mediterraneo. Raggiunge i 60 cm ed è caratterizzata da puntini neri, chiazze più chiare e due vistosi ocelli. Ha lo stesso areale della **razza scuffina** *(Raja radula)*, che presenta strisce ondulate bruno-nerastre e chiazzette chiare sul dorso di colore grigio-giallo o bruno chiaro, e della **razza stellata** *(Raja asterias)*. La parte dorsale è di colore bruno chiaro o rossiccio, verde oliva oppure giallo, con molti puntini bruno-nerastri e numerose chiazze gialle più grandi cosparse di puntini scuri. La ***Raja miraletus*** è di interesse locale: frequente nel Mediterraneo, si trova anche nell'Atlantico orientale e nell'Oceano Indiano. È riconoscibile per i vistosi ocelli bruno chiaro (con bordo nero e giallastro) a metà della faccia dorsale e viene spesso confusa con la **razza cucolo** (3) *(Raja naevus)*.

Prodotti ittici di tutto il mondo e loro produzione

Di ritorno da una bella vacanza, riportiamo a casa con noi il ricordo della cucina tipica del Paese visitato, delle specialità gastronomiche locali e dei caratteristici profumi. Ecco il mondo variopinto delle specialità ittiche.

- I prodotti ittici derivano dalla lavorazione di pesce fresco e surgelato.
- Si distinguono prodotti essiccati, salati o marinati; conserve, pesce affumicato e specialità o *delicatessen*.

Per la lavorazione dei prodotti ittici si usa il pesce sia fresco, sia surgelato. Il modo migliore per preservare tutta la qualità del pesce surgelato è scongelarlo con relativa lentezza, in ambienti con elevata umidità dell'aria e a temperature non superiori agli 8 °C. A casa propria, si dovrebbe sempre lasciar scongelare lentamente il pesce surgelato, se possibile lasciandolo in frigorifero per tutta la notte.

Il pesce può essere lavorato con diversi metodi come l'essiccazione, la salatura, la marinatura, l'affumicatura e/o la sterilizzazione a caldo. Lo scopo di tale lavorazione è sempre quello di prolungare la conservazione del prodotto, che raggiunge il suo massimo nei prodotti in conserva pastorizzati. Le conserve di pesce possono essere pastorizzate a temperature inferiori ai 100 °C o sterilizzate a temperature superiori ai 100 °C. In altri prodotti ittici, la durata del prodotto può essere prolungata con l'aggiunta di conservanti. Molte procedure di lavorazione hanno alle spalle una lunga tradizione collegata a stili di vita tipici del Paese produttore, come nel caso della *mojama* o **musciame di tonno** (**1**).

Prodotti ittici essiccati

I più conosciuti sono lo **stoccafisso** e il **baccalà** (**2**), prodotti con il merluzzo nordico o il nasello carbonaro, l'eglefino, la molva o il brosme. Una volta decapitati ed eviscerati, i pesci vengono fatti essiccare all'aria. Lo stoccafisso è la variante non salata. Il baccalà, invece, viene prima privato della colonna vertebrale e spesso anche delle spine laterali, viene sottoposto a un ciclo di salatura e solo alla fine viene essiccato. La carne dello stoccafisso dev'essere asciutta e dura, mentre quella del baccalà è più ricca di umidità ma sempre soda. Entrambi devono avere una colorazione che va dal giallo chiaro al biancastro ed non presentare macchie rossastre.

Per la *hueva seca* (**3**), una specie di bottarga prodotta in Spagna, si lavorano uova di pesce crude, che vengono salate, lavate, pressate, lasciate essiccare all'aria e confezionate sottovuoto. La *hueva seca* si gusta senza ulteriore cottura, tagliata a fettine o tocchetti e, di solito, accompagnata da un vino bianco secco spagnolo o da uno sherry.

(**1**) La **MOJAMA** (musciame di tonno) è una specialità spagnola ricavata dai filetti di tonno rosso immersi in salamoia ed essiccati all'aria. Viene usato soprattutto per le tipiche tapas.

(**2**) Il **BACCALÀ** e lo **STOCCAFISSO** sono prodotti ittici ricavati dall'essiccazione del pesce. Si conservano a lungo, e devono essere ammollati con cura prima della preparazione finale.

(**3**) La **HUEVA SECA** è una specialità spagnola simile alla bottarga, fatta con uova di nasello, merluzzo, tonno o cobite. Viene servita come *tapa* insieme a mandorle o frutta secca.

Prodotti ittici sotto sale

Con la salatura, il pesce viene privato dell'acqua e perde volume; inoltre, l'assorbimento di una certa quantità di sale fa cagliare le proteine contenute nelle carni del pesce. Gli enzimi propri del pesce e quelli batterici possono inoltre sviluppare le sostanze aromatiche che conferiscono il tipico gusto ai pesci sotto sale. Tra le specie preferite per la salatura ci sono le aringhe, le acciughe, gli sgombri e i salmoni. In seguito alla salatura, i pesci magri come le acciughe si possono conservare per diversi anni; invece i pesci grassi come le aringhe, sottoposti a leggera salatura, possono assumere una consistenza molliccia e oleosa

o un sapore dolciastro già dopo pochi mesi. L'aringa sotto sale è un prodotto di notevole interesse economico, che serve da base per ulteriori prodotti che si trovano sul mercato.

Sono particolarmente famosi i prodotti agrodolci scandinavi, che vengono ottenuti con l'uso di aceto aromatico. Il nome commerciale *anchovies* viene usato in modi diversi: di solito, nei Paesi di lingua neolatina indica pesci simili alle alici, in Germania indica la sarda salata alle spezie oppure le acciughe. I filetti di sarda sono commercializzati con il nome di *Appetit-sild*. Di solito, le **acciughe sotto sale** (**1, pag. 123**) provengono dall'Olanda, dal Portogallo e dalla Spagna. Dopo essere state decapitate ed eviscerate, vengono compresse in botti di quercia con grandi quantità di sale. Ogni due settimane, lo strato di sale impregnato di grasso che si forma sopra i pesci viene rimosso e sostituito.

PANORAMICA SULL'ARINGA SALATA

Prima della salatura, le aringhe vengono sventrate a mano con un coltellino affilato, con cui si asportano in un solo colpo le branchie, le viscere, il cuore, la vescica, il fegato e una parte dell'intestino. Il "latte" o le uova, invece, vengono lasciati all'interno del pesce. Le aringhe di migliore qualità sono quelle pulite e salate in mare subito dopo la pesca, ma la maggior parte delle aringhe salate vengono portate a terra per le operazioni di pulitura e salatura. A differenza della salatura a secco usata per i pesci magri, in cui si alternano strati di pesce e strati di sale, nel caso dei pesci grassi come l'aringa si preferisce la salatura ad umido (salamoia).

Le aringhe salate si trovano in commercio sotto diverse denominazioni: le *Matjes* sono aringhe giovani, prive di quantitativi significativi di "latte" o uova e particolarmente grasse; questo tipo di pesci viene sottoposto a una leggera salatura all'interno di botti (cfr. illustrazione in basso a sinistra), che di solito sono di quercia. Il contenuto di sale della salamoia dovrebbe essere tra il 6 e il 21%. L'"aringa grassa" è, proprio come dice il nome, un pesce particolarmente grasso, anche in questo caso privo di quantità rilevanti di "latte" o uova. A differenza delle *Matjes*, tuttavia, queste aringhe sono sottoposte a una salatura più intensa, ossia immerse in una salamoia con un maggiore contenuto di sale. Anche le aringhe intere vengono sottoposte a una salatura più intensa; spesso non vengono pulite preventivamente, e in questo caso "latte" e uova sono ben visibili. Anche le aringhe adulte che hanno già deposto le uova vengono sottoposte a forte salatura.

Le aringhe speziate sotto sale sono una specialità scandinava; si prestano particolarmente bene a questa lavorazione le aringhe grasse e di grandi dimensioni della regione atlantico-scandinava, come quelle "islandesi" e "norvegesi". In questa preparazione, al sale si aggiungono erbe aromatiche e, spesso, anche un certo quantitativo di zucchero.

Marinate, conserve e surimi

Il salmone leggermente salato è la materia prima da cui si ricava il salmone affumicato. Quello più pregiato, che porta il marchio di qualità "prime", proviene da salmone particolarmente grasso, dalle carni possibilmente rosate. Il salmone contrassegnato con l'indicazione (T) è magro, quello con l'indicazione (TT) è magrissimo. I filetti di salmone vengono inseriti in grandi botti e ricoperti da strati di sale. Per alcuni tipi di salmone affumicato venduto in baffe, dopo la salagione il prodotto viene addizionato con coloranti per preservare i colori delle carni. Negli USA vi è una domanda di sgombri salati tanto elevata che l'industria ittica nazionale non riesce a soddisfarla nonostante le grandi quantità di pescato; per questo se ne importano grandi quantitativi, soprattutto dalla Norvegia.

PESCI IN MARINATA

Le marinate sono prodotti ittici acidificati a crudo, ossia senza cuocerli né arrostirli. I filetti di pesce vengono prima immersi per 4-6 giorni in una marinata di aceto e sale, all'interno di botti o di grandi vasche. Il sale, infatti, "denatura" le proteine del pesce, trasformandole da crude in uno stato in cui si prestano al consumo alimentare. Mentre il sale prosciuga il pesce dall'acqua e lo rende più compatto, l'aceto svolge l'azione opposta, rendendo più tenere le carni. Le quantità di sale e di aceto nella marinata dipendono dal pesce utilizzato, e in particolare dal suo contenuto di grasso; questi due ingredienti devono essere attentamente bilanciati tra loro per ottenere una marinata di buona qualità. Per la produzione di alcune marinate si aggiungono anche erbe aromatiche e zucchero. Le carni di pesce marinate

In Svezia, la marinatura delle aringhe è una vera tradizione: i pesci vengono lasciati a maturare in botti di legno collocate in cantine buie; prima di vedere la luce vengono sottoposti ad altri controlli.

devono avere colore chiaro (grigio-bianco) e consistenza compatta, succosa e non coriacea.

Esiste una vastissima gamma di prodotti ittici in marinata: le aringhe marinate sono aringhe eviscerate ma non deliscate, prive di testa e di pinna caudale. Le "aringhe alla Bismarck", invece, sono deliscate. Nonostante il loro nome, le cosiddette *Kronsardinen* non sono affatto sardine, bensì piccole aringhe deliscate e decapitate. Per la produzione di filetti di aringa arrotolati e marinati *(Rollmops)* si usano aringhe decapitate e private della pinna caudale condite con aceto, erbe aromatiche e spezie. Anche il pesce arrostito o cotto in salamoia può essere preparato in marinata per ottenere diversi prodotti; in alcuni casi, alla marinata si aggiungono anche spezie varie, come nel caso dei *Bratrollmops* (aringhe cotte e arrotolate in marinata).

COTTE O ARROSTITE: LE CONSERVE DI PESCE

Oltre ai pesci freschi, anche quelli surgelati (soprattutto le aringhe) vengono usati come materia prima di diversi prodotti. In questo caso, la preparazione si basa sull'aumento di temperatura. Di solito, i pesci già cotti vengono inscatolati e pastorizzati a una temperatura compresa tra gli 80 e i 90 °C. Questo tipo di conserve a bassa temperatura permette di conservare il pesce per un periodo massimo di 6 mesi senza refrigerarlo. La perdita di peso rispetto alla materia prima è del 15-20%. Le conserve ad alta temperatura, invece, consistono nello sterilizzare la materia prima a temperature comprese tra i 100 e i 120 °C in confezioni sotto vuoto, senza aggiunta di conservanti o coloranti. Queste preparazioni devono avere una durata di almeno 1 anno.

UNA MASSA DI PESCE CON UNA LUNGA TRADIZIONE: IL SURIMI

In Giappone, il **surimi** (2) ha una tradizione secolare: le carni di pesce pulite, senza pelle e lische, vergono impastate e risciacquate più volte fino a ottenere una massa liscia e bianca, che viene insaporita con spezie e addizionata di amido; infine le si dà una forma e la si cuoce. È a questa particolarissima lavorazione che il surimi deve il suo nome, che in giapponese significa "massa di pesce lavata". Per il surimi si usa soprattutto il merluzzo dell'Alaska (cfr. pag. 80), che nella maggior parte dei casi viene lavorato direttamente sulle navi da pesca. La parte del pesce che viene sfruttata è il 25-30%, mentre il resto sono scarti. Oggi il surimi non viene più prodotto solo in Giappone: anche gli USA sono un importante produttore e consumatore di questa massa di pesce, che viene surgelata con un processo di congelazione rapida *(shock-freezing)*. In questo contesto, si cerca di compensare la qualità che va persa durante la congelazione aggiungendo sale, zucchero, polifosfati e sorbitolo al prodotto. Il surimi è una massa candida, quasi del tutto inodore e insapore; un prodotto di base che può essere manipolato come l'industria meglio crede. Il surimi è infatti la base del cosiddetto *fish-crabmeat* o surimi al sapore di granchio. I consumatori non vengono informati per legge sul quantitativo preciso della carne di granchio contenuta in questo prodotto, ma i produttori sono tenuti per legge a indicare che esso contiene albume d'uovo, acqua, amidi, sorbitolo e proteine vegetali. Il surimi a base di granchio si trova plasmato a forma di bastoncini, tocchetti o chele di granchio.

Prodotti di punta del Nord

I Paesi scandinavi sono decisamente al primo posto per quantità e qualità delle loro specialità di pesce in conserve a base d'aceto.

Prodotti ittici affumicati

La procedura più comune per il pesce fresco o surgelato è l'affumicatura "a caldo", mentre per quello salato si preferisce l'affumicatura "a freddo". La differenza tra queste due lavorazioni consiste soprattutto nella temperatura e nella durata dell'affumicatura. L'effetto conservante è dovuto soprattutto all'azione battericida delle sostanze contenute nel fumo. In generale, i prodotti ittici affumicati a freddo hanno una conservazione più lunga di quelli affumicati a caldo. Se vengono conservati adeguatamente e al fresco, i pesci salati ed affumicati a freddo si conservano almeno 14 giorni, mentre quelli freschi sottoposti ad affumicatura a caldo raggiungono i 4-8 giorni; la conservazione si prolunga fino a 6 settimane nel caso di prodotti confezionati sottovuoto.

Il **salmone** (6) è il numero uno al mondo dei pesci affumicati. Oggi, la materia prima è costituita principalmente da salmoni d'allevamento provenienti dalla Norvegia, dalla Scozia o dal Canada. Tuttavia, i buongustai ritengono più pregiato il salmone selvaggio, in particolare il salmone selvaggio dell'Atlantico, che ha un contenuto di grassi del 14% circa. Un prodotto simile e molto apprezzato è la **trota affumicata** (1).

COLORAZIONE E AROMA

Il colore e l'aroma del pesce affumicato dipendono dalla qualità di legna utilizzata. Per affumicare il pesce si usano trucioli, mattoncini o segatura di latifoglie. Prima dell'affumicatura a freddo, il pesce salato va lavato. Nell'affumicatura a freddo, la temperatura è di 15-20 °C, e la procedura richiede un periodo compreso tra 1 e 6 giorni. I pesci preferiti per l'affumicatura a freddo sono il salmone, la trota e la trota salmonata, ma anche lo spinarolo, l'halibut o lo sgombro. Il prodotto di migliore qualità si ottiene quando il salmone fresco resta immerso in una leggera salamoia per 12 ore prima di essere affumicato. Per la produzione dell'aringa affumicata, si affumicano aringhe sotto sale grandi e possibilmente grasse, non pulite né decapitate.

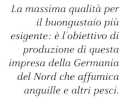

La massima qualità per il buongustaio più esigente: è l'obiettivo di produzione di questa impresa della Germania del Nord che affumica anguille e altri pesci.

(1) La **TROTA AFFUMICATA** ha un ottimo sapore ed è molto apprezzata a causa del suo basso contenuto di grassi.

(2) Le **ARINGHE DEL BALTICO** leggermente affumicate sono ottime accompagnate con pane e un pizzico di sale.

L'aringa affumicata denominata **kipper** (**4**), invece, viene prodotta con aringhe fresche e grasse sottoposte ad affumicatura a freddo. Prima di essere immerse in salamoia, le aringhe già decapitate vengono aperte a metà: in seguito vengono sottoposte ad affumicatura per 1 giorno al massimo. Hanno una conservazione alquanto limitata e vanno cotte in padella prima di consumarle.

Prima dell'affumicatura a caldo, i pesci vengono lavati, desquamati e immersi in una leggera salamoia. Poi vengono inseriti in affumicatoi e affumicati a una temperatura di 70-90 °C, di rado superiore. Il pesce ottiene il suo appetitoso colore dorato e il suo tipico aroma di fumo verso la fine dell'affumicatura, nella cosiddetta "fase umida", in cui l'apporto d'aria viene ridotto e il materiale che fino ad allora bruciava viene coperto con trucioli umidi per produrre un fumo più denso e umido. L'affumicatura a caldo dura un massimo di 4 ore, ma il tempo effettivo dipende dal tipo di pesce e dalle dimensioni dei pezzi affumicati. All'affumicatura

a caldo si presta bene soprattutto l'aringa, nell'apprezzata lavorazione *Bückling* (con la testa, salata e poi affumicata). Come materia prima si usano soprattutto le aringhe del **Mare del Nord e del Baltico** (**2**), non eviscerate; questi pesci raggiungono una buona qualità soprattutto in estate, periodo in cui il loro contenuto di grassi è elevato. Le **sarde affumicate** (*Kieler Sprotten*) (**3**) di migliore qualità sono prodotte con i pesci catturati nella seconda metà dell'anno.

Alcuni prodotti affumicati sono commercializzati con nomi di fantasia che inducono a equivoci: oltre ai già citati **Schillerlocken** (**5**), questo è il caso anche delle parti dorsali affumicate dello spinarolo, commercializzate in Germania con il nome di *Seeaal* ("anguilla di mare"), o del cosiddetto *Kalbfisch* ("pesce-vitello"), che in realtà non è che smeriglio tagliato a fettine. Anche la denominazione *Speckfisch* ("pesce pancetta") viene usata per indicare pezzi di squalo della Groenlandia privati della cartilagine e affumicati.

(**3**) A differenza delle aringhe, le **SARDE AFFUMICATE** di migliore qualità si trovano nei mesi autunnali e invernali.

(**5**) In Germania, la denominazione **SCHILLERLOCKEN** indica i filetti ventrali affumicati dello spinarolo.

(**4**) Le aringhe affumicate *KIPPER* sono sempre aperte a metà: in Inghilterra vengono affumicate a freddo, in Norvegia a caldo.

(**6**) Oggi il **SALMONE AFFUMICATO** prodotto con pesci selvaggi viene considerato migliore e più pregiato.

Caviale: il massimo del lusso

Questa lussuosa specialità è avvolta nel mito: per alcuni non esistonono alternative al vero caviale, costi quel che costi; altri lo tollerano tutt'al più come decorazione per le uova alla russa, sia che si tratti del pregiato beluga sia del "succedaneo" rosso acceso fatto con uova di lompo. Quel che è sicuro è che chi compra il "vero caviale" non ottiene (e paga) solo il suo valore reale ma anche quello simbolico. Infatti, per dire pane al pane, il caviale non è altro che uova di pesce lavorate, e in teoria potrebbe essere ricavato da qualsiasi specie di pesce, purché naturalmente le sue uova non siano velenose (come quelle del famigerato *fugu*). Nel corso del tempo, tuttavia, si è stabilito che le uova di storione sono le migliori a questo scopo e che i russi e gli iraniani sono i maggiori esperti nella preparazione di questo prodotto di lusso, grazie al fatto che le acque del Mar Caspio sono ancora ricche di storioni. Naturalmente, anche altri Paesi producono caviale: ad esempio la Cina, in cui ci si serve degli storioni che vivono nei grandi fiumi, o Taiwan, dove le uova del pesce volante vengono usate per il **tobiko** (1).

Tuttavia, i Russi non hanno tutti i torti a rivendicare la capacità di produrre il caviale migliore: senza dubbio ne sono i produttori più esperti, dato che detengono il monopolio della fonte di questo prodotto. Infatti, per ottenere un buon caviale è necessario che lo storione sia vivo. Le femmine vengono catturate nel momento in cui lasciano il Mar Caspio e cominciano a risalire il delta del Volga per deporre le uova; vengono tenute in acquari a bordo delle navi e trasportate direttamente agli impianti di lavorazione, dove vengono stordite per prelevare loro le uova. Dalla raccolta delle uova al confezionamento del caviale pronto nei barattoli passano solo 10 minuti circa. Più fresco di così...

CRITERI DI QUALITÀ

La qualità del caviale è determinata anche dal suo contenuto di sale, la sostanza che permette la conservazione del caviale fresco. La famosa denominazione *malossol* usata per il caviale russo significa appunto "poco salato"; il caviale migliore è salato solo quanto basta per garantire una conservazione moderata. Il caviale fresco è molto delicato, e dev'essere sempre conservato a una temperatura di -2 °C. Non si deve mai scendere al di sotto dei -4 °C, perché temperature troppo basse comprometterebbero il sapore e la consistenza del prodotto. Poiché non è semplicissimo garantire una corretta conservazione, si è affermato il caviale pastorizzato in vasetti; questo prodotto, però, viene snobbato

(1) A Taiwan si produce il **TOBIKO**, un caviale di uova di pesce volante. In Europa, questo tipo di caviale arancione intenso, le cui perle sono più piccole di quelle del caviale di trota, si trova solo nei negozi di specialità esotiche.

(2) I conoscitori apprezzano la varietà di **CAVIALE "ASETRA"**, che ha perle più piccole e croccanti. Si attribuisce un sapore che ricorda le noci, ed effettivamente il suo aroma non è paragonabile a quello di nessun altro tipo di caviale.

(3) Il **"BELUGA"** è il caviale dei superlativi: il più delicato, il più caro e anche il più grande, con perle dal diametro di 3,5 mm in media. Il raro storione ladano (detto beluga), da cui deriva, è il più grande della sua famiglia.

(4) Il **"SEVRUGA"** proviene dall'esponente più piccolo della famiglia degli storioni, lo storione stellato. Il suo caviale ha perle trasparenti e molto delicate, di colore grigio medio o scuro. I conoscitori ne lodano l'aroma intenso.

dagli intenditori, che lo definiscono una "conserva di caviale". Per contro, oggi la qualità del caviale pastorizzato è migliorata molto rispetto al passato. Il caviale si serve sempre freddo, possibilmente su un vassoio di ghiaccio. Non si tratta sicuramente di un manicaretto dietetico, dato che contiene il 16% di grassi e apporta circa 270 calorie per 100 g. Il suo contenuto di proteine oscilla tra il 25 e il 30%. Oltre al vero caviale, di cui esistono tre tipi a seconda del tipo di storione da cui è tratto – "Asetra" (2), "Beluga" (3) e "Sevruga" (4) – oggi si trovano anche buoni succedanei... E non si tratta solo delle popolari uova di lompo di colore nero intenso o **rosso brillante** (6, 8): c'è anche il "caviale keta" prodotto con uova di **salmone** (7) o di **trota** (5). Quest'ultimo ottiene sempre più consensi, perché ha un sapore gradevolmente intenso e un aspetto molto appetitoso e decorativo.

Il caviale keta ha conquistato una vasta fetta di mercato da diversi anni. Con questo nome vengono commercializzate senza differenziazione le uova di qualsiasi specie di salmone. I suoi maggiori produttori sono la Russia e gli USA, e la specie più utilizzata è il salmone chum o keta. Le sue uova hanno un colore più chiaro di quelle del salmone coho o del salmone rosa; le uova di quest'ultimo sono anche leggermente più piccole. Inoltre, le imprese di piscicoltura tedesche, polacche e danesi riforniscono il mercato di sempre maggiori quantitativi di uova di trota.

Come consumare il caviale

Il packaging ideale per il caviale è la classica latta con coperchio a spessore pieno e rivestimento interno, che contiene circa 1,8 kg di prodotto. Il coperchio fa fuoriuscire la salamoia in eccesso e la latta si richiude con un largo anello di gomma che impedisce l'entrata dell'aria. In un barattolo sigillato, il caviale si può conservare anche un anno senza perdere di qualità. Una volta aperto il barattolo, la principale regola è: mai toccare il caviale con l'argento! Infatti, l'argento si ossida e conferisce al caviale un intenso sapore di pesce. Il prodotto non deve entrare in contatto nemmeno con l'acciaio inossidabile. Sul mercato si trovano posate di madreperla ideate appositamente per non alterare il gusto del caviale, ma queste costosissime perle di pesce si possono servire anche con cucchiai di corno, di tartaruga e di legno. Chi vuole proprio esagerare con il lusso può servirsi anche di un cucchiaio d'oro.

Basta un'occhiata

Al momento dell'acquisto, al conoscitore basta un'occhiata alla lattina originaria per capire con che tipo di caviale ha a che fare: infatti, il colore del coperchio è azzurro per il Beluga, giallo per l'Asetra e rosso o arancione per il Sevruga.

(5) Il **CAVIALE DI TROTA** sta diventando sempre più popolare. Le uova lavorate delle trote, e soprattutto quelle degli esemplari più grandi, hanno un sapore del tutto equivalente a quelle dei salmoni e si usano negli stessi modi.

(6) Le uova di **LOMPO** hanno perle piccole e compatte. Questo prodotto molto salato proviene dall'Islanda, dalla Norvegia e dalla Danimarca. Nelle sue varietà rossa e nera, si usa per scopi decorativi in preparazioni culinarie fredde.

(7) Il **CAVIALE KETA** è preparato con le uova di salmone keta del Pacifico, dalla colorazione arancio-rossa. Le perle sono molto grandi e delicate. Rappresenta un buon compromesso tra il vero caviale e altri succedanei.

(8) Le uova di **LOMPO ROSSE** sono il succedaneo del caviale più economico e più diffuso sul mercato. In origine, le uova di lompo sono rosa o giallastre, e vengono trattate con coloranti per ottenere la colorazione rossa o nera.

IN CUCINA

I segreti pratici
per cucinare il pesce

Acquistare e preparare il pesce

Acquisto, conservazione e preparazione.
Ecco come pulire il pesce e prepararlo
nel modo migliore per la cottura.

Coraggio: pronti a pulire il pesce!

Il pesce fresco intero offre molte possibilità dal punto di vista culinario. Ma cosa fare quando ci si trova uno splendido esemplare di pesce intero sul piano di lavoro della cucina? Qui sotto troverete le risposte.

ECCOLO: un magnifico pesce intero che promette di diventare una vera delizia per il palato non appena sarà eviscerato, squamato ed affettato. Che problema c'è? Be'... Osservando un pescivendolo pulire il pesce non si può non restare colpiti dalla velocità e dalla precisione dei suoi gesti; inoltre, il professionista ha sempre a portata di mano gli arnesi da lavoro più adatti allo scopo. Che il cliente chieda un pesce da farcire o filetti tutti uguali, per lui si tratta comunque di un lavoro di routine. Naturalmente, solo un esperto può raggiungere un tale livello di precisione e velocità, ma la rapidità non è essenziale quando si cucina per hobby. In quest'ultimo caso, quel che conta è il risultato finale, che si determina già al momento dell'acquisto!

ACQUISTARE IL PESCE

Chi intende preparare da solo, nella cucina di casa sua, un prodotto facilmente deperibile come il pesce deve puntare al massimo della qualità fin dal momento dell'acquisto. Nel caso del pesce ciò significa, idealmente, trovarlo ancora vivo in pescheria e portarlo subito a casa; di solito, tuttavia, ciò è possibile solo per alcuni pesci d'acqua dolce. Se non lo trovate ancora vivo, dovete accertarvi che il pesce sia all'altezza delle vostre esigenze culinarie; a questo scopo, osservatelo molto attentamente sul bancone della pescheria, controllando che possieda le caratteristiche citate nelle prossime pagine. Inoltre, prima di procedere alla pulitura è bene anche decidere a quale tipo di cottura si intende destinarlo.

OBBLIGATORIO O DISCREZIONALE?

Non sono tra i compiti più piacevoli del mondo, ma alcune operazioni (spellare, squamare, eviscerare il pesce) sono obbligatorie e vanno compiute prima di passare a ulteriori preparazioni. Se però non ve la sentite, niente paura: un buon pescivendolo si offrirà sempre di pensarci lui. Poi, vi sono le operazioni discrezionali (sfilettatura, affettatura) che servono a preparare alla cottura il pesce già pulito. Naturalmente, potete chiedere al pescivendolo di compiere al posto vostro anche queste operazioni, ma il cuoco esperto se ne guarda bene, e per ottime ragioni: infatti, preparare il pesce da sé non solo significa averlo più fresco, ma consente anche di recuperare alcune parti che normalmente verrebbero scartate. La carcassa del pesce (testa, lische e pinna caudale) e altre parti che di solito vengono gettate via nella pulitura come la pelle, le pinne o brandelli di carne rappresentano una validissima base per la preparazione di zuppe e salse molto più saporite di quelle ottenibili con qualsiasi prodotto pronto! Quindi, chi tiene a questi dettagli non ha alternativa: o pulisce il pesce da sé, o è costretto a comprare a caro prezzo questi "scarti" in pescheria, ammesso che li trovi.

CHI FA DA SÉ FA PER TRE

Pulire il pesce non è difficile, se si sa come fare. Non occorrono nemmeno attrezzature specifiche, anche se ovviamente disporre di qualcuna di esse facilita un po' il lavoro. I cuochi professionisti sanno fare tutto alla perfezione: valutare la qualità del pesce al momento dell'acquisto, pulirlo e prepararlo nel modo più adeguato. Anche gli appassionati di pesca sono piuttosto esperti nel pulire e preparare i pesci che hanno catturato con le loro mani. Quanto ai cuochi dilettanti, all'occorrenza possono consultare la nostra guida dettagliata, che illustra una per una le operazioni necessarie. Nelle prossime pagine, troverete tutto ciò che dovete sapere per preparare e presentare al meglio i pesci, che siano tondi o piatti: le varie fasi della preparazione diventeranno un gioco da ragazzi. Basta un po' di pratica per imparare, e se vi resterà qualche dubbio sapete dove trovare la risposta. E allora... Buon divertimento e auguri!

Riconoscere la qualità: freschissimo... oppure no?

In commercio si trova tanto pesce che vi resta solo l'imbarazzo della scelta. Ma che aspetto deve avere un pesce veramente fresco? Attenzione a cinque dettagli fondamentali: pelle, pinne, occhi, branchie e odore rivelano chiaramente il livello di qualità di un pesce.

QUALITÀ E FRESCHEZZA sono due requisiti indispensabili per ottenere buoni risultati nella cucina del pesce. Nella scelta di un pesce di mare, che lo si compri nella zona costiera o all'interno, a grande distanza dal mare, la freschezza è senz'altro un elemento essenziale. Nel caso dei pesci d'acqua dolce, la questione della freschezza presenta meno problemi, perché di solito li si trova in pescheria ancora vivi, tenuti in grosse vasche. Invece i pesci di mare non sono più vivi quando vengono messi in vendita. Ecco perché, al momento dell'acquisto, si devono verificare gli indicatori di freschezza descritti qui di seguito, controllando attentamente la pelle, le pinne, gli occhi, le branchie e l'odore. In caso di dubbio, è sempre meglio privilegiare la freschezza: in altri termini, è meglio acquistare un pesce meno nobile ma fresco piuttosto che uno di una specie prestigiosa che però è stato conservato sul ghiaccio più a lungo. Dopo la cattura e la morte, il pesce entra in una fase di *rigor mortis*, in cui la decomposizione del lattosio

contenuto nei tessuti produce acido lattico. Questa fase inizia nella zona della testa per poi estendersi a tutto il corpo. Le caratteristiche tipiche del *rigor mortis* (carni irrigidite, corpo difficile da muovere, opercoli branchiali estesi lateralmente) hanno una durata diversa nelle varie specie, e in linea di massima cominciano a regredire dopo qualche ora. Finita la fase del *rigor mortis*, la carne torna ad essere elastica. Più a lungo il pesce viene conservato (anche se su ghiaccio), più la sua carne diventa molle. Dal punto di vista organolettico, le carni sono al loro massimo dopo il *rigor mortis*, perché la decomposizione delle proteine nei muscoli libera sostanze aromatiche che migliorano il sapore. Nel caso di pesci conservati sul ghiaccio, il gusto raggiunge il suo culmine nel secondo o terzo giorno dalla cattura. Di solito, però, la sfilettatura dei pesci a bordo delle navi-stabilimento avviene subito dopo la cattura, ossia prima del *rigor mortis* e del relativo processo di maturazione del gusto del pesce. Ecco perché, a volte, i prodotti ittici surgelati sono meno saporiti di quelli freschi conservati sul ghiaccio.

INDICATORI DI QUALITÀ

La **pelle** deve avere una brillantezza e un colore naturali; non deve avere un aspetto sbiadito, né presentare ammaccature o danneggiamenti di qualsiasi tipo; inoltre, a seconda della specie di pesce e del tipo di cattura, dev'essere ricoperta da un normale strato di scaglie. Quasi sempre le aringhe, gli sgombri e alcuni altri pesci di mare perdono la maggior parte delle scaglie quando vengono pescati, e quindi è normale che ne abbiano poche. Nei pesci freschi e di buona qualità, il muco che ricopre la pelle è limpido e trasparente.

Più fresco non si può: se i salmerini vengono lavorati subito dopo la cattura, la qualità è assicurata.

L'aspetto della pelle deve destare dubbi quando ha un colore giallastro o grigiastro innaturali, un aspetto spento o addirittura sembra sporca o insanguinata. Le **pinne** (**1**) dovrebbero essere in buono stato. Spesso, eventuali danni sono causati dal fatto che il pesce è stato trascinato troppo a lungo nella rete o che quest'ultima era troppo piena. Se si forma molto muco, cosa che avviene soprattutto quando il pesce non viene correttamente conservato, le pinne possono essere appiccicose.

Gli **occhi** (**2, 3**) dei pesci freschi di cattura sono turgidi e limpidi, né infossati, né opachi.

Anche l'aspetto delle **branchie** (**4**) è un indicatore fondamentale. Nel pesce freschissimo, le branchie hanno un colore rosso acceso e le lamelle sono ben separate e distinguibili, non ricoperte di muco o appiccicate l'una all'altra. Branchie di colore grigiastro, giallastro o marroncino, appiccicate tra loro o piene di muco indicano che il pesce è morto da un bel pezzo oppure è stato conservato male. Gli stessi sintomi possono rivelare che il pesce era malato, cosa che avviene, a volte, nel caso dei pesci d'allevamento.

Nei pesci eviscerati, la cavità addominale dev'essere ben pulita e inodore. Eventuali resti di sangue devono avere un colore rosso acceso.

Nei pesci freschi non eviscerati, le interiora hanno contorni ben netti. Più tempo passa dalla morte del pesce, più diventa difficile distinguerne i contorni, finché infine assumono la consistenza di una poltiglia disciolta che riempie tutta la cavità ventrale.

Anche l'**odore** (**5**) è indicativo: l'odore dei visceri dei pesci freschi non è sgradevole, ma con il passare del tempo si intensifica e finisce per puzzare. Quando sono fresche, le interiora sono quasi inodore. Il criterio dell'odore vale anche per tutto il resto del pesce: quando è fresco, non ha quasi odore! Il punto migliore per annusare un pesce è dietro agli opercoli branchiali aperti. L'inconfondibile odore è prodotto dal processo di decomposizione, e si sente nel caso di conservazione troppo lunga o inadeguata. Il "tipico odore di pesce", quindi, non è affatto tipico se il pesce è fresco. Inoltre, il pesce non deve emanare un sentore acido, oleoso o di marcio.

I cuochi professionisti usano un semplicissimo test di qualità che serve non solo per i pesci interi ma anche per i filetti: basta strofinarvi sopra la lama di un coltello. Meno polpa vi resta attaccata, più il filetto è fresco.

GLI INDICATORI DI FRESCHEZZA IN DETTAGLIO

(**1**) Un particolare importante per stabilire la qualità di un pesce sono le sue pinne: devono essere ben tenute. Spesso, infatti, le pinne malconce rivelano che il pesce è stato trascinato troppo a lungo nella rete o che questa era troppo piena. Inoltre, una cattiva conservazione può fare sì che le pinne si appiccichino tra loro.

(**2**) Gli occhi trasparenti sono un segnale di qualità facilissimo da valutare. Lo dimostra questa immagine di una trota appena pescata.

(**3**) Occhi opachi? Meglio lasciar perdere! L'occhio velato e opaco di questo lucioperca segnala chiaramente che il pesce non è più fresco.

(**4**) Branchie color rosso acceso sono indice di freschezza. Le singole lamelle branchiali devono essere ben definite e prive di macchie od opacità.

(**5**) Il filetto di pesce fresco non ha un odore pronunciato. Se sa leggermente "di pesce" vuol dire che non è più freschissimo. Inoltre, non deve avere un odore acido, oleoso o di marcio.

Una vasta scelta: che cottura è più adatta per i diversi pesci?

Stufato, bollito, grigliato... Ogni tipo di cottura ha caratteristiche precise, che contribuiscono a conferire al piatto il suo sapore definitivo. Ecco perché non tutti i metodi di cottura vanno bene per un determinato pesce.

ESISTONO MOLTI METODI DI COTTURA, che si possono classificare in base ad alcune caratteristiche come il tipo di contenitore usato, l'eventuale aggiunta di liquidi o di grassi e la temperatura. La bollitura comporta l'immersione in abbondante liquido che viene portato ad alte temperature.

La **sobbollitura** (**1**) è una cottura lenta in cui il pesce è immerso in abbondanti liquidi quali fumetto di pesce, *court-bouillon* o semplice acqua salata; la temperatura del liquido non deve mai raggiungere il bollore. L'aggiunta di sale è importante per evitare che il pesce perda i suoi succhi. La regola empirica è: i pesci piccoli vanno immersi nel liquido già caldo, mentre quelli grandi nel liquido ancora freddo. La sobbollitura è il metodo di cottura migliore per i pesci interi non spellati.

La **cottura a vapore** (**2**) ha una lunga tradizione soprattutto in Cina. Da noi, si usa una pentola munita dell'apposito cestello oppure una vaporiera professionale. La cottura a vapore si adatta bene a pesci interi di peso inferiore a 1 kg, ma è ideale anche per i filetti, di cui esalta il sapore nel modo più semplice e naturale possibile.

La cottura nei propri stessi succhi, con l'aggiunta di pochi grassi e liquidi, viene chiamata **stufatura** (**3**). È uno dei metodi di cottura più usati, e si effettua in una pentola coperta, a fiamma moderata. Il calore proviene da due parti: quello dal basso fa cuocere il pesce nel suo fondo di cottura, mentre dall'alto proviene altro calore sotto forma di vapore umido. Il pesce cotto in questo modo ha consistenza tenera e sapore intenso. La stufatura è ideale per pesci piccoli e filetti.

La **cottura in padella** (**4**) è adatta per i pesci interi di peso inferiore ai 400 g o per i filetti. Questo metodo è perfetto per il pesce a patto che la cottura duri il meno possibile e venga effettuata correttamente. Il forte calore chiude i pori delle carni del pesce, formando una crosta protettiva sotto la quale il pesce resta piacevolmente succoso.

La **frittura** (**5**) è un metodo di cottura ad alta temperatura. Per friggere il pesce, bisogna ricoprirlo con uno strato protettivo che formi subito una crosta, all'interno della quale la carne resterà morbida e succosa: questo strato può essere una sottile infarinatura, una panatura o un guscio di pastella. I pezzi di pesce più grandi vanno fritti a una temperatura di 160 °C, mentre i pesci piccoli interi, come le alici, a 180 °C.

Il metodo di cottura più antico, la **griglia** (**6**), può essere usato anche per i pesci (interi). Che il pesce venga cotto sul carbone di legna o sotto il grill elettrico, il forte calore che si irradia fa coagulare le proteine degli strati esterni della carne, formando uno strato protettivo che imprigiona al proprio interno il succo, l'aroma e le sostanze nutritive. Tuttavia, bisogna sempre scaldare molto bene la griglia o il grill prima della cottura.

Un altro metodo adatto per piccoli pesci interi o pezzetti di pesce è l'**affumicatura** (**7**). Di solito, si usa l'affumicatura a caldo, perché a una temperatura di circa 60 °C il pesce resta morbido e succoso. Il sapore viene molto influenzato dal tipo di legna usata e da eventuali spezie che vi vengono aggiunte; quindi, è consigliabile accertarsi della buona qualità dei trucioli di legno. L'affumicatura può avvenire in speciali affumicatoi oppure in un semplice wok.

La **cottura al forno** (**8**) è una preparazione che si presta bene ai pesci interi, ai filetti e alle cotolette. Tuttavia il pesce dev'essere protetto dal calore diretto, coprendolo o bagnandolo. In alternativa, lo si può avvolgere in un cartoccio di carta da forno o di foglio di alluminio, in modo che cuocia nei suoi stessi succhi; con questo tipo di cottura, il pesce mantiene tutto il suo aroma e lo sviluppa al meglio.

PANORAMICA DEI METODI DI COTTURA

(**1**) Nella sobbollitura, il pesce viene immerso in un liquido aromatizzato che non deve mai raggiungere il bollore.

(**2**) Nella cottura a vapore, il calore umido sviluppa tutti i suoi effetti, conferendo al pesce un sapore delicato e aromatico.

(**3**) Nella stufatura, il pesce cuoce soprattutto nei propri succhi. In questo modo, il suo aroma si mantiene intatto e le carni restano tenere.

(**4**) Nella cottura in padella, il calore intenso chiude i pori del pesce, formando una crosta saporita e mantenendo l'interno succoso.

(**5**) Per friggere il pesce, si usa uno strato che lo salvaguarda dal calore eccessivo. L'esterno diviene croccante, l'interno resta succulento.

(**6**) Nella cottura alla griglia, il forte calore irradiato è indispensabile per conferire agli alimenti il loro inconfondibile aroma.

(**7**) Il tipo di affumicatura varia a seconda del pesce: quella "a caldo" si adatta meglio ai pesci freschi e congelati, mentre il metodo "a freddo" si presta a quelli sotto sale.

(**8**) La cottura al forno è una preparazione adatta sia per i pesci interi, sia per i filetti e le cotolette. Il vantaggio della variante "al cartoccio" è che la carta da forno, l'alluminio o altre carte speciali proteggono il pesce, rendendolo succoso e consentendogli di mantenere tutto il suo aroma.

Fresco di freezer

Si avete avuto una pesca fortunatissima, mangiate subito tutto ciò che potete, e mettete da parte il resto del pesce fresco nel freezer!

COME CONSERVARE CORRETTAMENTE IL PESCE? Per prima cosa va sottolineato che il pesce fresco, ossia l'argomento principale di questo volume, non può essere rimpiazzato da nessun prodotto surgelato o congelato, per quanto di alta qualità. Tuttavia, a volte accade di essere costretti a conservare il pesce: in tal caso, la congelazione è senz'altro il metodo migliore. Dato che solo il pesce freschissimo è adatto alla congelazione, è raro che ci si trovi a congelare in casa pesci di mare, a meno che non si abiti sulla costa. Capita invece più spesso che gli appassionati di pesca si trovino ad aver catturato più pesce di quanto ne serva al momento: in questo caso, è meglio congelarlo il prima possibile.

Se si dispone di pesci di grandi dimensioni, la scelta tra congelarli interi o porzionati dipende essenzialmente dall'uso che se ne vuole fare. In tutti i casi, il pesce va prima eviscerato, e la cavità ventrale va risciacquata accuratamente sotto l'acqua corrente. Prima di congelarle, alcune specie vanno anche squamate. A questo punto, si passa a una prima congelazione (**1**). I pesci devono sempre essere confezionati correttamente (**2**) se si vuole che si conservino per tutto il periodo previsto senza deteriorarsi. I pesci piccoli (come le sardine) vanno congelate una a una, prima di confezionarle tutte insieme per la conservazione definitiva.

Per confezionare il pesce vanno bene la pellicola da cucina e i fogli d'alluminio. Se si vuole congelare pesce in pezzi, ad esempio filetti, essi vanno separati l'uno dall'altro usando un foglio d'alluminio. Inoltre, è stato calcolato che il pesce congelato si può conservare per un periodo massimo di 3-8 mesi, a patto che la temperatura non superi mai i -18 ℃!

(1)

(2)

LA CONGELAZIONE

(**1**) Il pesce congelato si conserva meglio: per congelare i pesci puliti e pronti per la cottura, adagiateli su fogli d'alluminio e fateli congelare una prima volta senza coprirli molto accuratamente. A questo punto, immergeteli in acqua gelida e congelateli di nuovo non appena saranno ricoperti da uno strato di ghiaccio.

(**2**) I pesci così preparati vanno confezionati con cura, avvolgendoli uno ad uno in fogli d'alluminio. A questo punto li si conserva in freezer fino al momento di consumarli, avendo cura che la temperatura non superi mai i 18 ℃.

Quel che resta del pesce

Il pesce fresco è una vera squisitezza. Ma quanto ne resta, tra carne e parti commestibili, dopo l'eviscerazione e la sfilettatura?

QUANTA CARNE ha un pesce? Al momento dell'acquisto è importante avere un'idea della sua resa, ossia del rapporto tra le sue parti utilizzabili e gli scarti. La tabella sottostante riporta valori indicativi calcolati in base alle dimensioni medie dei pesci che si trovano in commercio. Infatti, la resa varia anche a seconda della grandezza del pesce: ad esempio, un piccolo rombo chiodato di 1 kg fornisce meno filetto, anche in proporzione, di un rombo chiodato di 4 o 5 kg.

Quanto c'è da mangiare, in un pesce?

Se non altrimenti indicato, la tabella sottostante si riferisce al pesce intero. Anche la percentuale di scarti non utilizzabili (visceri e pinne) rispetto al peso totale varia a seconda della grandezza del pesce. Alcuni scarti, come la testa, le lische, la pelle e le pinne più lunghe, si possono impiegare in cucina per preparare il fumetto di pesce. La percentuale di filetto rispetto alle parti utilizzabili nel loro complesso varia di pesce in pesce. La tabella sottostante fornisce una panoramica.

| PESCE, PESO LORDO | PESCE, PULITO | | SCARTI UTILIZZABILI | PESO IN FILETTI |
	Peso netto	Scarti, non utilizzabili	ad esempio per il fumetto (testa, pelle, lische, pinne)	(spellato e ben mondato)
Anguilla, 670 g	450 g/67,2 %	220 g	70 g/10,5 %	380 g/56,7 %
Sarago, 390 g	350 g/90,2 %	40 g	190 g/48,9 %	160 g/41,3 %
Razza intera, 7.000 g	6.650 g/95,0 %	350 g	4.900 g/70,0 %	1.750 g/25,0 %
Carpa, 985 g	810 g/82,2 %	175 g	480 g/48,7 %	330 g/33,5 %
Rospo/rana pescatrice, 730 g (senza testa)	470 g/64,2 % (spellata)	–	360 g/49,4 %	370 g/50,6 %
Spigola/branzino, 860 g	815 g/94,8 %	45 g	425 g/49,4 %	390 g/45,3 %
Pesce San Pietro, 650 g	500 g/77,0 %	150 g	330 g/50,8 %	170 g/26,2 %
Ali di razza, 2.320 g	–	–	1.310 g/56,5 %	1.010 g/43,5 %
Sogliola, 525 g	495 g/94,2 %	30 g	280 g/53,8 %	215 g/40,4 %
Rombo, 2.700 g	2.640 g/97,8 %	60 g	1.790 g/66,4 %	850 g/31,4 %
Tilapia, 800 g	630 g/78,8 %	170 g	390 g/48,8 %	240 g/30,0 %
Salmone selvaggio, 2.670 g	2.500 g/93,5 %	170 g	1.000 g/37,4 %	1.500 g/56,1 %
Lucioperca, 1.000 g	900 g/90,0 %	100 g	460 g/46,0 %	440 g/44,0 %

Preparare i pesci tondi: squamare ed eviscerare

Come si prepara un branzino intero freschissimo, appena comprato? Con la giusta tecnica, rimuovere le scaglie e i visceri non sarà un problema. Troverete le istruzioni dettagliate qui di seguito, fase per fase.

USEREMO UN BRANZINO per illustrare come si pulisce un pesce tondo fresco intero. La maggior parte dei pesci va squamata prima della pulitura, e per effettuare questa operazione occorre prima asportare le pinne. È consigliabile squamare il pesce prima di eviscerarlo, perché in questo modo la squamatura risulta più facile. Un apposito squamatore facilita il lavoro, ma si può anche usare il dorso della lama di un coltello da cucina robusto. Quando si squama il pesce, è bene lavorare sotto l'acqua fredda corrente o comunque ricoprire il piano di lavoro con alcuni strati di carta da giornale, per evitare che le piccole squame finiscano dappertutto.

L'eviscerazione è un'operazione che richiede cautela: infatti bisogna evitare di incidere la sacca della bile che aderisce al fegato, perché se la bile ne fuoriuscisse il pesce diverrebbe immangiabile. Una volta rimosse le viscere, nella cavità ventrale del pesce restano i reni, che aderiscono saldamente alla lisca dorsale; anche se dal punto di vista gastronomico non è necessario rimuoverli, è bene farlo per motivi estetici. Servendosi di un coltello appuntito, si incide la pelle bianca che li ricopre, li si estrae e si ripuliscono i residui sotto l'acqua corrente. Di solito, il pesce viene eviscerato attraverso un taglio praticato sul ventre, ma se si vuole farcire un pesce intero con erbe e spezie lo si può anche eviscerare dalle branchie.

EVISCERARE IL PESCE DALLE BRANCHIE

Questo metodo consente di non aprire il ventre del pesce. Nel pesce farcito, i delicati aromi del pesce e delle erbe si fondono a creare un sapore particolarmente succulento. I pesci che si prestano meglio a questo tipo di preparazione e alla farcitura sono quelli di dimensioni adatte ad essere serviti interi uno per commensale, sia perché la presentazione risulta più gradevole, sia per motivi pratici. Infatti, il pesce eviscerato dalle branchie contiene ancora tutte le lische, e gli esemplari più grandi devono essere suddivisi in porzioni con tutte le spine, che a questo punto è più difficile rimuovere di quanto lo sia per un pesce intero. Pertanto, questo metodo di eviscerazione viene usato nel caso dei pesci grandi solo quando si vogliono ricavare dalla parte centrale fettine saldate a livello ventrale, ad esempio nel caso della preparazione del ripieno per una torta salata.

SQUAMARE UN PESCE TONDO

(1) → Recidere con una forbice le pinne pettorali, la ventrale, la dorsale e quelle anali.

(2) Servendosi di uno strofinaccio da cucina, afferrare saldamente il pesce dalla parte della coda e tenerlo fermo.

(3) Usare uno squamatore o il dorso di un coltello da cucina robusto per rimuovere le squame, in direzione della testa.

EVISCERARE I PESCI TONDI DAL VENTRE

(1) Incidere con cautela la cavità ventrale del pesce, dall'apertura anale verso la testa.

(2) Con un paio di forbici da cucina, recidere l'ultima parte, subito prima della testa.

(3) Divaricare i due lembi del ventre; le interiora si individuano facilmente.

(4) Servendosi delle dita o delle forbici, staccare gli intestini dall'apertura anale.

(5) Con le dita, portare le viscere staccate verso la testa e tagliarle via.

(6) Qui si vede bene la sacca di bile verde scuro che aderisce al fegato: attenzione a non scalfirla!

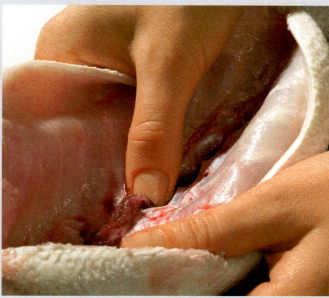

(7) Recidere le branchie con le forbici a livello del primo punto d'innesto, e rimuoverle con attenzione.

(8) Staccare le branchie a livello del secondo punto di innesto e sciacquare il pesce sotto l'acqua corrente.

(9) Risciacquare bene la cavità ventrale del pesce. Sempre sotto l'acqua, servirsi dell'unghia del pollice o di un cucchiaino da tè per rimuovere i reni tubolari di colore rosso scuro che aderiscono alla lisca dorsale.

EVISCERARE I PESCI TONDI DALLE BRANCHIE

(1) Con un coltellino, staccare l'intestino dal muscolo dell'apertura anale.

(2) Tranciare gli opercoli branchiali e staccare con le forbici la parte superiore delle branchie.

(3) Sempre usando le forbici, recidere anche l'estremità inferiore; rimuovere le branchie.

(4) Inserire due dita nell'apertura branchiale; raccogliere le interiora e portarle nella gola.

(5) Date un leggero strattone per verificare che l'intestino sia ben staccato dall'ano.

(6) Estrarre le interiora; l'intestino non deve lacerarsi e la bile deve restare intatta.

Preparare i pesci tondi per la cottura: porzionatura e sfilettatura

Adesso il pesce è eviscerato e squamato, ma per prepararlo alla cottura occorre ancora porzionarlo e sfilettarlo.

DI SOLITO, il pesce "pulito" è già stato squamato ed sviscerato, ma dev'essere ancora porzionato o sfilettato. La porzionatura riguarda soprattutto i pesci di grandi dimensioni. Useremo un grosso salmone per dimostrare come si porziona un pesce in tranci uguali senza intaccare la parte ventrale. Innanzitutto, staccare la testa del pesce come indicato nell'illustrazione sottostante. Poi, staccare l'intestino dall'apertura anale (cfr. "Eviscerare i pesci tondi dalle branchie", pag. 139, foto 1) ed estrarlo dalle branchie insieme alle viscere (pag. 139, foto 4-6). Adesso si può tagliare il pesce in fettine da una porzione ciascuna, come illustrato qui sotto. Le fettine utilizzabili sono quelle che arrivano fino alla fine della cavità ventrale; i reni che vi sono contenuti si possono staccare facilmente con l'unghia del pollice o un cucchiaino (cfr. "Eviscerare i pesci tondi dal ventre", pag. 139, foto 9).

La coda non viene porzionata, ma si può usare per altri impieghi gastronomici.

SFILETTARE UN PESCE TONDO

Se un pesce non viene porzionato ma nemmeno usato intero, occorre sfilettarlo. Nella sequenza di foto qui a destra usiamo un branzino, ma si possono preparare nello stesso modo diversi tipi di pesce. Nel corso di questa operazione, si consiglia di afferrare il pesce con uno strofinaccio da cucina, per tenerlo più saldo. Ed ecco il risultato della sfilettatura: due filetti ben mondati e la carcassa, ossia la testa, le lische, le pinne, la pelle e ritagli di carne. La carcassa non si butta via, ma serve per preparare un saporito fumetto di pesce.

PORZIONARE IL SALMONE

(1) Decapitare il pesce con un taglio netto, usando un coltello affilato e robusto.

(2) Partendo dalla testa e servendosi di un grosso coltello, tagliare il pesce a fette dello spessore di 2-3 cm.

SFILETTARE I PESCI TONDI

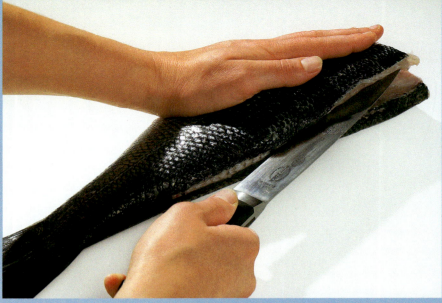

(**1**) Staccare la testa con un coltello; per facilitare l'operazione, praticare due tagli obliqui ai lati.

(**2**) Sistemare il pesce con il dorso rivolto verso di sé e tenerlo fermo con la mano premuta di piatto. Incidere il dorso vicino alla lisca dorsale, usando un coltello affilato.

(**3**) Inserire la lama del coltello sotto il filetto superiore, partendo dall'estremità della testa, e...

(**4**) ... tagliare il filetto subito sopra la lisca centrale, procedendo in direzione della coda (ci vuole un po' di forza).

(**5**) Partendo dalla testa, inserire la lama sotto la spina dorsale e tagliare il secondo filetto.

(**6**) Adesso che la lisca centrale è libera, la si può rimuovere facilmente insieme alla coda.

(**7**) Mondare i filetti con il coltello dopo aver asportato le lische ventrali.

(**8**) Usando le apposite pinze o pinzette, rimuovere le lische più piccole.

(**9**) Infine praticare un'incisione per staccare un lembo di pelle, afferrarlo saldamente e tagliare il filetto il più vicino possibile alla pelle.

(**10**) Spellare nello stesso modo anche il secondo filetto. Adesso avrete due filetti ben mondati dagli scarti.

(**11**) Del pesce resta solo la carcassa: pelle, pinne, lisca centrale, testa e altri ritagli.

Spinare e farcire
i pesci tondi dal dorso

Non è un'operazione facilissima, ma consente al cuoco di fare una gran bella figura: spinare il pesce dal dorso è l'ideale se si vogliono farcire o affumicare pesci di grandi dimensioni.

I PESCI CHE si prestano meglio ad essere spinati dal dorso sono quelli di dimensioni adatte a fornire due porzioni. Questo metodo è un po' impegnativo, ma è indispensabile per alcune preparazioni, ad esempio la farcitura. Inoltre, presenta il vantaggio di abbreviare la cottura di pesci relativamente grandi.

I pesci così preparati si possono cuocere al vapore e farcire con un ragù fine, oppure li si può cospargere a crudo di pezzetti di burro e gratinare sotto il grill. Infine, i pesci deliscati dal dorso si prestano benissimo anche all'affumicatura.

SPINARE DAL DORSO

Nella nostra sequenza di foto abbiamo usato un branzino per illustrare la spinatura dal dorso. Occorrono un paio di forbici da pesce, un coltello, un coltello a lama seghettata e un paio di pinzette. Alla fine di questa operazione, i due filetti deliscati restano uniti praticamente solo dalla testa e dalla coda, oltre che dal lato del ventre. Prima di deliscarlo, il pesce va squamato (cfr. "Squamare un pesce tondo", pag. 138), ed eviscerato (cfr. "Eviscerare i pesci tondi dal ventre" ed "Eviscerare i pesci tondi dalle branchie", pag. 139). Inoltre, va privato delle pinne (cfr. foto 1). A questo punto, dopo aver posato il pesce di piatto sul piano di lavoro, si inizia la spinatura vera e propria: con un coltello corto e affilato si incide il dorso accanto alla spina dorsale e si rimuovono le lische che ne spuntano (cfr. foto 2-4). Si continua a tagliare seguendo l'andamento della spina dorsale, fino a staccare lo scheletro dalla carne, e si rimuovono insieme la spina dorsale e le interiora (cfr. foto 5-7). Per allargare ulteriormente la cavità destinata ad accogliere il ripieno, si rimuovono le branchie e le parti ossee fino agli opercoli branchiali (cfr. foto 8-9). Infine, servendosi dell'apposita pinza, si asportano le lische ancora rimaste nella carne.

FARCIRE UN PESCE TONDO

Se si vuole farcire un pesce, è meglio comprarlo intero e pulirlo da sé: ciò presenta il vantaggio di poterlo spinare ed eviscerare dal dorso. Questa preparazione è ideale per la farcitura, perché il ventre

FARCIRE UN PESCE TONDO

(1) Preparare una farcia, ossia un ripieno da inserire nella cavità ventrale del pesce, seguendo la ricetta. Inserire la farcia nella cavità ventrale del pesce servendosi di un cucchiaio.

(2) Richiudere la cavità ventrale sopra la farcia e avvolgere il pesce con spago da cucina, in modo che il ripieno non fuoriesca.

(1)

(2)

resta chiuso e si ottiene un'apertura molto grande, in cui si potrà inserire una quantità di farcia molto maggiore di quella che si potrebbe usare pulendo il pesce dal ventre (cfr. pag. 142, foto 1). Per evitare che il ripieno fuoriesca, avvolgere il pesce con diver-

si giri di spago da cucina, a poca distanza gli uni dagli altri, e annodare i capi sul dorso (cfr. pag. 142, foto 2). La sequenza di foto pubblicata su questa pagina doppia illustra nel dettaglio come preparare e farcire un pesce, in questo caso un branzino.

SPINARE DAL DORSO

(1) Con una forbice per il pesce, recidere le pinne dorsale, ventrale e anali del pesce già squamato, procedendo in direzione della testa.

(2) Praticare un taglio per tutta la lunghezza del dorso, restando un po' al di sopra dell'innesto della pinna dorsale e penetrando fino alla lisca centrale.

(3) Ripetere la stessa operazione sotto l'innesto della pinna dorsale, incidendo con cura con il coltello per tutta la lunghezza del dorso e penetrando fino alla lisca centrale. Per vedere meglio mentre si taglia, sollevare leggermente con il pollice la parte centrale del pesce.

(4) Se possibile, evitare di recidere le spine della lisca centrale mentre si staccano i filetti, perché altrimenti in seguito si sarà costretti a rimuoverle una per una con le pinzette.

(5) Aprire leggermente la cavità ventrale e, preferibilmente usando una forbice, recidere la spina dorsale, ormai libera, appena prima della coda.

(6) A questo punto, tirare verso l'esterno la parte già recisa della spina dorsale e usare le forbici per tagliare l'estremità opposta, il più vicino possibile alla testa.

(7) Rimuovere con cura le interiora libere e reciderle dietro la testa. Risciacquare con cura la cavità ventrale usando acqua fredda.

(8) Recidere con le forbici le parti dure e ossee situate tra il ventre e la parte inferiore della testa, fino agli opercoli branchiali.

(9) Distendere il pesce sul dorso sul piano di lavoro e rimuovere le branchie; anche questa operazione riesce meglio con un paio di forbici da cucina affilate.

(10) Infilare un coltellino a lama seghettata sotto le lische e asportarle procedendo verso l'esterno. Ripetere l'operazione con il secondo filetto.

(11) Rimuovere le altre lische visibili usando una pinzetta o l'apposita pinza da pesce, e voltare di nuovo il pesce di lato.

Come pulire e preparare
un'anguilla appena pescata

Quasi sempre, le anguille si trovano sul mercato ancora vive. Qui di seguito vi spieghiamo come pulirle e prepararle, passo dopo passo.

LE ANGUILLE PIÙ FRESCHE sono quelle che si comprano ancora vive, tenute in recipienti pieni d'acqua. Nella sequenza in basso, spiegheremo in modo esauriente come si prepara un'anguilla fresca per cucinarla, ma attenzione: il sangue dell'anguilla è tossico e non deve mai penetrare all'interno di ferite aperte. Si possono preparare nello stesso modo anche le lamprede, che non sono parenti delle anguille ma hanno in comune con loro la pelle viscida e spessa.

SPELLARE L'ANGUILLA OPPURE NO?

Se si vuole preparare l'anguilla per la cottura in tegame o in padella, il pesce va spellato perché la sua pelle è spessa, liscia e piuttosto viscida. La spellatura non è necessaria solo nel caso delle anguille molto giovani o degli esemplari scelti per l'affumicatura; in questi ultimi, però, bisogna rimuovere con cura il muco, perché l'affumicatura fa assumere una brutta colorazione grigia a eventuali residui rimasti sulla pelle.

ELIMINARE IL MUCO ED EVISCERARE L'ANGUILLA

(1) Per rimuovere il muco che ricopre la pelle del pesce, strofinarlo energicamente con sale grosso su tutto il corpo e lasciare agire il sale per 2 o 3 minuti. Poi, con la mano, rimuovere bene il sale insieme al muco che vi aderisce. Se occorre, ripetere l'operazione.

(2) Incidere con cura la pelle del ventre procedendo verso la testa e facendo attenzione a non scalfire i visceri. Voltare l'anguilla e prolungare il taglio per 4 o 5 cm in direzione della coda.

(3) In questa zona si trova anche l'ultima parte dei reni, i cosiddetti reni caudali. Una volta staccate le interiora, le si può asportare con cura.

(4) Staccare le interiora, possibilmente tutte insieme, tirarle con attenzione verso la testa usando la mano e reciderle subito al di sotto delle branchie.

(5) Rimuovere i reni tubiformi con l'unghia o con un cucchiaino e pulire bene la cavità ventrale. Adesso si può spellare l'anguilla e procedere nella sua ulteriore preparazione.

RIMUOVERE IL MUCO DALLA PELLE

Per asportare il muco che ricopre il pesce, sfregarlo bene su tutta la superficie con sale da cucina grosso, lasciare agire il sale per 2-3 minuti e infine asportarlo con tutto il muco (cfr. pag. 144, foto 1). Dopo aver controllato che sulla pelle non sia rimasto il minimo residuo di muco, l'anguilla va sciacquata accuratamente sotto l'acqua corrente fredda. Questa operazione è superflua se l'anguilla viene immersa in salamoia prima dell'affumicatura. Infatti, se il pesce eviscerato e lavato resta in salamoia tra le 12 e le 14 ore, il muco si asporta facilmente con le mani. Il metodo di rimuovere il muco con una soluzione di ammoniaca è ancora molto usato, ma è decisamente aggressivo e rischia di compromettere il sapore del pesce, se esso presenta lesioni o è già stato eviscerato. Per questi motivi, oggi questo metodo è sconsigliato.

EVISCERARE L'ANGUILLA

Innanzitutto, l'anguilla dev'essere sventrata: afferrare il pesce con una mano, tenendolo con il ventre verso l'alto; inserire un coltello corto e affilato nell'apertura anale e continuare a tagliare come indicato nella sequenza di immagini a sinistra. Staccare e rimuovere i visceri e l'intestino con il pollice. Rimuovere anche i reni tubiformi che si trovano sotto la pellicina del ventre e aderiscono direttamente alla lisca centrale. Per farlo, bisogna incidere la pelle e staccare i reni con l'unghia del pollice sotto l'acqua corrente, facendo attenzione ad asportare anche i reni caudali. Spellare l'anguilla come indicato. Così preparata, l'anguilla si può lavorare ulteriormente nel modo che si preferisce: può essere affumicata intera o tagliata a tocchetti per stufarla, cuocerla in padella o grigliarla.

SPELLARE L'ANGUILLA

Ci sono due metodi per spellare un'anguilla: nel primo, si stacca un lembo di pelle con la forbice, si appende l'anguilla a un supporto e si sfila via la pelle. Per avere una presa più salda, si può afferrare l'estremità della pelle con uno strofinaccio da cucina. Niente paura: la pelle e la carne del pesce sono compatte e non si lacereranno durante questa operazione. Nel secondo metodo, che è diffuso quanto il primo, la pelle viene incisa dietro alla testa e alle pinne pettorali per consentire un'agevole presa, viene leggermente staccata dalla carne e poi sfilata tirandola con decisione verso il basso.

SPELLARE L'ANGUILLA (METODO 1)

(1) Innanzitutto sollevare leggermente un lembo di pelle laterale nella zona dietro la testa, e tirarlo con cautela.

(2) Usando l'altra mano, staccare la pelle fino a raggiungere il fianco opposto; in questo modo, si crea una specie di maniglia.

(3) Tagliare la pelle con le forbici e tirarla verso la coda.

(4) Tenendo ben salda l'anguilla, staccare completamente la pelle dalla coda: non si lacera.

(5) Con una forbice robusta, tagliare le pinne procedendo in direzione della testa.

(6) Tagliare la pelle anche vicino alla testa; adesso, l'anguilla può essere porzionata come meglio si desidera.

SPELLARE L'ANGUILLA (METODO 2)

(1) Tagliare la pelle dietro alla testa e staccarla leggermente dalla carne.

(2) Passare un pezzo di spago da cucina intorno all'anguilla, nel punto in cui si è praticato il taglio, e annodarlo saldamente.

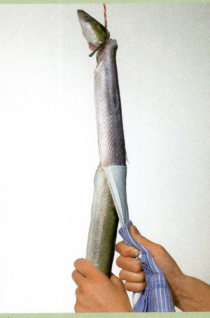

(3) Appendere l'anguilla a un supporto, afferrare la pelle e tirarla verso il basso. Tenere ben tesa l'anguilla per la coda.

Le attrezzature speciali
e il loro impiego professionale

In alto: se si desquama spesso il pesce da sé, conviene acquistare uno squamatore.
In basso: perché le ricette riescano nel modo migliore, è utile disporre degli utensili specifici più adatti.

La preparazione del pesce, dall'eviscerazione alla sfilettatura fino alla spellatura, presuppone una certa destrezza, dato che tutte queste operazioni richiedono l'uso delle mani. Al momento di pulire e preparare il pesce, però, il cuoco può semplificarsi parecchio la vita se dispone di alcuni utensili specifici e di buona qualità.

SQUAMATORI, COLTELLI E FORBICI

Tutti gli utensili per tagliare il pesce devono avere alcune caratteristiche: consentire una presa salda e comoda e possibilmente essere inossidabili.

Uno squamatore d'acciaio inossidabile rigido è un buon investimento se vi capita spesso di squamare da soli il pesce. Le piccole dentellature sull'estremità terminale di questo attrezzo, infatti, rimuovono con facilità le squame quando lo si fa scorrere sulla pelle del pesce. Se invece vi capita di rado di squamare il pesce da soli, conviene usare il dorso della lama di un grosso coltello da cucina molto rigido.

I coltelli sono sicuramente una componente importante dell'attrezzatura per la cucina del pesce. Tuttavia, i diversi utilizzi richiedono coltelli diversi. Come si è già accennato, un grosso coltello da cucina rigido (cioè con la lama non flessibile) si può usare per squamare il pesce, ma anche per trinciare le lische più dure e le colonne vertebrali. Inoltre, si presta anche a tagliare la testa del pesce, sebbene per questa operazione possa andare bene anche un coltello dalla lama seghettata, rigida e non troppo corta. Per sfilettare e spellare il pesce, invece, occorrono coltelli affilatissimi con una lama flessibile da passare tra la polpa del pesce e le lische o tra la pel-

Tutti gli utensili da taglio usati nella cucina del pesce devono avere un'impugnatura antiscivolo e comoda e, possibilmente, essere inossidabili.

le e i filetti. La lunghezza del coltello varia anche a seconda delle dimensioni del pesce: ad esempio, per spellare i pesci più piccoli come le trote si può usare un coltello più corto di quello usato per sfilettare un grosso salmone. Per tagliare a fettine sottili un filetto di salmone, è bene usare l'apposito coltello da salmone, che è lungo, affilato e flessibile. Per tenere ben affilati i coltelli si può usare un comune affilatoio d'acciaio, ma se le lame sono completamente prive di filo è meglio rivolgersi a un arrotino.

Altrettanto essenziale dei coltelli è anche un paio di forbici da cucina rigide e abbastanza robuste da trinciare le pinne più grosse e resistenti. Le forbici servono anche per rimuovere le branchie e sono utilissime per tagliare l'ultima parte dell'apertura ventrale.

Per preparare farce, servono un tritatore manuale, un mixer o un robot da cucina con lame affilate in grado di trasformare i pezzetti di polpa di pesce in una massa sottile e omogenea.

DELISCARE CON LE PINZE O LE PINZETTE

Per rimuovere tutte le lische dai filetti di pesce, bisogna servirsi di un'apposita pinza o pinzetta. La scelta tra questi due strumenti dipende in gran parte dai gusti personali; la cosa importante è che le estremità delle pinze o pinzette, cioè la parte con cui si afferrano le lische, aderiscano bene l'una all'altra e non lascino scivolare via la lisca. Anche nel caso di questo utensile, è bene che l'impugnatura sia antiscivolo e comoda. In mancanza di pinze o pinzette apposite per il pesce, si può usare anche una piccola pinza da bricolage, mentre le comuni pinzette non sono per niente adatte a questo scopo.

PENTOLE, TEGAMI E PADELLE

Naturalmente, in ogni cucina si trovano pentole e padelle: ma ce ne sono di abbastanza grandi da contenere un pesce intero? Mentre i filetti si possono preparare senza problemi nelle comuni padelle, per cuocere una trota intera serve una pesciera o una speciale padella ovale da pesce.

Per lessare il pesce serve una casseruola abbastanza capiente, le cui dimensioni variano a seconda che si intenda cuocere filetti o pesci interi. Esistono anche pesciere dai bordi più o meno alti, la cui forma ovale e allungata le rende adattissime alla preparazione di pesci interi. Inoltre, spesso le pesciere hanno un supporto interno forato o un cestello che consente di tenere sollevato il pesce dai succhi di cottura. In mancanza di una pesciera, si può usare anche un grosso tegame d'acciaio inox provvisto di un cestello interno.

Per cuocere al vapore pesci interi o filetti si possono usare una vaporiera, un cestello d'acciaio da inserire nelle pentole o anche un wok con cestello di bambù.

Le casseruole e i tegamini per la preparazione delle salse più svariate sono componenti importanti dell'attrezzatura per la cucina del pesce.

Per la cottura al forno, occorrono una teglia di vetro, ceramica o acciaio inossidabile, purché sia resistente al calore e abbastanza grande. Anche la piastra del forno o una leccarda si prestano a preparare pesci piccoli e grandi in crosta di sale o al cartoccio, avvolti nel foglio d'alluminio o nella pergamena.

Per la cottura in padella, a seconda delle dimensioni del pesce, si possono usare una padella comune oppure la speciale padella ovale da pesce. Le padelle antiaderenti sono ideali per questo scopo, perché consentono di cuocere il pesce usando relativamente pochi grassi e senza rischiare che si attacchi.

ALTRI UTENSILI

Dato che spesso il pesce viene condito con salse e intingoli, nella cucina del pesce sono utili casseruole e tegamini da usare per preparare un fumetto, ridurre un fondo di cottura o montarlo con il burro. Per le salse da pesce, inoltre, possono servire un colino conico e un setaccio a maglie strette per filtrare i

succhi aromatici; il setaccio è adatto anche per passare le farce più sottili. Per conferire alle salse una consistenza spumeggiante, si consiglia di usare un frullatore a immersione, utile anche per preparare passati di verdure.

Le schiumarole a fori grossi si prestano bene ad immergere il pesce o altri ingredienti nei liquidi per la bollitura, e soprattutto a estrarli dalla pentola. Per filtrare la schiuma e le impurità dal fondo di cottura servono una schiumarola a fori piccoli o un setaccio a maglie strette. Naturalmente, le schiumarole grandi e piccole e le palette di silicone, di metallo o di legno sono attrezzi utilissimi in cucina anche quando il cibo che si prepara non è pesce.

POSATE DA SERVIZIO

Dopo la cottura, il pesce viene rimosso dal fondo di cottura o dalla padella usando una paletta da pesce. La stessa operazione si può fare, all'occorrenza, anche con due palette da cucina grandi e un po' flessibili. Per presentare (tagliare a tranci) e servire il pesce, è bene invece usare le apposite posate, che di solito consistono in una forchetta da pesce dai rebbi un po' smussati, che serve a trattenere il pesce senza perforarne le carni. Il coltello ha lama relativamente larga e non tagliente, e serve a suddividere in tranci le tenere carni del pesce senza rischiare di tagliare e spezzare eventuali lische. Di solito, nel compiere questa operazione si usano le posate da servizio per separare la carne dalle lische e posarla delicatamente su un piatto da portata precedentemente riscaldato.

Da sinistra a destra: lavoro manuale con l'apposita pinzetta. Questo attrezzo consente di rimuovere anche le lische più piccole prima di tagliare a sottili fettine il filetto di pesce, come nella foto. Tenere ben affilati i coltelli fa parte di queste operazioni.

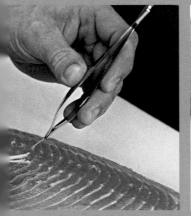

Sfilettare le ali di razza

La sola parte della razza che si utilizza in cucina sono le cosiddette "ali", ossia le sue pinne pettorali! Spesso, le ali sono l'unica parte del pesce che si trova in commercio, e vanno sfilettate prima di cuocerle.

DI SOLITO, solo le razze più piccole vengono commercializzate intere. Degli esemplari più grandi (anche per motivi di costi di trasporto) si trovano soltanto le ali, ossia le sviluppatissime pinne pettorali. Le ali sono la parte commestibile più grande della razza, quella che rende di più in termini di proporzione di carne utilizzabile. Le razze non hanno lische ossee, ma uno scheletro cartilagineo. Se acquistate una razza intera, non dimenticate di asportare le "guance", che si trovano dietro agli opercoli branchiali; al loro centro c'è un'altra piccola cartilagine che si può asportare subito, ma che è più facile rimuovere dopo la cottura. Per sfilettare le ali di razza occorre un coltello robusto e appuntito.

A differenza di altre specie di pesci, le razze non sono migliori quando sono fresche di cattura: anzi, la carne degli esemplari freschissimi è decisamente coriacea, mentre raggiunge il suo momento migliore dopo 2-5 giorni di conservazione. Tuttavia, questi pesci non vanno consumati nemmeno più tardi di così.

SFILETTARE LE ALI DI RAZZA

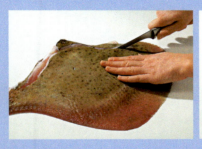

(1) Per sfilettare le ali di razza, occorre innanzitutto incidere la pelle dura e coriacea e la carne sottostante.

(2) Tenendolo di piatto, separare il filetto dallo scheletro cartilagineo e tagliarlo tutt'intorno al bordo cartilagineo.

(3) Voltare l'ala; poi, servendosi del coltello appuntito, separare il filetto inferiore, più piccolo, dallo scheletro cartilagineo e tagliarlo fino al bordo cartilagineo.

(4) Spellare il filetto superiore e quello inferiore; posarlo di piatto e staccare un piccolo lembo di pelle.

(5) Afferrare saldamente il lembo di pelle e servirsi di un coltello per separare la carne dalla pelle.

(6) Usando un coltellino, rimuovere i legamenti che si trovano nel punto più spesso del filetto.

Eviscerare, sfilettare e porzionare i pesci piatti

Avete voglia di un pesce prelibato e senza lische? Il pesce piatto è la scelta per voi: di solito viene commercializzato già eviscerato, e va solo tagliato in pratici filetti.

È RARO TROVARE in vendita interi i pesci piatti di grandi dimensioni come il rombo chiodato, l'halibut o il rombo liscio.

La sequenza di foto in alto a destra mostra nel dettaglio come si sfiletta questo tipo di pesci, in questo caso un rombo chiodato (foto 1-14). Di solito, gli esemplari che si trovano in vendita hanno un peso compreso tra 1 e 3 kg e sono lunghi 45-50 cm.

Inoltre, anche se di solito i pesci piatti vengono venduti già eviscerati, nella sequenza piccola in basso vi spieghiamo anche come fare questa operazione, sempre utilizzando un rombo chiodato. Si può applicare la stessa procedura anche per altri pesci piatti, ma attenzione: gli esemplari di piccole dimensioni vanno prima spellati e poi sfilettati, mentre nel caso di quelli più grandi è meglio spellare i filetti già tagliati.

PORZIONARE I PESCI PIATTI

Se si vuole suddividere in porzioni un grande pesce piatto senza sfilettarlo, lo si può tagliare in tranci. Tuttavia, questa operazione non è facile come può sembrare a prima vista, perché la spina dorsale dei pesci più grandi è molto dura, e tagliarla richiede una certa forza. Inoltre, per riuscire a tagliare facilmente la robusta spina dorsale è consigliabile usare un coltello da cucina grande, robusto e molto affilato.

La sequenza di immagini in basso a destra illustra come porzionare un grande pesce piatto, in questo caso un rombo liscio. La cosa più importante è che le fette siano tutte di spessore uguale. La carne delle zone vicine alla testa e alla coda non si presta ad essere porzionata con il resto, perché ha un tempo di cottura più breve; tuttavia, è adattissima alla preparazione di farce. Se non lo si è ancora fatto, il pesce dev'essere eviscerato e squamato prima di affettarlo. Afferrando la coda, recidere le pinne in direzione della testa (cfr. foto 1). Tagliare il pesce in tranci di uguale spessore con un coltello robusto e affilato (cfr. foto 2). Poiché i tranci ricavati dalla parte centrale del pesce sono molto grandi, vanno dimezzati: adagiate la fetta di piatto, posate la lama di un coltello robusto sulla spina centrale e tagliate il trancio facendo pressione a metà della spina.

EVISCERARE I PESCI PIATTI

(1) Incidere con il coltello dietro la testa e portare il coltello verso l'esterno con un taglio diritto.

(2) Infilare le dita nella tasca così ottenuta, staccare le interiora ed estrarle con molta cura.

(3) La cavità vuota che si forma è piuttosto piccola rispetto a quella dei pesci tondi.

SFILETTARE I PESCI PIATTI

(**1**) Infilare il coltello sopra gli occhi, al margine della testa, e incidere la pelle intorno alla testa.

(**2**) Prolungare questa incisione lungo la linea laterale del pesce, fino alla coda.

(**3**) Tagliare la pelle e la carne lungo la pinna. Per trattenere il pesce, infilare la mano di lato nella tasca già ricavata dietro alla testa e afferrarla saldamente.

(**4**) Sollevare il filetto superiore. Far scorrere la lama del coltello sotto la carne e sopra le lische.

(**5**) Rimuovere il filetto dorsale superiore. Incidere la pelle e la carne sull'altro lato.

(**6**) Far scorrere il coltello di piatto tra la carne e le lische, fino al margine del pesce.

(**7**) Rimuovere il secondo filetto. A seconda della stagione, può essere visibile la sacca delle uova.

(**8**) Voltare il pesce con il fianco cieco verso l'alto e tagliare come già indicato.

(**9**) Passare di nuovo il coltello sopra le lische fino a raggiungere il margine. Rimuovere il terzo filetto.

(**10**) Tagliare il quarto filetto nello stesso modo, asportarlo e metterlo da parte.

(**11**) Adesso si può rimuovere facilmente anche la sacca delle uova.

(**12**) Praticare un'incisione tra la pelle e la carne, afferrare saldamente la pelle e separarla dal filetto.

(**13**) Recidere la pinna con un coltello affilato, staccandola dal filetto.

(**14**) Infine, asportare eventuali tessuti bruni residui; infatti, essi hanno un altissimo contenuto di grassi.

RIMUOVERE LE GUANCE

PORZIONARE IL PESCE PIATTO

(**1**) Inserire il coltello dietro agli occhi e praticare un taglio parallelo a essi.

(**2**) Staccare la guancia e rimuovere con cura la pelle. Rimuovere anche la seconda guancia.

(**1**) Per porzionare un grande pesce piatto, per prima cosa si recide la pinna con le forbici.

(**2**) Tagliare il pesce in tranci obliqui. Tagliare ancora a metà le fette centrali, che sono più grandi.

Spellare e sfilettare fla sogliola e prepararla alla farcitura

Qui sotto vi spieghiamo nei dettagli come spellare e sfilettare questo pesce. Lo stesso procedimento consente di preparare facilmente, oltre alla sogliola comune, anche la limanda, la suacia o la passera.

COME ALTRI PESCI PIATTI di piccole dimensioni, la sogliola si presta bene a essere preparata intera, perché dopo la cottura le sue carni tenere e delicate si staccano facilmente dalle lische. Tuttavia, per alcune preparazioni è indispensabile sfilettarla.

SPELLARE E SFILETTARE LA SOGLIOLA

Per spellare il pesce, incidere e sollevare la pelle dalla parte della coda finché si riesce ad afferrarla saldamente tra pollice e indice. In alternativa, si può tuffare per 2-3 secondi la parte della coda in acqua bollente: così sbollentata, la pelle si stacca con facilità. Proseguire come indicato qui sotto.

Per sfilettare il pesce, occorre prima recidere la testa e le pinne e rimuovere eventuali ovaie. Tagliare la sogliola lungo la lisca centrale. Mondare bene i filetti e rimuoverli come descritto nella sequenza di foto in alto a destra.

I filetti di sogliola si prestano bene a metodi di cottura con molti liquidi, come la stufatura o la cottura a vapore. La carcassa (testa, pinne e lisca centrale) è adatta a preparare un gustoso fondo (fumetto), che diventerà una base ideale per la salsa con cui il pesce verrà accompagnato. Tuttavia, il fumetto va ristretto parecchio per evitare che la salsa risulti acquosa.

La sogliola intera è anche deliziosa nella preparazione "alla mugnaia", ossia passata nella farina e cotta nel burro a fuoco lento. Inoltre, a differenza di quanto avviene per altri pesci, alla sogliola non si applica la regola "più è fresca, più è buona": questo pesce ha bisogno di un po' di tempo per raggiungere il massimo del sapore. Il momento ideale per consumare la sogliola è 1 o 2 giorni dopo la cattura, quando il gusto e la consistenza delle carni si sono sviluppati in modo ottimale.

FARCIRE LA SOGLIOLA

La farcitura non si usa solo per i pesci tondi, ma anche per i piccoli pesci piatti. Anche se le carni del pesce piatto non circondano in modo uniforme la farcitura, l'apertura ricavata spinando il pesce è relativamente grande e si presta bene a contenere farce o altri ripieni. Per questa preparazione, la sogliola va prima spellata e tagliata come indicato nella serie di foto a destra, lasciando un margine di circa 2 cm intorno alla testa e alla coda. Proseguire come descritto nella sequenza di foto in basso a destra.

SPELLARE LA SOGLIOLA

(1) Con il coltello, tagliare la pelle tra la pinna caudale e la coda.

(2) Strofinare la coda con sale marino e sollevare leggermente la pelle.

(3) Afferrare il lembo di pelle sollevato e sfilare tutta la pelle con un gesto energico.

(4) Voltare la sogliola, incidere la pelle dalla coda e spellare anche il fianco cieco.

SFILETTARE LA SOGLIOLA

(1) Usando un coltello affilato, staccare la testa con un taglio netto e diritto.

(2) Recidere con le forbici la pinna nastriforme su entrambi i lati, procedendo verso la testa.

(3) Staccare la sacca delle uova (se presente) per tutta la sua lunghezza, iniziando dalla parte della testa.

(4) Staccare e rimuovere con cautela la sacca delle uova, usando un coltello.

(5) Praticare un taglio sulla spina centrale e far passare la lama tra filetto e lische.

(6) Far scorrere il coltello lungo le lische laterali e reciderle.

(7) Staccare il filetto mondato dalla lisca centrale, sollevarlo e rimuoverlo completamente.

(8) Passare la lama di piatto tra lische e carne, e staccare il secondo filetto.

(9) Tagliare la sogliola lungo le lische laterali sull'altro lato.

(10) Staccare il secondo filetto. Rimuovere allo stesso modo anche i filetti della parte inferiore.

PREPARARE LA SOGLIOLA PER LA FARCITURA

(1) Usando il coltello, tagliare la sogliola spellata lungo la lisca centrale.

(2) Tenendo il coltello di piatto, separare entrambi i filetti dalle lische.

(3) Piegare con forza la spina centrale così scoperta, fino a spezzarla.

(4) Passare il coltello sotto le lische, sollevandole.

(5) Sollevare uno dei tronconi di lisca. Tagliare i lati della lisca.

(6) Staccare e rimuovere il secondo troncone della lisca centrale.

(7) Recidere con le forbici la pinna nastriforme tutto intorno alla sogliola. Adesso, si può introdurre la farcia nell'apertura ricavata spinando la sogliola.

Come presentare e porzionare a tavola i pesci piatti e tondi

Non importa se è già stato porzionato in cucina o se questa operazione viene eseguita sotto gli occhi dei commensali; quel che conta è che il pesce arrivi sul piatto rapidamente e nelle migliori condizioni possibili.

CUCINATO IN MANIERA APPETITOSA, ben presentato e privo di lische: è così che il pesce dovrebbe arrivare in tavola.

Un filetto intero ben spinato ha un aspetto più appetitoso di uno di cui occorre spinare ogni boccone. Tuttavia, bisogna tenere in considerazione anche il tempo necessario, perché se il pesce si raffredda perde molto della sua bontà. Nel caso in cui un pesce intero equivalga a una sola porzione, se ne asporta una metà, la si spina e si tiene in caldo il resto. Spesso, i pesci interi cotti nell'intingolo a base di aceto vengono serviti a tavola direttamente nel tegamino di cottura, perché è senz'altro il sistema più rapido e che consente di mantenere meglio il gusto. Nella maggior parte dei casi, i pesci "monoporzione" grigliati vengono serviti interi, perché la loro pelle croccante è buona da mangiare insieme alla carne più tenera; lo stesso avviene nel caso dei pesci più grossi, naturalmente ben squamati, che vengono sfilettati con tutta la pelle. La sequenza di foto a destra illustra come si pulisce un pesce tondo cotto, in questo caso una trota salmonata.

PULIRE IL PESCE PIATTO IN TAVOLA

(1) Innanzitutto, staccare la pelle dalla pinna nastriforme e dalla spina dorsale.

(2) Servendosi del coltello da pesce, sollevare con cura prima una metà della pelle, e poi l'altra metà.

(3) Sempre con il coltello da pesce, staccare con cura, ma il più velocemente possibile, il primo filetto dalla spina dorsale.

(4) Partendo dalla lisca centrale, passare il coltello tra filetto e lische, staccare il filetto e tenerlo in caldo.

(5) Asportare allo stesso modo anche il secondo filetto. Staccare attentamente la spina centrale dalla testa e dalla coda.

(6) Rimuovere con cautela la spina centrale. Separare dalla pelle anche i due filetti inferiori e rimuoverli.

La pulitura dei pesci piatti, in questo caso un rombo chiodato, è illustrata dalla sequenza di foto in basso a sinistra. Negli esemplari più piccoli e giovani di rombo chiodato, la pelle bianca del lato cieco è commestibile. Anche le guance del rombo chiodato sono buone da mangiare e il commensale non dovrebbe esserne privato; si prelevano con la stessa tecnica usata per i pesci tondi. Per pulire il pesce affumicato si procede come per quello cotto. Se si tratta di un pesce tondo, si tolgono prima le pinne dorsali e poi le altre. Dopo aver rimosso la pelle, si staccano i filetti. Solo nel caso dell'anguilla affumicata, la cui pelle è molto coriacea, il pesce viene tagliato a pezzi prima di spellarlo.

PULIRE A TAVOLA IL PESCE TONDO

(1) Servendosi di una paletta da pesce o di un attrezzo analogo, disporre con cura il pesce cotto su un tagliere.

(2) Innanzitutto, tagliare la pinna dorsale con un coltello da pesce e una forchetta e metterla da parte.

(3) Poi, usando il coltello da pesce, incidere con attenzione la pelle lungo il dorso e intorno alla testa e alla coda. Durante questa operazione, è bene tenere fermo il pesce con l'apposita forchetta da portata.

(4) A questo punto, rimuovere le pinne ventrali con il coltello e la forchetta appositi e metterle da parte.

(5) Togliere la pelle: usare il coltello da pesce per tirarla via, arrotolandola, procedendo dalla testa verso la coda.

(6) Staccare il filetto superiore, tagliando con il coltello da pesce dietro alla testa. Non recidere la spina dorsale!

(7) Sollevare il filetto con l'aiuto del coltello da pesce e della forchetta, metterlo su un piatto scaldato e riporre in caldo.

(8) Usando il coltello da pesce, staccare con molta cura il filetto inferiore dalla coda.

(9) Sollevare l'intero scheletro, liberando il filetto inferiore. Staccare la testa e rimuoverla insieme allo scheletro.

(10) Posare il filetto su un piatto con la pelle rivolta verso l'alto, e rimuovere quest'ultima.

(11) Infine, sollevare gli opercoli branchiali dalla parte posteriore e asportare le guance.

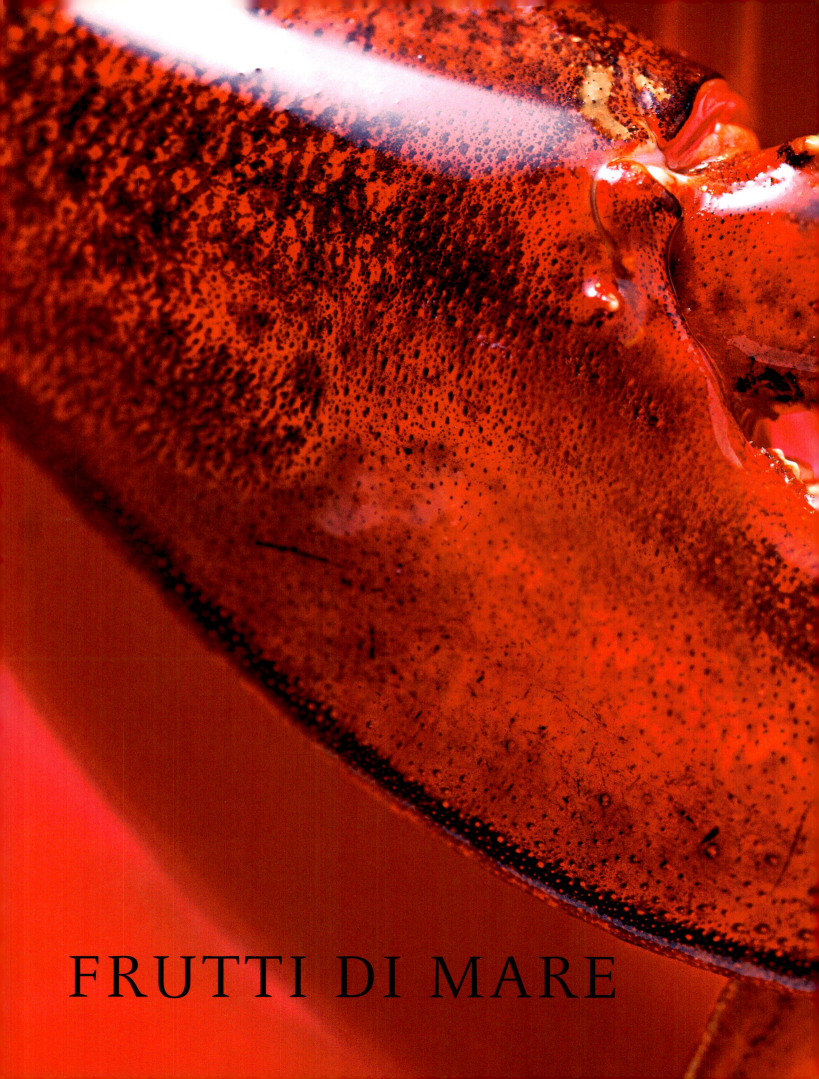

FRUTTI DI MARE

I PRODOTTI

Dizionario dei frutti di mare

Il mondo dei frutti di mare

Ciò che avreste sempre voluto sapere su ostriche, gamberetti, astici e aragoste: dove si trovano, come si riconoscono e come si preparano.

Richiesti in tutto il mondo!

Leggerissimi e prelibati: oggi più che mai, crostacei e frutti di mare sono apprezzati sul mercato e le ricette per prepararli sono richiestissime. L'unico svantaggio è che molti di essi hanno prezzi astronomici...

SONO IL SIMBOLO DEL LUSSO e dell'opulenza: ostriche, astici e aragoste sono cibi prelibati e apprezzati da sempre. Ingrediente essenziale della cucina più raffinata, non devono mancare in nessun grande buffet e in nessuna occasione importante. Mentre in passato si potevano gustare questi prodotti solo recandosi nelle zone costiere, oggi grazie ai moderni mezzi di refrigerazione e di trasporto, infatti, questi prodotti delicati e facilmente deteriorabili si possono trasportare dovunque nel mondo, in tempi tali da garantire un'elevata qualità. Il trasporto di prodotti surgelati, poi, è ancora più facile. Se la catena del freddo non viene interrotta, questi prodotti ittici possono avere un sapore quasi indistinguibile da quello dei crostacei e frutti di mare freschi.

DOMANDA E OFFERTA

Con il miglioramento delle tecniche di refrigerazione e di trasporto, è aumentata anche la domanda di questi prodotti. La conseguenza è stata che gli stock di astici, aragoste, cicale di mare, ostriche, lepadi e alcuni altri animali sono stati sottoposti a uno sfruttamento a volte sconsiderato, e che oggi molte specie sono in grave pericolo. Questa situazione è stata aggravata dal crescente inquinamento dei mari e dalle ricorrenti epidemie che hanno colpito questi animali. Di recente si è quindi tentato di correre ai ripari, approvando nuove leggi che regolamentano la pesca, vietandola in alcune stagioni, e introducendo misure per la tutela delle specie a rischio. Se queste norme verranno rispettate, gli stock di queste specie potranno lentamente ricostituirsi.

UN COMPORTAMENTO PIÙ RESPONSABILE

Da parte dei paesi nelle cui acque si pescano queste specie occorre un atteggiamento più responsabile nei confronti delle proprie risorse ittiche. Ma è necessario trattare con più rispetto queste specie anche in cucina: è bene ricordare che un astice può raggiungere facilmente i 60 anni di età, e che il ciclo di vita di un'aragosta è estremamente complesso. Le femmine depongono le uova solo ogni due anni, e le larve vivono nuotando liberamente nel mare per circa un anno prima di stabilirsi sul fondale, a migliaia di chilometri di distanza dal luogo della schiusa e dopo ben 12 mute. Non è quindi sorprendente che sinora non si sia riusciti ad allevare le aragoste in cattività a partire dalle uova, anche se tentativi a questo fine sono attualmente in corso in Australia. L'acquacoltura, effettuata con metodi ecologici e responsabili, è la soluzione più promettente per conservare anche in futuro l'attuale, affascinante varietà di specie di crostacei e di frutti di mare.

CROSTACEI E MOLLUSCHI

I crostacei *(Crustacea)*, la maggior parte dei quali sono protetti da una robusta corazza, rappresentano un gruppo numeroso e importante dal punto di vista culinario, cui appartengono i gamberi, le aragoste, gli astici e i granchi, per citarne solo alcuni. Il secondo gruppo è rappresentato dai molluschi *(Mollusca)*, suddivisi a loro volta in bivalvi, gasteropodi e cefalopodi: questi ultimi comprendono seppie, calamari e polpi.

LE SPECIE PIÙ IMPORTANTI DAL PUNTO DI VISTA GASTRONOMICO

Dato che esistono ben 50.000 specie solo di crostacei, naturalmente questo volume non può offrire una panoramica completa delle caratteristiche di tutti i crostacei e i frutti di mare. Tuttavia, vi presentiamo una rassegna delle specie più importanti sotto il profilo culinario, con preziosi suggerimenti per riconoscerle e prepararle.

Il massimo del gusto

Se preparati come si deve, i crostacei e i frutti di mare sono tra i cibi più deliziosi al mondo, e quasi tutti i ristoranti di alto livello ne offrono una scelta sui loro menu. Per cucinarli bene, tuttavia, occorre avere qualche nozione riguardo alle diverse specie e al modo migliore per conservarle e prepararle.

Panoramica sui frutti di mare

NONOSTANTE LE APPARENTI DIFFERENZE, la maggior parte dei crostacei e dei frutti di mare si possono ricondurre a quattro grandi gruppi, come indicato dallo schema sottostante, che dal punto di vista zoologico è molto semplificato. Innanzitutto vi sono i crostacei, caratterizzati da corazze più o meno robuste. Poi vi sono i molluschi, che si possono dividere a loro volta in due gruppi: molluschi con conchiglia e cefalopodi. Del primo gruppo fanno parte i bivalvi e i gasteropodi o lumache di mare.

Crostacei *(Crustacea)*

DECAPODI (pag. 164)
(Decapoda)

- **GAMBERI (pag. 166)**
  (Natantia)

- **ARAGOSTE (pag. 180)**
  (Palinuridae)

- **CICALE (pag. 186)**
  (Scyllaridae)

- **ASTICI (pag. 188)**
  (Homaridae)

- **SCAMPI (pag. 194)**
  (Nephropsidae)

- **GAMBERI DI FIUME (pag. 196)**
  (Astacidae, Cambaridae, Parastacidae)

- **ANOMURI (pag. 199)**
  (Anomura)

- **GRANCHI (pag. 204)**
  (Brachyura)

ALTRI CROSTACEI (pag. 216)

Molluschi/Bivalvi *(Mollusca)*

MOLLUSCHI CONCHIGLIFERI (pag. 218)
(Bivalvia)

- **MITILI (pag. 220)**
  (Mytilidae)

- **OSTRICHE (pag. 226)**
  (Ostreidae)

- **ALTRI BIVALVI (pag. 234)**

GASTEROPODI (pag. 248)
(Gastropoda)

- **LUMACHE DI MARE/ PROSOBRANCHI (pag. 248)**
  (Prosobranchia)

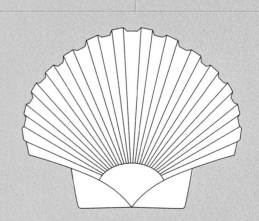

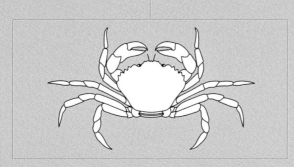

CROSTACEI
Quasi tutti i granchi di interesse gastronomico fanno parte dell'ordine dei decapodi (Decapoda).

BIVALVI E GASTEROPODI
Entrambi questi gruppi si riconoscono facilmente dalla conchiglia: nei primi, è formata da due parti chiamate valve, nei secondi è costituita da un solo pezzo.

La caratteristica che li accomuna è che hanno il corpo protetto da una conchiglia, che nei bivalvi è formata da due parti (le valve, appunto), mentre nei gasteropodi è costituita da un solo pezzo. I cefalopodi, invece, sono del tutto privi di conchiglia esterna, e il loro corpo molle è sostenuto soltanto da una conchiglia interna, come l'osso delle seppie o quello dei calamari. Il polpo, dal canto suo, non possiede nessun tipo di conchiglia, né interna né esterna.

L'ultimo gruppo nello schema sottostante è rappresentato da tutti gli altri frutti di mare, che tuttavia non sono imparentati gli uni con gli altri. Dal punto di vista culinario, solo alcuni di essi rivestono interesse, anche se naturalmente dal punto di vista zoologico ne esiste un numero di specie molto maggiore. Tutti i frutti di mare di questo gruppo hanno importanza prettamente regionale e in Europa sono considerati cibi esotici.

Cefalopodi *(Cephalopoda)*

DECAPODI (pag. 256)
(Decabrachia)

• **SEPPIE (pag. 257)**
(Sepiidae)

• **CALAMARI (pag. 259)**
(Teuthida)

OTTOPODI (pag. 260)
(Octobrachia)

• **POLPI (pag. 260)**
(Octopoda)

Altri frutti di mare

XIFOSURI (pag. 262)
(Xiphosura)

RICCI DI MARE (pag. 262)
(Echinoidea)

CETRIOLI DI MARE (pag. 263)
(Holothurioidea)

MEDUSE (pag. 263)
(Scyphozoa)

CEFALOPODI
Anche questi animali sono molluschi, ma sono privi di conchiglia esterna. Una delle loro caratteristiche più tipiche sono i tentacoli provvisti di file di ventose.

Crostacei *Un argomento culinario di grande interesse!*
Ne esistono numerosissime specie e tipi: una guida alla conoscenza di astici, aragoste e granchi. Panoramica delle specie più importanti.

La maggior parte dei crostacei è di solito munita di chele e antenne. Il termine crostacei è una definizione volgare usata in gastronomia, che corrisponde a quella scientifica di *Crustacea*. Appartenono alla famiglia degli Artropodi e contrariamente ai loro parenti, gli insetti, vivono prevalentemente nel mare, alcuni anche in acqua dolce o in acqua salmastra. Delle oltre 50.000 specie presenti in tutto il mondo si descrivono di seguito i crostacei di maggiore importanza dal punto di vista gastronomico e commerciale.

PER QUANTO RIGUARDA LA DENOMINAZIONE, C'È MOLTA CONFUSIONE

In pescheria, al ristorante o al mercato spesso sono indicati con un nome sbagliato: i gamberetti sono offerti come scampi e nessuno conosce la differenza fra la *grancevola* e il *granciporro* – sono la stessa cosa, giusto? Assolutamente no, appartengono a due famiglie diverse e si assomigliano poco, sia come forma che per dimensioni. E le aragoste? Si tratta di crostacei di tutt'altro tipo. Ma non è tutto: i granchi possono essere gamberi, come nel caso dei granchi del Mare del Nord, e alcune conchiglie sono addirittura gamberi come ad esempio le lepadi anatifere. Questa pubblicazione intende fare un po' di chiarezza. Nelle pagine che seguono si descrivono sinteticamente le singole specie, indicando per ciascuna anche il nome scientifico.

ANATOMIA

Quasi tutti i crostacei rilevanti dal punto di vista gastronomico appartengono scientificamente alla famiglia dei Decapodi *(Decapoda)* e hanno l'aspetto simile a gamberi: due grosse chele o antenne e dietro quattro zampe per lato, a sinistra e a destra. In tutto quindi dieci arti, da cui il nome Decapodi. Anche se le chele sono più piccole o non hanno la forma di una chela, gli arti sono sempre dieci. Il corpo dei crostacei è costituito da due parti: la parte anteriore, detta cefalotorace, e la parte posteriore,

l'addome, che nei Decapodi è formata da sette segmenti. L'ultimo segmento, insieme alle appendici a forma di pagaia del penultimo, forma una coda a ventaglio denominata telson. Nel corso del tempo i Decapodi hanno assunto forme molto diverse. La parte posteriore può essere lunga come quella dei gamberi, dell'astice o dell'aragosta, che appartengono ai Macruri, ma può essere anche corta come nei granchi, nei quali dall'alto addirittura non è più visibile. I granchi che fanno parte dei Brachiuri hanno la parte posteriore del corpo ripiegata sotto al cefalotorace a forma di piccola coda, che copre gli organi sessuali. Dal punto di vista gastronomico, la presenza o la mancanza di una parte posteriore lunga costituisce una grande differenza: invece della coda carnosa, nei granchi si mangia la polpa delle chele, degli arti e del cefalotorace, che però non ne contiene molta. Nei granchi, la polpa si trova soprattutto nelle chele.

METODI DI PESCA

Molti crostacei si pescano secondo tecniche specifiche, che prevedono l'impiego di diversi dispositivi, che vanno dalle nasse immerse in profondità alle reti a strascico. Spesso, la polpa pregiata, ma facilmente deteriorabile, è già cotta a bordo dei pescherecci e quindi surgelata o conservata in scatola.

VALORI NUTRIZIONALI DEI CROSTACEI

La polpa dei crostacei ha un alto valore nutrizionale: è, infatti, molto ricca di proteine e povera di grassi. Purtroppo contiene un alto livello di colesterolo, che raggiunge valori pari a circa il doppio di quelli della carne di vitello, manzo o maiale. A causa della pesca indiscriminata, queste squisite prelibatezze del mare hanno spesso un prezzo elevato.

Gamberi *Richiesti in tutto il mondo – pescati in tutto il mondo! Questi abili nuotatori sono i crostacei commercialmente più importanti. Tuttavia, la qualità varia sensibilmente.*

- I gamberi hanno un addome lungo schiacciato lateralmente.
- Sono diffusi in tutti i mari della terra.
- Ai tropici e nelle zone subtropicali vivono anche in acque dolci.
- Sono commercializzati secondo le dimensioni e non per specie.

Sui menu compaiono con i nomi più disparati: gamberi, gamberetti, gamberoni o mazzancolle. Qualunque sia la scelta, quasi sempre si riceve un piatto di gamberi. Nelle pagine seguenti se ne descrivono i diversi tipi, e le rispettive caratteristiche.

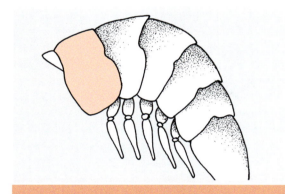

(1) Nei **GAMBERI PENEIDI** *(Penaeoidea)* le placche laterali dei singoli segmenti si sovrappongono regolarmente sul bordo posteriore.

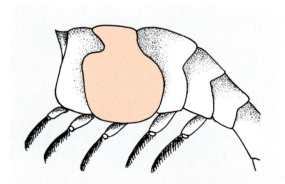

(2) Nei **GAMBERI CARIDEI** *(Caridea)* le placche laterali del secondo segmento si sovrappongono sia al primo che al terzo segmento e costituiscono un segno di riconoscimento inconfondibile.

Gamberi *(Natantia)*

In tutto il mondo esistono circa 3.000 specie diverse, di cui circa 350 si pescano a scopo commerciale. Indicazioni più precise sono difficili da dare, giacché tutte le specie sono potenzialmente sfruttabili. In molti paesi i gamberi non si vendono per specie, ma in base alla grandezza, e per tale motivo nessuno sembra farci caso se una specie è sostituita con un'altra a causa della pesca eccessiva.

I gamberi vivono prevalentemente in acqua salata; i gamberi d'acqua dolce vivono esclusivamente nei paesi tropicali e subtropicali. Solo poche specie, commercialmente di scarso valore, vivono nelle zone temperate.

Caratteristiche: i gamberi sono facilmente riconoscibili dall'addome piuttosto lungo. Questo può essere diritto o curvo e rispetto al cefalotorace è molto sviluppato.

Un'altra differenza importante rispetto ai granchi è la forma dell'addome: i gamberi venduti il tutto il mondo sono più o meno schiacciati lateralmente, ma l'addome non è mai appiattito in senso orizzontale.

Inoltre, tipico per la maggior parte dei gamberi è il rostro, leggermente appiattito, munito di piccoli denti seghettati, che non è simile a quello di nessun'altra specie di granchi. Dunque, se è presente un lungo rostro dentato si tratta sicuramente di un gambero. Tuttavia, questa regola non può essere invertita, giacché esistono anche altre specie con rostri frontali corti.

I gamberi possono essere divisi in due grandi gruppi zoologici: da un lato i gamberi peneidi *(Penaeoidea)*, che vivono prevalentemente nelle acque più calde, e dall'altro i gamberi caridei *(Caridae)*. Questi ultimi sono più piccoli e vivono nelle acque marine più fredde. Anche se il numero di specie dei Caridei è cinque volte superiore a quello dei Peneidi, dal punto di vista commerciale i primi hanno un ruolo meno importante. Tuttavia, sono molto più saporiti dei loro parenti più grandi.

I gamberi vivi sono raramente di colore rosso vivo, in genere sono leggermente traslucidi e hanno una colorazione marrone-verdastra o rosa-marrone rossastra.

Anche sgusciati, una differenza significativa consente di riconoscerli facilmente: mentre nei Penei-di tutte le placche laterali dei singoli segmenti si sovrappongono regolarmente (**1**), nei Caridei le placche laterali del secondo segmento coprono quelle del primo e del terzo, come mostra la figura a sinistra (**2**).

Utilizzi: i gamberi possono essere acquistati freschi o surgelati. I gamberi pescati nelle acque più fredde sono più pregiati dal punto di vista gastronomico. La qualità dei gamberi che vivono nelle acque più calde dipende dalla provenienza: i gamberi peneidi di acqua salmastra possono avere un sapore di sabbia. Tuttavia, non sempre è facile trovare merce di prima scelta, dato che il prodotto si differenzia esclusivamente in base alle dimensioni. I gamberi possono essere consumati bolliti, cotti a vapore, arrostiti o grigliati.

Gamberi peneidi *(Penaeoidea)*

Gamberoni, gamberi tigre e gamberi giganti sono alcuni tra i gamberi più grandi: la maggior parte delle specie può raggiungere una lunghezza compresa fra 10 e 20 cm, ma alcuni esemplari talvolta possono arrivare fino a 30 cm. Sono diffusi nei mari più caldi e sono molto richiesti ovunque. Freschi arrivano sul mercato solo i gamberi pescati in Europa. In genere arrivano surgelati dagli oceani e sono immessi in commercio surgelati o decongelati.

- I gamberi peneidi, a seconda delle specie, possono arrivare a 20 o addirittura 30 cm di lunghezza. Le femmine sono generalmente più grandi dei maschi.
- Sono diffusi nei mari più caldi.
- Si vendono per lo più surgelati.

GAMBERO ROSSO CHIARO (1)

(Aristeus antennatus)

ing. blue and red shrimp; fr. crevette rouge; ted. Blassrote Tiefseegarnele; sp. gamba roja.

I gamberi rosso chiaro sono diffusi nell'Oceano Atlantico dal Portogallo all'Africa nordoccidentale e nel Mediterraneo. La pesca si pratica in Marocco e nel Mediterraneo a oltre 200 metri di profondità. Questa specie giunge regolarmente nell'Europa centrale, ma in quantità modeste, mentre in Spagna si può reperire facilmente nei mercati del pesce.

Caratteristiche: il gambero rosso chiaro è simile al gambero rosso, da cui si distingue per la colorazione più tenue. Il rostro è più lungo nelle femmine che nei maschi ed è munito di piccole spine alla base.

Utilizzi: questa specie è molto pregiata. In genere questi gamberi si cucinano con il carapace e sono ottimi bolliti, in padella e alla griglia.

GAMBERO ROSSO *(Aristaeomorpha foliacea)*

ing. red shrimp; fr. gambon rouge; ted. Rote Tiefseegarnele; sp. langostino moruno.

Questa specie è molto diffusa nella maggior parte degli oceani. Nel Mediterraneo si pesca sulle coste francesi, spagnole, italiane, algerine e israeliane, ed è reperibile regolarmente nelle pescherie dei paesi del Mediterraneo occidentale.

Caratteristiche: è di color rosso più scuro rispetto al gambero rosso chiaro, per il resto è molto simile. Le femmine superano a volte i 20 cm di lunghezza.

Utilizzi: il gambero rosso è molto pregiato ed è ottimo sia in padella che alla griglia.

GAMBERO ROSSO ATLANTICO (2)

(Plesiopenaeus edwardsianus)

ing. red shrimp; fr. gambon écarlat, crevette royale (Marocco); ted. Rote Riesengarnele; sp. carabinero.

I gamberoni rossi atlantici sono diffusi nell'Oceano Atlantico, mentre non vivono nel Mediterraneo.

Caratteristiche: sono spesso confusi con gli altri gamberi rossi dai quali si distinguono per i lunghi bordi appuntiti sui lati della corazza dorsale. Sono animali di grandi dimensioni (femmine) e possono raggiungere anche i 33 cm di lunghezza.

Utilizzi: questi gamberi si prestano a molte ricette, ma sono particolarmente buoni in padella e alla griglia.

MAZZANCOLLA, SPANNOCCHIO (3)

(Penaeus kerathurus)

ing. caramote prawn; fr. caramote; ted. Furchengarnele; sp. langostino; croat. mekušica; gr. garida; tur. karides.

Questa specie, diffusa nell'Atlantico orientale e in tutto il Mediterraneo, vive a circa 40 metri di profondità. In passato, era la specie più venduta in Europa, oggi però le riserve sono diminuite.

(1) Il **GAMBERO ROSSO CHIARO** *(Aristeus antennatus)* è tra i migliori della famiglia *Penaeidae*. È caratterizzato dal colore rosso chiaro della coda e dalle zampe posteriori lunghe.

(2) Il **GAMBERO ROSSO CINESE** *(Plesiopenaeus edwardsianus)* si distingue dagli altri gamberi rossi per i bordi appuntiti dei fianchi della corazza dorsale.

(3) Le **MAZZANCOLLE** *(Penaeus kerathurus)* sono facilmente riconoscibili per le striature trasversali interrotte. È una specie pregiata diffusa nei mari europei.

Caratteristiche: le femmine possono superare i 20 cm di lunghezza. Nell'animale vivo o appena pescato si rileva una netta striatura trasversale, verdastra nelle femmine e rosa nei maschi, che non è più visibile dopo la morte e neanche nei gamberi surgelati.

Utilizzi: sono molto pregiate e sui nostri mercati arrivano per più surgelate. Ottime per tutti i tipi di preparazione, ma in particolare arrostite o grigliate.

GAMBERO KURUMA *(Penaeus japonicus)*

ing. kuruma shrimp, ginger prawn (Sudafrica); fr. crevette kuruma; ted. Radgarnele; sp. camarón kuruma; giapp. kuruma-ebi.

Questa specie vive nell'Oceano Indiano e nell'Oceano Pacifico ed è presente anche nel Mediterraneo orientale dove è arrivata attraverso il Canale di Suez e attualmente è più diffusa della mazzancolla. In Giappone e nell'Asia orientale riveste una grande importanza per l'economia e ne esistono anche allevamenti.

Caratteristiche: il gambero kuruma è molto simile alla mazzancolla, ma le striature trasversali sono continue e non interrotte.

Utilizzi: il gambero kuruma è di ottima qualità e adatto a tutte le ricette.

MAZZANCOLLA INDOPACIFICA (4)

(Penaeus semisulcatus)

ing. green tiger prawn; fr. crevette tigrée verte; ted. Grüne Tigergarnele; sp. camarón tigre verde; giapp. kuma-ebi.

La mazzancolla indopacifica è diffusa nell'Oceano Indiano e nell'Oceano Pacifico. È giunta nel Mediterraneo attraverso il Canale di Suez e si pesca in Turchia.

Caratteristiche: il corpo della mazzancolla indopacifica è marrone chiaro, in parte verdastro con striature trasversali scure. Le zampe hanno anelli di colore giallo-rosso, i solchi della corazza dorsale sono corti. Le femmine non superano 23 cm di lunghezza.

Utilizzi: è adatta per tutte le ricette classiche.

MAZZANCOLLA DEL PACIFICO (5)

(Penaeus chinensis)

ing. fleshy prawn; fr. crevette charnue; ted. Hauptmannsgarnele; giapp. korai-ebi.

Vivono nelle acque cinesi e coreane; in Cina e nella Corea del Sud cresce anche in allevamento. Sono i gamberoni commercialmente più importanti.

Caratteristiche: il corpo è di colore fondamentalmente chiaro e leggermente trasparente, la coda è scura. I solchi della corazza dorsale e le zampe sono relativamente corti. Le femmine arrivano fino a 18 cm di lunghezza.

Utilizzi: sono molto saporite. Per lo più arrivano surgelate; in commercio sono classificate come gamberi bianchi. Gli esemplari particolarmente grandi sono venduti anche come *sea swallow* (rondine di mare), quelli più piccoli come *billow* (ondina). È una specie adatta a tutti i tipi di ricette.

(4) Le **MAZZANCOLLE INDOPACIFICHE** *(Penaeus semisulcatus)* sono reperibili come prodotto surgelato. Sono di colore marrone chiaro-verdastro e le zampe hanno anelli giallo-rossi.

(5) Le **MAZZANCOLLE DEL PACIFICO** *(Penaeus chinensis)* sono tra i gamberi migliori e commercialmente più importanti dell'Asia. Il corpo è da chiaro a trasparente, con la caratteristica coda scura.

(1) Il **GAMBERO GIGANTE INDOPACIFICO** *(Penaeus monodon)*, conosciuto anche come *tiger prawn* (gambero tigre), è facilmente riconoscibile per il suo colore appariscente: striature trasversali chiare su sfondo scuro. È una delle specie più grandi e commercialmente più importanti. A causa delle dimensioni (le femmine possono superare i 30 cm di lunghezza) sono molto costosi, anche se dal punto di vista organolettico a volte lasciano a desiderare.

GAMBERO GIGANTE INDOPACIFICO (1)

(Penaeus monodon)

ing. giant tiger prawn; fr. crevette géante tigrée; ted. Schiffskielgarnele; giapp. ushi-ebi.

Il gambero gigante indopacifico vive nelle acque asiatiche. La pesca è molto praticata in India, nell'Oceano Indopacifico e in Estremo Oriente. È una delle specie asiatiche commercialmente più importanti. È allevato con ottimi risultati in diversi paesi, in particolare in Indonesia e in Cina.

<u>Caratteristiche</u>: ha una corazza dorsale con segmenti corti. È facilmente riconoscibile grazie alle striature trasversali chiare sul corpo scuro.

<u>Utilizzi</u>: gioca un ruolo molto importante sul mercato mondiale come prodotto surgelato. È ottimo cotto in padella o grigliato.

La **mazzancolla** *(Penaeus merguiensis*, ing. *banana prawn)* è diffusa dal Golfo Persico all'Australia orientale e alla Cina meridionale. Il colore prevalentemente giallo punteggiato di rosso ha ispirato il nome volgare della specie. Questo gambero relativamente grande – le femmine arrivano a 25 cm – è tra i più importanti dal punto di vista commerciale. Da noi arriva come prodotto surgelato. La **mazzancolla tropicale** *(Penaeus aztecus*, ing. *Northern brown shrimp)* è diffusa lungo la costa atlantica degli Stati Uniti e in Messico. Il colore è variabile, con netta predominanza del marrone. Gli esemplari di grosse dimensioni possono avere tonalità che vanno dall'arancione al giallo limone e raggiungono i 23 cm di lunghezza. Caratteristiche di questa specie sono il rostro corto e i solchi lunghi della corazza dorsale. Per il suo sapore deciso, la mazzancolla tropicale è adatta alla preparazione di piatti abbinati a spezie e salse saporite.

MAZZANCOLLA ATLANTICA (2)

(Penaeus notialis)

ing. Southern pink shrimp; fr. crevette rodché du sud, crevette blanche (Senegal); ted. Senegal-Garnele; sp. camarón rosado sureño.

Gamberi tigre neri

È il nome commerciale dei gamberi giganti indopacifici perché, al contrario delle tigri, presentano striature chiare su sfondo scuro. I gamberi giganti indopacifici sono tra i gamberi più importanti.

È una specie ampiamente diffusa su entrambi i lati dell'Atlantico – ad ovest dalle Grandi Antille al Brasile meridionale, ad est dalla Mauritania all'Angola. In ambedue le regioni la pesca è intensiva.

Caratteristiche: il colore varia dal biancastro al marrone o anche al rosa. Una caratteristica tipica è la corazza dorsale con solchi lunghi. Raggiunge al massimo i 20 cm di lunghezza, ma gli esemplari che si trovano in commercio sono lunghi circa 15 cm.

Utilizzi: da noi arriva come prodotto surgelato. Essendo una specie molto delicata, la polpa perde consistenza se esposta al sole e la qualità può essere variabile. Il sapore non può competere con quello del gambero kuruma o della mazzancolla; si cucina per lo più in padella o alla griglia.

MAZZANCOLLA TROPICALE ROSA (3)

(Penaeus duorarum)

ing. Northern pink shrimp; fr. crevette rose du nord; ted. Rosa Golfgarnele; sp. camarón rosado norteño.

Come la mazzancolla tropicale marrone, è diffusa dalla costa atlantica degli Stati Uniti al Messico. Le principali zone di pesca sono le coste della Florida sudoccidentale e del Texas occidentale.

Caratteristiche: la mazzancolla tropicale rosa è simile alla mazzancolla tropicale marrone, dalla quale si differenzia per il segmento centrale della corazza dorsale più stretto. Le femmine possono raggiungere una lunghezza di 28 cm.

Utilizzi: le code di questa specie molto saporita giungono sul mercato nordamericano ed europeo come prodotto surgelato; negli Stati Uniti del Sud si trova anche fresca. Si presta a ricette speziate e a molte altre preparazioni.

MAZZANCOLLA BIANCA DELL'ATLANTICO (4)

(Penaeus setiferus)

ing. Northern white shrimp; fr. crevette ligubam du nord; ted. Atlantische Weiße Garnele; sp. camarón blanco norteño.

La mazzancolla bianca dell'Atlantico vive lungo la costa atlantica degli Stati Uniti e del Messico. È commercialmente importante per entrambi questi paesi, e si pesca prevalentemente in Louisiana e nel Texas.

Caratteristiche: la mazzancolla bianca dell'Atlantico è trasparente, con la superficie prevalentemente bianca. Il bordo posteriore della corazza dorsale e la coda hanno chiazze scure, mentre i bordi posteriori del telson presentano delle bande gialle. I segmenti della corazza dorsale arrivano solo fino a metà della corazza, diversamente dalle altre specie del genere dei Peneidi. Le femmine raggiungono una lunghezza di circa 20 cm.

Utilizzi: gli esemplari piccoli pescati in inverno sono conservati in scatola. Gli animali grandi pescati d'estate giungono sul mercato statunitense freschi o surgelati. Questa specie è ottima bollita, cotta in padella e grigliata.

(2) Le **MAZZANCOLLE ATLANTICHE** *(Penaeus notialis)* sono tra i Peneidi più piccoli. Bianche, marroni o rosa, una loro caratteristica tipica è la corazza dorsale con segmenti lunghi.

(3) La **MAZZANCOLLA TROPICALE ROSA** *(Penaeus duorarum)* è quasi sempre rosa, ma può avere anche tonalità più sbiadite o marroncine. Si pesca soprattutto negli Stati Uniti del Sud.

(4) La **MAZZANCOLLA BIANCA DELL'ATLANTICO** *(Penaeus setiferus)* è traslucida-biancastra, con il bordo della corazza dorsale e i segmenti dell'addome caratterizzati da macchie scure.

Negli Stati Uniti del Sud, i gamberi – in questo caso la mazzancolla tropicale rosa – sono tra i più importanti prodotti d'esportazione. I gamberi, ai quali è stata staccata manualmente la testa, sono surgelati e spediti verso i mercati nordamericani ed europei.

(1) Il **GAMBERONE INDOPACIFICO** *(Metapenaeus ensis)* ha una corazza dorsale liscia e una colorazione arancio-rosa. Si pesca in particolare nell'Asia sudorientale e arriva in Europa surgelato.

GAMBERO BIANCO DEL PACIFICO
(Penaeus occidentalis)

ing. Western white shrimp, Central American white shrimp; fr. crevette royale blanche du pacifique; ted. Pazifische Weiße Garnele; sp. camarón blanco del Pacífico.

Il gambero bianco del Pacifico vive dalla costa pacifica del Messico meridionale a quella del Perù centrale. Commercialmente è il più importante fra i gamberi bianchi della costa pacifica americana ed è anche tra i più pescati, soprattutto in Ecuador.

In questa regione, oltre al gambero bianco del Pacifico, si trovano altre due specie di gamberi bianchi importanti dal punto di vista commerciale: il *Penaeus stylirostris* e il *Penaeus vannamei*. Giunte in commercio, le tre specie si distinguono solo per la loro provenienza. I gamberi bianchi del Pacifico si pescano generalmente nell'America centrale meridionale e in Sudamerica (Panama, Colombia, Ecuador), mentre le altre due specie arrivano per lo più dall'America centrale (Messico, Costa Rica, El Salvador).

<u>Caratteristiche</u>: il colore dei gamberi bianchi del Pacifico è biancastro-traslucido, con ombreggiatura leggermente grigia o giallo-rosata. Questi gamberi sono caratterizzati da solchi corti che ricoprono la corazza fino a metà. Il rostro è relativamente corto e si sovrappone alla base delle prime antenne. Le femmine possono raggiungere i 22 cm di lunghezza.

<u>Utilizzi</u>: i gamberi bianchi del Pacifico si vendono surgelati. Dal punto di vista gastronomico non è importante differenziare le tre specie, perché sono tutte particolarmente pregiate. Non c'è quindi da stupirsi che, negli Stati Uniti, i gamberi bianchi, sia dell'Atlantico che del Pacifico, siano molto più costosi delle mazzancolle tropicali marroni. I gamberi bianchi del Pacifico sono molto adatti ad essere cotti a vapore, arrostiti o grigliati.

MAZZANCOLLA TROPICALE *(Penaeus vannamei)*

ing. white-leg shrimp; fr. crevette patte blanche; ted. Weißbein-Garnele; sp. camarón patiblanco, camarón blanco.

Le mazzancolle tropicali sono diffuse lungo le coste pacifiche dell'America centrale e meridionale, dal Messico settentrionale (Bassa California) fino al Perù centrale. Si pescano intensivamente davanti alle coste del Messico, del Guatemala e di El Salvador. Allevamenti sono diffusi nei paesi dell'America centrale e meridionale.

Caratteristiche: questi gamberi grigio-biancastri sono riconoscibili dal solco corto della corazza dorsale, che non supera il primo dente della fila che porta al rostro. Si vendono prevalentemente con il nome commerciale di *white shrimp* (gambero bianco), con indicazione del paese di provenienza.

Utilizzi: questa specie si presta ad essere bollita, cotta in padella o grigliata.

Il **gambero tropicale** *(Xiphopenaeus kroyeri,* ing. *seabob)* è diffuso dalla costa atlantica degli USA a quella caraibica. Il gambero tropicale ha un rostro molto lungo, privo di denti e liscio davanti gli occhi. La coppia di zampe posteriori è relativamente lunga. Appartiene ai Peneidi più piccoli, con una lunghezza di circa 10 cm. Il **gamberone indopacifico** *(Metapenaeus monoceros,* ing. *speckled shrimp)* è diffuso dal Mar Rosso all'India. Attraverso il Canale di Suez è giunto nel Mediterraneo orientale ed è reperibile nelle pescherie turche. Una caratteristica di questa specie piccola, che arriva al massimo a 15 cm di lunghezza, è il rostro non dentato. La specie non è eccezionale dal punto di vista organolettico; da noi arriva come prodotto conservato in scatola o surgelato.

GAMBERONE INDOPACIFICO (1)

(Metapenaeus ensis)

ing. greasyback shrimp; ted. Glattrücken-Garnele.

Questa specie, parente stretto del Metapenaeus monoceros, è diffusa dall'India al Giappone meridionale fino all'Australia. Si pesca a strascico, ma è anche allevata con successo, ed ha un ottimo prezzo.

Caratteristiche: la corazza dorsale è completamente liscia, il colore è rosa-arancio chiaro, le zampe e la coda sono di un rosso più scuro.

Utilizzi: questa specie pregiata può essere bollita, cotta in padella e grigliata.

GAMBERO ROSA *(Parapenaeus longirostris)*

ing. deep water rose shrimp; fr. crevette rose du large; ted. Rosa Garnele; sp. camarón de altura; port. camarão da costa.

Questo gambero, che vive in acque profonde, è diffuso nell'Atlantico e nel Mediterraneo, e si pesca a 150-300 metri di profondità, soprattutto in Spagna, Francia e Italia.

Caratteristiche: arriva fino a 15 cm di lunghezza, è di colore rosa pallido e ha un rostro rosso senza denti sul lato inferiore.

Utilizzi: è buono cotto a vapore, arrostito o grigliato.

Certificazione ecologica per i gamberi

A causa del costante aumento della domanda, i gamberi che arrivano in pescheria provengono sempre più spesso da acquacolture. L'allevamento di gamberi non è, però, sempre privo di rischi: spesso si usano farmaci e si distruggono interi ecosistemi. Al momento dell'acquisto è quindi bene orientarsi verso prodotti ecocertificati, che sono sì più cari, ma in cambio si ha la garanzia che i gamberi provengano da aziende fortemente impegnate a mantenere e tutelare l'ecosistema. I gamberi con sigillo ecologico non possono essere trattati con antibiotici per non contaminare le acque circostanti e le riserve di acqua potabile. Per circoscrivere la diffusione di malattie, la densità di popolazione degli allevamenti ecologici è molto inferiore rispetto a quella degli allevamenti tradizionali. Inoltre, queste aziende non fanno uso di farina di pesce, economico integratore di proteine, e ciò ha effetti molto positivi sia sul sapore che sulla digeribilità dei crostacei.

Margarethe Brunner

• I Caridei vivono prevalentemente in acque fredde.

• Sono tutti relativamente piccoli.

• Le placche laterali del secondo segmento si sovrappongono a quelle del primo e del terzo.

Gamberi caridei *(Caridea)*

Benché le specie di gamberi caridei siano molto numerose (sono cinque volte più numerose dei gamberi peneidi), dal punto di vista commerciale rivestono un ruolo d'importanza secondaria. Il motivo è prevalentemente dato dalle dimensioni nettamente più ridotte delle specie d'acqua salata. I grandi gamberi d'acqua dolce tropicali, che sono anch'essi inclusi in questa specie, costituiscono un'eccezione. Gli appartenenti alla famiglia dei Caridei sono riconoscibili dall'addome particolarmente sviluppato.

Se i bordi laterali del secondo segmento si sovrappongono a quelli del primo e del terzo, si tratta con sicurezza di un gambero carideo. In tutto il mondo, i gamberi caridei sono venduti prevalentemente come *shrimp*, *camarones* del Cile e talvolta compaiono nei menu anche come *langostinos*. In poche parole, si può affermare che tutti i gamberi caridei di mare sono molto pregiati, hanno un sapore delicato e sono adatti alle ricette con ingredienti che non ne mascherano il sapore. Sono meno adatti alla cottura ad alte temperature, come ad esempio alla griglia. Lessi, cotti a vapore o appena saltati, con la giusta dose di spezie, mantengono il loro sapore delicato. I gamberi d'acqua fredda si addicono particolarmente alla preparazione di piatti freddi (antipasti, cocktail o simili). I gamberi d'acqua dolce sono commercializzati come "code di gamberi", sono molto carnosi ma meno saporiti dei loro parenti d'acqua salata.

GAMBERO SUDAMERICANO (1)
(Heterocarpus reedei)

ing. Chilean nylon shrimp; ted. Chilenische Kantengarnele; sp. camarón nailon (Chile).

La diffusione del gambero sudamericano è limitata alla costa del Cile centrale, dove vive a profondità medie di 150-450 m. Si pesca solo a strascico. Negli anni Sessanta e Settanta, i gamberi sudamericani costituivano il 95% del pescato cileno, per cui si rese necessario adottare misure di protezione per salvaguardare la specie.

Caratteristiche: i gamberi sudamericani sono di colore rosso acceso anche da crudi. Un'altra caratteristica è il rostro lungo, con denti inferiori e superiori. La lunghezza totale delle femmine arriva a 16 cm, 4 dei quali costituiscono il rostro. I lati della corazza dorsale hanno due robusti bordi longitudinali che terminano anteriormente con denti appuntiti. Le estremità posteriori dei segmenti medi dell'addome sono munite di punte.

Utilizzi: oltre al consumo locale nelle zone in cui si pesca, la polpa della coda si surgela precotta e si esporta. In questo modo, il pregiato alimento giunge anche sui mercati europei. Si presta a tutte le preparazioni che non coprono il sapore delicato di questa specie (bollitura, cottura a vapore o in padella).

(1) Il **GAMBERO SUDAMERICANO** *(Heterocarpus reedei)* è rosso scuro anche da crudo. È munito di un tipico rostro lungo con denti rivolti verso il basso. In Europa è commercializzato come polpa di gambero surgelata.

(2) Lo **SPOT SHRIMP** si distingue dal gamberetto boreale per via del rostro più lungo e delle tipiche righe bianche verticali sui lati del dorso.

GAMBERETTO BOREALE, GAMBERETTO DELLA GROENLANDIA (3)

(Pandalus borealis)

ing. pink shrimp; ted. Tiefseegarnele, Grönland-Shrimp; dan. dybhavsreje; nor. dybvannsreke; sv. nordhavsräka.

Questa specie pregiata d'acqua fredda è diffusa lungo le coste settentrionali dell'Oceano Atlantico e dell'Oceano Pacifico; in genere vive a 100 m di profondità, ma talvolta si pesca anche a profondità maggiori. Il gamberetto boreale si pesca in grandi quantità in Groenlandia, Islanda, Norvegia e nel Mare del Nord settentrionale. Il pescato viene scottato velocemente in acqua di mare per preservarne il sapore e poi surgelato. Una parte è sgusciata prima di essere surgelata. Negli Stati Uniti i gamberetti boreali sono noti come *shrimp*, mentre da noi sono venduti come gamberetti boreali o della Groenlandia.

<u>Caratteristiche:</u> è di colore rosso e ha un lungo rostro aperto con denti regolari. Le femmine sono lunghe in media 12 cm, ma possono raggiungere anche i 16 cm.

<u>Utilizzi:</u> i gamberetti boreali sono immessi sul mercato scottati e surgelati – interi o sgusciati. La polpa è di qualità pregiata, tuttavia è necessario scongelarli lentamente. Sono ideali per antipasti freddi perché non è necessario cuocerli.

SPOT SHRIMP (2) *(Pandalus platyceros)*

ing. spot shrimp; ted. Gefleckte Tiefwassergarnele; giapp. hokkai-ebi.

Questo gambero si pesca nel Pacifico settentrionale, dallo stretto di Bering fino alla California meridionale a est e in Giappone e Corea a ovest. Tuttavia, non se ne pescano grandi quantità; solo nella British Columbia canadese la pesca è più abbondante. Negli Stati Uniti il pescato viene venduto fresco direttamente ai ristoranti. Il Canada li esporta in America, Giappone e Cina. Attualmente questa specie non si esporta in Europa, poiché il mercato è saturato dai gamberetti boreali, più a buon mercato.

<u>Caratteristiche:</u> lo *spot shrimp* somiglia al gamberetto boreale, ma ha un rostro più robusto e più lungo. Il colore è rosso, con tipiche righe verticali bianche sui lati del dorso e macchie bianche sui lati dell'addome. Può raggiungere una lunghezza di 25 cm.

<u>Utilizzi:</u> è indicato per insalate fredde e cocktail.

(3) I **GAMBERETTI BOREALI** *(Pandalus borealis)* hanno una grande importanza per il mercato mondiale. Vengono scottati immediatamente sul peschereccio in acqua di mare e surgelati. Si vendono anche sgusciati e surgelati. La loro polpa è molto pregiata.

GAMBERO SEGA (2) *(Palaemon serratus)*

fr. bouquet; ted. Sägegarnele; sp. camarón común, quisquilla; croat. kozica obična; tur. kanal karidesi, teke.

Il gambero sega è molto diffuso sulle coste dell'Atlantico nordorientale, dalla Danimarca all'Africa nordoccidentale, ed anche in tutto il Mediterraneo e nel Mar Nero. Lungo la costa francese e nel Mediterraneo si pesca in grandi quantità. Tuttavia, non si tratta mai di una pesca di massa, in quanto il gambero sega preferisce un fondo roccioso che non è raggiungibile con le reti a strascico. La pesca avviene con reti a mano o con nasse, e ciò influisce sul prezzo.

<u>Caratteristiche</u>: il corpo del gambero sega è traslucido e presenta righe oblique marroni. È tipico il rostro aperto, dentato su entrambi i lati. Con una lunghezza massima di 11 cm, si classifica come gamberetto.

<u>Utilizzi</u>: i gamberi sega non sono praticamente reperibili al di fuori delle zone di pesca, ma se dovesse capitare di trovarli, sono assolutamente imperdibili! Per esaltarne il sapore delicato, si consiglia di scottarli per soli 5 minuti in acqua salata.

(1) Il **GAMBERO GIGANTE D'ACQUA DOLCE** *(Macrobrachium rosenbergii)* vive soprattutto nelle acque continentali tropicali. Una sua caratteristica saliente sono le lunghe chele a forma di pinzette. Questo gambero di colore blu può superare i 30 cm di lunghezza. Dal punto di vista organolettico, questi crostacei, venduti come "code di gambero", sono inferiori ai Peneidi.

(2) Il **GAMBERO SEGA** *(Palaemon serratus)* ha un rostro dentato su entrambi i lati e il corpo è traslucido. I gamberi sega sono una specie molto pregiata.

(3) Il **GAMBERETTO SALMASTRO** *(Palaemon adspersus)* è trasparente con puntini marroni. Può raggiungere 7-8 cm e organoletticamente è paragonabile al gambero sega.

GAMBERETTO SALMASTRO O DI LAGUNA (3)

(Palaemon adspersus)

ted. Ostseegarnele; dan. roskildereje; nor. strandreke; sv. allmänräka.

Questa specie è diffusa dal Mar Baltico fino al Mediterraneo e nel Mar Nero. Il gamberetto salmastro si pesca e si vende fresco in Germania e Danimarca. Nel Mar Nero si pesca in Romania e Bulgaria.
Caratteristiche: la specie è quasi trasparente con puntini marroni, il rostro è dentato su entrambi i lati con la parte inferiore scura. Raggiunge al massimo una lunghezza di 8 cm.
Utilizzi: il gamberetto salmastro è pregiato come il gambero sega. È bene non alterare il suo sapore delicato con l'aggiunta di spezie o con una cottura a calore eccessivo. È ottimo se lo si fa bollire per circa 5 minuti.

GAMBERO GIGANTE D'ACQUA DOLCE (1)

(Macrobrachium rosenbergii)

ing. giant river prawn; fr. bouquet géant; ted. Rosenberg-garnele; sp. camarón gigante.

Il gambero gigante d'acqua dolce è diffuso dall'India all'Australia e vive nelle acque dolci continentali.
Caratteristiche: il carapace è di colore blu ed è munito di lunghe chele sottili a forma di pinzetta, leggermente pelose. Il rostro è dentato su entrambi i lati e aperto. Questo grande gambero d'acqua dolce raggiunge una lunghezza massima di 32 cm.
Utilizzi: i gamberi surgelati in commercio provengono da acquacolture, prevalentemente da Israele. Questa specie, venduta come "code di gambero", deve essere cotta bene, perché i gamberi d'acqua dolce provenienti dai paesi tropicali possono trasmettere strongilidi. Le larve dei vermi, però, non sono in grado di resistere alla cottura per 10 minuti ad alta temperatura.

GAMBERETTO GRIGIO (4) *(Crangon crangon)*

ing. brown shrimp; fr. crevette grise; ted. Sandgarnele, Granat; sp. quisquilla; croat. pieskorovna kozica, račič obićni; dan. sandhest; ol. nordzeegarnaal, garnaat; tur. çalı karidesi.

Questo tipo di gambero è diffuso lungo le coste europee dal Mar Bianco fino al Portogallo, compreso il Mare del Nord e il Baltico, nel Mediterraneo

(4) Il **GAMBERETTO GRIGIO** *(Crangon crangon)* è fra i crostacei più apprezzati. Si cuoce subito a bordo dei pescherecci ed è preferibile consumarlo fresco, sgusciandolo con le mani.

e nel Mar Nero; si pesca intensivamente lungo la costa tedesca del Mare del Nord. Il gamberetto grigio si cuoce prevalentemente a bordo dei pescherecci subito dopo la cattura.
Caratteristiche: come indica il nome, è di colore grigio, ha un rostro molto corto e con i suoi 9 cm di lunghezza è uno dei gamberetti più piccoli.
Utilizzi: è venduto intero o sgusciato. I gamberetti grigi sono facilmente deperibili, perciò non possono essere trasportati per tragitti lunghi senza essere refrigerati. Si vendono con il nome commerciale di "granchi del Mare del Nord", in genere conservati in scatola o surgelati. Il prodotto surgelato deve essere scongelato lentamente. I gamberetti grigi sono fra i migliori in assoluto. Si consiglia di usare pochi condimenti e di lessarli brevemente. Sono molto adatti per piatti freddi.

Granchi del Mare del Nord

I piccoli granchi del Mare del Nord sono una vera prelibatezza. Nonostante il nome, non si tratta di granchi, ma di gamberi.

Parente stretto di questa specie è il **gamberetto grigio del Pacifico** *(Crangon franciscorum,* ing. *California shrimp, gray shrimp),* che vive lungo le coste americane e che è difficilmente distinguibile dai gamberetti grigi europei.

I gamberi sul mercato *Più sono freschi, meglio è! Ma solo chi vive in zone costiere può scegliere il meglio. Tutti gli altri devono affidarsi a ciò che offre il mercato.*

I GAMBERI sono commercializzati in tutto il mondo, – in parte inscatolati, ma soprattutto surgelati – e si trovano nei negozi come "gamberetti", "gamberoni" o "code di gambero". Per il consumatore non è sempre semplice distinguere correttamente fra le diverse specie. Infatti, non esiste una vera regola per distinguere fra gamberetti e gamberoni.

In genere, però, gli animali più grandi sono denominati gamberoni, quelli più piccoli gamberetti. In Australia e Nuova Zelanda le denominazioni sono più precise, poiché, indipendentemente dalla grandezza, tutte le specie *Crangon* sono chiamate *shrimp*, mentre il nome di *prawn* contraddistingue esclusivamente i gamberi delle specie *Palaemonidae* e *Penaeidae*. Anche altrove una simile differenziazione sarebbe utile, in quanto le differenze organolettiche e di prezzo possono essere rilevanti, mentre le dimensioni non sono assolutamente indicative di qualità. Anche la provenienza dei gamberi assume una grande importanza. Come regola ferrea vige quella secondo cui tutti i gamberi d'acqua fredda sono molto pregiati dal punto di vista gastronomico. Nei gamberi peneidi provenienti da acque subtropicali o tropicali più calde, la qualità dell'acqua influisce notevolmente sul sapore: quelli pescati in acqua di mare limpida hanno un sapore fresco, mentre quelli pescati in acqua salmastra hanno spesso un sapore di sabbia.

Anche nei gamberi provenienti da acquacolture le differenze qualitative possono essere notevoli. Pertanto, per essere sicuri della qualità, è preferibile acquistare gamberi pescati nei mari più freddi. I grandi gamberi d'acqua dolce delle acque continentali tropicali, spesso venduti come "code di gambero", nonostante il prezzo elevato sono di qualità inferiore rispetto ai Peneidi.

Differenze tra i prodotti surgelati

Anche la tecnica di surgelazione e il confezionamento influiscono sul sapore e sulla qualità dei gamberi. In genere il trattamento di surgelazione dei gamberi è indicato sulla confezione con termini inglesi: *frozen* indica i prodotti surgelati; *blockfrozen (B/F)* significa che i gamberi sono stati

(1) BLOCKFROZEN (B/F): il vantaggio di questa tecnica di surgelazione è la maggiore conservabilità. Inoltre, i blocchi sono più facili da trasportare e stoccare. Lo svantaggio: non è possibile estrarre i gamberi singolarmente.

(2) FROZEN COOKED: questi gamberi sono sgusciati, cotti e glassati.

(3) FROZEN RAW: questi gamberi sono sgusciati, privati dell'intestino e surgelati crudi.

surgelati in blocchi e devono essere scongelati in blocco. Meno problematica è la classificazione dei prodotti IQF, *individually quick frozen*, che significa che i gamberi sono stati surgelati singolarmente e possono essere estratti uno per uno dalla confezione.

I gamberi IQF sono spruzzati con acqua nebulizzata, che durante il surgelamento forma una sorta di glassa di protezione. I gamberi semi-IQF sono disposti in forme e surgelati senza glassa, e diversamente dai gamberi surgelati in blocco possono essere facilmente separati prima dell'uso.

I gamberi surgelati in blocco sono disposti a strati rivestiti di pellicola, ricoperti d'acqua, chiusi con un coperchio, surgelati e inseriti in cartoni insieme alla pellicola.

I venditori seri indicano il peso netto dei gamberi IQF. Tuttavia, ci sono delle eccezioni: alcuni venditori guadagnano molto denaro indicando il peso comprensivo della glassa. In casi eccezionali la percentuale d'acqua venduta insieme ai gamberi può raggiungere anche il 40%. Il peso della glassa si ottiene dal rapporto fra peso lordo e peso sgocciolato: il peso lordo indica il peso dei gamberi compresa la glassa, mentre quello sgocciolato è il peso della merce senza glassa. Se il peso lordo è di 1100 g e il peso sgocciolato di 1000 g, la percentuale d'acqua è pari al 10%. I venditori seri indicano la percentuale di glassa, che si aggira intorno al 10-15%.

I prodotti IWP sono quelli di qualità migliore: IWP significa *individually poly wrapped*, che significa che i gamberi sono sottoposti a glassatura e poi confezionati singolarmente con pellicola prima di essere inseriti nelle confezioni.

Come tutti i crostacei, i gamberi sono più buoni appena pescati. Tuttavia, al giorno d'oggi sono disponibili anche prodotti surgelati di alta qualità.

I gamberi di qualità più scadente sono quelli confezionati sciolti in cartoni senza essere avvolti da pellicola. Questi possono assumere odori estranei o avere sapore di cartone.

I gamberi si vendono in pezzi al chilo (kg) o in pezzi per libbra a seconda che si tratti di gamberi interi (*head on*, ossia con la testa) o solo delle code (*headless*, senza testa). La vendita dei gamberi interi, crudi o cotti, in genere è in pezzi al kg, mentre quella delle code è in pezzi per libbra. I gamberi provenienti dalla Spagna *(gambas)*, dai paesi francofoni e dall'Africa occidentale sono venduti in base alle dimensioni: 'da 00 a 5', ove '00' sta per i gamberi più grandi e '5' per i più piccoli. Negli Stati Uniti la vendita dei gamberi avviene anche in base alla definizione *extra large, jumbo, large, medium, small* o *tiny*.

(4) PEELED DEVEINED (PD), questi gamberi sono sgusciati, privati dell'intestino e glassati.

(5) EASY PEEL: gamberi privati dell'intestino, aperti sulla schiena per essere sgusciati facilmente.

(6) HEADLESS, SHELL ON (H/L): gamberi privati della testa, non sgusciati.

(7) INDIVIDUALLY POLY WRAPPED: gamberi confezionati singolarmente in pellicola.

Le aragoste, *simbolo del lusso, sono considerate le regine dei crostacei. Ma non c'è da scherzare con questi crostacei bellicosi: è necessario proteggersi dai loro aculei e speroni acuminati!*

- Le aragoste hanno un carapace robusto e rigido e non hanno chele.
- In media sono lunghe circa 30 cm, ma a volte anche di più.
- Le aragoste sono diffuse soprattutto nelle acque più calde.

Aragoste *(Palinuridae)*

Spesso l'aragosta è confusa con l'astice, forse soprattutto a causa del nome inglese spiny lobster (aragosta spinosa); non c'è da stupirsi, dunque, se spesso si trovano in commercio code di aragosta surgelate con l'indicazione di lobster tail. In Francia, Italia e Spagna la differenza è più chiara: in francese questa prelibatezza si chiama langouste e in spagnolo langosta. Sia l'aragosta che l'astice hanno una robusta corazza, tuttavia con una differenza significativa: l'aragosta non ha le grandi chele. Le prime coppie di zampe sono munite, invece, di cosiddette finte chele con la parte mobile disposta verticalmente rispetto al penultimo segmento. Al posto delle chele l'aragosta ha due

antenne lunghe più del corpo con le quali esplora il territorio. Le aragoste attive di notte vivono prevalentemente in acque calde e profonde nei fondali rocciosi dei mari tropicali e subtropicali, e si cibano per lo più di conchiglie, lumache o altri piccoli animali morti o vivi. Gli astici, al contrario, vivono nelle acque più fredde, in particolare nei mari del nord.

In tutto il mondo il pescato si divide quasi a metà tra aragoste e astici. Un'altra caratteristica dell'aragosta è la dimensione dell'addome: nelle specie commercialmente più importanti *(Palinurus, Panulirus e Jasus)* ha una lunghezza di circa 30 cm, ma può raggiungere talvolta anche 50 cm. Le differenze fra i singoli tipi si evidenziano soprattutto nelle caratteristiche esterne molto marcate, come colore e disegno. Tutte le aragoste sono qualitativamente pregiate. Proprio in virtù della loro prelibatezza, le aragoste, caratterizzate da una crescita lenta, si pescano in tutto il territorio di diffusione e in alcune regioni sono già in via di estinzione. Le femmine depongono le uova solo ogni due anni (**2**), e le nascondono sotto le zampe dell'addome, molto più grandi e larghe che nei maschi.

ARAGOSTA MEDITERRANEA, PALINURO (3)
(*Palinurus elephas*)

ing. common spiny lobster; fr. langouste rouge; ted. Europäische Languste; sp. langosta común; croat. jastog; gr. astakos; tur. böcek.

La zona di diffusione dell'aragosta si estende nell'Atlantico dall'Inghilterra al Marocco e comprende anche tutto il Mediterraneo. Si pesca in tutte le zone di diffusione.

Caratteristiche: tra le specie diffuse in Europa questa si riconosce facilmente per l'intenso colore rosso mattone-violaceo e per una serie di macchie chiare disposte sui lati dei segmenti addominali. Le antenne sono cerchiate di rosso intenso. Quest'aragosta raggiunge al massimo 50 cm di lunghezza, ma in genere è lunga fra 20 e 40 cm.

Utilizzi: in tutto il Mediterraneo e nell'Atlantico questa specie è regolarmente reperibile sui mercati del pesce. In Europa centrale, quest'aragosta viene surgelata, ma si può trovare anche fresca, ancora viva. Gli esemplari più grandi sono molto costosi.

La vitalità di un'aragosta può essere verificata toccando i rostri frontali. Gli animali vitali reagiscono subito iniziando a muoversi. Quest'aragosta ha un ottimo sapore ed è indicata per tutte le preparazioni tipiche: bollita, in padella o alla griglia. Tuttavia, come tutte le aragoste, necessita di una cottura prolungata, che negli esemplari più grandi può richiedere anche più di 30 minuti.

Come afferrarle correttamente:

le aragoste vive si afferrano per il dorso per evitare di pungersi con le antenne e con gli speroni laterali della coda.

(**1**) La femmina di aragosta (a sinistra) ha grandi zampe posteriori a forma di piastra.

(**2**) È vietato pescare e vendere le femmine provviste di uova.

(**3**) L'ARAGOSTA MEDITERRANEA (*Palinurus elephas*) ha antenne molto grandi. È diffusa nell'Atlantico e nel Mediterraneo.

ARAGOSTA MAURITANICA, ARAGOSTA BIANCA (1) *(Palinurus mauritanicus)*

ing. pink spiny lobster; fr. langouste rose; ted. Mauretanische Languste; sp. langosta mora.

L'aragosta mauritanica o aragosta bianca è diffusa nell'Atlantico nordorientale dalle Isole Britanniche al Senegal, e si trova anche nel Mediterraneo occidentale. Vive ad una profondità che varia da 160 a 600 m, ma nel Mediterraneo si pesca tra i 400 e i 500 m. La pesca avviene prevalentemente lungo le coste dell'Africa nordoccidentale, più precisamente nel Marocco meridionale e in Mauritania. Nel Mediterraneo è più rara dell'aragosta mediterranea.
Caratteristiche: l'aragosta mauritanica si distingue da quella mediterranea soprattutto per il colore rosa e per le antenne cerchiate di rosa. Le macchie chiare dell'addome sono molto più piccole e delimitate e anche gli speroni dorsali sono più piccoli. Questa specie può raggiungere anche i 75 cm di lunghezza, ma in media si attesta sui 50 cm, come l'aragosta mediterranea.
Utilizzi: da noi questa specie giunge dall'Africa nordoccidentale soprattutto attraverso la Spagna e la Francia; a volte arriva ancora viva e si trova facilmente sui mercati del pesce di Genova. Il sapore dell'aragosta mauritanica è eccellente e non ha nulla da invidiare a quello dell'aragosta europea. Si presta ad essere bollita, cotta in padella e grigliata per realizzare tutte le ricette classiche di questo crostaceo.

Le specie di aragosta appartenenti ai *Panulirus* vivono prevalentemente nelle acque tropicali. Quest'aragosta, contrariamente alla *Palinurus*, ha entrambi i rostri lisci e non dentati sul margine anteriore. La polpa è ottima, soprattutto quella dell'aragosta caraibica.

ARAGOSTA GIAPPONESE (2)

(Panulirus japonicus)

ing. Japanese spiny lobster; ted. Japanische Languste; giapp. ise-ebi.

Quest'aragosta è diffusa nelle isole del Giappone, in Corea, nella Cina centrale e a Taiwan. In Giappone la pesca è intensiva; inoltre, questo crostaceo è anche grande protagonista di molte usanze. In

(1) L'ARAGOSTA MAURITANICA *(Palinurus mauritanicus)* contrariamente all'aragosta europea, è di colore rosa.

(2) L'ARAGOSTA GIAPPONESE *(Panulirus japonicus)* è di colore scuro, le zampe presentano striature longitudinali chiare, l'addome è rosso-bruno.

(3) L'ARAGOSTA TROPICALE *(Panulirus ornatus)* ha disegni appariscenti, le zampe presentano macchie chiare e i rostri tipiche cerchiature.

passato era impensabile organizzare un banchetto nuziale senza una vera *ise-ebi*. Tuttavia, a causa della pesca indiscriminata, sono diventate piuttosto rare, tanto che nei ristoranti giapponesi attualmente si servono sempre più frequentemente prodotti d'importazione.

<u>Caratteristiche</u>: la specie presenta evidenti scanalature pelose sui segmenti dell'addome. La parte inferiore è scura con piccolissime punte più chiare. Le zampe sono caratterizzate da linee verticali chiare. L'addome è di colore uniforme dal marrone al marrone-rossiccio, la coda è scura per metà. L'aragosta giapponese è relativamente piccola e raggiunge al massimo una lunghezza di 30 cm.

<u>Utilizzi</u>: si commercializzata quasi esclusivamente a livello locale e non viene praticamente esportata in Europa. È adatta per ogni tipo di preparazione.

ARAGOSTA TROPICALE (3) *(Panulirus ornatus)*

ing. ornate rock lobster, painted cray (Australia); fr. grosse langouste porcelaine (Nuova Caledonia); ted. Ornatlanguste; port. lagosta ornamentada (Mozambico); giapp. nishiki-ebi.

Quest'aragosta dai disegni vistosi è molto diffusa nell'Oceano Indopacifico e proviene dal Mar Rosso e dalle coste dell'Africa orientale, oltre che dall'Australia, dal Giappone e dalla Melanesia. Singoli esemplari sono migrati nel Mediterraneo attraverso il Mar Rosso. Se questa tendenza dovesse consolidarsi, in futuro questa specie potrebbe essere più frequentemente reperibile sul mercato europeo.

<u>Caratteristiche</u>: il colore di base è verde-marrone, i rostri sono cerchiati diagonalmente. I segmenti dell'addome sono lisci e vicino ai bordi presentano una serie di macchie più chiare. Le zampe sono caratterizzate da macchie di colore chiaro e in alcuni punti anche da cerchiature. Quest'aragosta non supera mediamente i 35 cm di lunghezza, anche se talvolta arriva fino a 50 cm.

<u>Utilizzi</u>: attualmente è commercializzata esclusivamente nelle zone di pesca. Solo raramente sul nostro mercato giungono code surgelate dall'Australia settentrionale e dalle Filippine. La polpa è adatta ad essere bollita, cotta in padella o grigliata.

La **spotted spiny lobster** (4) *(Panulirus guttatus)* è diffusa nelle regioni tropicali dell'Atlantico occidentale e raramente si esporta in Europa. L'impiego è analogo a quello dell'aragosta caraibica.

(4) La **SPOTTED SPINY LOBSTER** *(Panulirus guttatus)* vive nelle regioni tropicali dell'Atlantico occidentale. Ha innumerevoli puntini chiari.

(5) L'**ARAGOSTA SUDAFRICANA** *(Jasus lalandii)* a differenza della specie *Panulirus*, ha un rostro centrale a due punte.

(6) L'**ARAGOSTA AUSTRALE** *(Jasus novaehollandiae)* è difficile da distinguere da quella verde. Dal punto di vista gastronomico sono equivalenti.

ARAGOSTA CARAIBICA (1) *(Panulirus argus)*

ing. Caribbean spiny lobster, Florida spiny lobster; fr. langouste blanche; ted. Karibische Languste; sp. langosta del Golfo, langosta del Caribe; ol. kreef (Aruba, Curaçao).

L'aragosta caraibica è diffusa nelle acque più calde dell'Atlantico, dalla Carolina del Nord fino alla costa brasiliana, compresi il Golfo del Messico e tutti i Caraibi; la pesca è intensiva e in genere si usano nasse con esche.

Caratteristiche: una caratteristica saliente di questa specie è il colore: i segmenti dell'addome rossi o brunastri con scanalature longitudinali vicino agli angoli laterali sono macchiati di chiaro, e le grandi macchie del secondo e sesto segmento hanno la forma di occhi cerchiati di scuro.

La coda presenta una banda longitudinale rossastra. Grazie a queste caratteristiche è possibile riconoscere anche le code di questa specie (5). L'aragosta caraibica può raggiungere una lunghezza di 45 cm, in genere però è lunga 20 cm.

Utilizzi: si vende fresca, mentre le code surgelate si esportano. È di ottima qualità ed è adatta a tutte le preparazioni tradizionali.

La specie più richiesta

L'aragosta caraibica, grazie all'ottimo sapore della sua polpa, rappresenta una delle specie più richieste a livello mondiale. Cuba fornisce circa un terzo del pescato totale e la tendenza è in aumento.

ARAGOSTA DELLA CALIFORNIA (2)

(Panulirus interruptus)

ing. California spiny lobster, red lobster; ted. Kalifornische Languste; sp. langosta roja, langosta colorada (Messico).

La zona di diffusione di questa specie è limitata alla California e alla penisola messicana della Bassa California. La pesca è decisamente minore rispetto a quella dell'aragosta caraibica.

Caratteristiche: tipico è il colore uniforme, che varia da rosso a rosso-bruno, solcato da evidenti scanalature sull'addome, interrotte al centro. Mediamente è lunga 30 cm, ma può raggiungere anche i 60 cm.

Utilizzi: in genere si vende a livello locale e si presta a tutti i tipi di preparazione.

L'**aragosta corallina** *(Panulirus penicillatus, ing. coral cray, tufted spiny lobster, variegated crayfish)* può raggiungere una lunghezza di circa 30 cm. Si contraddistingue per gli innumerevoli puntini bianchi. È molto diffusa, ma non arriva frequentemente sui mercati europei.

MUD SPINY LOBSTER (3) *(Panulirus polyphagus)*

ing. mud spiny lobster; ted. Schlicklanguste.

(1) L'**ARAGOSTA CARAIBICA** *(Panulirus argus)* è molto apprezzata in Europa.

(2) L'**ARAGOSTA DELLA CALIFORNIA** *(Panulirus interruptus)* è più rara.

(3) La **MUD SPINY LOBSTER** *(Panulirus polyphagus)* è molto apprezzata in Asia.

(4) L'**ARAGOSTA VERDE** *(Panulirus regius)* vive nelle acque dell'Africa occidentale.

Questa specie è diffusa dall'Oceano Indiano centrale al Pacifico occidentale e si pesca in modo intensivo, in quanto la sua preferenza per i fondali sabbiosi la rende facile preda delle reti a strascico.

<u>Caratteristiche:</u> il colore di base è grigio-verde con appariscenti bande oblique chiare sui segmenti dell'addome. Raggiunge in media una lunghezza di 20-25 cm.

<u>Utilizzi:</u> questa specie è apprezzata soprattutto in Asia. In Europa si vende occasionalmente surgelata. È adatta ad essere cotta in padella e grigliata.

ARAGOSTA VERDE (4) *(Panulirus regius)*

fr. langouste verte, langouste royale; ted. Grüne Languste; sp. langosta verde.

L'aragosta verde vive nelle acque tropicali dell'Africa occidentale.

<u>Caratteristiche:</u> il colore fondamentale varia da verde a bluastro, i segmenti dell'addome presentano righe trasversali chiare orlate di scuro sul bordo posteriore. Il telson è verde o blu. La specie raggiunge una lunghezza di circa 25 cm.

<u>Utilizzi:</u> sui mercati francesi queste aragoste si vendono ancora vive, ma nell'Europa centrale giungono surgelate. La loro polpa è adatta per ogni tipo di preparazione.

Nell'Oceano Indiano e Pacifico è molto diffusa l'aragosta *Panulirus versicolor*, detta *painted rock lobster* in Australia e *striped crayfish* in Sudafrica. La sua polpa è molto saporita.

Le aragoste di acqua fredda dei continenti più meridionali appartengono alla specie *Jasus* e si distinguono dai tipi *Panuliris* per la presenza di un rostro centrale generalmente a due punte fra i due rostri frontali. Inoltre, i segmenti dell'addome sono ricoperti di squame.

ARAGOSTA SUDAFRICANA (5, pag. 183)

(Jasus Ialandii)

ing. Cape spiny lobster; fr. langouste du Cap; ted. Kaplanguste.

Quest'aragosta è diffusa nelle acque del Sudafrica e della Namibia, dove vive su fondali rocciosi a profondità di fino a 45 metri. Dal punto di vista economico riveste una grande importanza nel suo paese di origine.

(5) Le code dell'**ARAGOSTA CARAIBICA** *(Panulirus argus)* sono molto richieste e vengono esportate – ben confezionate e surgelate – in Europa e in Giappone, dove la domanda è in crescita. Ben riconoscibile è il disegno tipico dell'addome.

<u>Caratteristiche:</u> l'aragosta *Jasus lalandii* ha una colorazione scura uniforme, in genere marrone. La parte anteriore del primo segmento addominale, davanti alla scanalatura obliqua, è coperta da una serie di squame. Può raggiungere una lunghezza massima di 45 cm.

<u>Utilizzi:</u> le code di quest'aragosta generalmente giungono sul mercato europeo surgelate, ma talvolta s'importa anche fresca. La polpa ha un sapore eccellente e si presta ad essere bollita, cotta in padella o grigliata.

ARAGOSTA AUSTRALE (6, pag. 183)

(Jasus novaehollandiae)

ing. Southern rock lobster (Australia); ted. Austral-Languste.

Questa specie è diffusa nell'Australia meridionale, dove si pesca con nasse.

<u>Caratteristiche:</u> l'aragosta australe raggiunge una lunghezza di 50 cm. Ha una colorazione uniforme marrone scuro, e la parte anteriore del primo segmento dell'addome non ha squame.

<u>Utilizzi:</u> le code surgelate in genere si esportano negli Stati Uniti, e raramente arrivano in Europa. La polpa è molto buona ed è adatta ad essere lessata, cotta in padella o grigliata.

Cicale *Anche se non propriamente belli, questi crostacei piatti, ormai purtroppo rari, sono di primissima scelta in fatto di sapore.*

- Le cicale sono riconoscibili dai segmenti allargati alla base delle antenne, che assomigliano a squame.
- Le cicale vivono in fondali molto bassi.
- A differenza degli astici, non hanno chele.

Cicale *(Scyllaridae)*

Contrariamente alle aragoste e agli astici, le cicale non hanno né lunghe antenne, né grandi chele. Invece, la base delle antenne è larga e simile a una squama. Queste squame sono posizionate sulla testa, davanti agli occhi, come se fossero delle piastre. Le cicale vivono tipicamente sul fondale, hanno il corpo schiacciato e relativamente piatto. Si trovano solo a livello locale e sono piuttosto rare, ma molto saporite. Purtroppo, in molte zone dove venivano pescate sono quasi estinte.

La polpa piuttosto soda delle cicale è di ottima qualità. Per esaltarne il sapore delicato, si consiglia di farla bollire o arrostire.

MAGNOSA (1) *(Scyllarides latus)*

fr. grande cigale; ted. Großer Bärenkrebs; sp. cigarrón; croat. kuka; gr. lyra; tur. büyük ayı istakozu.

La magnosa è diffusa lungo le coste settentrionali dell'Atlantico orientale dal Portogallo al Gambia e in tutto il Mediterraneo. In passato era piuttosto frequente in queste regioni, ma la pesca intensiva ha decimato la specie. Nel Mediterraneo si tenta di offrire alle magnose un habitat migliore mediante la costruzione di finte scogliere in calcestruzzo. Gli esemplari particolarmente grandi vivono nelle acque delle Azzorre e di Capo Verde.

Caratteristiche: si contraddistingue dalle altre cicale per le squame lisce delle antenne. Inoltre, il primo segmento dell'addome presenta tre macchie rosse, una rotonda al centro e due irregolari che affiancano la prima su entrambi i lati. La specie raggiunge fino a 45 cm di lunghezza.

Utilizzi: anche sui mercati del pesce dell'Europa meridionale questa specie è diventata rara, e sporadicamente si trova surgelata. La polpa della coda è eccellente e si presta ad essere bollita e cotta in padella.

CICALA BRASILIANA (2)
(Scyllarides brasiliensis)

ing. Brazilian slipper lobster; ted. Brasilianischer Bärenkrebs; port. sapateira (Brasile).

La cicala brasiliana è diffusa lungo la costa brasiliana negli stati di Maranhão e Bahia, dove la pesca è intensiva.

Caratteristiche: assomiglia molto alla magnosa; entrambe hanno un colore giallo-bruno, ma si differenzia da questa perché più piccola (raggiunge i 25 cm di lunghezza). È riconoscibile dalle due macchie rosse ben delimitate sulla parte anteriore del primo segmento addominale.

Utilizzi: la cicala brasiliana si trova talvolta anche sui mercati europei. È adatta ad essere bollita e cotta in padella.

(1) La **MAGNOSA** *(Scyllarides latus)* si distingue per le squame delle antenne molto lisce.

(2) La **CICALA BRASILIANA** *(Scyllarides brasiliensis)* presenta due macchie rosse sul primo segmento dell'addome.

(3) La **MAGNOSELLA** *(Scyllarus arctus)* è decisamente più piccola. Le squame delle antenne sono molto dentate nella parte anteriore.

(4) Il corpo della cicala **FLAT HEAD LOBSTER** si allarga verso la parte anteriore, e gli occhi sono molto distanti tra loro.

MAGNOSELLA (3) *(Scyllarus arctus)*

fr. petite cigale; ted. Kleiner Bärenkrebs; sp. santiaguiño; crcat. zezavac; gr. lyra; tur. küçük ayı istakozu.

Questa cicala più piccola è diffusa nell'Atlantico nordorientale dalla Manica al Marocco e in tutto il Mediterraneo, dove si pesca intensivamente.

Caratteristiche: sono caratteristiche le squame dell'antenna seghettate nella parte anteriore. Le macchie rosse sono assenti. Questa specie raggiunge i 16 cm ma, con una lunghezza media di 5-10 cm, è molto più piccola della altre cicale.

Utilizzi: si trova saltuariamente sui mercati del Mediterraneo occidentale e centrale. Pur non rendendo molto, il sapore è molto buono se la si cucina in padella o alla griglia.

FLATHEAD LOBSTER (4) *(Thenus orientalis)*

ing. flathead lobster, moreton bay bug (Australia); ted. Breitkopf-Bärenkrebs; port. cava-cava triangular (Mozambico), giapp. uchiwa-ebi.

È diffusa dal Mar Rosso alle coste dell'Africa orientale fino al Giappone e all'Australia. Non esiste una tecnica speciale di pesca per catturare questa specie; occasionalmente si pesca insieme ai gamberi.

Caratteristiche: questa cicala marrone chiaro è facilmente riconoscibile dalla sua forma: la corazza del dorso si allarga verso la testa, gli occhi sono molto distanti tra loro. Le squame delle antenne sono molto larghe, a forma di semicerchio con pochi denti robusti. Può raggiungere al massimo una lunghezza di 25 cm.

Utilizzi: non si esporta praticamente mai. È molto saporita, come tutte le cicale, ed è ottima bollita, cotta in padella o grigliata.

Di grande interesse gastronomico è anche la **mitten lobster** *(Parribacus spec.)*, che è presente in tutto il mondo con sottospecie diverse, ma che non è reperibile in Europa. È di colore marrone con macchie marrone-rossastre e presenta una testa piatta e allungata. È adatta per essere bollita, cotta in padella o grigliata.

Astici e affini: *questi crostacei sono molto apprezzati e ricercati. Sono diffusi soprattutto nei mari più freddi.*

Astici *(Nephropidae)*

La caratteristica più saliente degli astici sono le chele grandi e robuste, che costituiscono la prima coppia di arti. Le quattro coppie di zampe successive sono molto più snelle e munite di piccole pinze. Sono diffusi soprattutto nei mari più freddi. Anche gli scampi, che vivono anche nelle zone tropicali, e i granchi di fiume fanno parte della famiglia degli astici, che sono tutti molto saporiti. L'astice e i suoi affini sono considerati una costosa prelibatezza.

LA PESCA DELL'ASTICE

Gli astici si pescano in Europa e nel Nordamerica, dove, nonostante la quantità pescata sia maggiore che in Europa, iniziano comunque lentamente a scarseggiare. I metodi di pesca sono praticamente uguali a quelli del passato: gli astici si pescano sotto costa con nasse speciali con esca, a forma di cassetta o sferiche. L'esca è costituita da pesci o polpa di diversi granchi, e più raramente si usano lumache o conchiglie.

Le nasse munite di boa sono inabissate dai pescherecci nelle acque costiere e controllate regolarmente. La pesca, a seconda delle stagioni e del tempo, è molto variabile. Tuttavia, non tutte le nasse contengono astici; spesso pescano anche altri abitanti del mare e inoltre, non tutti gli astici possono essere prelevati. In molti paesi vigono legislazioni diverse, che prescrivono una misura minima per gli astici che possono essere pescati. In Germania, ad esempio, la lunghezza minima è di 90 mm; negli Stati Uniti la corazza dorsale deve avere una lunghezza compresa tra 79 e 81 mm, e le femmine con le uova non possono essere pescate; in Germania, Portogallo, Spagna, Norvegia e Svezia sono previsti periodi di divieto di pesca.

- Tutti gli astici sono facilmente riconoscibili dalle grandi chele.
- Possono raggiungere una lunghezza di 60 cm.
- La specie americana, contrariamente a quella europea, presenta una spina sul lato inferiore del rostro.

(1) La pesca dell'astice avviene, come in passato, con nasse munite di esca, che sono inabissate sottocosta.

(2) Le ceste in filo di ferro sono controllate regolarmente, ma non tutti gli astici possono essere catturati.

(3) Le legislazioni dei diversi paesi prescrivono una determinata lunghezza per la tutela dell'astice.

(4) Negli Stati Uniti la lunghezza minima della corazza dorsale è compresa tra 79 e 81 mm, mentre in Germania è di 90 mm.

ASTICE EUROPEO (1)

(Homarus gammarus)

ing. European lobster; fr. homard européen; ted. Europäischer Hummer; sp. bogavante europeo; port. lavagante; croat. hlap; gr. astakos; nor. hummer; tur. istakoz.

L'astice europeo è diffuso nell'Atlantico nordorientale dalla Norvegia al Marocco, nonché in quasi tutto il bacino del Mediterraneo ad esclusione dei paesi caldi orientali. Si pesca intensivamente nelle Isole Britanniche, davanti alla Norvegia e sulla costa atlantica francese. Nel Mediterraneo l'astice si pesca soprattutto nelle zone più fredde dell'Egeo settentrionale e nel Mare di Marmara. Nell'Helgoland, la pesca dell'astice visse il periodo di massima produttività negli anni Trenta del secolo scorso (circa 80.000 astici/anno), ma attualmente è regredita a circa 130 astici all'anno. Il motivo è da ricercarsi nella distruzione del loro habitat naturale: gli astici vivono e si riproducono in grotte rocciose, e molte di quelle che si trovavano davanti all'Helgoland sono state distrutte durante la Seconda Guerra Mondiale. Esperimenti di acquacoltura sono stati praticati nell'Helgoland, in Francia e Spagna, tuttavia la produzione non ha mai raggiunto un interesse economico rilevante.

<u>Caratteristiche:</u> l'astice ha grandi chele larghe. È di colore scuro, in parte blu, soprattutto negli esemplari del Mare del Nord. Può raggiungere una lunghezza massima di 60 cm, con un peso di 5-6 kg e un'età di oltre 60 anni. A causa della pesca intensiva, gli astici di queste dimensioni sono rari; in genere quelli pescati hanno una lunghezza compresa fra 25 e 50 cm.

<u>Utilizzi:</u> la polpa dell'astice fresco è molto delicata e non deve essere condita troppo. È molto buona bollita, in padella o alla griglia. Le code di astice surgelate sono adatte per la preparazione di cocktail e insalate.

ASTICE AMERICANO (2) *(Homarus americanus)*

ing. American lobster o Maine lobster; fr. homard américain; ted. Amerikanischer Hummer.

L'astice americano è diffuso lungo le coste dell'Atlantico nordoccidentale, dal Canada al Capo di Hatteras nella Carolina del Nord (USA). Nella zona di diffusione si pesca intensivamente.

<u>Caratteristiche:</u> l'astice americano si differenzia in misura minima dai parenti europei. A volte sembra avere chele più larghe, ma ciò non costituisce un indizio certo. Anche la lunghezza dell'astice americano, che raggiunge al massimo 65 cm, è simile a quella della specie europea. L'astice americano sembra a volte più grande, ma solo perché sul mercato generalmente giungono esemplari più grandi, il che sta a indicare che l'astice europeo si pesca in modo troppo intensivo. Una caratteristica certa che lo contraddistingue è la parte inferiore del rostro: quello dell'astice americano è munito di spina, che in quello europeo manca, e la parte inferiore è completamente liscia.

<u>Utilizzi:</u> l'astice americano si esporta in grosse quantità in Europa e se trasportato con le dovute precauzioni, il suo sapore non ha nulla da invidiare a quello dell'astice europeo. La polpa delicata è adatta per essere bollita, cotta in padella o grigliata.

Prelibatezza molto ricercata

La maggior parte degli astici che giungono sul mercato europeo proviene dal Canada e dagli Stati Uniti, dove la pesca dell'astice è di circa sedici volte superiore.

MASCHI E FEMMINE DI ASTICE:
la femmina (a destra) ha i segmenti della coda più larghi. Nel maschio (a sinistra) la prima coppia di zampe posteriori è costituita da appendici a forma di spina.

(1) L'**ASTICE EUROPEO** *(Homarus gammarus)* è diventato piuttosto raro. Tuttavia, lungo le coste dell'Irlanda si pescano ancora esemplari notevoli, che raggiungono prezzi alti. È di colore scuro, in parte blu.

(2) L'**ASTICE AMERICANO** *(Homarus americanus)* da noi si trova più frequentemente di quello europeo. Si differenzia da quest'ultimo per la spina sulla parte inferiore del rostro; nell'astice europeo, infatti, il lato inferiore del rostro è completamente piatto.

(**1**) Come si bloccano le chele: innanzitutto, si applica un elastico sulla parte mobile.

(**2**) Successivamente, si chiudono le due parti delle chele e si avvolgono con l'elastico.

(**3**) Gli astici possono essere trasportati in una cassa, adagiati fra paglietta di legno umida.

(**4**) Per una conservazione ottimale, la temperatura deve essere compresa fra + 2 e + 4 °C.

Gli astici crescono lentamente, le femmine depongono le uova ogni due anni e le portano con sé, attaccate alle zampe posteriori, per 9-11 mesi (**5**). Dopo quattro diversi stadi di sviluppo, le larve si trasferiscono sul fondo. Sono molto sensibili alle sostanze nocive, che causano un'alta mortalità. I giovani astici possono essere pescati all'età di 5-6 anni, quando hanno raggiunto la maturità sessuale.

TRASPORTO E CONSERVAZIONE

Per ridurre al minimo il pericolo di ferite ed evitare che gli astici si colpiscano tra loro durante il trasporto, le chele sono legate con elastici o spaghi già a bordo dei pescherecci (**1**), (**2**). In passato i pescatori americani bloccavano le chele introducendo un cuneo di legno alla base di queste, provocando, però, spesso infiammazioni che influivano sulla qualità della polpa delle chele e causavano la perdita di diversi esemplari.

Dopo la cattura, l'astice si vende vivo o cotto e confezionato nel suo blocco di ghiaccio. Una parte del pescato è anche trattato e conservato in scatola. Attualmente, l'esportazione degli astici per via aerea sta assumendo un'importanza sempre maggiore. Gli astici sono molto resistenti e possono essere spediti in paglietta di lana umida, paglia e paglietta di plastica oppure su torba (**3**). L'astice viene introdotto in una cassa con paglietta di lana imbevuta di acqua salata, fra fogli di carta pergamenata. Importante per la conservazione domestica è una temperatura corretta, che dovrebbe essere fra 2 e 4 °C (**4**).

Una volta a destinazione, l'astice è inserito in una vasca con acqua salata dove rimane fino alla vendita alle pescherie o ai ristoranti; in tal modo è possibile acquistarlo sempre vivo. In caso di dubbio è preferibile verificare la vitalità degli astici. Quando vengono estratti dall'acquario o dal cartone, gli astici vivi reagiscono muovendo le zampe e aprendo le chele. Senza sistemi speciali, gli astici possono essere conservati per 3 o 4 giorni, ma devono essere controllati regolarmente. Quando un animale non mostra più segni vitali, dovrebbe essere bollito subito, per poter essere ancora commestibile.

(**5**) **LE FEMMINE TRASPORTANO LE LORO UOVA** attaccate alle zampe posteriori per 9-11 mesi. Per questa ragione, le femmine dell'astice non devono essere pescate neanche nei paesi dove non vige il divieto.

Astici dall'Europa o dal Canada?

L'astice è il re dei mari, e di conseguenza il suo prezzo è alto. Tuttavia, non tutti gli astici sono uguali: esistono quelli europei e quelli americani, che frequentemente sono importati dal Canada. Questi ultimi sono più comuni e meno cari, ma sembra che non siano così saporiti come quelli europei. Numerosi ristoranti propongono "astici bretoni", che sono sempre i più ricercati. Tuttavia, lungo le coste europee si trova una sola specie di astice, l'*Homarus gammarus*. Vive lungo le coste della Bretagna fra St. Malo e Brest, ma anche davanti alle coste irlandesi, norvegesi e scozzesi. Il numero degli astici pescati in Bretagna diminuisce di anno in anno. Attualmente, molte tonnellate provengono dagli Stati Uniti, dal Canada e dalla Norvegia. Gli astici vivi provenienti dall'Europa si distinguono chiaramente da quelli provenienti da oltreoceano. L'astice nostrano spesso è blu scuro con un bel disegno a puntini sulla corazza, mentre quello americano ha una corazza marrone scuro, tendente al grigio. Al contrario, dopo la cottura non sono più distinguibili. "Una volta abbiamo

preparato una cena a base di astice con tanti chef" racconta Jean-Claude Bourgueil, cuoco premiato con tre stelle dello *Schiffchen* di Düsseldorf, "tra i quali anche Paul Bocuse. Fu un enorme successo, e solo dopo scoprimmo che era astice canadese". Peter Nöthel, proprietario del ristorante Hummerstübchen di Düsseldorf, negli ultimi vent'anni ha cucinato più di 60 tonnellate di astice. Il cuoco, premiato con due stelle, racconta che a tutti coloro che affermano che l'astice europeo sia il migliore, serve cinque code di astice bretone e cinque di aragosta del Maine "scommettendo che nessuno sarà in grado di percepire la differenza". Un confronto diretto nel locale di Nöthel ha evidenziato che la polpa delle chele dell'astice canadese è più dolce e tenera. L'astice bretone è più compatto e duro, deve essere masticato più a lungo e ha un leggero aroma di noce, non è certo migliore. Se l'astice è accompagnato da una salsa, la differenza non si nota più. Se è cucinato bene, come in questo caso, vi è una leggera differenza di gusto ma non di qualità, per cui il prezzo pari al doppio non è assolutamente giustificato. Gran parte degli astici preparati in tutto il mondo si cucina quando l'animale è già morto: questi astici sono poltigliosi e mollicci e privi di un gusto particolare. Chi ha mangiato un astice cucinato in questo modo, magari di provenienza canadese, non potrà non apprezzare un astice cucinato a regola d'arte, magari di provenienza bretone. Inoltre, in tantissime guide di ristoranti, riviste e libri di gastronomia si afferma che l'astice bretone è il migliore.

Ma chi lo potrebbe mettere in dubbio? È facile avere preconcetti. Anche Jörgen Christensen del *Cap-Fish-Co* di St. Margarethen vicino ad Amburgo, che ogni anno importa in Germania 230 tonnellate di astice dall'America, non riesce più a guadagnare con l'astice europeo. "Non è conveniente" afferma.

L'astice americano è meno caro e non solo grazie alla sua cattiva fama: è anche più facile da pescare ed è disponibile in grandi quantità. Nello stato americano del Maine e nelle province canadesi della Nuova Scozia e del New Brunswick, nelle nasse dei pescatori entrano ogni anno da 60.000 a 80.000 tonnellate di *Homarus americanus*, contro le 3.000-4.000 tonnellate delle coste europee. I tentativi di allevare intensivamente l'astice sono falliti per motivi di costi: il re cresce troppo lentamente.

Robert Lücke

Scampi

Questi pregiati crostacei si distinguono per il loro sapore raffinato. Infatti, occupano le prime posizioni nella classifica dei buongustai.

(1) Lo **SCAMPO** *(Nephrops norvegicus)* ha una polpa molto delicata ed è molto apprezzato. A differenza dei gamberi, la parte anteriore è molto sviluppata. Caratteristica particolare sono le chele lunghe e sottili.

Anche all'estero, questa specie è nota con il nome italiano: gli scampi si trovano su tutti i menu. Se poi si mangiano i costosi scampi o dei semplici gamberoni, non è dato saperlo. Certo è che, avendo una forma molto simile, vengono spesso confusi. Vi sono, però, alcune caratteristiche che li differenziano in modo inequivocabile (**3**).

SCAMPO (**1**) *(Nephrops norvegicus)*

ing. Norway lobster; fr. langoustine; ted. Kaisergranat; sp. cigala; port. lagostim; croat. škamp; gr. karavida.

La specie che vive nelle acque fredde dell'Atlantico nordorientale è diffusa dall'Islanda al Marocco e in quasi tutto il Mediterraneo, ad eccezione delle acque calde dei paesi orientali. Si pesca intensivamente nel Mare del Nord, nelle acque inglesi, lungo la costa atlantica francese, spagnola e portoghese, nonché nel Mediterraneo soprattutto davanti alla costa spagnola, nel Mar Ligure e nell'Adriatico. Gli scampi si trovano facilmente nelle pescherie di queste regioni, ma molto raramente vivi perché sono molto delicati.

Caratteristiche: lo scampo è un granchio simile all'astice con la parte anteriore molto sviluppata rispetto a quella dei gamberi. A differenza di questi, gli elementi della corazza degli scampi sono molto stabili e sui lati sono posizionati con la punta verso il basso. Caratteristiche di questa specie sono le chele sottili e lunghe e la colorazione rosa. Gli scampi crescono fino a 25 cm, ma la loro lunghezza media è di 10-20 cm.

Utilizzi: da noi, gli scampi si trovano freschi e surgelati. Poiché si deteriorano in fretta, se si acquistano freschi occorre stare molto attenti: devono essere di colore rosa e la polpa deve essere trasparente. Perdendo di freschezza, il colore diventa arancione e la muscolatura diventa bianco-trasparente. In caso di dubbio è necessario annusare lo spazio tra testa e addome: basta muovere queste parti due o tre volte, e se si avverte uno sgradevole "odore di pesce", il prodotto non è più fresco e se ne sconsiglia l'acquisto. Questi pregiati crostacei sono ottimi bolliti, arrostiti o grigliati.

SCAMPI NEOZELANDESI (2)

(Metanephrops challengeri)

ing. New Zealand scampi, deep water scampi (Nuova Zelanda); ted. Neuseeländischer Kaisergranat.

Gli scampi neozelandesi vivono solo nelle acque della Nuova Zelanda, a profondità fra 120 e 700 metri.

<u>Caratteristiche:</u> la varietà neozelandese si distingue da quella europea per le robuste spine della corazza dietro agli occhi. Le chele sono della stessa misura, mentre negli scampi europei sono diverse l'una dall'altra per dimensioni e forma. Inoltre, la specie neozelandese presenta striature trasversali sottili, di colore rosso acceso sulla coda e anche le chele hanno una colorazione meno omogenea.

<u>Utilizzi:</u> gli scampi neozelandesi arrivano surgelati sul mercato europeo. La qualità è eccellente ed è uguale a quella degli scampi europei. La polpa è ottima bollita, in padella o alla griglia.

Gli scampi appena pescati sono una vera prelibatezza.

(2) Gli **SCAMPI NEOZELANDESI** *(Metanephrops challengeri)* si distinguono dalla specie europea per le robuste spine presenti sulla corazza dietro agli occhi, nonché per la colorazione non omogenea.

(3) È facile distinguere la **CODA DEGLI SCAMPI** non ancora sgusciata: a differenza di quella dei gamberi, è più larga e non schiacciata lateralmente.

Gamberi di fiume *Da cibo dei poveri a pregiata prelibatezza! Dopo aver sfiorato l'estinzione, alcune specie dei pregiati gamberi d'acqua dolce sono di nuovo disponibili grazie agli allevamenti.*

(1) Il **GAMBERO TURCO** o **GAMBERO DI GALIZIA** *(Astacus leptodactylus)* è attualmente la specie d'acqua dolce più diffusa in Europa. Si riconosce dalle chele sottili. È più saporito del gambero europeo, ma le chele più esili contengono molta meno polpa.

- I gamberi di fiume sono parenti dell'astice, ma vivono in acqua dolce.

- Vivono nelle acque fredde di fiumi che scorrono lentamente, ma anche in stagni, laghi e paludi.

Gambero di fiume
(Astacidae, Cambaridae, Parastacidae)

I gamberi di fiume hanno grandi chele come l'astice e appartengono alla stessa famiglia. A differenza degli altri membri della famiglia, però, vivono in acque dolci. Ve ne sono circa 300 specie in tutto il mondo, provenienti per la maggior parte dagli Stati Uniti, e anche dall'Europa e dall'Australia. L'habitat preferito dei gamberi di fiume sono le acque fredde dei fiumi che scorrono placidi e tranquilli, ma anche stagni, laghi e paludi. Il gambero di fiume vive prevalentemente sul fondale. Di giorno si nasconde tra la vegetazione, sotto le rocce e nelle tane che scava da solo lungo le sponde.

GAMBERO EUROPEO (2) *(Astacus astacus)*

ing. crayfish; fr. écrevisse; ted. Edelkrebs; fin. rapu; nor. ferskvannskreps; ol. rivierkreeft; sv. flodkräfta.

Fino al XIX secolo il gambero europeo è stato il gambero di fiume economicamente più importante d'Europa. Era talmente diffuso che si dovette vietare per legge di offrire alla servitù un piatto di gamberi più di due volte a settimana. La specie fu, tuttavia, quasi sterminata dalla peste dei gamberi, causata da un micete patogeno introdotto presumibilmente dall'America. Attualmente, la specie non ha quasi più alcuna importanza commerciale. Anche se il gambero europeo è allevato in stagno in Baviera e nei paesi scandinavi, solo quantità modeste arrivano sui mercati del pesce.
Caratteristiche: il gambero europeo ha un colore scuro uniforme. Si riconosce facilmente dalle chele massicce e larghe. Può raggiungere anche una lunghezza di 18 cm, ma normalmente è di taglia più piccola.
Utilizzi: dal punto di vista gastronomico è molto apprezzato. La preparazione ideale è la bollitura, e il suo sapore delicato è ottimo indipendentemente dal fatto che venga servito caldo o freddo.

GAMBERO TURCO, GAMBERO DI GALIZIA (1)
(Astacus leptodactylus)

fr. écrevisse orientale; ted. Sumpfkrebs, Galizier; fin. kapeasaksirapu; sv. smalkloig sumpkräfta; tur. kerevit.

Il gambero turco è oggi il gambero di fiume commercialmente più importante d'Europa. È importato prevalentemente dalla Turchia e si alleva nei laghi della Germania settentrionale. Si consuma principalmente in Francia, Germania e Belgio.
Caratteristiche: il gambero turco ha chele più sottili rispetto a quelle del gambero europeo. Raggiunge una lunghezza massima di circa 20 cm.
Utilizzi: il gambero turco è più saporito del gambero europeo, ma le chele più esili contengono molta meno polpa. Gli esemplari di colore chiaro sono più saporiti di quelli scuri, che provengono da regioni

palustri e sono organoletticamente meno pregiati. Come tutti i gamberi di fiume, è ottimo soprattutto bollito, e può essere gustato sia caldo che freddo.

GAMBERO AMERICANO (3) *(Pacifastacus leniusculus)*

ing. signal crayfish; ted. Signalkrebs; fin. täglärapu; sv. signalkräfta.

Il gambero americano o "gambero segnale" è originario delle acque dolci delle coste nordoccidentali degli Stati Uniti. Fu introdotto in Europa in sostituzione del gambero europeo. Il gambero americano può trasmettere il miceto patogeno della peste dei gamberi. In Scandinavia e in Austria se ne trovano, però, grosse quantità che crescono allo stato libero.

Caratteristiche: esternamente somiglia a quello europeo, ma si distingue da questo per la presenza di due macchie di colore chiaro, che talvolta sfuma verso il turchese, situate alla base della parte mobile delle chele. Come il gambero europeo può raggiungere una lunghezza di 18 cm, ma normalmente è di taglia più piccola.

Utilizzi: molto amato soprattutto in California, è di ottima qualità e a tavola può degnamente sostituire il gambero europeo. La ricetta classica lo vuole bollito, e grazie al suo sapore delicato si presta soprattutto ad essere servito caldo. Si può utilizzare anche per la preparazione di cocktail, insalate o antipasti.

Emettere segnali

Il gambero americano è detto anche "gambero segnale" per via dell'evidente macchia chiara presente sul lato dorsale di ambedue le chele. Questa caratteristica lo contraddistingue dalle altre specie di acqua dolce.

(2) Il **GAMBERO EUROPEO** *(Astacus astacus)* si riconosce per via del colore scuro e delle chele larghe e massicce. Qui da noi è allevato in stagno ed è qualitativamente molto pregiato.

(3) Il **GAMBERO AMERICANO** *(Pacifastacus leniusculus)* si riconosce per la presenza di macchie chiare, di colore tendente al turchese, alla base della parte mobile delle chele. Dal punto di vista gastronomico non è inferiore al gambero europeo.

GAMBERO ROSSO DELLA LOUISIANA (2)

(Procambarus clarkii)

ing. Louisiana swamp crayfish, red swamp crayfish; ted. Louisiana Sumpf-Flusskrebs; sp. cangrejo rojo de las marismas; giapp. zari-gani.

Il gambero rosso della Louisiana è ancor oggi molto diffuso nelle paludi di mangrovie delle regioni alluvionate delle coste della Louisiana (USA). La pesca di questo gambero di fiume è la più fiorente del mondo anche per quanto riguarda i prodotti d'allevamento. Negli Stati Uniti il gambero rosso della Louisiana è tra le specie commercialmente più importanti. È stato introdotto in Spagna (Andalusia), dove attualmente è molto diffuso, e da lì giunge anche da noi, soprattutto nella prima metà dell'anno, quando la pesca dei gamberi di fiume nostrani è vietata.

Caratteristiche: si riconosce dal colore rosso scuro. Caratteristiche di questa specie sono anche le piccole protuberanze a forma di perle poste sulle chele e sulla parte anteriore del corpo.

Utilizzi: lo scudo dorsale del gambero rosso della Louisiana è molto più duro di quello del gambero di fiume europeo. Dal punto di vista organolettico, il gambero americano non regge il confronto con la specie europea, ma negli Stati Uniti è molto apprezzato. Si presta particolarmente ad essere bollito.

PICCOLO GAMBERO DI FIUME AUSTRALIANO, YABBIE (1) *(Cherax destructor)*

ing. yabbie (Australien); ted. Kleiner Australkrebs, Yabbie.

Il piccolo gambero di fiume australiano, volgarmente detto *yabbie*, è molto diffuso nelle regioni interne dell'Australia meridionale, centrale e orientale. Vive soprattutto nelle zone alluvionate, dove scava profonde gallerie sul fondo dei bacini, che anche nei periodi di secca raggiungono sempre la falda acquifera. La pesca di questa specie di gambero è uno sport molto popolare in Australia. Nonostante ciò, dal punto di vista commerciale il gambero di fiume australiano non ha ancora un grosso valore.

Caratteristiche: il gambero australiano della specie *Cherax* si riconosce per la metà posteriore molle e

(1) Il **GAMBERO AUSTRALIANO** della specie *Cherax* sta acquistando sul mercato europeo sempre maggiore importanza. In primo piano il **GRANDE GAMBERO DI FIUME AUSTRALIANO** *(Cherax tenuimanus)*, in secondo piano il **PICCOLO GAMBERO DI FIUME** *(Cherax destructor)* con le sue grandi chele carnose.

(2) Il **GAMBERO ROSSO DELLA LOUISIANA** *(Procambarus clarkii)* popola le regioni costiere della Louisiana. Caratteristico di questa specie è il colore rosso vivo. Dal punto di vista organolettico non è molto apprezzato.

non calcificata di tutti i segmenti che compongono il telson. Ha chele più larghe rispetto al grande gambero di fiume australiano, dal quale si distingue anche per la parte inferiore dello scudo liscia e per i segmenti dell'addome levigati. Inoltre, la parte centrale del telson ha solo due aculei sul margine esterno, mentre non ha aculei centrali. Il gambero *yabbie* è lungo circa 15 cm ed è brunastro, ma si possono trovare anche esemplari verdastri, bluastri o rossastri.
Utilizzi: prima di essere cucinati, gli animali vivi devono essere lasciati per almeno 24 ore in acqua dolce pulita per perdere il sapore di fango. La carne è quindi buona, ma non regge il confronto con quella del grande gambero di fiume australiano. Il gambero *yabbie* si presta soprattutto ad essere bollito.

GRANDE GAMBERO DI FIUME AUSTRALIANO, MARRON (1) *(Cherax tenuimanus)*

ing. marron (Australia); ted. Großer Australkrebs, Marron.

L'habitat naturale del grande gambero di fiume australiano, volgarmente detto *marron*, è una piccola regione dell'Australia sudorientale, dove è una specie protetta e può essere pescato in piccole quantità solo da metà dicembre a fine aprile. La lunghezza minima dello scudo dorsale prescritta dalla legge è 75 mm. La pesca commerciale di questa specie non è consentita. I prodotti che arrivano sui mercati provengono senza eccezioni da acquacolture in stagno, che danno buoni utili sia nelle regioni dell'Australia occidentale sia nel Queensland. In Sudafrica questo gambero giunge sui mercati come *cape marron*.
Caratteristiche: è il terzo al mondo per dimensioni. Di colore brunastro, si distingue dallo *yabbie* per la ruvidezza della parte posteriore dello scudo dorsale e dei segmenti dell'addome. Inoltre, presenta due spine centrali sul segmento intermedio del telson.
Utilizzi: è molto apprezzato e si presta a tutte le preparazioni a base di gamberi di fiume. Si consuma prevalentemente bollito, sia caldo che freddo.

Anomuri *I gamberi di quest'ordine sono in parte meno noti, ma localmente molto rinomati. Soprattutto le specie di gamberi di maggiori dimensioni rendono molto e hanno un sapore delicato.*

Anomuri *(Anomura)*

Gli Anomuri sono polimorfi; vi appartengono, infatti, Galateidi, Paguri e Litodidi. Si distinguono da altre specie commercialmente importanti per la presenza di tre sole grandi paia di zampe dietro le chele, mentre l'ultima è molto più piccola.

PAGURO (1) *(Pagurus spec.)*

ing. hermit crab; fr. l'hermite orientale; ted. Einsiedlerkrebs; fin. kapeasak.

In ogni parte del mondo sono diffusi vari generi di paguro, e molti fanno delle conchiglie abbandonate la loro "casa". Molto comune da noi è soprattutto il paguro eremita *(Pagurus bernhardus)*.
Caratteristiche: l'addome molle è privo di carapace. Le due zampe anteriori sono molto sviluppate, mentre quelle posteriori sono molto involute.
Utilizzi: si consumano spesso bolliti.

(1) I **PAGURI** *(Pagurus spec.)* non sono commercialmente importanti, e trovano impiego a livello locale. L'addome è molle e privo di carapace; per tale motivo, fanno spesso delle conchiglie abbandonate la loro "casa".

- La molteplicità morfologica degli anomuri è enorme.
- Gli Anomuri si riconoscono perché possiedono tre sole grandi paia di zampe dietro le chele.
- Il quarto paio di zampe è molto involuto e si riconosce a malapena.

(1) La **SCAMPA FALSA** *(Munida rugosa)*, un gambero che vive a grandi profondità, non è molto frequente sui mercati europei. È molto prelibato, ma purtroppo ha pochissima polpa.

(2) Il **LANGOSTINO DEL CILE** *(Cervimunida johni)* si riconosce per il corpo schiacciato e per le chele lunghe e abbastanza larghe. È molto saporito.

(3) Il **PLEURONCODES MONODON** è un parente stretto del langostino del Cile. Ambedue i generi sono molto prelibati e non si distinguono dal punto di vista commerciale.

Galateidi *(Galatheidae)*

I Galateidi che appartengono alla specie *Anomura* hanno un corpo abbastanza appiattito. Dietro le chele hanno tre grosse paia di zampe. Poiché contengono pochissima polpa, sono utilizzati solo localmente.

SCAMPA FALSA (1) *(Munida rugosa)*

ing. squat lobster; fr. galathée rouge; ted. Tiefwasser-Springkrebs.

Questo gambero che vive a grandi profondità è l'unico della famiglia ad essere utilizzato in Europa. Si pesca in modeste quantità, e di solito insieme ad altri pesci, sulle coste atlantiche della Francia e della Spagna e normalmente si vende fresco sui mercati locali.

Caratteristiche: le lunghe chele ricordano molto gli scampi, ma rispetto a questi il gambero di fondale ha un corpo molto più appiattito. Dietro le chele ha tre sole grosse paia di zampe, mentre il quarto è molto poco sviluppato e serve solo per pulire. Al contrario, negli scampi tutte le zampe sono ben sviluppate e della stessa grandezza.

Utilizzi: peccato che abbia poca carne, perché il sapore è molto delicato. NeIle zone in cui si effettua la pesca si consuma prevalentemente bollito, soprattutto come antipasto.

LANGOSTINO DEL CILE (2) *(Cervimunida johni)*

ing. red crab, langostino; ted. Chile-Langostino; sp. langostino amarillo, langostino chileno.

Questo crostaceo popola i fondali cileni, e di solito si vende insieme ad un'altra specie, il *Pleuroncodes monodon*, che l'occhio inesperto non è in grado di riconoscere (3).

Caratteristiche: il langostino del Cile si riconosce per il corpo schiacciato e per le chele abbastanza larghe. La muscolatura addominale è molto simile a quella degli scampi o dei gamberi di fiume, anche se è più appiattita e incurvata ventralmente.

GENUINE
RUSSIAN
VODKA*

www.farmfrites.com
Farm Frites International B.V.
Molendijk 108
3227 CD Oudenhoorn
The Netherlands
Tel: +31 (0) 181 466 888
E: info@farmfrites.com

Il Marine Stewardship Council

Il Marine Stewardship Council (MSC) è un ente indipendente di pubblico interesse, fondato nel 1997 allo scopo di contrastare la pesca eccessiva nei mari di tutto il mondo. Il suo programma di certificazioni e marchiature ecologiche per le aziende di pesca è noto in tutto il mondo, e trova un consenso sempre più elevato. Attualmente, 22 aziende di pesca sono certificate in base allo standard MSC, mentre altre 27 sono in fase di valutazione. Oltre 700 prodotti tra pesci e frutti di mare portano in tutto il mondo il marchio blu, che garantisce che si tratta di pescato sostenibile.

Per i pesci con marchio MSC, è possibile risalire dal luogo di consumo alla barca da cui sono stati catturati, grazie a una verifica dell'intera catena del flusso di prodotti. Ciò garantisce agli acquirenti dei prodotti MSC la totale sicurezza circa la loro origine.

Le aziende di pesca contrassegnate dal marchio MSC si preoccupano affinché anche in futuro vi siano patrimoni ittici sufficientemente grandi, l'ecosistema marino resti intatto e le specie a rischio di estinzione siano protette. Alcuni esperti indipendenti controllano che le aziende di pesca rispettino i criteri MSC.

Ulteriori informazioni sono disponibili sul sito www.msc.org.

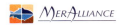

SPECIALISTA IN FRUTTI DI MARE

Il gusto per le prelibatezze

Le idee innovative contraddistinguono la ditta Ristic già da quasi 50 anni. Oggi, la nostra gamma di prodotti va dai frutti di mare crudi ai piatti pronti, passando per le preparazioni da grigliare. Da sempre, una pesca sostenibile è per noi altrettanto importante dell'allevamento biologico di gamberi certificato in base alle normative di Naturland.

Grazie a questa filosofia, ci siamo trasformati da semplici importatori dei migliori frutti di mare in specialisti del settore operanti in tutto il mondo.

Ristic AG | Am Espen 15 | 90559 Oberferrieden
info@ristic.com | www.ristic.com

Utilizzi: la carne è molto saporita, peccato che il langostino del Cile arrivi sui nostri mercati soltanto surgelato o conservato in scatola. È particolarmente adatto per cocktail o insalate raffinate.

Litodidi *(Lithodidae)*

Non tutti i crostacei che sembrano granchi lo sono effettivamente dal punto di vista zoologico. I granchi reali, ad esempio, non appartengono all'ordine dei granchi *(Brachyura)*, come, invece, i granchi decoratori (o ragni-granchi) dalle lunghe zampe con i quali, a prima vista, possono essere scambiati, ma a quello dei Litodidi.

I Litodidi hanno dietro le chele soltanto tre grosse paia di zampe, mentre il quarto è molto poco sviluppato e serve solo per pulire. L'addome è formato da una serie di piastre asimmetriche, con segmenti irregolari.

Al contrario, i granchi hanno quattro grandi paia di zampe dietro le chele e segmenti dell'addome regolari.

Queste caratteristiche permettono di riconoscere facilmente i Litodidi dai granchi. Dal punto zoologico, i Litodidi appartengono agli Anomuri. Tra i granchi sono commercialmente e gastronomicamente importanti i diversi tipi "giganti", provvisti di una certa quantità di carne (**1, pag. 202**), molto saporita. Tuttavia, sui mercati arrivano freschi solo nelle zone in cui si effettua la pesca. Anche surgelati sono abbastanza rari, di solito questo tipo di crostaceo arriva sulle nostre tavole sotto forma di "polpa di granchio" in scatola.

GRANCHIO REALE ANTARTICO (4)

(Lithodes santolla)

ing. Southern king crab; ted. Antarktische Königskrabbe; sp. centolla chilena.

Il granchio reale antartico è diffuso nelle regioni più meridionali del Sudamerica, dal Cile meridionale e dalla Terra del Fuoco fino alla Patagonia e all'Uruguay, passando per lo Stretto di Magellano. Il pescato è più abbondante in Cile, ma anche Argentina e Uruguay hanno una buona produzione. In Cile il granchio reale antartico è lavorato per essere conservato in scatola, mentre solo una piccolissima quota del pescato è venduta fresca sul posto o giunge surgelata sui mercati internazionali.

Caratteristiche: il granchio reale antartico si caratterizza per la colorazione rossa uniforme, a volte con dei riflessi leggermente violacei. Tutto il corpo e anche gli arti sono muniti di robusti aculei molto acuminati e straordinariamente tutti della stessa lunghezza. Il rostro presenta quattro spine. Lo scudo dorsale protetto dagli aculei può raggiungere una larghezza di circa 25 cm.

Utilizzi: la prelibata carne del granchio reale antartico, come del resto in tutti i granchi reali, si trova nelle zampe lunghe e sottili. Il granchio reale antartico giunge sul mercato europeo prevalentemente in scatola, ma talvolta si può reperire anche surgelato. La sua carne bollita è particolarmente adatta per cocktail, insalate o raffinati antipasti. La polpa di granchio reale antartico è anche uno degli ingredienti con cui si preparano le cosiddette *crab cake*, una specie di polpette cotte a vapore o in padella a bassa temperatura.

(**4**) Il **GRANCHIO REALE ANTARTICO** *(Lithodes santolla)* si pesca nelle zone costiere più meridionali del Sudamerica, soprattutto in Cile. La sua carne è squisita, ma purtroppo è facilmente deperibile, e di conseguenza non può essere trasportato vivo su lunghi tragitti.

GRANCHIO REALE DORATO (2) *(Lithodes aequispina)*

ing. golden king crab; ted. Gold-Königskrabbe; giapp. ibara-gai-modoki.

Si estende dai mari occidentali dell'Alaska attraverso il Mare di Ochotsk fino al Giappone settentrionale e centrale, dove vive a profondità da 270 a 600 m.
<u>Caratteristiche:</u> la colorazione è rosso uniforme con leggeri riflessi dorati. Le spine sulla superficie dello scudo dorsale sono più lunghe di quelle del granchio reale antartico, ma sono tutte della stessa lunghezza, anche quelle laterali. Il rostro è dotato di nove spine. Lo scudo dorsale di questa specie può arrivare ad una larghezza di 20 cm.
<u>Utilizzi:</u> non è commercialmente molto importante. Si consuma bollito.

Un giro intorno al mondo

Il granchio reale dell'Alaska, detto anche granchio reale della Camciatca, tende sempre ad emigrare verso sud. Questo grosso granchio si pesca oggi anche in Norvegia lungo l'estremità settentrionale delle Isole Lofoti.

GRANCHIO REALE DELL'ALASKA (3, 4)

(Paralithodes camtschatica)

ing. red king crab, Alaska king crab; ted. Alaska-Königskrabbe; giapp. tarabagani.

È originario delle regioni costiere del Pacifico nord-occidentale, dalla Corea alla Camciatca, mentre a est è diffuso nelle Aleutine fino alla costa occidentale dell'Alaska e verso sud fino alla costa pacifica del Canada. Si pesca molto abbondantemente in tutta la zona di diffusione. Proprio in virtù di quest'intensa attività di pesca, gli Stati Uniti hanno introdotto delle norme a tutela di questa specie. I crostacei sono bolliti e lavorati prevalentemente a bordo dei pescherecci, e giungono sui mercati internazionali solo come prodotti surgelati o in scatola.
<u>Caratteristiche:</u> si differenzia dalla specie *Lithodes* solo per piccoli dettagli. Lo contraddistinguono, ad esempio, le spine dorsali e degli arti molto più corte. La specie di colore viola-rossastro può raggiungere al massimo una lunghezza di circa 20 cm.
<u>Utilizzi:</u> è molto saporito, e ha una resa relativamente buona. Si trova in commercio per lo più sotto forma di "polpa di granchio reale", e si presta alla preparazione di piatti freddi.

GRANCHIO REALE BLU (5) *(Paralithodes platypus)*

ing. blue king crab; ted. Blaue Königskrabbe; giapp. aburagani.

Come il granchio reale dell'Alaska, è originario delle regioni occidentali dell'Oceano Pacifico settentrionale. Nella regione orientale si trova solo nelle zone costiere dell'Alaska occidentale, a nord della catena delle Aleutine. Dal punto di vista commerciale, è meno importante del granchio reale dell'Alaska.
<u>Caratteristiche:</u> somiglia al gambero reale dell'Alaska, ma si riconosce per la mancanza della spina sulla parte superiore del rostro. La colorazione tipica è rosso-violaceo con riflessi bluastri.
<u>Utilizzi:</u> la carne bollita si usa per lo più per la preparazione di piatti freddi o di polpette di granchio.

GRANCHIO REALE SPINOSO (6)

(Paralomis multispina)

ing. spiny king crab; ted. Stachelige Königskrabbe; giapp. ezo-ibaragani.

Questo crostaceo vive nei grandi abissi da 600 a 1.500 m di profondità, ed è originario del Pacifico settentrionale, popolando le regioni orientali dall'Alaska a San Diego (California) e quelle occidentali dal Mare di Bering alla Baia di Sagami. Commercialmente ha un ruolo di rilievo soltanto in Giappone.
<u>Caratteristiche:</u> dal colore rosso scuro, ha il corpo articolato in segmenti regolari e spine quasi tutte della stessa lunghezza.
<u>Utilizzi:</u> la polpa non arriva sulle nostre tavole; è, tuttavia, delicata e si consuma per lo più bollita.

(1) Il **GRANCHIO** reale è reperibile in commercio per lo più in scatola, sotto forma di "polpa di granchio reale". I prodotti provenienti dalla Russia sono etichettati come "polpa di granchio della Camciatca" o *Chatka crab.*

(2) Come tutti i granchi reali, anche il **GRANCHIO REALE DORATO** *(Lithodes aequispina)* predilige i mari freddi. Tipico di questo crostaceo, molto simile al granchio reale artico, è il leggero riflesso dorato.

(3) Il **GRANCHIO REALE DELL'ALASKA** *(Paralithodes camtschatica)* somiglia alle varianti antartica o dorata, ma ha spine molto più corte sulla parte superiore dello scudo dorsale.

(4) Il **GRANCHIO REALE DELL'ALASKA** può raggiungere dimensioni ragguardevoli: gli esemplari di circa 15 anni possono avere uno scudo dorsale largo anche 20 cm. È molto apprezzato in cucina.

(5) Il **GRANCHIO REALE BLU** *(Paralithodes platypus)* è strettamente affine al granchio reale dell'Alaska, e in commercio i due crostacei non si distinguono. Di colore rosso-violaceo, ha leggeri riflessi bluastri.

(6) Il **GRANCHIO REALE SPINOSO** *(Paralomis multispina)* si riconosce per le piastre asimmetriche dell'addome. Si pesca soltanto in Giappone ed è commercializzato localmente.

Granchi *Zampe lunghe come i ragni gli uni, duri e compatti gli altri. Eppure, granchi decoratori (o ragni-granchi), brachiuri e granchi d'arena una caratteristica comune ce l'hanno: sono tutti molto gustosi.*

- I granchi Brachiuri sono i più grandi della specie.
- Si riconoscono dai Litodidi per via di quattro paia di zampe ben sviluppate.
- L'addome è molto corto, ripiegato sotto il cefalotorace a mo' di coda.

Brachiuri *(Brachyura)*

I granchi brachiuri sono i più grandi della specie. Tipico di questi crostacei è l'addome molto breve, ripiegato sotto il cefalotorace a mo' di coda. Nei granchi "veri", tra i quali si annoverano, ad esempio, le famiglie di grandi granchi *Homolidae*, *Majidae* (granchi decoratori o ragni-granchi), *Cancridae*, *Portunidae* (granchi nuotatori), ecc., tutte e quattro le paia di arti poste dietro le chele sono ben sviluppate. Tra i decapodi, i granchi sono la classe che comprende il maggior numero di specie (circa 5.000), ossia la metà di tutti i granchi giganti. Commercialmente non sono molto importanti.

CAPRA DI FONDALE (1) *(Paromola cuvieri)*

ing. paromola; fr. paromole; ted. Großer Rückenfüßier; sp. paromola, centolla de fondo.

Questo grande granchio è originario dell'Oceano Atlantico nordoccidentale, dall'Irlanda alla Mauritania, ed è abbastanza diffuso anche nel Mediterraneo occidentale, dove viene catturato a profondità di circa 300 m con le reti a strascico.

<u>Caratteristiche:</u> si riconosce dall'ultimo paio di zampe corte e incurvate verso il carapace, che terminano con uncini grazie ai quali il granchio si attacca agli oggetti con cui si mimetizza. Il rostro ha tre spine aguzze. Lo scudo dorsale articolato in segmenti raggiunge in media una lunghezza di 10-15 cm.

<u>Utilizzi:</u> si trova a volte sui mercati del pesce di Italia, Francia e Spagna ed è ottimo bollito.

RAGNO DECORATORE DEL CILE (2)

(Libidoclea granaria)

ing. Southern spider crab; ted. Chilenische Seespinne; sp. jaiba araña chilena.

Il ragno decoratore (o ragno-granchio) del Cile vive nei fondali del Cile meridionale e dell'estremità più meridionale del Sudamerica fino alle coste dell'Argentina meridionale, ma è diffuso soprattutto in Cile.

(1) La grossa **CAPRA DI FONDALE** *(Paromola cuvieri)* si riconosce per l'ultimo paio di zampe incurvate verso il carapace. Si trova sui mercati del pesce dei paesi del Mediterraneo occidentale ed è di buona qualità.

(2) Il **RAGNO DECORATORE DEL CILE** *(Libidoclea granaria)* ha chele e zampe molto vistose e lunghe, mentre il corpo non supera 9 cm di lunghezza. La carne è ottima.

Caratteristiche: si riconosce per il carapace marcatamente arrotondato e munito superficialmente di tante piccole spine.
Utilizzi: non è ancora molto commercializzato e non arriva sui mercati europei. È ottimo bollito.

GRANCHIO PECORA (3) *(Loxorhynchus grandis)*

ing. sheep crab, kelp crab; ted. Schafkrabbe.

La zona di diffusione di questa specie si estende dalla baia di San Francisco fino alla Bassa California.
Caratteristiche: tipico di questo crostaceo è lo scudo dorsale che può raggiungere anche una lunghezza di 20 cm, caratterizzato dalla presenza di molte spine e da una peluria molto ispida, da cui deriva il nome.
Utilizzi: importante solo a livello locale, questo granchio è ottimo soprattutto bollito.

GRANCEVOLA, GRANSEOLA (4) *(Maja squinado)*

ing. spinous spider crab; fr. araignée de mer; ted. Große Seespinne; sp. centollo, cabra; croat. racnjak; gr. kavouromana; tur. ayna.

È molto diffusa nell'Atlantico orientale e nel Mediterraneo; si pesca soprattutto lungo le coste atlantiche francesi, mentre nel Mediterraneo solo a livello locale.
Caratteristiche: ha uno scudo dorsale con molte spine, due piccoli rostri con chele abbastanza corte.
Utilizzi: Si cucina prevalentemente bollito in acqua salata o in un *court-bouillon* aromatico.

Le chele della **GRANCEVOLA ARTICA** (*Chionoecetes opilio*, e *C. bairdi*, *C. tanneri*, *C. japonicus*) si vendono anche a parte. La carne è squisita. Le chele si vendono conservate in vari modi, ma anche bollite e surgelate.

(3) Il **GRANCHIO PECORA** *(Loxorhynchus grandis)* è un ragno-granchio ma in realtà, avendo le zampe corte, ha molto poco del ragno. Lo scudo dorsale è ricoperto da un'ispida peluria.

(4) La **GRANCEVOLA** *(Maja squinado)* si vende fresca e arriva sui nostri mercati prevalentemente dall'Oceano Atlantico. Ha uno scudo dorsale molto spinoso e zampe abbastanza corte.

- I cancridi appartengono alla famiglia dei granchi e vivono nei mari freddi e temperati.
- Hanno uno scudo dorsale largo e ovaleggiante, munito di denti sul margine anteriore.

Cancridi *(Cancridae)*

Le circa 20 specie di questa famiglia sono diffuse nelle acque costiere dei mari freddi e temperati. Caratteristiche tipiche sono la netta forma ovale del carapace e il margine con tacche regolari nella parte anteriore.

GRANCIPORRO ATLANTICO (1) *(Cancer pagurus)*

ing. edible crab, dungeness crab; fr. tourteau, dormeur; ted. Taschenkrebs; sp. buey de mar; port. carenguejo muoro; dan. taskekrabbe; nor. krabbtaska; sv. krabbtaska, hovring.

Il granciporro atlantico popola l'Oceano Atlantico dalle Isole Lofoti fino alle coste marocchine ed è presente anche in tutto il Mare del Nord, talvolta anche nel Mediterraneo occidentale e nell'Adriatico. Predilige i fondali rocciosi e sabbiosi ad una profondità di 30-50 m. Si cattura di solito con nasse munite di pesce come esca. Per salvaguardare la specie, alcuni paesi hanno imposto dei limiti minimi alle dimensioni del pescato e il rispetto di periodi di divieto di pesca. Nelle regioni tedesche che si affacciano sul Mare del Nord, soprattutto nell'isola di Helgoland, le chele del granciporro atlantico sono vendute a parte con il nome di *knieper*, mentre i granchi sono rimessi in libertà. Parte di questi crostacei "mutilati" riesce a sopravvivere e le chele si riformano dopo alcune mute. In Europa il granciporro atlantico è il granchio più venduto, particolarmente amato soprattutto dai francesi.

Caratteristiche: lo scudo dorsale del granciporro atlantico è largo e ovaleggiante, i margini anteriori sono muniti di larghi denti intaccati, poco sporgenti, che sembrano stampati. Le robuste chele, che nei maschi sono più massicce che nelle femmine, terminano con dita di colore nero. La parte terminale delle zampe di questa specie è ricoperta da una folta peluria. Gli esemplari più grandi possono raggiungere una larghezza massima di 30 cm e arrivano a pesare anche 6 kg, ma si trovano più comunemente delle dimensioni di 20 cm.

Utilizzi: il prodotto arriva sui mercati vivo o conservato in scatola, oppure cotto e surgelato. La polpa si trova soprattutto nelle chele e nelle zampe, mentre il grosso scudo dorsale è poco carnoso. Come tutti i granchi, anche il granciporro atlantico si fa bollire per poi utilizzarlo, a seconda della preparazione, freddo o caldo. Se l'animale è ancora vivo, il sapore della carne si esalta lessandolo in un *court-bouillon*. Spesso la polpa è mescolata con altri ingredienti e utilizzata per riempire il carapace, che viene quindi gratinato in forno.

(1) Il **GRANCIPORRO ATLANTICO** *(Cancer pagurus)* ha chele robuste con dita di colore nero. Gran parte della prelibata carne si trova all'interno delle grandi chele. Il prodotto arriva sui mercati vivo, ma anche conservato in scatola o surgelato.

GRANCIPORRO DELLA CALIFORNIA (3)

(Cancer magister)

ing. dungeness crab (USA), California crab; fr. tourteau américain; ted. Kalifornischer Taschenkrebs.

Questo granchio, molto diffuso lungo la costa occidentale degli Stati Uniti, vive nelle zone costiere dell'Oceano Pacifico nordorientale dall'Alaska al Messico settentrionale. Il granciporro della California si pesca soprattutto negli Stati Uniti, da cui proviene l'85% del pescato, mentre il restante 15% è di origine canadese. Rappresenta, quindi, il granchio nordamericano commercialmente più importante. Le autorità hanno imposto rigide regole allo scopo di prevenire la pesca eccessiva e salvaguardare questa specie. È vietata la pesca di granchi di larghezza inferiore a 15 cm. Vige il divieto assoluto di pesca e commercio delle femmine.

Caratteristiche: il granciporro californiano si distingue da quello europeo per i denti più pronunciati sul margine anteriore del grosso scudo dorsale ovale e anche per il fatto che quest'ultimo è meno duro. Chele e zampe sono molto più piatte e sono dotate di piccole protuberanze a forma di perle alle estremità. Gli esemplari "giganti" raggiungono circa 30 cm di lunghezza per un peso di circa 2 kg, ma mediamente le dimensioni sono di 20-25 cm per 1 kg di peso.

Utilizzi: fresco si consuma soltanto lungo la costa occidentale degli Stati Uniti. La carne, molto saporita, si vende anche in scatola oppure cotta e surgelata, e talvolta si può trovare anche in Europa. È bene scongelare lentamente il prodotto surgelato. I granchi freschi si mangiano bolliti o si usano per la preparazione di piatti caldi o freddi.

GRANCEVOLA ARTICA (2) (Cancer borealis)

ing. jonah crab; ted. Jonahkrabbe.

La grancevola artica è l'*alter ego* nell'Oceano Atlantico del granciporro della California nell'Oceano Pacifico. Questo crostaceo vive lungo le coste atlantiche dal Canada meridionale fino alla Florida. Commercialmente è, tuttavia, molto meno importante della specie californiana.

Crab *(questo è il termine inglese con cui si chiamano i brachiuri in California) da asporto: puliti e cotti, già pronti da servire in tavola.*

La grancevola artica si pesca a nord insieme all'astice, a sud anche con le reti a strascico.

Caratteristiche: la grancevola artica è molto simile al granciporro della California per aspetto e mediamente anche per dimensioni. Mentre la dentatura del margine latero-anteriore della corazza non mostra differenze, la superficie dello scudo dorsale e anche delle chele è più ruvida.

Utilizzi: pur essendo la carne delicata come quella del granciporro della California, si trova molto più raramente sui mercati. Come altri granchi, anche la grancevola artica è ottima bollita e accompagnata con salse oppure servita fredda come antipasto.

Quasi un animale araldico

È difficile immaginare il granciporro della California in un posto diverso da San Francisco. Non c'è nulla di più piacevole d'estate che gustare i crostacei in un ristorante all'aperto a Fisherman's Wharf, il popolare quartiere in cui sorge il porto di San Francisco.

(2) La **GRANCEVOLA ARTICA** *(Cancer borealis)* è l'*alter ego* nell'Oceano Atlantico del granciporro della California. La superficie del carapace e delle chele è più ruvida di quella della sua controparte californiana.

(3) Il **GRANCIPORRO DELLA CALIFORNIA** *(Cancer magister)* è il granchio più popolare lungo la costa occidentale degli Stati Uniti. Le chele e le zampe molto piatte sono dotate di piccole protuberanze alle estremità.

- I granchi nuotatori hanno un corpo abbastanza piatto.
- Nella maggior parte delle specie, l'ultimo paio di zampe è appiattito all'estremità e forma una sorta di remo.

Granchi nuotatori (Portunidae)

I granchi nuotatori somigliano ai brachiuri, ma hanno un corpo più piatto, spesso munito di lunghi aculei laterali. Tipico di quasi tutti i componenti di questa specie è l'ultimo paio di zampe appiattito alle estremità, a mo' di remo.

GRANCHIO RIPARIO (1) (Carcinus maenas)

ing. common shore crab; fr. crabe vert, crabe enragé; ted. Strandkrabbe; sp. cañeta; croat. obigčna rakovica, suša; tur. çingene pavuryası.

Il granchio ripario è la specie di granchio più diffusa in Europa. Vive soprattutto nei fondali bassi e si pesca facilmente. La zona di diffusione va da Capo Nord al Marocco fino alle Isole Canarie. Nel Mediterraneo vive un crostaceo molto affine, il granchio carcino del Mediterraneo o granchio comune (1) (Carcinus aestuarii), che è molto difficile da riconoscere rispetto alla specie atlantica. Il granchio ripario è molto diffuso anche lungo le coste tedesche del Mare del Nord e del Mar Baltico.

Caratteristiche: ha una colorazione marrone-verdastra, e si riconosce per lo scudo dorsale piuttosto tozzo, tanto largo quanto lungo. Presenta cinque robusti denti appuntiti sui margini laterali anteriori. Le estremità dell'ultimo paio di zampe sono appiattite e i margini sono ricoperti da una folta peluria.

Utilizzi: non si pesca comunemente ed è importante solo a livello locale. Dopo la muta si può mangiare in padella o fritto con il nome di "moleche", altrimenti prevalentemente bollito.

GRANCHIO DI RENA, GRANCHIO VELLUTO (2)

(Necora puber)

ing. velvet swimming Crab; fr. étrille; ted. Wollige Schwimmkrabbe; sp. nécora.

Il granchio di rena vive nell'Oceano Atlantico dalla Norvegia alla Mauritania ed è presente anche nel Mediterraneo occidentale. Si pesca anche lungo la costa atlantica francese e spagnola.

Caratteristiche: deve il suo nome alla peluria vellutata che ricopre il carapace e le zampe. Come tutte le specie più affini, possiede cinque paia di robuste zampe distribuite su ambedue i lati del margine anteriore del carapace, che raggiunge una larghezza massima di 8 cm. Nello spazio interoculare presenta molte piccole spine.

Utilizzi: è molto apprezzato soprattutto in Francia. La sua carne è gustosa, e di solito si serve da sgusciare in tavola.

STAR CRAB (3) (Portunus sanguinolentus)

ing. star crab; ted. Pazifische Rotpunkt-Schwimmkrabbe.

Vive nella regione dell'Oceano Indopacifico, dall'Africa orientale all'Australia e al Giappone. Si pesca dappertutto a scopo commerciale per essere venduto sui locali mercati, di solito insieme ad altre specie.

(1) Il GRANCHIO RIPARIO DEL MEDITERRANEO (Carcinus maenas) si può reperire nei mercati del pesce dell'Europa meridionale. Ha cinque denti robusti sui margini laterali anteriori.

(2) Il GRANCHIO DI RENA (Necora puber) è tra i più grandi granchi nuotatori europei. Il carapace e le zampe sono ricoperti da una peluria vellutata.

(3) Lo STAR CRAB (Portunus sanguinolentus) si riconosce facilmente dalle tre grosse macchie rosso scuro dai contorni chiari.

(4) Il **GRANCHIO NUOTATORE STRIATO** *(Charybdis feriatus)*, che nella fotografia è insieme al granchio nuotatore blu, si riconosce per la presenza di strisce scure sullo scudo dorsale. È molto diffuso, ma dal punto di vista gastronomico non ha un valore particolarmente elevato.

(5) Il **GRANCHIO NUOTATORE BLU** *(Portunus pelagicus)* è, insieme al granchio di mangrovia, tra i granchi nuotatori qualitativamente più pregiati. Lo scudo dorsale è più largo che lungo e presenta una marmorizzazione irregolare chiara.

Caratteristiche: con uno scudo dorsale giallo-verdastro caratterizzato nella parte posteriore da tre grosse macchie rosso scuro dai contorni chiari, questo granchio è facilmente riconoscibile. Mediamente lo scudo dorsale non supera i 20 cm di larghezza, ma può anche essere più largo.

Utilizzi: dal punto di vista gastronomico è meno pregiato del granchio nuotatore blu e soprattutto del granchio di mangrovia. Si lessa prevalentemente in acqua salata o in un *court-bouillon*.

GRANCHIO NUOTATORE BLU (5)

(Portunus pelagicus)

ing. sand crab, pelagic swimming crab; fr. étrille pélagique; ted. Große Pazifische Schwimmkrabbe; tur. büyük çalpara.

Il granchio nuotatore blu è molto diffuso nell'Oceano Indiano e Pacifico e si pesca anche nel Mar Rosso, nei Mari del Sud e in Giappone. In tutta la zona di diffusione è sfruttato commercialmente e si vende sui mercati del pesce locali. Attraverso il Canale di Suez questa specie è giunta anche nel Mediterraneo orientale.

Caratteristiche: a differenza della maggior parte dei granchi nuotatori europei, questa specie ha nove denti su ciascun lato del margine anteriore del carapace, l'ultimo dei quali ha l'aspetto di una grossa spina sporgente lateralmente. Il carapace, molto più largo che lungo, è di colore marrone o blu, e assume un aspetto marmorizzato grazie alla presenza di macchie chiare irregolari. La larghezza massima dello scudo dorsale raggiunge difficilmente 20 cm.

Utilizzi: in Europa il prodotto arriva conservato in scatola dalla Tailandia, fresco si può trovare talvolta sui mercati del pesce della Turchia. È tra i migliori granchi nuotatori in assoluto. Si mangia prevalentemente bollito.

GRANCHIO NUOTATORE STRIATO (4)

(Charybdis feriatus)

ing. striped swimming crab; ted. Kreuzkrabbe.

Il granchio nuotatore striato è originario della regione che va dall'Africa orientale al Giappone e all'Australia. In tutta la zona di diffusione si pesca con lo strascico per scopi commerciali e si vende sui mercati locali.

Caratteristiche: il carapace è vistosamente striato e le chele sono molto spinose. Il carapace può raggiungere anche 15 cm di larghezza.

Utilizzi: dal punto di vista organolettico non regge il confronto con altri granchi nuotatori. Di solito si consuma bollito, ma talvolta si serve cotto in padella.

GRANCHIO BLU (1) *(Callinectes sapidus)*

ing. blue crab; fr. crabe bleu; ted. Blaukrabbe; gr. galazios kavouras; tur. mavi yengeç.

Il granchio blu è originario della costa atlantica dell'America settentrionale e centrale, dove è diffuso dal Canada meridionale all'Argentina settentrionale. Fino a qualche tempo fa era presente anche nel Mediterraneo, ed anzi ha rappresentato un prodotto commercialmente interessante, soprattutto nell'Egeo settentrionale e lungo la costa turca. La pesca eccessiva ha fortemente ridotto la presenza di questa specie in Grecia, mentre è invece ancora molto diffusa sulla costa turca meridionale, dove è reperibile facilmente sui mercati del pesce. Il granchio blu è commercialmente molto importante nell'intera zona di diffusione, ma soprattutto negli Stati Uniti.

Caratteristiche: il granchio blu si riconosce facilmente per l'intensa colorazione blu scuro, a cui deve il suo nome. Lo scudo dorsale può raggiungere una larghezza di 10-20 cm e nella parte posteriore forma un trapezio. Sulla parte anteriore semicircolare dello scudo dorsale sono presenti spine molto aguzze. Le chele sono abbastanza esili.

Utilizzi: insieme al granchio di mangrovia, è tra i granchi nuotatori più pregiati. Arriva fresco dal Mediterraneo. Negli Stati Uniti una parte del pescato viene lavorata e conservata in scatola, ma si trova in commercio anche cotto e surgelato, sotto forma di "moleche" (granchi in muta). Il sapore delicato della carne del granchio blu si esalta se si cuoce in acqua salata o in un *court-bouillon* aromatico. Le moleche si mangiano in genere dopo averle passate brevemente in padella.

(1) Il **GRANCHIO BLU** *(Callinectes sapidus)* è tra i granchi nuotatori più amati negli Stati Uniti. Nella baia di Chesapeake se ne catturano e vendono ogni anno quantità cospicue. Particolarmente apprezzate sono anche le moleche.

(2) Le **MOLECHE** (granchi in muta) non sono una singola specie, bensì sono granchi pescati immediatamente dopo la muta. Negli Stati Uniti le moleche di granchio blu sono particolarmente apprezzate nei mesi di maggio e giugno.

Moleche

Le "moleche" (granchi in muta) (**2**) non sono una singola specie, bensì diverse specie di granchi nuotatori pescati immediatamente dopo la muta. Sono considerate in tutto il mondo delle vere prelibatezze.

I granchi, come d'altra parte gli astici e le aragoste, stagionalmente crescono al punto che la corazza diventa troppo stretta, perché non è in grado di espandersi. Di conseguenza, gli animali se ne liberano. In questo particolare momento sono molto molli e quindi si possono mangiare interamente senza doverli sgusciare. A ciò si aggiunga che la loro carne tenera e candida è più saporita di quella dei granchi con la corazza rigida.

D'estate le moleche si possono trovare anche vive sui mercati del pesce lungo le coste europee. Se si è fortunati, non si può perdere l'occasione di provarle. In alternativa, si possono trovare in commercio le moleche surgelate.

Negli Stati Uniti le moleche sono molto popolari, in particolar modo quelle di granchio blu, che sono estremamente gustose e hanno un'ottima resa. Non ci si affida soltanto al caso: i crostacei si pescano prima della muta e si conservano in apposite vasche riempite con acqua di mare, in modo da poterli catturare non appena cade la vecchia corazza. È necessario essere molto tempestivi, perché un ritardo di ore, se non addirittura di minuti, potrebbe incidere sulla qualità; infatti, la cute che sta sotto la vecchia corazza comincia subito ad idratarsi al contatto con l'acqua. Bastano tre ore e le moleche diventano immangiabili. La carne è ancora buona, ma la pelle non è più commestibile. Basta, tuttavia, eliminare lo strato superiore.

GRANCHIO ARBORICOLO DI MANGROVIA (3)

(Scylla serrata)

ing. mud crab; fr. crabe des paletuviers; ted. Mangroven-krabbe.

Il granchio arboricolo di mangrovia è molto diffuso nelle regioni tropicali indopacifiche e si pesca lungo le coste dell'Africa orientale e nei Mari del Sud fino in Giappone. Il suo habitat preferito sono le lagune di mangrovie, in cui si trova in grande quantità e si può anche pescare. È facile trovarlo sui mercati locali di tutti i paesi della zona di diffusione.

(**3**) Il **GRANCHIO ARBORICOLO DI MANGROVIA** *(Scylla serrata)* è il granchio nuotatore più grande che esista ed anche più carnoso rispetto ad altre specie. La sua carne molto saporita gli ha fatto guadagnare un posto di rilievo anche tra le prelibatezze gastronomiche. Le chele, piuttosto grandi, contengono molta polpa.

Caratteristiche: con uno scudo dorsale che può raggiungere una larghezza massima di 22 cm, è il granchio nuotatore più grande che esista e non è raro che pesi 1,5 kg. I nove denti situati su ambedue i lati del margine laterale anteriore del carapace sono tutti della stessa grandezza. La colorazione del corpo varia da verde scuro a verde oliva, mentre intorno alle dita delle robuste chele presenta una sfumatura rossastra.

Utilizzi: da noi si trova, purtroppo, soltanto come prodotto in scatola proveniente dalla Tailandia, ma la sua qualità non ha nulla a che vedere con quella del prodotto fresco. Il granchio arboricolo di mangrovia si consuma per lo più bollito, ma le prelibate moleche si possono mangiare anche cotte in padella.

Animali armati

Per evitare che qualcuno venga pizzicato dalle possenti chele, prima che i granchi siano immessi sul mercato spesso chele e zampe sono bloccate con fascette di giunco.

(1) Le chele del **GRANCHIO ROSSO DI FONDALE** *(Chaceon maritae)* si possono trovare spesso sui mercati del pesce spagnoli. Questo granchio vive nelle profondità oceaniche nelle coste africane nordoccidentali.

Granchi dei coralli *(Xanthidae)*

La grande famiglia dei granchi dei coralli o dalle dita nere è la più variegata, con oltre 900 specie. I crostacei appartenenti a questa famiglia si riconoscono per la corazza dura e pesante e per le chele robuste e massicce. I granchi dei coralli sono animali abbastanza pesanti e si spostano con molta lentezza. Popolano tutti i mari della terra, ma sono più diffusi soprattutti in acque tropicali. Si vendono soltanto le chele, che si staccano dall'animale vivo, che viene poi rimesso in libertà.

GRANCHIO PIETRA (2–8) *(Menippe mercenaria)*

ing. stone crab; ted. Große Steinkrabbe; sp. cangrejo moro (Cuba), cangrejo de piedra negro.

Il granchio pietra, che può raggiungere dimensioni ragguardevoli, vive lungo le coste atlantiche dell'America del Nord e Centrale, ed è diffuso dalla Carolina del Nord alla penisola dello Yucatán in Messico. Ha un'elevata affinità con le specie che provengono dal Golfo del Messico, che oggi si considerano come un'unica specie *(Menippe adina)*. Il granchio pietra vive sia nei bassi fondali soggetti alle maree, sia in profondità fino a circa 50 m. Si pesca in tutta la zona di diffusione, ma in maggiori quantità soprattutto negli Stati Uniti. Le principali zone di pesca sono le coste della Florida occidentale e sudoccidentale. Si vendono soltanto le chele, che i pescatori staccano con cautela dall'animale vivo, che poi rimettono in libertà. Le chele si riformano nei diciotto mesi successivi, ma sono più piccole. Nelle zone della Florida in cui si effettua la pesca si scaricano ogni anno diverse centinaia di tonnellate di chele. Queste vengono cotte subito e poi vendute fresche, oppure surgelate per la spedizione.

Caratteristiche: questo crostaceo si riconosce per lo scudo dorsale ovaleggiante e i larghi denti a forma di labbra situati sul margine laterale anteriore. Il suo colore va dal marrone al porpora violaceo, e le zampe sono segmentate trasversalmente. Le chele sono abbastanza grandi e terminano per lo più con dita di colore nero. Lo scudo dorsale può raggiungere una larghezza massima di 15 cm, ma la taglia più comune è di 13 cm.

(2) Estrarre le chele dai granchi grossi è un'operazione molto difficile.

(3) Il granchio pietra ha chele particolarmente massicce, che possono ricrescere.

(4) Una mano esperta riesce a sollevare il granchio pietra afferrandolo dalla corazza, ...

(5) ... quindi stacca ambedue le chele nel punto di rottura previsto.

Utilizzi: la polpa è adatta per la preparazione di antipasti freddi, insalate o cocktail. È bene evitare una seconda cottura perché renderebbe insipida la carne.

GRANCHIO GIGANTE AUSTRALE

(Pseudocarcinus gigas)

ing. Tasmanian giant crab; ted. Australische Riesenkrabbe.

Questo crostaceo vive prevalentemente lungo la costa meridionale australe a 90-450 m di profondità. In passato era venduto insieme ad altre specie, oggi si pesca talvolta da solo per poi venderlo a livello locale. Caratteristiche: lo scudo dorsale del granchio gigante australe può raggiungere una larghezza di 30 cm e un peso che può sfiorare anche 15 kg. Utilizzi: la carne si lessa per utilizzarla poi per la preparazione di antipasti freddi.

GRANCHIO FAVOLLO, GRANCIPORRO

(1, pag. 214) *(Eriphia verrucosa)*

fr. crabe verruqueux; ted. Italienischer Taschenkrebs; sp. cangrejo moruno; croat. žbirac; tur. pavurya.

Il granchio favollo, noto anche come granchio arancione, è diffuso nell'Oceano Atlantico orientale dal Golfo di Biscaglia alla Mauritania, e anche in tutto il Mediterraneo. Tuttavia, è economicamente importante soltanto nel Mediterraneo e si vende soprattutto in Italia, nell'ex Jugoslavia e in Turchia. Vive nei fondali bassi delle coste rocciose, e viene catturato con le mani, dopo averlo abbagliato con la luce delle torce elettriche soprattutto di notte, quando esce a caccia di cibo. Talvolta il granchio favollo è catturato con le nasse insieme ad altro pesce o con i palamiti.

Caratteristiche: la corazza è spinosa ed evidenzia molte granulazioni sulla parte dorsale. Si distingue dai granchi nuotatori perché l'ultimo paio di zampe è semplice e non allargato a mo' di remo. Su ambedue i lati del margine laterale anteriore dello scudo dorsale presenta da 6 a 7 denti aguzzi. Le chele terminano con dita di colore nero. Lo scudo dorsale può raggiungere una larghezza di 10 cm. Gli esemplari così grandi sono pericolosi e devono essere maneggiati con cautela.

Utilizzi: il granchio favollo è molto saporito, ma si vende prevalentemente a livello locale. Si lessa nell'acqua salata o in un *court-bouillon* aromatico e si mangia caldo, oppure si può utilizzare per la preparazione di antipasti freddi.

Knieper *della Germania del Nord*

Anche in Germania, soprattutto nell'isola di Helgoland e sulla costa, le chele di granchio sono a volte reperibili fresche o surgelate crude. Provengono esclusivamente da granchi nuotatori e si vendono sotto il nome di *knieper*, che nel dialetto locale significa, appunto, chele.

(6) Le chele ricrescono nel giro di 18 mesi, ma sono più piccole.

(7) Il granchio può sopravvivere anche senza chele e viene rimesso in libertà.

(8) Le **CHELE DEL GRANCHIO PIETRA** *(Menippe mercenaria)* in America si vendono soltanto cotte. La loro carne delicata si presta particolarmente a cocktail e insalate, ma per il momento non viene importata in Europa.

Altri granchi

Questa pagina illustra brevemente altre specie di granchio, alcune di mare, altre d'acqua dolce. Alcune vivono anche temporaneamente sulla terra.

GRANCHIO ROSSO DI FONDALE (1, pag. 212)

(Chaceon maritae)

ing. deep sea red crab; fr. gériocrabe rouge; ted. Rote Tiefseekrabbe; sp. cangrejo rojo.

Il granchio rosso di fondale vive in profondità nell'Oceano Atlantico al largo delle coste dell'Africa nordoccidentale. Viene pescato da qualche tempo anche al largo del Marocco meridionale e della Mauritania, soprattutto da parte di pescherecci spagnoli. Tuttavia, commercialmente la sua importanza è tutto sommato modesta. Si pescano e si vendono anche specie affini, ma i non esperti non sanno distinguerle.

E se si vergognasse?

In realtà non si sa, ma fa sempre così: il granchio melograno si copre il "volto" con le chele come per nascondersi, e per questo viene chiamato anche "granchio vergognoso". Alla dentatura che caratterizza le chele si deve anche il nome di "granchio a cresta di gallo".

Caratteristiche: si riconosce per lo scudo dorsale tondeggiante e levigato con 5 denti sul margine laterale anteriore. Le zampe sono relativamente lunghe e lisce. La colorazione va dal rosa al rosso cupo. È tra i granchi più grandi e lo scudo dorsale può raggiungere una larghezza massima di 18 cm.

Utilizzi: la carne del granchio rosso di fondale è eccellente. Si lessa di norma in acqua salata; in Spagna le chele si servono spesso con la paella.

GRANCHIO MELOGRANO (2)

(Calappa granulata)

ing. box crab; fr. crabe honteux; ted. Mittelmeer-Schamkrabbe; sp. cangrejo real; croat. rakovica crno pjegava; tur. maskeliyengeç.

Il granchio melograno, detto anche "granchio vergognoso", è diffuso nell'Oceano Atlantico dalle coste portoghesi a quelle del Marocco meridionale, e si trova anche in tutto il Mediterraneo. Commercialmente è poco importante, si pesca solo con lo strascico insieme ad altri pesci. Si trova sui mercati del pesce spagnoli, liguri e marocchini.

Caratteristiche: il granchio melograno del Mediterraneo si riconosce per lo scudo dorsale triangolare che si restringe nella parte anteriore, munito di denti solo sui margini laterali posteriori. Presenta macchie di colore rosso cupo regolarmente disposte in senso longitudinale sulla superficie della corazza. Anche le chele sono rosse e molto alte, e nel margine superiore sono caratterizzate da una dentatura che richiama la cresta di gallo.

Utilizzi: la carne è saporita, ma purtroppo si trova solo nelle chele. Anche questo granchio si lessa e si serve come antipasto caldo o freddo.

(1) Il **GRANCHIO FAVOLLO** *(Eriphia verrucosa)*, detto anche granchio arancione, ha importanza locale nei paesi del Mediterraneo. Ha poca carne, ma il sapore è ottimo.

(2) Il **GRANCHIO MELOGRANO** *(Calappa granulata)* si copre il "volto" con le chele, per cui viene chiamato anche "granchio vergognoso". Poiché ha poca carne, è importante solo a livello locale.

GRANCHIO CINESE (3) *(Eriocheir sinensis)*

ing. Chinese mitten crab; fr. crabe chinois; ted. Wollhand-krabbe; dan. kinesiske uldhaandskrabbe; nor. kinesisk ullhånd-krabbe; ol. chineesche wolhandkrab; sv. ullhandskrabba.

Il granchio cinese è originario dei fiumi della Cina; fu importato in Germania prima della Prima Guerra Mondiale, quando la città cinese di Tsingtao era ancora colonia tedesca e porto per le navi da guerra. Negli anni Trenta la presenza del granchio cinese nella regione dell'Elba era così massiccia che al momento della migrazione annuale (in autunno gli animali ricchi di uova emigrano verso il mare) la diga s'intasò e l'attività della pesca sull'Elba fu seriamente compromessa. Il fenomeno riguardò anche il Weser, ma in misura minore rispetto all'Elba, mentre gli altri fiumi furono relativamente meno infestati dal crostaceo. A seguito dell'infestazione dell'Elba le popolazioni subirono un brusco calo. Oggi il granchio cinese è diffuso in tutti i maggiori fiumi tedeschi e la sua presenza è stata riscontrata anche in Francia, nei Paesi del Benelux e nell'Europa settentrionale.

Caratteristiche: le chele dei maschi sono interamente ricoperte di peli. Lo scudo dorsale di questa specie, di colore brunastro, raggiunge una larghezza di circa 5 cm.

Utilizzi: in Cina il granchio cinese è una prelibatezza molto costosa, mentre in Europa è meno pregiato, al punto che tutti i tentativi di commercializzarlo sono andati falliti. Anche questo granchio è ottimo bollito.

(4) Il **BLUE LAND CRAB** *(Cardisoma guanhumi)* ha una colorazione molto appariscente: subito dopo la muta, la corazza e gli arti sono di colore blu intenso e presentano macchie di colore giallo brillante sulla parte inferiore. La carne è leggermente dolciastra e si usa localmente in tutta la zona di diffusione.

BLUE LAND CRAB (4) *(Cardisoma guanhumi)*

ing. blue land crab; fr. crabe terrestre; ted. Karibische Land-krabbe; sp. cangrejo azul; port. guaiamu (nome indiano brasiliano).

Questo granchio semiterrestre è diffuso lungo le coste tropicali dell'America orientale, dalla Florida meridionale ai Caraibi, fino alle coste brasiliane. Scava gallerie profonde nelle quali si rifugia di giorno, mentre di notte va a caccia di nutrimento. Nella zona di diffusione è molto comune e trova impiego localmente.

Caratteristiche: si riconosce per la corazza tondeggiante e levigata. Le chele sono molto disomogenee tra loro, essendo una molto più grande dell'altra. La corazza è blu intenso, con due macchie pelose di colore giallo brillante.

Utilizzi: in Europa questo granchio si trova raramente. È un ingrediente molto prelibato della cucina creola, e si mangia prevalentemente bollito o farcito.

(3) Il **GRANCHIO CINESE** *(Eriocheir sinensis)* vive in acqua dolce e salata. I maschi presentano una sorta di "guanto di lana" sulle chele, da cui deriva l'appellativo di "granchio guantato". In Cina è una specialità.

Altri crostacei *Molto vistosi e molto richiesti dagli intenditori: lepadi cornucopia, balani e canocchie sono vere e proprie prelibatezze.*

- Lepadi cornucopia, balani e canocchie non appartengono all'ordine dei decapodi.
- Lepadi cornucopia e balani sono importanti solo a livello locale.
- Le canocchie sono apprezzate soprattutto in Italia.

Altri crostacei

In questa parte si descrivono brevemente due gruppi di crostacei non strettamente affini, che non appartengono all'ordine dei decapodi. Commercialmente non sono molto importanti, anche se le canocchie si vendono in tutto il mondo.

CIRRIPEDE (1) *(Mitella pollicipes)*

fr. pouce pied; ted. Felsen-Entenmuschel; sp. percebe.

Il balano è diffuso nell'Atlantico nordorientale dal Golfo di Biscaglia al Senegal e si trova anche nel Mediterraneo occidentale. Predilige i fondali rocciosi soggetti alle maree. D'estate lo stelo è pieno di uova mature, per cui è particolarmente richiesto. Sulla costa atlantica spagnola, dove le percebes sono una specialità, è stato introdotto un periodo di divieto di pesca dal 1° maggio al 1° ottobre.
Caratteristiche: la lepade cornucopia si riconosce per la caratteristica disposizione delle piastre chiare che circondano l'estremità dello stelo. Può raggiungere una lunghezza di 12 cm.
Utilizzi: le lepadi cornucopia si lessano in acqua salata con qualche foglia d'alloro, quindi si lasciano raffreddare nel loro brodo; i molluschi si possono gustare sia caldi sia tiepidi.

BALANO GIGANTE (2)

(Megabalanus psittacus)

ing. giant Chilean barnacle; ted. Riesen-Seepocke.

Il balano gigante popola le coste peruviane e cilene, e anche la sponda atlantica dell'Argentina meridionale. In Cile i balani giganti vengono staccati dalle rocce lungo la linea di marea e sfruttati commercialmente.
Caratteristiche: la conchiglia raggiunge anche 22 cm, è molto stratificata ed ha una colorazione dal rosa pallido al bianco.
Utilizzi: si usa spesso per preparare una zuppa molto saporita. Non si trova in Europa.

(1) Il **CIRRIPEDE** *(Mitella pollicipes)* si attacca a tal punto che per staccarla è necessaria una spatola lunga. Quest'operazione, realizzata lungo la linea di marea dell'Oceano Atlantico, è molto pericolosa.

(2) Il **BALANO GIGANTE** *(Megabalanus psittacus)* ha un guscio molto stratificato, il cui colore va dal rosa pallido al bianco. Rispetto alle dimensioni, contiene poca carne.

(3) La **CANOCCHIA COMUNE** *(Squilla mantis)* è reperibile facilmente sui mercati del pesce dell'Europa meridionale ed è particolarmente apprezzata in Italia. Le canocchie, il cui aspetto ricorda quello degli scampi, sono talvolta vendute come tali, anche se non sono comparabili con questi dal punto di vista del sapore. Si riconoscono facilmente per la presenza di due macchie scure sulla coda, che somigliano a due occhi.

CANOCCHIA COMUNE (3) *(Squilla mantis)*

ing. mantis shrimp; fr. squille ocellée; ted. Gemeiner Heuschreckenkrebs; sp. galera; croat. vabić; gr. scouliki.

La canocchia popola l'Oceano Atlantico orientale dalle Isole Britanniche a nord fino all'Angola a sud. È diffusa anche in tutto il bacino del Mediterraneo, soprattutto nell'Adriatico. La canocchia rappresentata in quest'immagine è l'unica specie che vive in Europa ad essere utilizzata anche commercialmente. La pesca è importante soprattutto in Italia, ma la canocchia è presente regolarmente anche su altri mercati del pesce sudeuropei.

Caratteristiche: la canocchia non appartiene ai decapodi, ha una corazza corta e un corpo articolato in dieci segmenti. Tipiche della specie sono le possenti zampe prensili, la cui estremità è munita sullo spigolo interno di robuste spine acuminate e può essere agganciata al penultimo segmento. Le spine scorrono nei recessi del penultimo segmento. Pesci e altre prede che finiscono tra le sue chele non hanno alcuno scampo e sono divorate dalla voracissima canocchia. Si riconosce facilmente per la presenza sulla coda di due macchie scure simmetriche. La canocchia raggiunge una lunghezza massima di circa 20 cm.

Utilizzi: la carne di questo crostaceo è delicata ma relativamente tenera, e pertanto non è apprezzata da tutti. Dal punto di vista organolettico non può certo competere con gamberoni, astici o aragoste. La canocchia si usa spesso insieme ad altri ingredienti per la preparazione di zuppe di pesce oppure si lessa fresca e si serve condita con olio d'oliva e succo di limone. È molto saporita anche cotta in padella o alla griglia.

Molluschi conchigliferi *Garantiscono una grande varietà gastronomica. Conchiglie e lumache di mare sono i frutti di mare più importanti dopo i crostacei.*

LE CONCHIGLIE *(Bivalvia)* E LE LUMACHE *(Gastropoda)* sono protette da un guscio duro che, oltre ad essere la loro "casa" ben visibile, è la loro caratteristica principale. Zoologicamente parlando, si classificano entrambi come molluschi (animali dal corpo molle), a cui appartengono anche i cefalopodi. Il termine "molluschi conchigliferi" fa invece riferimento a un concetto gastronomico, che descrive inequivocabilmente la caratteristica principale dei molluschi e delle lumache di mare.

LA CONCHIGLIA

Non è soltanto un rifugio per molluschi e lumache di mare, ma è anche una garanzia di stabilità e una necessità: i molluschi sono invertebrati, quindi sono privi di scheletro. Il loro corpo molle non è protetto nemmeno da uno scudo flessibile, come quello dei crostacei. In sezione, la conchiglia è costituita da tre parti: uno strato esterno coriaceo, uno strato calcareo e uno strato interno madreperlaceo. Tuttavia, esiste una notevole differenza tra i due gruppi: la conchiglia dei molluschi è composta da due metà (valve), mentre quella delle lumache da una sola.

MOLLUSCHI

La conchiglia dei molluschi è formata da due valve, che s'incastrano perfettamente tra loro in un punto detto chiusura, come una cerniera. Da questo punto in poi il mollusco comincia a crescere; alcune specie, come, ad esempio, le ostriche, evidenziano marcati "anelli di accrescimento" sulla valva superiore. Le due valve sono tenute insieme dal cosiddetto "nastro di chiusura", ma il mollusco deve fare ricorso alla forza muscolare per chiudere la conchiglia. I muscoli adduttori che azionano il meccanismo di chiusura della conchiglia possono reagire in maniera diversa. In caso di pericolo incombente, si attivano le "fibre di reazione" e la conchiglia si chiude immediatamente. Ciò succede, ad esempio, se si toccano con le dita le valve di molluschi vivi. Le lente "fibre d'arresto", invece, tengono chiuse le valve per lungo tempo senza grosso dispendio di energia, e ciò consente di trasportare i molluschi vivi. Il corpo dei molluschi è inarticolato, soltanto talune specie sono dotate di un piede che serve per gli spostamenti o per scavare, mentre altre possiedono dei sifoni, o canali respiratori, che fungono da aperture per l'afflusso e il deflusso dell'acqua. Molto importanti sono le branchie: infatti, servono all'animale non solo per respirare, ma anche per filtrare il nutrimento dall'acqua. Purtroppo, però, oltre a filtrare le sostanze nutritive devono filtrare anche quelle nocive, che nei casi più sfortunati possono causare intossicazioni da consumo di molluschi.

LUMACHE DI MARE

Diversamente dai molluschi, la loro conchiglia è spiralata e costituita da un'unica valva. In alcune specie l'apertura può essere chiusa con un coperchio corneo o calcareo. Se questo è presente, deve essere rimosso prima di consumarle. Il corpo delle lumache mostra una segmentazione più marcata rispetto a quella dei molluschi, e si possono riconoscere la testa con antenne e apparato boccale, il tipico piede muscoloso, il sacco viscerale con gli organi interni (è la parte più scura nell'angolo posteriore della conchiglia) e il mantello, che circonda la lumaca ed è responsabile della formazione della conchiglia.

VALORI NUTRIZIONALI DEI MOLLUSCHI

I molluschi sono ricchi di proteine, minerali e vitamine e poveri di grassi: un alimento prezioso e per di più gustoso. Non c'è da stupirsi, quindi, che siano utilizzati per vari scopi nelle regioni costiere fin dai tempi preistorici. In realtà, qualcosa è cambiato. Infatti, grazie alle moderne tecnologie di refrigerazione e soluzioni logistiche, i molluschi possono essere spediti freschi, surgelati o conservati anche nelle regioni interne. Inoltre, gran parte dei molluschi proviene oggi da acquacolture avviate su vasta scala soprattutto nell'Asia orientale, ma anche in Europa, Nordamerica, Australia e Nuova Zelanda.

Mitili *Neri lucenti o con il bordo della conchiglia verde brillante: sono tra i molluschi preferiti in tutto il mondo e si prestano anche ad una varietà di preparazioni.*

- I mitili si trovano in tutto il mondo e si usano per preparare vari piatti.
- I mitili secernono filamenti di bisso con cui si fissano ad un substrato.
- I mitili di acquacoltura che si trovano sui nostri mercati provengono dal Mare del Nord, dal Mediterraneo e dalla Nuova Zelanda.

Mitilo di mare *(Mytilidae)*

I mitili di mare, saporitissimi, sono richiesti in ogni parte del mondo e facilmente reperibili. Dal punto di vista della salinità e della temperatura dell'acqua non hanno bisogno di condizioni particolari, ma sono molto sensibili alle sostanze inquinanti; pertanto, la loro presenza si può considerare un indicatore di "mare pulito". Tipica di molte specie di mitili è la "barba", costituita da filamenti di bisso prodotti dalla ghiandola bissogena del piede, che consentono al mollusco di fissarsi ad un substrato. Si devono considerare alimenti ad alto valore nutrizionale, giacché contengono abbondanti quantità di minerali, vitamine, proteine pregiate e solo una modesta quantità di grassi.

(1) La **COZZA** *(Mytilus edulis)* è da noi il mollusco più diffuso. Si riconosce facilmente dalle valve levigate nero-bluastre e dalla carne di un vivace colore arancio. Le cozze provengono quasi esclusivamente da acquacolture denominate "parchi riproduttori".

COZZA (1) *(Mytilus edulis)*

ing. blue mussel, edible mussel; fr. moule, mouscle; ted. Miesmuschel, Pfahlmuschel, Seemuschel; sp. mejillón, mocejone; port. mexilhão; dan. blåmusling; nor. blåskjell; ol. mossel.

Questo mitilo robusto e dotato di grande capacità di adattamento vive in tutti gli oceani dell'emisfero settentrionale. In mancanza di rocce cui attaccarsi, si accontenta di pietre o di qualunque altro substrato. Alligna in fondali relativamente bassi, anche nei terreni prosciugati al di sotto del livello del mare tipici del Mare del Nord, senza preoccuparsi di rimanere all'asciutto con la bassa marea. Nei fondali molto bassi le cozze formano enormi banchi con migliaia di animali. Le cozze si possono riprodurre con una certa facilità, e per tale motivo l'acquacoltura è relativamente semplice. Grossi allevamenti di cozze si trovano nel Mare del Nord e nel Mar Baltico (Olanda, Germania, Danimarca) e sulla costa atlantica francese, ma anche negli Stati Uniti. Un grosso produttore è la Cina.

Caratteristiche: le conchiglie hanno forma oblunga e colore nero bluastro, sono costituite da due valve identiche e possono arrivare anche a 10 cm di lunghezza. Internamente sono rivestite da uno strato madreperlaceo.

Utilizzi: nell'America settentrionale le cozze si mangiano spesso crude, mentre in Europa si preferiscono cotte; la preparazione classica prevede la cottura a vapore in un *court-bouillon* al vino con erbe aromatiche.

MITILO MEDITERRANEO (2)
(Mytilus galloprovincialis)

ing. Mediterranean mussel; fr. moule de Mediterranée; ted. Mittelmeer-Miesmuschel; sp. mejillón de roca; gr. midhi; tur. midye.

Questo mitilo è più grande rispetto alla cozza comune, alla quale somiglia a tal punto che i due molluschi possono essere scambiati tra di loro. Il mitilo mediterraneo è originario di questo bacino, del Mar Nero e delle coste atlantiche spagnole e portoghesi.

Oggi si può trovare, però, anche in Sudafrica, in alcune regioni costiere degli Stati Uniti e alle Hawai, dove è stato importato.

Caratteristiche: le valve sono nero-bluastre come quelle della cozza, ma sono più grandi e spesso anche più robuste.

Utilizzi: si presta alla cottura a vapore e alla preparazione di zuppe di pesce, ma è molto buono anche in salsa piccante.

MITILO VERDE DELLA NUOVA ZELANDA (3)

(Perna canaliculus)

ing. greenshell mussel; ted. Neuseeländische Miesmuschel, Grünschalmuschel.

Questo mitilo vive solo nelle acque neozelandesi. Non vale più la pena di pescarlo in mare, perché si alleva in maniera intensiva: per volume, l'esportazione del mitilo verde è la seconda più importante della Nuova Zelanda nel settore dei frutti di mare. I maggiori consumatori sono gli Stati Uniti, ma anche da noi si può reperire abbastanza facilmente.

Caratteristiche: è inconfondibile per le striature di un brillante verde smeraldo presenti lungo il margine esterno delle valve. Le femmine hanno una carne color salmone chiaro, i maschi, invece, color crema. Raggiunge normalmente una lunghezza di 10-15 cm, ma gli esemplari più grandi possono superare anche i 20 cm.

Utilizzi: come le cozze, si mangiano cotti a vapore in un *court-bouillon*, ma passati al forno e sgusciati si usano anche per la preparazione di insalate e zuppe. In Nuova Zelanda sono molto popolari ripieni o alla griglia.

DATTERO DI MARE (4) *(Lithophaga lithophaga)*

ing. date shell, European date mussel; fr. datte de mer, datte lithophage; ted. Meerdattel, Steindattel; sp. dátil de mar.

Il dattero di mare, detto anche dattero di pietra, vive al sicuro: grazie ad una secrezione ghiandolare acida si scava la tana nelle rocce calcaree o nelle barriere coralline. Per estrarlo i sub devono scalfire la roccia, con conseguenti danni irreparabili per le rocce e le scogliere.

Caratteristiche: la forma molto allungata e il colore bruno scuro della conchiglia lo rendono molto somigliante ad un dattero. Di solito raggiunge una lunghezza di 5-8 cm, ma alcuni esemplari possono arrivare anche a 11 cm. È molto saporito, ma a causa della scarsa quantità del pescato è molto caro e in molti luoghi anche protetto.

Utilizzi: è ottimo crudo, ma si presta anche alla cottura a vapore o alla preparazione di zuppe di frutti di mare e di piatti unici.

Piacere proibito

A differenza della cozza, il dattero di mare è una specie protetta in vari paesi del Mediterraneo e non può più essere pescato. Ciò si deve non solo al fatto che si trova raramente, ma anche ai metodi di raccolta che necessitano la distruzione dei fondali rocciosi.

(2) Il **MITILO MEDITERRANEO** *(Mytilus galloprovincialis)* si differenzia dalle specie affini del Mare del Nord per le valve nettamente più larghe.

(3) Il **MITILO VERDE DELLA NUOVA ZELANDA** *(Perna canaliculus)* si riconosce per il verde brillante della parte terminale delle valve. Si vende soprattutto con il nome di "cozza verde".

(4) Il **DATTERO DI MARE** *(Lithophaga lithophaga)* vive in gallerie che scava nelle rocce calcaree delle coste mediterranee. La sua carne, di un delicato color crema, è molto pregiata.

La mitilicoltura
Da molto tempo l'allevamento dei mitili e di altre specie di molluschi è mirato. I molluschi in commercio provengono oggi per lo più da acquacolture dell'Atlantico.

MOLTI DI NOI pensano che i mitili arrivino direttamente dal Mare del Nord. Invece, la regione più importante d'Europa per la produzione di molluschi si trova molto più a sud: sulla costa atlantica della Galizia, la regione della Spagna nordoccidentale dove la pesca e il commercio di frutti di mare hanno una lunga tradizione. Il mitilo del Mediterraneo si coltiva qui secondo una particolare tecnica: i molluschi pescati in mare o acquistati presso centri di allevamento sono "seminati" su funi a cui si attaccano grazie ai filamenti di bisso. Per evitare che i molluschi di appena 1-2 cm cadano, si avvolgono con reti sottili, che pendono dalle funi nell'acqua.

Queste funi lunghe diversi metri sono fissate a loro volta a delle zattere costruite con legno di eucalipto (denominate *bateas*), che come tante isolette artificiali sono ancorate in insenature protette con acque abbastanza calde (denominate *rías*). Quando cambia la marea, i molluschi sono bagnati da acqua fresca e ricevono nutrimento. Non venendo a contatto con il fondo del mare, nelle valve non penetrano né sabbia né limo.

Molluschi abbarbicati alla fune: sulle funi che pendono sull'acqua non si allevano solo cozze. Anche i pettini di mare vi crescono meravigliosamente.

Grazie a queste condizioni ottimali, i piccoli molluschi possono crescere rapidamente, raggiungendo in meno di un anno le dimensioni commerciali di circa 7 cm. Certo non possono essere lasciati crescere incustoditi: durante la fase della crescita, infatti, i molluschi devono essere cambiati di posto due-tre volte, perché hanno bisogno di sempre maggiore spazio e le funi diventano sempre più pesanti. Spostarli è faticoso, perché devono essere staccati a mano dalle funi. Infine i molluschi, accuratamente puliti e selezionati, sono pronti per la vendita. Questi molluschi si raccolgono in pratica tutto l'anno. I periodi migliori per il commercio dei frutti di mare vivi, come si vendono prevalentemente, sono i mesi autunnali e invernali, mentre durante la primavera e in estate i molluschi sono lavorati per la preparazione di prodotti conservati.

I molluschi si allevano in questo modo anche in Italia e in Francia. Su questo principio operano anche le acquacolture di mitili verdi della Nuova Zelanda. In Francia, invece, si pratica ancora anche un altro metodo che risale presumibilmente al Medioevo: l'allevamento dei molluschi nei cosiddetti *bouchot*. Questi sono dei picchetti di legno che si piantano in profondità lungo le coste. In passato, quando le acquacolture ancora non esistevano, si doveva aspettare pazientemente che un numero sufficiente di molluschi si fissasse ai picchetti e crescesse.

Oggi con i *moules de bouchot* quasi nulla si lascia al caso: applicando un principio molto simile a quello in uso in Spagna, i molluschi sono disposti su delle funi e avvolti in reti che poi si avvolgono intorno ai picchetti di legno. A differenza dei molluschi spagnoli, i *bouchot* sono esposti regolarmente alle maree. Con la bassa marea, i molluschi rimangono, quindi, in secca, ma ciò facilita il lavoro degli allevatori, che possono piantare o raccogliere i picchetti nell'acqua bassa. Questo metodo è originario della regione di Charentes, ma oggi è praticato sulla costa atlantica ed anche in Normandia e in Bretagna. Nella zona di Mont St. Michel, quando la marea scende, spuntano dall'acqua miriadi di picchetti di legno per l'allevamento dei molluschi. I palati sopraffini preferiscono il sapore delicato dei molluschi cresciuti abbarbicati ai *bouchot*, che crescono lentamente, sono più piccoli ma particolarmente carnosi.

Nelle regioni pianeggianti del Mare del Nord soggette alle maree, dove quando la marea è bassa il mare arretra al punto che non si vede quasi più dalla riva, l'allevamento dei molluschi secondo il metodo praticato in Spagna o in Nuova Zelanda

(**1**) I molluschi sono sospesi sull'acqua su funi fissate a zattere ancorate saldamente. Ideali per queste acquacolture sono le *rías* della Galizia, insenature protette che si aprono sulla costa atlantica e ricordano i fiordi scandinavi. Qui i molluschi sono protetti dai cambiamenti delle maree e dalle intemperie e ricevono sufficiente nutrimento.

(**2**) Le funi con i molluschi, fissate alle zattere, sono a contatto con l'acqua ma non con il fondo del mare. In questo modo i frutti di mare non sono contaminati da sabbia e fango.

(**3**) Le funi su cui si devono fissare i molluschi sono lunghe fino a 8 m. Per ulteriore protezione sono avvolte in una rete sottile a maglie larghe.

(**4**) Durante la fase di crescita, i molluschi sono staccati a mano dalle funi, spostati e riposizionati sull'acqua per due o tre volte.

(**5**) Le funi sono issate dall'acqua quando i molluschi sono "maturi al punto giusto", il che significa che hanno raggiunto una lunghezza di 7 cm.

(**6**) I molluschi appena raccolti sono liberati dalle reti, trasportati a terra e preparati per la vendita.

non è possibile. Per questo motivo i molluschi del Mare del Nord, allevati nei Paesi Bassi e anche nei terreni prosciugati al di sotto del livello del mare tipici delle coste tedesche, sono "ricchezze del sottosuolo" provenienti dal mare: crescono, infatti, direttamente sul fondale. In questo modo, anche senza l'intervento dell'uomo, si possono formare banchi di molluschi lunghi chilometri e chilometri.

Dalla semina alla raccolta

L'allevamento dei molluschi nei Paesi Bassi ha quasi più analogie con l'agricoltura che con la pesca: i molluschi si "seminano" e "raccolgono" continuamente, anche dalla barca.

I molluschi per l'avvio dell'acquacoltura si pescano di solito a primavera e in autunno da banchi naturali. Questi sono poi trasferiti dagli allevatori su "appezzamenti" presi in affitto dallo stato, collocati in acque basse e lasciati crescere sotto sorveglianza.

Quando i giovani molluschi raggiungono la lunghezza di circa 4 cm, sono trasferiti in acque più profonde. Non appena arrivano alle dimensioni commerciali di 5-7 cm, sono prelevati dal fondo del mare con l'ausilio di grosse reti a strascico. Un metodo di lavorazione che è stato nel frattempo molto razionalizzato e che richiede un minimo di forza lavoro.

I molluschi prelevati dal fondo del mare, al contrario di quelli che crescono sospesi sulle funi o abbarbicati ai picchetti, non si vendono direttamente. Infatti, proprio perché crescono a diretto contatto con il fondo del mare, possono contenere sabbia e limo all'interno delle conchiglie. Per tale motivo sono deposti in apposite vasche di acqua salata per "spurgare" ossia liberarsi di ogni impurità grazie alla loro naturale capacità filtrante. A seconda della stagione e della temperatura dell'acqua, questo processo dura da 8 a 24 ore.

Gli allevatori dei Paesi Bassi spesso portano i loro prodotti a spurgare a Yerseke, il centro della pesca dei molluschi olandese. Qui sono conservati nelle acque chiare dell'Oosterschelde e sorvegliati fino a quando non sono messi in vendita. Infine, i molluschi vengono sciacquati e confezionati prima di essere venduti freschi. In alternativa sono cotti sul posto e sottoposti a un adeguato processo di conservazione.

(**1**) Gli allevatori olandesi utilizzano robuste reti a strascico per raccogliere i molluschi che hanno prima "seminato" sui fondali bassi del Mare del Nord.

(**2**) Gli argani issano a bordo le pesanti reti a strascico. In questo modo, bastano due uomini per recuperare in poche ore diverse tonnellate di molluschi.

(**3**) Yerseke sulla foce del fiume Schelde è la mecca dei molluschi olandese. In questa città, infatti, arrivano i richiesti molluschi per essere ulteriormente lavorati e messi in vendita.

Le ostriche e i mesi senza "r"

Quando si parla di molluschi, e in particolare di ostriche, tutti hanno sentito dire che è meglio evitare questi animali nei mesi senza "r", ossia da maggio ad agosto, per gustarli piuttosto nel periodo relativamente più lungo che va da settembre ad aprile. Da dove viene questa credenza? Alcuni pensano che sia una regola oggi inutile nata nell'epoca precedente agli odierni progressi nel settore della refrigerazione e del trasporto: in passato, infatti, nella stagione calda c'era un notevole rischio che questi molluschi delicati si deteriorassero. Altri affermano invece che questa regola deriva dal fatto che nella stagione calda i molluschi come le ostriche si riproducono e hanno un sapore diverso dal solito: che piacciano o meno è una questione di gusti personali. Ad esempio, un'ostrica nel periodo della riproduzione ha un sapore molto cremoso. Nel caso dei mitili, almeno in Europa vi è una divisione del lavoro: quelli dell'Atlantico si riproducono d'estate e quelli del Mediterraneo d'inverno. Tuttavia, qualcuno nutre ancora riserve e non del tutto a torto, se si pensa a come sono fatti i molluschi. Si tratta sicuramente di animali un po' limitati: ciechi e muti, chiusi in sé, trascorrono la vita abbarbicati in un solo punto e concentrandosi esclusivamente sulla propria sopravvivenza. Sul lungo periodo, sopravvivere significa avere figli e nipoti, ma a breve termine significa proteggersi, e questi animali lo fanno chiudendo le proprie valve, auspicabilmente al momento giusto, come se fossero il ponte levatoio di un castello medievale. Inoltre, sopravvivere significa nutrirsi: il mollusco pompa in continuazione l'acqua del mare attraverso il proprio corpo, servendosi del suo muco per catturare il plancton in essa contenuto. Un'ostrica filtra circa 200 litri d'acqua al giorno, rispetto ai 70

circa di una cozza: in dieci mesi, il tempo necessario per raggiungere dimensioni tali da renderla adatta al consumo, filtra più di 20.000 litri d'acqua. Nel suo ambiente naturale, il mollusco è circondato da molte migliaia di specie animali e vegetali, alcune delle quali cercano di assicurarsi il predominio mediante una specie di guerra chimica. Ad esempio, alcune alghe monocellulari producono un efficacissimo veleno nervino, che consente loro di creare periodicamente le cosiddette "maree rosse". A differenza di altri abitanti del mare, i bivalvi non possono fuggire per sottrarsi a questi attacchi massicci, e quindi hanno elaborato altre difese: il veleno si accumula nei loro organi digestivi senza danneggiare il loro organismo. Queste sostanze velenose, tuttavia, sono resistenti al calore, e quando i molluschi vengono mangiati da un essere umano entrano nel suo corpo e colpiscono il sistema nervoso centrale nel giro di poche ore. Soprattutto nei periodi di caldo persistente, cioè proprio nei mesi senza "r", nei 20.000 litri d'acqua filtrati dall'ostrica possono esserci anche batteri pericolosi o addirittura forti concentrazioni di metalli pesanti. Dunque l'adagio dei mesi con e senza la "r" è un esempio di come occorra sempre seguire le affidabili, vecchie regole dei tempi andati? Non necessariamente: oggi, infatti, ben pochi dei molluschi che finiscono sulle nostre tavole sono cresciuti in libertà. La maggior parte proviene da allevamenti, le cui acque vengono monitorate in continuazione per individuare l'eventuale presenza di batteri e di altri agenti tossici. In caso di contaminazione, quindi, il mollusco non arriverà nelle nostre pentole indipendentemente dal fatto che il mese in corso abbia o meno un nome con la "r".

Ursula Heinzelmann

Ostriche
Un mito di ogni tradizione gastronomica! Sono richiestissime in tutto il mondo, e non solo perché si dice che siano afrodisiache, ma anche per il loro sapore puro.

- Le ostriche si pescano in grandi quantità in Europa, Stati Uniti, Cina e Giappone.
- Le ostriche hanno conchiglie irregolari e scabrose, con una forma che varia da tondeggianti ad allungate in funzione della specie.
- Tutto l'anno si possono comprare ostriche fresche di ottima qualità.

Ostriche *(Ostreidae)*

Fin da tempi remoti, le ostriche sono apprezzate come nessun altro mollusco, come dimostrano le notevoli quantità di conchiglie di ostriche rinvenute negli insediamenti preistorici. Già nell'antichità si fecero i primi tentativi di coltivare la "regina dei molluschi". E si deve anche alle tecniche di acquacoltura sempre più sofisticate se oggi si possono trattare specie quali l'ostrica europea, l'ostrica americana e l'*ostrea lurida*. Senza l'acquacoltura questo pregiato mollusco sarebbe presumibilmente introvabile da tempo in Europa e in Nordamerica a causa della pesca eccessiva, dell'inquinamento dei mari e anche di malattie.

Particolarmente importanti per i consumatori e per i gourmet sono due specie: l'*Ostrea,* a cui appartiene l'ostrica europea, e la *Crassostrea,* che comprende le ostriche di roccia. Le due specie si differenziano sensibilmente per la forma della conchiglia. La specie *Ostrea* è distinguibile per le valve poco concave, per cui il mollusco sembra più piatto. Al contrario, la specie *Crassostrea* ha la valva inferiore molto più concava di quella superiore ed ha una forma allungata. Se durante la crescita sono esposte a una corrente, possono allungarsi molto. Altre ostriche di roccia hanno la forma di boomerang, perché durante la fase della crescita hanno formato un arco intorno a un ostacolo. Le valve delle ostriche di roccia sono strutturalmente irregolari, ondulate e fessurate.

Quantitativamente parlando, le ostriche di roccia sono molto più diffuse delle altre specie, sia negli allevamenti che nei mercati. Crescono più rapidamente e non richiedono condizioni particolari né per quanto riguarda la qualità dell'acqua né la temperatura. Dal punto di vista della qualità della carne sono, però, meno pregiate delle ostriche *Ostrea*, il cui prezzo è pertanto molto più alto.

Un nuovo sviluppo dell'acquacoltura è rappresentato dalla pesca delle cosiddette ostriche triploidi, che possiedono un gruppo di cromosomi in più rispetto alle altre ostriche, e non sono in grado di riprodursi. Crescono, però, molto rapidamente, raggiungono dimensioni ragguardevoli e la loro carne non subisce le variazioni qualitative legate al ciclo riproduttivo.

(1) L'ostrica **BELON** è tra i tipi più noti di ostrica europea *(Ostrea edulis)*. La carne scura possiede un forte sapore di nocciola.

(2) Questo tipo di ostrica europea *(Ostrea edulis)* si chiama **IMPERIALE** e proviene dai Paesi Bassi, dove si pesca soprattutto nell'Oosterschelde.

(3) Quest'ostrica **BELON** è originaria del Maine (USA): per il suo sapore delicato l'ostrica europea *(Ostrea edulis)* si coltiva anche sulla costa orientale degli Stati Uniti.

OSTRICA EUROPEA (1–6; pag. 228, 1)

(Ostrea edulis)

ing. flat oyster, plate oyster, common oyster; fr. huître plate; ted. Europäische Auster; sp. ostra, ostión; port. ostra; dan. østers; ror. östers; ol. oester; sv. ostron.

L'ostrica europea è originaria della costa atlantica, dalla Norvegia al Marocco e la sua zona di diffusione abbraccia tutto il bacino del Mediterraneo, ma i banchi naturali sono rari. L'ostrica europea è più difficile da coltivare delle altre specie, ma ne vale la pena, poiché il sapore più delicato giustifica il prezzo più alto. Gli allevamenti sono presenti tradizionalmente sulla costa atlantica, soprattutto in Francia. I centri principali si trovano nelle regioni di Normandia, Bretagna, Charentes (Marennes-Oléron) e Gironda (Arcachon). Gli allevamenti di ostriche sono frequenti anche nei Paesi Bassi, in Inghilterra e in Irlanda. Inoltre, si trovano anche sulle coste mediterranee di Francia, Spagna, Italia, Croazia e Grecia. Oggi l'ostrica europea si alleva perfino sulla costa orientale degli Stati Uniti (Maine, Massachusetts).

<u>Caratteristiche:</u> l'ostrica europea è facilmente distinguibile per la sua forma tondeggiante e piatta. Tuttavia, le valve possono avere forma, colore e superficie diverse: presentano striature più o meno evidenti e variano dal marrone al grigio. La carne dell'ostrica europea è di un colore che va dal beige sabbia fino al grigio. Le sue dimensioni variano tra i 5 e i 12 cm, ma in casi eccezionali, peraltro rari, può raggiungere anche i 20 cm. È venduta in Francia con l'appellativo di *pied de cheval*, piede di cavallo, ed è molto cara.

<u>Utilizzi:</u> il modo più classico di servire le ostriche è aperte su un letto di ghiaccio tritato. La carne si succhia insieme al liquido contenuto nella valva o si preleva con l'aiuto di una forchetta. Chi lo gradisce, può condirla con succo di limone o limetta. Le ostriche europee sono, però, buone anche cotte, bollite nella loro acqua o gratinate nella conchiglia.

Prima di essere messe in vendita le ostriche sono messe a spurgare in apposite vasche. Più a lungo vi rimangono, migliore è la qualità.

(4) L'ostrica **COLCHESTER** è un'ostrica europea *(Ostrea edulis)*. È originaria della Gran Bretagna, e precisamente della foce del fiume Colne nell'Essex.

(5) Quest'ostrica europea *(Ostrea edulis)* caratterizzata dalle spesse valve si chiama **GALWAY** e proviene dalla costa occidentale irlandese. Qualitativamente è affine dall'ostrica francese *belon*.

(6) L'ostrica **LIMFJORD**, anch'essa un'ostrica europea *(Ostrea edulis)*, è originaria della costa danese del Mare del Nord. Il fiordo Limfjord offre le condizioni ideali per la sua sopravvivenza.

OSTRICA PORTOGHESE, OSTRICA DI ROCCIA (2–6) *(Crassostrea angulata)*

ing. Portuguese cupped oyster; fr. huître creuse, Portuguaise; ted. Portugiesische Auster, Felsenauster; sp. ostra de Portugal; dan. Portugisisk østers; ol. Portugese oester.

L'ostrica portoghese o ostrica di roccia è diffusa sulla costa atlantica del sud del Portogallo e della Spagna fino al Marocco, nonché nella parte occidentale del bacino del Mediterraneo. Fino al 1970 si allevava spesso in Europa, perché è meno delicata e cresce più rapidamente dell'ostrica europea; tuttavia, un virus importato dette quasi il colpo di grazia alla specie. Fu così che al posto dell'ostrica portoghese si cominciò ad allevare l'ostrica giapponese *(Crassostrea gigas)*.

<u>Caratteristiche:</u> le valve sono più allungate e concave di quelle della specie europea. L'ostrica portoghese raggiunge una lunghezza di 10 cm. La carne è grigio-violacea; le famose *Fines de Claires* provenienti dagli allevamenti di Marennes sulla costa atlantica francese hanno, invece, una carne verdastra. Ciò si deve al fatto che sono nutrite con un particolare tipo di alga ricca di rame.

<u>Utilizzi:</u> anche si mangia prevalentemente cruda nella sua conchiglia, è buona anche cotta. Ha un sapore leggermente più forte rispetto a quello dell'ostrica europea, e per questo non è poi così richiesta.

(1) Le **OSTRICHE EUROPEE** *(Ostrea edulis)* di mare sono ormai rare. In Turchia, invece, sono ancora diffuse e popolari.

(2) L'**OSTRICA PORTOGHESE** *(Crassostrea angulata)* si distingue dall'ostrica europea per la forma allungata e la conchiglia molto scabrosa.

(3) "**FINE DE CLAIRES**" è l'appellativo con cui s'individua l'ostrica portoghese proveniente dal bacino di allevamento di Marennes-Oléron in Francia. La carne è scura e verdastra.

(4) Quest'**OSTRICA PORTOGHESE** *(Crassostrea angulata)* proveniente dalla Francia si chiama *Papillon* per via della forma a farfalla della conchiglia.

(5) Quest'esemplare di **OSTRICA PORTOGHESE** *(Crassostrea angulata)* proviene dalla Spagna. Qui le ostriche si allevano nell'Oceano Atlantico e nel Mediterraneo.

(6) Le **OSTRICHE PORTOGHESI** *(Crassostrea angulata)* popolano il Mediterraneo occidentale, mentre nell'Oceano Atlantico sono presenti dalla Spagna al Portogallo e fino al Marocco.

OSTRICA CONCAVA, OSTRICA GIAPPONESE (7–9, pag. 230, 1)

(Crassostrea gigas)

ing. Pacific cupped oyster, Pacific king oyster, Japanese oyster; fr. huître creuse du Pacifique, Japonaise, huître géante du Pacifique; ted. Pazifische Felsenauster, Japanische Auster; sp. ostión japonés; cin. mau lai; giapp. ma-gaki; ind./mal. tiram; phil. talaba.

L'ostrica giapponese è originaria dell'Asia orientale. In Giappone e in Cina l'allevamento di questa specie ha una lunga tradizione. Oggi è il numero uno al mondo tra le ostriche d'allevamento, ed anche il consumo dell'Europa e del Nordamerica è coperto prevalentemente da ostriche giapponesi. Si tratta di un'ostrica molto robusta e resistente, che cresce e si riproduce rapidamente, e non richiede condizioni particolari di temperatura e salinità dell'acqua. In poche parole: è l'ostrica ideale per l'acquacoltura. La rapidità della crescita dipende, però, dalla temperatura dell'acqua: più fredda è l'acqua, più lenta è la crescita, ma proprio per questo la carne è più compatta e pregiata.

Caratteristiche: somiglia per forma e colore all'ostrica portoghese, ma può raggiungere dimensioni molto più ragguardevoli, addirittura fino a 30 cm di larghezza. Le valve hanno una colorazione che va dal grigio-marrone al verdastro e presentano una forma diversa in funzione del substrato e delle condizioni di corrente in cui gli animali crescono. Il rivestimento interno delle valve è bianco brillante, mentre la carne può avere un colore che va dal grigio-crema al giallo oro.

Utilizzi: l'ostrica giapponese rappresenta la maggior parte dell'offerta sul mercato europeo. Per lo più si mangia cruda, ma negli Stati Uniti e in Canada è apprezzata anche cotta: si usa per la preparazione di piatti unici e zuppe, oppure la sua carne viene cotta in padella, fritta e talvolta anche panata. Inoltre, le ostriche giapponesi si possono trovare in commercio anche cotte, in scatola o affumicate. In Asia, grosse quantità di questi molluschi vengono essiccate. Ad Hongkong, ad esempio, si conserva in tal modo una gran parte del pescato di ostriche. Inoltre, sempre in Asia, le ostriche sono l'ingrediente base della saporita *oyster sauce*, che conferisce un gusto particolare a molti piatti cotti nel *wok*, la tipica padella utilizzata per la cucina orientale.

Succhiarle direttamente dalla conchiglia, senza aggiungere nulla: è questo il modo in cui gli estimatori di tutto il mondo preferiscono mangiare questo costoso frutto di mare.

(7) L'OSTRICA GIAPPONESE *(Crassostrea gigas)* è originaria dei mari del Giappone e del Mar della Cina. Si definisce gigante per via delle sue enormi dimensioni.

(8) L'OSTRICA GIAPPONESE *(Crassostrea gigas)*, dal mantello dorato colpisce per il colore giallo oro della sua carne. È un'ostrica di allevamento proveniente dalla costa occidentale degli Stati Uniti.

(9) La **YEARLING** è un tipo di ostrica giapponese *(Crassostrea gigas)* allevata sulla costa occidentale degli Stati Uniti. Somiglia all'ostrica portoghese.

OSTRICA DI KUMAMOTO (2)

(Crassostrea gigas kumamoto)

ing. Kumamoto oyster; ted. Kumamoto-Auster.

Questo tipo di ostrica è originario della baia di Kumamoto in Giappone. Presenta una grande affinità rispetto all'ostrica giapponese, al punto che gli allevatori hanno già tentato di incrociare le due specie. Questa specie è nota anche con il nome latino di *Crassostrea sikamea*; classificarla come specie autonoma è molto difficile. Commercialmente, l'ostrica di Kumamoto è meno sfruttata in Giappone, da cui proviene, che non sulla costa occidentale degli Stati Uniti, dove è arrivata intorno agli anni Quaranta e dove è tuttora riservata agli intenditori e venduta a prezzi elevati.

Caratteristiche: le ostriche di Kumamoto che si trovano in commercio hanno conchiglie di dimensioni tra i 5 e i 7 cm, cioè pari alla metà, se non a un terzo, rispetto a quelle delle ostriche giapponesi. La conchiglia dell'ostrica di Kumamoto è fortemente concava, tondeggiante e ha bordi radiali molto pronunciati.

Utilizzi: questa piccola ostrica si serve negli Stati Uniti quasi sempre in metà conchiglia, e si mangia cruda. In questo modo si esalta particolarmente il suo sapore eccellente, delicato, leggermente dolciastro.

Ostriche dell'Asia

Nelle isole giapponesi e lungo le coste cinesi le ostriche si usano e si coltivano da secoli. Alcune specie sono diventate importanti anche per gli allevatori americani.

OSTRICA CINESE, OSTRICA ASIATICA

(Crassostrea ariakensis)

ing. Suminoe Oyster, Asian Oyster, Chinese Oyster; ted. Chinesische Auster, Asiatische Auster.

Anche questo tipo di mollusco proviene dai mari giapponesi e dell'Asia orientale. Dalla fine degli anni Novanta, l'ostrica cinese si alleva sulla costa pacifica degli Stati Uniti settentrionali, ed attualmente si sta valutando se l'acquacoltura non sia possibile anche nella baia di Chesapeake. Questa vasta foce sulla costa orientale degli Stati Uniti ospitava i maggiori allevamenti di ostriche americani, ma a causa di anni di pesca eccessiva, inquinamento marino e malattie il patrimonio originario si è ridotto al minimo. Un possibile succedaneo sarebbe un'ostrica che cresce rapidamente, abbastanza resistente alle malattie e anche molto saporita come l'ostrica cinese. Tuttavia, non si sa ancora quale effetto potrebbe avere l'introduzione di questa nuova specie sull'equilibrio biologico della baia.

Caratteristiche: gli esemplari più piccoli sono tondeggianti e hanno una conchiglia abbastanza liscia. Nelle ostriche cinesi di maggiori dimensioni – possono arrivare fino a 27 cm di lunghezza – la superficie delle valve è ruvida e stratificata. A differenza di quella delle ostriche giapponesi, però, non è ondulata. La carne è chiara, con una macchia scura al centro.

Utilizzi: gli esemplari più piccoli si mangiano crudi direttamente dalla conchiglia, quelli più grandi si servono bolliti, cotti in padella o anche fritti.

(1) Nonostante il nome indigeno di **SYLT SPEZIAL**, quest'ostrica è classificabile nella famiglia delle ostriche giapponesi *(Crassostrea gigas)*. Si alleva nelle coste tedesche settentrionali.

(2) KUMAMOTO è il nome dato a un'ostrica asiatica molto saporita e abbastanza piccola *(Crassostrea gigas kumimoto)*, molto apprezzata soprattutto sulla costa occidentale degli Stati Uniti.

(3) MALPEQUE è il nome commerciale di quest'ostrica americana dalla forma piatta *(Crassostrea virginica)*, che si alleva lungo la costa atlantica canadese.

Le ostriche coltivate

Le ostriche sono animaletti davvero affascinanti: alla loro carne si attribuisce la proprietà di rendere gli uomini più potenti e le donne più deboli. Già gli antichi romani si facevano spedire da lontano questi apprezzatissimi molluschi in anfore colme d'acqua di mare e li allevavano in insenature protette. Dato che parecchi banchi di ostriche naturali, come quelli del Mare del Nord, sono stati sterminati dalla pesca eccessiva e dalle malattie, oggi la maggior parte delle ostriche che mangiamo proviene da giganteschi allevamenti marini, situati soprattutto lungo la costa atlantica della Francia. Vi sono molti tipi di ostriche e diverse specie zoologiche: in tutto il mondo se ne possono trovare una cinquantina. A seconda della sua provenienza, però, la stessa specie d'ostrica può ricevere denominazioni commerciali diverse e presentare variazioni anche nell'aspetto e nel sapore. Alcune specie prediligono un misto di acqua salata e dolce, e quindi crescono bene nelle lagune, in cui l'acqua dolce della foce dei fiumi si mescola ad ogni marea con quella salata del mare. Le forti variazioni di livello del mare dovute alle maree non disturbano affatto questi molluschi, perché le ostriche hanno un ottimo meccanismo di chiusura che le rende ermetiche: infatti l'ostrica si può trasportare ancora viva fino a grande distanza dalla costa, purché la si refrigeri e la si tenga leggermente umida. Tra i tipi d'ostrica di maggiore interesse vi sono le *Belon*, il cui gusto ricorda un po' le noci, le *Gravettes d'Arcachon*, chiamate anche semplicemente *Arcachon*, le *Bouzigue* e le *Marennes*. Dal punto di vista zoologico, le *Belon*, le *Marennes* e le *Arcachon* sono tutte ostriche piatte *(Ostrea edulis)*. Ma questa è solo la teoria! Infatti alcune ostriche *Marennes* appartengono a un'altra specie, l'ostrica portoghese *(Crassostrea angulata)*. In alcune zone della Francia, prima di vendere le ostriche le si tiene per un certo periodo nei cosiddetti *claires*, recipienti pieni d'acqua caratterizzata da un basso

livello di salinità e da un elevato contenuto di nutrienti: nel giro di alcune settimane, le ostriche filtrano le diatomee contenute nell'acqua, assumendone la tipica colorazione. I molluschi sottoposti a questo trattamento sono chiamati *Fines de Claires* quando non più di 20 ostriche per metro quadrato d'acqua sono rimaste nel recipiente per otto settimane al massimo e se almeno il 6% del loro peso è dato dalla carne. Quelle che hanno trascorso nel recipiente un massimo di cinque mesi a una densità di ostriche per metro quadro ancora minore si chiamano *Spéciales de Claires*, e la loro percentuale di carne è del 9%. Le *Belon* hanno una numerazione che dipende dal peso: ad esempio la N. 4 pesa 40 g e la N. 1 pesa 75 g, mentre la più grande è la N. 00000, che pesa 150 g. L'ostrica piatta che si trova davanti alle coste dei Paesi Bassi e del Canada si chiama *Imperiale* o *Malpeque*. In origine, l'ostrica piatta si trovava anche alla foce del fiume Colne, in Inghilterra, e oggi viene chiamata *Colchester*. Inoltre, vi sono anche altre specie e tipi di ostriche, come l'ostrica concava del Pacifico *(Crassostrea gigas)*, chiamata anche *Sylt Spezial* o *Sylter Royal*, una specie molto resistente e quindi oggetto di crescente interesse commerciale. All'inizio, l'ostrica d'allevamento è

una minuscola larva che nuota nell'acqua alla ricerca di un luogo adatto per saldarsi: questa ricerca viene sfruttata dagli allevatori, che offrono al piccolo mollusco una comoda "casa" sotto forma di apposite assicelle. Una volta fissata alla superficie, nel giro di otto settimane la larva produce una conchiglia. Nell'anno successivo, l'allevatore la sposta. A seconda della specie di ostrica e della concentrazione di nutrienti nell'acqua, il trasferimento avviene altre due o tre volte. Alcune ostriche crescono in fretta, altre più lentamente, ma dopo 2-5 anni, tutte vengono raccolte per essere vendute... A eccezione delle *Claires*, che trascorrono ancora qualche tempo negli appositi contenitori.

Robert Lücke

OSTRICA AMERICANA

(1–5, pag. 230, 3) *(Crassostrea virginica)*

ing. American oyster, Atlantic oyster, American cupped oyster, Eastern oyster; fr. huître creuse américaine; ted. Amerikanische Auster; sp. ostión virgínico.

La zona di diffusione naturale di questa specie è la costa atlantica americana dal Canada al Messico, Caraibi compresi. Si alleva soprattutto sulla costa orientale degli Stati Uniti, e in misura minore anche su quella occidentale. L'ostrica americana era una volta l'ostrica più diffusa e commercialmente più importante dell'America settentrionale. In alcune regioni della costa orientale queste ostriche formavano dei banchi talmente estesi e pericolosi, che erano segnalati anche sulle carte nautiche. Negli Stati Uniti settentrionali la popolazione di questa specie fu drasticamente decimata nel XIX secolo e all'inizio del XX secolo, soprattutto a causa della pesca indiscriminata e dell'inquinamento ambientale. A ciò si aggiunga che negli Stati Uniti come in Europa, negli anni Settanta si assistette ad una drammatica moria di ostriche a seguito di malattie virali e parassitarie. Leggermente migliore è il bilancio per gli stati meridionali, in cui l'allevamento di queste ostriche è ancora oggi redditizio. Le ostriche americane sono vendute tradizionalmente con il nome d'origine; particolarmente rinomate sono le ostriche Blue Point della costa di Long Island.

> ## L'America e le ostriche:
>
> Le ostriche originarie del Nordamerica, l'ostrica americana e l'ostrica piatta di Olimpia, sono diventate molto rare. Si alleva soprattutto l'ostrica americana.

Caratteristiche: per forma e aspetto, l'ostrica americana si pone a metà strada tra la specie europea e quella giapponese. È più simile alla prima per la forma tondeggiante e la superficie poco scabrosa, mentre ricorda la seconda per la forma concava della valva inferiore, a cui si deve il nome di ostrica concava. Le valve sono color sabbia o grigio scuro o marrone, talvolta anche leggermente verdastre. La carne è simile per colore a quella dell'ostrica europea, ma perde il confronto per quanto concerne la qualità. Sul mercato le ostriche americane raggiungono difficilmente un'altezza di 10 cm, mentre possono essere lunghe anche quattro volte tanto.

Utilizzi: le ostriche americane si mangiano crude, anche con una spruzzatina di tabasco. La cucina Cajun tipica degli Stati Uniti del sud ha un ampio repertorio di ricette a base di ostriche calde, tra cui zuppe e robusti piatti unici quali Jambalaya e Gumbo. Inoltre, i delicati frutti di mare sono molto apprezzati gratinati e fritti.

OSTRICA PIATTA DI OLIMPIA

(Ostrea lurida/conchaphila)

ing. Olympia oyster, Western oyster, Olympia flat oyster; fr. huître plate indigène; ted. Westamerikanische Auster, Olympia-Auster; sp. ostra Olimpia.

Questa specie era originariamente l'ostrica indigena della costa occidentale americana, dall'Alaska sudoccidentale alla California. Tuttavia, tra la metà e

(1) La **CHINCOTEAGUE** è un'ostrica di dimensioni abbastanza ragguardevoli che si alleva sulla costa orientale degli Stati Uniti. Appartiene alla specie dell'ostrica americana *(Crassostrea virginica)*.

(2) Con il nome commerciale di **BLUE POINT** si vende un tipo di ostrica americana *(Crassostrea virginica)* originaria di Long Island.

(3) L'**APALACHICOLA**, dal nome del fiume omonimo che scorre in Florida, è un tipo di ostrica americana *(Crassostrea virginica)* abbastanza piccola.

la fine del XIX secolo la pesca eccessiva e lo scarico delle acque nere in mare decimarono questi molluschi al punto da minacciare la sopravvivenza della specie. A ciò si aggiungano parassiti e malattie provenienti dall'estero. Attualmente si sta cercando di reintegrare le popolazioni d'ostrica piatta di Olimpia , ad esempio a Puget Sound, e anche di coltivare questa specie. Per la sua eccelsa qualità, questo tipo di ostrica raggiunge prezzi più alti delle altre specie.
Caratteristiche: l'ostrica piatta di Olimpia appartiene alla stessa specie dell'ostrica europea, a cui somiglia per la forma: le valve sono tondeggianti, scabrose e piatte. Caratterizzata da una crescita lenta, raggiunge appena 5 cm.
Utilizzi: l'eccellente sapore della carne si apprezza particolarmente se mangiata cruda.

OSTRICA CONCAVA AUSTRALIANA (6)

(Crassostrea commercialis)

ing. Sydney rock oyster; ted. Sydney-Felsenauster; ind. tiram; mal. tiram batu; phil. talaba.

Questa specie di ostrica è originaria delle coste sudorientali australiane e dei mari della Nuova Zelanda, dove si coltiva dalla fine del XIX secolo. Secondo alcuni scienziati non è classificabile tra le ostriche di roccia, e per tale motivo è indicata anche con i nomi latini *Saccostrea glomerata* e *Saxostrea commercialis*.
Caratteristiche: le valve dell'ostrica concava australiana raggiungono una lunghezza di circa 7 cm; gli

Con l'ausilio di un'apposita bilancia i delicati molluschi vengono selezionati per dimensioni e quindi avviati verso i mercati del pesce.

esemplari che arrivano sui mercati pesano circa 55 g. Le valve hanno una colorazione dal sabbia al grigio scuro e sono molto ondulate. Come in altre specie, la valva inferiore è molto più concava di quella superiore. La carne ha un colore che varia dal sabbia scuro al giallo pallido ed è di ottima qualità. Purtroppo, però, le valve sono molto difficili da aprire.
Utilizzi: l'ostrica concava australiana si mangia cruda, ma anche gratinata o come ingrediente per zuppe di frutti di mare o sformati particolarmente delicati.

(4) CHATAM è il nome commerciale di un particolare tipo di ostrica americana *(Crassostrea virginica)* proveniente dalla costa orientale degli Stati Uniti.

(5) La cosiddetta BOX-OYSTER è un'ostrica americana d'allevamento *(Crassostrea virginica)* originaria di Long Island. Gli allevamenti sono molto frequenti sull'intera costa orientale.

(6) L'OSTRICA CONCAVA AUSTRALIANA *(Crassostrea commercialis)* è originaria della costa sudorientale dell'Australia, dove si alleva fin dal tardo XIX secolo.

Arcidi e Glicimeridi *Sono veri e propri fossili viventi, ma questo non impedisce loro di avere un'ottima fama tra i buongustai. Tuttavia, la carne dei Glicimeridi tende a essere un po' dura.*

- Gli Arcidi e i Glicimeridi prediligono le acque temperate o tropicali.
- Gli Arcidi sono oggetto di pesca mirata nel Mediterraneo.
- Le due valve degli Arcidi e dei Glicimeridi hanno forma identica.

Arche *(Arcidae)*

Questa famiglia di molluschi vive sulla Terra da 500 milioni di anni e comprende 200 specie, diffuse soprattutto nelle acque tropicali. Gli arcidi hanno due valve uguali la cui superficie esterna è rivestita da uno strato liscio o leggermente ruvido denominato "periostraco".

ARCA DI NOÈ, MUSSOLO *(Arca noae)*

ing. Noah's ark; fr. arche de Noé; ted. Arche Noah; sp. pepitona, arca de Noé; port. castanholas; gr. calognomi.

L'arca di Noè è diffusa nel Mediterraneo e nell'Atlantico orientale.
<u>Caratteristiche:</u> la sua forma allungata ricorda lo scafo di un vascello. Le sue valve bruno scuro sono solcate da striature rossastre dall'andamento a zigzag.

<u>Utilizzi:</u> questa specie riveste interesse gastronomico; si mangia di preferenza cruda, ma anche cotta.

GIANT ARK (1) *(Anadara grandis)*

ing. giant ark; ted. Riesenarchenmuschel; sp. sangara.

Questa specie è diffusa sulla costa occidentale del continente americano, dalla California meridionale al Perù. Predilige i fondali sabbiosi nella zona di oscillazione delle maree (zona intertidale).
<u>Caratteristiche:</u> le sue valve presentano coste marcate. La conchiglia è chiara ed è ricoperta da un periostraco bruno.
<u>Utilizzi:</u> di solito il mollusco viene cucinato nelle sue valve; altrimenti, la noce sgusciata viene stufata e usata per preparare piatti unici.

AKAGAI (2) *(Scapharca broughtonii)*

ing. ark shell, bloody clam; ted. Akagai.

Questo Arcide ha un notevole interesse commerciale in Giappone, Corea e Cina.
<u>Caratteristiche:</u> le sue valve scure presentano marcate costolature radiali e un periostraco ruvido.
<u>Utilizzi:</u> viene mangiato crudo nel *sushi* oppure cotto.

(1) La conchiglia della **GIANT ARK** *(Anadara grandis)* è protetta da uno strato scuro di chitina che si scrosta quasi sempre sulle coste, rivelando il guscio calcareo sottostante. Le sue valve, che possono raggiungere i 15 cm, sono spesse e pesanti. Di solito, la noce viene consumata sminuzzata e cotta.

(2) L'AKAGAI *(Scapharca broughtonii)* è molto apprezzato in Giappone, dove viene richiesto soprattutto per il *sushi*. La sua caratteristica distintiva sono le coste radiali molto sviluppate.

Glicimeridi *(Glycymeridae)*

Come gli Arcidi, hanno due valve spesse di forma più o meno simile se viste di lato. Si trovano in acque che vanno dal temperato al tropicale. Le diverse specie si confondono facilmente le une con le altre e hanno utilizzi simili. Le varie specie non sono contrassegnate da denominazioni commerciali differenziate.

PIÈ D'ASINO (3) *(Glycymeris glycymeris)*

ing. dog cockle, bittersweet; fr. amande de mer, amande marbrée; ted. Samtmuschel, Meermandel; sp. escupiña inglesa.

Il piè d'asino è diffuso dalla Norvegia alle Canarie, più raro nel Mediterraneo. Vive fino a 20 m di profondità.
<u>Caratteristiche:</u> le sue valve presentano sviluppate striature concentriche, e ai margini si notano i resti di un periostraco scuro. La cerniera è formata da una fila di dentelli di forma simile.
<u>Utilizzi:</u> le carni del piè d'asino possono essere molto coriacee, soprattutto negli esemplari più grandi. Pertanto, viene spesso sminuzzato e utilizzato per la preparazione di ripieni.

PIÈ D'ASINO PELOSO *(Glycymeris pilosa)*

ing. dog cockle; fr. amande de mediterranée; ted. Echte Samtmuschel.

Questa specie è diffusa nell'Atlantico, mentre è più rara nel Mediterraneo.
<u>Caratteristiche:</u> è molto simile al piè d'asino, ma ha valve più scure ornate da sottili striature concentriche.
<u>Utilizzi:</u> le carni vengono usate per ripieni e farce.

PIÈ D'ASINO VIOLETTO *(Glycymeris violascens)*

ing. violet bittersweet; fr. pétoncle violâtre; ted. Violette Samtmuschel; sp. almejón, perillo.

Si trova nel Mediterraneo e sulle coste dell'Atlantico, dal Portogallo al Marocco. Vive su fondali sabbiosi a scarsa profondità.
<u>Caratteristiche:</u> le sue valve, la cui grandezza varia dai 4 agli 8 cm, hanno un grado di curvatura diverso l'una dall'altra, e la loro superficie presenta sottili striature radiali leggermente ondulate al margine. Le superfici esterne della conchiglia sono grigio-violetto, mentre quelle interne sono bianco rosato con chiazze bruno-viola.

<u>Utilizzi:</u> di solito viene sminuzzato e usato per diverse preparazioni, ma può anche essere stufato.

GIANT BITTERSWEET (4) *(Glycymeris gigantea)*

ing. giant bittersweet, ted. Große Pazifische Samtmuschel; sp. almendra de mar.

Si trova nel Pacifico, tra il Golfo di California e il Messico, a profondità comprese tra i 5 e i 15 m.
<u>Caratteristiche:</u> le sue valve arrotondate sono simili l'una all'altra; hanno colorazione chiara con marezzature bruno-rossastre.
<u>Utilizzi:</u> le carni di questa specie si prestano bene alla preparazione di farce.

(3) Il **PIÈ D'ASINO** *(Glycymeris glycymeris)* ha valve spesse e quasi perfettamente rotonde, che possono raggiungere i 6-8 cm circa. La superficie della conchiglia è morbida e vellutata al tatto.

(4) La conchiglia del **GIANT BITTERSWEET** *(Glycymeris gigantea)* raggiunge un diametro di 10 cm e si riconosce per il caratteristico disegno marezzato delle valve.

Pectinidi *In un famosissimo quadro, Botticelli dipinse la dea Venere mentre sorgeva dalle acque sulla valva di un Pectinide. Questi eleganti bivalvi hanno molto da offrire anche sul piano della gastronomia.*

- I Pectinidi hanno una valva piatta e una convessa, entrambe solcate da coste radiali.
- Tutti i Pectinidi presentano le cosiddette "orecchiette".
- Le parti usate a scopo culinario sono il mollusco bianco o "noce" e il "corallo", ossia le uova di colore arancione.

Pectinidi *(Pectinidae)*

In tutto il mondo vivono circa 300 diverse specie di Pectinidi, ma quelle che hanno importanza dal punto di vista commerciale sono circa due dozzine. Di solito non vengono differenziate sotto il profilo della denominazione commerciale. Le varietà più gustose vengono dalle acque fredde: in Europa, dalle zone di pesca intorno alle Isole Britanniche e alla Francia, e in America dall'Alaska o da Terranova. I Pectinidi vengono pescati in tutte le stagioni, ma alcune specie si possono conservare in freezer o in salamoia. Soprattutto nell'Asia Orientale, negli ultimi anni c'è stato un boom dell'allevamento in acquacoltura delle specie più apprezzate in tutto il mondo.

(1) Entrambe le valve della **CAPPASANTA** o **CONCHIGLIA DI SAN GIACOMO** *(Pecten jakobaeus)* presentano coste disposte ad angolo acuto, e ognuna di esse ha 4 solchi radiali. Questi molluschi, che raggiungono un massimo di 15 cm, sono apprezzatissimi culinariamente.

CAPPASANTA, CONCHIGLIA DI SAN GIACOMO, PELLEGRINA (1)
(Pecten jacobaeus)

ing. scallop, fan shell; fr. coquille St.-Jacques méditerrannéen; peigne de St.-Jacques; vanne, capeau; ted. Jakobsmuschel, Pilgermuschel; sp. rufina, capa santa, pelegrina; port. vieira, penteola, romeiro; bask. xel; ol. grote kamschelp.

È diffusa in tutto il Mediterraneo e sulle coste atlantiche della Spagna, del Portogallo e del Marocco.
<u>Caratteristiche:</u> la conchiglia, che presenta coste molto accentuate disposte ad angoli acuti le une con le altre, è inequivalve, ossia ha due valve diverse: quella sinistra è piatta e quella destra è convessa. Le orecchiette che sporgono a destra e a sinistra dell'umbone e che ricordano piccole ali sono disposte in modo simmetrico. Le cappesante possono raggiungere 15 cm al massimo.
<u>Utilizzi:</u> questi molluschi sono squisiti cotti al burro, ma si mangiano anche crudi. Sono buoni anche alla griglia, e spesso vengono gratinati all'interno della valva concava. In tutte queste preparazioni è comunque importante che la cottura sia breve, perché altrimenti le carni diventano dure.

PETTINE MAGGIORE, CONCHIGLIA DEI PELLEGRINI, VENTAGLIO *(Pecten maximus)*

ing. great Atlantic scallop; fr. grande coquille St.-Jacques, grande peigne, escallop; ted. Große Pilgermuschel; sp. vieira, concha de peregrino.

Questo pregiatissimo Pectinide si trova nell'Atlantico ed è diffuso dalla Norvegia alle Canarie. Sui mercati tedeschi, i pettini maggiori freschi di solito provengono dalla Francia e quelli surgelati dalla Gran Bretagna.
<u>Caratteristiche:</u> con un diametro massimo di 17 cm, è il più grande Pectinide europeo. Sulla valva piatta, le coste formano un angolo acuto le une con le altre, mentre su quella concava appaiono arrotondate se viste dall'alto. Le orecchiette sono nervate e simmetriche.
<u>Utilizzi:</u> le carni di questa specie sono buone sia cotte in padella, sia gratinate.

CAPPASANTA AMERICANA

(Placopecten magellanicus)

ing. Atlantic deep sea scallop, sea scallop, giant scallop, smooth scallop; fr. pétoncle, pecten d'Amérique; ted. Atlantischer Tiefwasser-Scallop.

Si tratta della specie di Pectinide più importante dal punto di vista commerciale sulla costa orientale degli USA, dove è diffusa dal Maine alla Carolina del Nord.

Caratteristiche: la sua conchiglia arrotondata può raggiungere un diametro di 25 cm; presenta orecchiette di forma identica e numerose coste radiali.

Utilizzi: questo mollusco ha un ottimo sapore sia cotto in padella, sia alla griglia.

CANESTRELLO ROSA, PETTINE OPERCOLARE

(Aequipecten opercularis)

ing. queen scallop; fr. vanneau, petoncle operculaire; ted. Kleine Pilgermuschel, Reisemantel; sp. golondrina, zamoriña, volondeira; ol. wijde mantel.

Il canestrello rosa è diffuso dalla Norvegia alle Canarie e in tutto il Mediterraneo. Uno dei maggiori centri di lavorazione di questo mollusco si trova nelle Orcadi, a nord della Scozia, da dove si esportano grandi quantitativi di canestrelli rosa surgelati o in conserva.

Caratteristiche: le sue due valve rosso-brune presentano un uguale grado di convessità e coste arrotondate. La lunghezza massima è di circa 10 cm.

Utilizzi: noce e corallo sono squisiti cotti al burro.

È raro trovare canestrelli rosa freschi; nella maggior parte dei casi, questi molluschi vengono commercializzati come prodotto surgelato o in scatola.

Una squisitezza, ma anche un simbolo

La bella conchiglia della cappasanta o conchiglia di San Giacomo non ha ispirato soltanto la Shell. Ancora oggi è l'emblema dei pellegrini che percorrono il famoso Cammino di Santiago di Compostela, sulla costa della Galizia. Già durante il Medioevo, i pellegrini che si recavano qui a pregare sul sepolcro di San Giacomo acquistavano questi bivalvi come ricordo del viaggio, e di essi si credeva che avessero proprietà magiche, che curassero le malattie e che portassero fortuna.

Secondo una leggenda, un cavaliere portoghese e il suo cavallo si trovavano all'approdo della nave che trasportava le spoglie di San Giacomo in Spagna. Spaventato dal riverbero della luce sulla poppa della nave, il cavallo si gettò in acqua, trascinando con sé il cavaliere. L'animale affogò, ma l'uomo si salvò miracolosamente, e quando venne estratto dall'acqua il suo corpo era completamente ricoperto da cappesante.

Claudia Bruckmann

(1) Le orecchiette della **NOBLE SCALLOP** *(Chlamys nobilis)* sono decisamente asimmetriche.

(2) La **CAPPASANTA DEL PACIFICO** *(Argopecten purpuratus)* ha 25 coste.

(3) Il **LION'S PAW** *(Nodipecten nodosus)* ha forma asimmetrica.

(4) La **PACIFIC PINK SCALLOP** *(Chlamys hastata hericia)* è relativamente rotonda.

NOBLE SCALLOP (1) *(Chlamys nobilis)*

ing. noble scallop, old scallop; fr. peigne sénateur; ted. Königsmantel.

La *noble scallop* è diffusa nelle acque giapponesi, da Honshu centrale a Kijushu, e vive a un massimo di 20 m di profondità. Questa specie viene anche allevata in acquacoltura, ad esempio in Cina.

<u>Caratteristiche</u>: la sua conchiglia raggiunge un diametro massimo di 15 cm, le valve presentano una ventina di coste e le orecchiette sono decisamente asimmetriche.

<u>Utilizzi</u>: in Giappone, le noci di questo mollusco sono considerate una squisitezza. Vengono usate per il *sushi* o anche fritte nella pastella per tempura.

CAPPASANTA DEL PACIFICO, CAPPASANTA DELLA NUOVA ZELANDA (2)

(Argopecten purpuratus)

ing. scallop; fr. peigne pourpré; ted. Purpur-Kammmuschel; sp. ostión del norte, concha de abanico.

La cappasanta del Pacifico è diffusa lungo la costa cilena e peruviana. Questa specie predilige fondali sabbiosi e fangosi, e vive a una profondità massima di 90 m.

<u>Caratteristiche</u>: le sue valve presentano 25 coste, sette delle quali sono più pronunciate e ricurve delle altre. Sul margine dell'interno della valva vi è una bordatura più larga di colore porpora intenso.

<u>Utilizzi</u>: la noce e il corallo vengono cotti in padella o gratinati.

LION'S PAW (3) *(Nodipecten nodosus)*

ing. lion's paw; fr. peigne coralline; ted. Knotige Kammmuschel.

L'areale di questo mollusco va dalla zona meridionale della costa orientale degli USA ai Caraibi e al Brasile.

<u>Caratteristiche</u>: questa specie di Pectinide si riconosce facilmente per le sporgenze nodose che interrompono le sue coste radiali. Il diametro della conchiglia va dai 7 ai 15 cm.

<u>Utilizzi</u>: la sua carne può essere arrostita, gratinata o cotta alla griglia.

PACIFIC PINK SCALLOP (4)

(Chlamys hastata hericia)

ing. Pacific pink scallop; ted. Alaska-Kammmuschel.

Si trova lungo la costa occidentale del Nordamerica, dall'Alaska alla California, a profondità di 35 m al massimo.

<u>Caratteristiche</u>: il suo colore varia dal rosa al bianco-giallastro. Le sue valve sono quasi rotonde, le orecchiette marcatamente asimmetriche.

<u>Utilizzi</u>: come tutti i Pectinidi, si presta bene ad essere arrostita e cotta alla griglia.

Sulla costa atlantica del Nordamerica si trova anche un'altra specie di interesse commerciale: il **canestrello d'Islandia** *(Chlamys islandica;* ing. *Iceland scallop)*, che viene pescato soprattutto a nord di Terranova, ha una conchiglia del diametro di circa 10 cm.

Cuori *Sono perfettamente simmetrici: le due valve hanno forma identica e la stessa colorazione. Questi saporiti molluschi sono apprezzati in Italia e in Francia, ma soprattutto in Spagna.*

Cuori *(Cardiidae)*

Devono il loro nome alla forma della conchiglia: infatti le due valve fortemente convesse, se viste di profilo, ricordano un cuore. Alcune specie, come il cuore edule o capa tonda, sono provviste di un peduncolo cilindrico che consente loro di spostarsi compiendo salti lunghi fino a 50 cm e, in caso di pericolo, di seppellirsi sotto il materiale che ricopre il fondale.

CAPA TONDA, CAPA MARGAROTA, CUORE EDULE (1) *(Cerastoderma edule)*

ing. edible cockle, common cockle, heart shell; fr. coque commune, bucarde, bigon, rigardot; ted. Essbare Herzmuschel; sp. berberecho, verdigón; port. berbigão; nor./dan. hjertemuslinger; ol. gewone hartschelp, kokkel.

Questo Cardide è diffuso nell'Atlantico da Capo Nord al Senegal, e si trova anche nel Mediterraneo occidentale. Viene pescato soprattutto sulle coste dei Paesi Bassi, della Gran Bretagna, della Francia, della Spagna e del Portogallo.
Caratteristiche: le sue valve giallastre sono larghe circa 5 cm, hanno forma sferica e sono solcate da coste ben sviluppate che scorrono nel senso della lunghezza fino all'umbone.
Utilizzi: le cape tonde fresche sono buone al vapore, servite da sole o con una salsa delicata. Si possono anche usare per preparare farce.

CUORE SPINOSO *(Acanthocardia echinata)*

ing. red nosed cockle; fr. grand coque, coque rouge; ted. Dornige Herzmuschel; sp. carneiro; port. berbigão; ol. gedoornde hartschelp.

Diffuso in tutto l'Atlantico e nel Mediterraneo, è particolarmente apprezzato in Francia.
Caratteristiche: le sue valve raggiungono gli 8 cm di lunghezza e presentano profondi solchi. La colorazione della conchiglia va dall'avorio al bianco opaco, ma diventa bruno-rossastra sul bordo. Il margine della conchiglia è irto di propaggini a forma di spina.
Utilizzi: i cuori spinosi si mangiano crudi in Francia, ma si consumano anche al vapore e marinati.

HEART COCKLE *(Corculum cardissa)*

ing. heart cockle; ted. Halbherzmuschel; giapp. torigai.

Rappresentato in tutta l'area dell'Indopacifico, riveste interesse commerciale soprattutto in Giappone.
Caratteristiche: le due valve hanno un colore che va dal bianco all'avorio e presentano una struttura di coste. Le sue dimensioni vanno dai 6 ai 9 cm.
Utilizzi: può essere consumato crudo o al vapore, e il suo sapore ricorda un po' quello del pollo.

- I Cardidi hanno una forma tendenzialmente sferica che ricorda quella di un cuore.
- Fanno parte dei frutti di mare pregiati dal punto di vista gastronomico e commerciale.
- Alcune specie di Cardidi hanno un peduncolo di forma cilindrica.

(1) Anche se raggiunge solo i 5 cm, la **CAPA TONDA** *(Cerastoderma edule)* è molto saporita. Le sue due valve fortemente convesse le conferiscono la tipica forma a cuore. Una caratteristica tipica sono le coste sviluppate che scorrono nel senso della lunghezza fino all'umbone.

I Veneridi comprendono oltre 500 specie: si tratta di una famiglia molto numerosa, oltre che di grande interesse commerciale.

Veneridi, *che prendono il nome dall'antica dea dell'amore e della bellezza, vengono apprezzati dappertutto. Non è sorprendente: hanno un sapore "divino" e si prestano a moltissime preparazioni diverse.*

- I Veneridi hanno una conchiglia sferica con coste concentriche.
- Questa famiglia comprende moltissime specie, che vengono pescate e allevate in tutto il mondo.
- Gli esemplari più piccoli si possono consumare crudi, mentre quelli grandi sono più buoni cotti.

Veneridi *(Veneridae)*

Le innumerevoli specie di questa famiglia sono diffuse in tutto il mondo: vivono infatti in tutti i mari e lungo tutte le coste della Terra. I Veneridi prediligono fondali di materiale morbido, sotto i quali, all'occorrenza, si possono seppellire, e vi formano grandi colonie. Hanno in comune con i Cardidi la forma tendenzialmente sferica, e alcune specie possiedono anche un peduncolo che consente loro di spostarsi.

In tutto il mondo, molti Veneridi vengono usati per l'alimentazione umana, e le specie di maggiore importanza commerciale vengono allevate anche in acquacoltura, ad esempio negli USA, in Cina, in Corea e in Indonesia. In Europa, l'allevamento viene praticato soprattutto in Francia, Italia, Spagna e Irlanda.

TARTUFO DI MARE, CAPPAROZZOLO, VERRUCOSA (1) *(Venus verrucosa)*

ing. baby clam, warty Venus; fr. praire, coque rayé; ted. Raue Venusmuschel; sp. escupiña grabada, almeja vieja; port. pé de burro; ol. wrattige venusschelp.

Questa specie molto diffusa vive nell'Atlantico, dalla costa occidentale delle Isole Britanniche fino al Sudafrica; inoltre, si trova in tutta l'area del Mediterraneo. Predilige fondali sabbiosi e vive a una profondità massima di 100 m. Il tartufo di mare si pesca spesso nel Mediterraneo e sulla costa atlantica della Francia, zone in cui si trova regolarmente sui mercati del pesce. Attualmente, viene allevato in acquacoltura soprattutto in Italia, Francia e Spagna.

Caratteristiche: questo Veneride dalle dimensioni relativamente grandi si riconosce facilmente dalle sviluppate coste concentriche presenti sulla superficie delle sue valve e deve il suo nome alle marcate protuberanze presenti almeno su un lato di queste coste. Il colore della conchiglia varia dal beige al bruno chiaro, con marcate striature radiali leggermente più scure.

Utilizzi: si può consumare crudo, come è abitudine in Francia, ma viene anche cotto al vapore, gratinato e usato per farce, oppure grigliato nella sua conchiglia. Perché mantenga il suo gusto, però, è bene evitare cotture troppo prolungate.

VONGOLA, CAPPA GALLINA, BEVERAZZA, POVERAZZA (2) *(Chamaelea gallina)*

ing. striped Venus clam; fr. clovisse, petit praire, palourde, venus poule; ted. Strahlige Venusmuschel; sp. almeja; port. pé de burrinho; ol. venusschelp.

Diffusa in tutto il Mediterraneo, la vongola vive in acque superficiali, lungo le coste con fondale sabbioso o di ghiaia sottile. Questa specie riveste grande importanza commerciale soprattutto in Italia. Si trova in commercio fresca solo nella zona intorno al Mediterraneo.

Caratteristiche: questa specie ha valve quasi rotonde che presentano tra le 10 e le 21 grandi coste radiali intervallate da molte pieghe più piccole.

Utilizzi: le sue carni tenere e saporitissime sono ideali per la più classica preparazione dei molluschi: la cottura a vapore. Spesso, però, le vongole trovano impiego anche nelle zuppe di pesce, e in Italia si usano per preparare i famosi e squisiti "spaghetti alle vongole".

Meglio approfittare dell'occasione!

Se trovate Veneridi freschi, approfittate dell'occasione: sono saporitissimi, soprattutto se usati come condimento per la pasta. Vale decisamente la pena di fare la fatica di sgusciarli!

LAMELLATE VENUS *(Venus lamellaris)*

ing. lamellate Venus; ted. Kleine Pazifische Venusmuschel; giapp. satsuma-asari.

È diffusa dal Mar Rosso a tutta l'area dell'Indopacifico fino all'Australia. È uno dei Veneridi più piccoli; la sua conchiglia raggiunge solo 4-5 cm di diametro.

Caratteristiche: la conchiglia beige-violaceo è caratterizzata da striature lamellari squamose a forma di anello. La superficie interna delle valve è rosa.

Utilizzi: si presta soprattutto alla cottura a vapore.

(1) Il **TARTUFO DI MARE** *(Venus verrucosa)* ha una conchiglia sferica con marcate rughe concentriche e protuberanze che ricordano verruche. Le sue valve possono raggiungere un diametro di 7 cm.

(2) La **VONGOLA** *(Chamaelea gallina)* è un Veneride relativamente piccolo: infatti, le sue valve raggiungono i 5 cm al massimo. Tuttavia, questo mollusco riveste una grande importanza gastronomica, soprattutto in Italia.

Si possono trovare fresche diverse specie di Veneridi, che non vengono differenziate dalla denominazione commerciale. Se però non si riescono a trovare i molluschi freschi, si può sempre ricorrere a quelli già sgusciati, in scatola.

FASOLARO, CAPPA CHIONE, ISSOLON, VENERE CHIONE, CAPPA LISCIA (1)

(Callista chione)

ing. smooth callista; fr. cythère, vernie; ted. Braune/Glatte Venusmuschel; sp. concha saveriña.

Questo grande Veneride è diffuso nell'Atlantico, dal Sudovest delle Isole Britanniche fino al Marocco, e nel Mediterraneo. Viene pescato di frequente in Spagna e in Italia.

Caratteristiche: la superficie della sua conchiglia emana un riflesso che ricorda la porcellana. Ha coste concentriche appena accennate, e quindi la superficie esterna è relativamente liscia. Le valve di colore bruno raggiungono un massimo di 11 cm.

Utilizzi: gli esemplari più piccoli possono essere mangiati crudi, mentre quelli grandi si prestano meglio alla cottura a vapore o al gratin e alla preparazione di farce. Questa specie ha un sapore squisito.

SUNRAY VENUS *(Macrocallista nimbosa)*

ing. sunray Venus; ted. Riesenvenusmuschel.

Si trova lungo la costa orientale degli Stati Uniti, tra la Carolina del Nord e la Florida.

Caratteristiche: ha una forma molto allungata e raggiunge un massimo di 15 cm. La sua conchiglia sottile ha un colore variabile dal beige al violetto, ed è contrassegnata da anelli concentrici.

Utilizzi: gli esemplari più piccoli sono adatti alla cottura a vapore, mentre le carni di quelli più grandi possono essere un po' coriacee e si prestano meglio alla preparazione di farce.

HAMAGURI (2) *(Meretrix lusoria)*

ing. hard clam, Asiatic hardshell clam; ted. Hamaguri.

Questa specie dell'Indopacifico viene utilizzata soprattutto in Cina, a Taiwan e in Giappone, dove

(1) Il **FASOLARO** o **CAPPA CHIONE** *(Callista chione)* ha una superficie decisamente liscia e brillante, che ricorda la porcellana. Questa specie ha un sapore squisito.

(2) In Giappone, si usano tradizionalmente sia la noce, sia la conchiglia dell'**HAMAGURI** *(Meretrix lusoria)*. Con le sue valve si fanno pedine per i giochi da tavolo, mentre le sue carni sono buone sia crude, sia alla griglia.

resti delle sue conchiglie sono stati reperiti in insediamenti di epoca preistorica. Tradizionalmente, le sue conchiglie vengono utilizzate come pedine per i giochi da tavolo.

<u>Caratteristiche:</u> le conchiglie di questa specie sono quasi lisce, con coste concentriche appena accennate. Il colore può variare dal beige a tonalità di grigio o viola e fino al marrone scuro.

<u>Utilizzi:</u> in Cina, l'hamaguri viene utilizzato di preferenza per la preparazione di zuppe, mentre in Giappone lo si mangia crudo o al vapore nel *sushi*. Viene servito spesso anche cotto nel saké o grigliato.

CAPPA DURA (3–5) *(Mercenaria mercenaria)*

ing. clam, (Northern) quahog, hardshell clam; fr. praire, le clam; ted. Quahog-Muschel.

Questo Veneride è diffuso sulla costa orientale degli Stati Uniti, dal Canada al Golfo del Messico. In questa regione riveste una grande importanza commerciale; già gli indiani Algonchini che vivevano negli attuali Ontario e Québec usavano la noce e la conchiglia di questi molluschi, e lo stesso nome locale quahog o quahaug deriva dalla lingua algonchina. In America, le *clams* vengono differenziate a livello commerciale in base alle loro dimensioni. Questi molluschi si trovano anche in Europa, dove vivono (a volte in seguito a popolamento artificiale) su entrambe le sponde della Manica, sulla costa atlantica della Francia, nel Golfo di Biscaglia, sulla costa spagnola meridionale, su quella portoghese e nel Mediterraneo.

<u>Caratteristiche:</u> le cappe dure hanno conchiglie ovoidali e relativamente lisce, con coste poco sviluppate. La superficie color sabbia presenta anelli più scuri.

<u>Utilizzi:</u> Di solito le *littleneck clams* e le più piccole *cherrystones* vengono servite vive su ghiaccio. Invece le *chowder clams*, un po' più dure, sono apprezzate come ingrediente di zuppe o nel piatto unico *clam chowder*, cui le cappe dure di maggiori dimensioni devono il loro nome commerciale. Questi molluschi sono un ingrediente indispensabile anche per i tradizionali *clambakes*, in cui vengono cotte in tegami di terracotta insieme ad altri frutti di mare e a pannocchie di mais.

Le clams *americane sono ottime anche cotte all'europea, ossia in tegame con vino bianco, erbe aromatiche e tuberi.*

(3) LITTLENECK CLAM è la denominazione commerciale statunitense usata per le cappe dure più piccole. Con un diametro inferiore ai 5 cm, non sono molto più grandi delle nostre vongole.

(4) CHERRYSTONE è il nome commerciale usato negli USA per le cappe dure di dimensioni intermedie: questi molluschi raggiungono i 7 cm di diametro e hanno circa 5 anni di età.

(5) CHOWDER o STEAMER CLAM sono i nomi commerciali delle cappe dure più grandi che si trovano in commercio negli USA: questi bivalvi possono raggiungere un diametro di 13 cm.

VONGOLA VERACE (1)

(Ruditapes decussatus)

ing. grooved carpet shell; fr. palourde croisée; ted. Kreuz-muster-Teppichmuschel; sp. almeja fina.

Questo Veneride è diffuso nell'Atlantico dalla Norvegia al Senegal, oltre che nel Mediterraneo, ed è apprezzatissimo in Francia e in Spagna. In Galizia, la vongola verace viene anche allevata in acquacoltura insieme ad altre specie di vongole.
Caratteristiche: le sue valve hanno dimensioni comprese tra i 4 e gli 8 cm e sono asimmetriche; infatti sono più sviluppate da una parte. Il suo colore di fondo è brunastro, ma la superficie è solcata da larghe striature radiali di tonalità più chiara o più scura.
Utilizzi: è uno dei Veneridi più saporiti. Si può mangiare cruda, ma è ottima anche a vapore e in *sauté* con un po' di vino ed erbe aromatiche.

LONGONE, VONGOLA *(Venerupis pullastra)*

ing. pullet carpet shell; fr. clovisse, palourde; ted. Glatte Teppichmuschel; sp. almeja babosa; ol. tapijtschelp.

Il suo areale corrisponde a quello della vongola verace. In Germania, si trova nella Baia Tedesca.
Caratteristiche: il disegno della conchiglia, che presenta striature longitudinali e trasversali, ricorda la trama di un tappeto. Può raggiungere i 7 cm di larghezza.
Utilizzi: questa specie è buona sia cruda sia a vapore.

VONGOLA FILIPPINA (2)

(Ruditapes philippinarum)

ing. Manila clam, Japanese carpet shell; fr. palourde japonaise, clam japonaise; ted. Japanische Teppichmuschel; sp. almeja japonesa; giapp. asari.

Trapiantata negli USA negli anni Trenta del secolo scorso, oggi questa specie di vongola originaria dell'Asia Orientale ha un certo rilievo commerciale sulla costa occidentale degli Stati Uniti. Da qualche anno viene allevata anche in Europa, sulla costa atlantica e mediterranea della Francia, in Galizia e nelle lagune venete.
Caratteristiche: la sua conchiglia spessa è asimmetrica, più sviluppata da una parte. La superficie presenta coste sia radiali, sia concentriche che aumentano di spessore nei punti di incrocio.
Utilizzi: negli USA si mangia di preferenza viva, *on the half shell*. In Italia, invece, si prepara in *sauté* per condire la pasta.

(1) La superficie delle valve della **VONGOLA VERACE** *(Ruditapes decussatus)* presenta un disegno a zigzag sottile e vivace, che visto da lontano ricorda un ricamo a punto croce: è a questo che deve il suo nome tedesco, lett. "tappeto a punto croce". Le carni di questo mollusco sono squisite.

(2) Le valve della **VONGOLA FILIPPINA** *(Ruditapes philippinarum)* sono color crema e presentano un vivace disegno di striature più scure. Questo mollusco è buono sia crudo, sia al vapore.

Donacidi *Piccoli ma deliziosi: sgusciare questi molluschi richiede un po' di tempo, ma ne vale davvero la pena. Infatti hanno un ottimo sapore, soprattutto se vengono usati come condimento per la pasta.*

Donacidi *(Donacidae)*

I Donacidi o Tellinidi sono diffusi soprattutto sui fondali sabbiosi vicino alla costa. Questa famiglia di molluschi è caratterizzata dalla forma più o meno triangolare della loro conchiglia asimmetrica, e dalla "dentellatura" scanalata che corre lungo il margine interno delle valve. Nelle acque europee se ne trovano cinque specie, che non si differenziano sotto il profilo degli utilizzi e che quindi vengono spesso vendute mescolate tra loro. La loro pesca viene praticata soprattutto nel Mediterraneo, ma anche sulla costa atlantica della Francia e della Spagna.

TELLINA, ARSELLA, CALCINELLO, TRILATERATA (1) *(Donax trunculus)*

ing. wedge clam; fr. haricot de mer, donace; ted. Mittelmeer-Dreiecksmuschel; sp. xarleta, tellerina; port. cadelinha.

Questo mollusco è diffuso in tutto il Mediterraneo, oltre che nell'Atlantico dalla Biscaglia al Marocco. Forma spesso grandi colonie e predilige i fondali sabbiosi nella zona della battigia.

Caratteristiche: ha forma a triangolo irregolare e valve lisce, brillanti, il cui colore varia dal sabbia all'azzurrino. Raggiunge solo i 3-4 cm.

Utilizzi: anche se la resa è scarsa, le sue carni sono ottime e si possono mangiare crude o cotte a vapore.

BANDED WEDGE SHELL *(Donax vittatus)*

ing. banded wedge shell; fr. donace, olive, flion; ted. Gebänderte Dreiecksmuschel, Sägezähnchen; sp. chirla, xarleta; ol. zaagje.

Questa specie è diffusa sulla costa atlantica dalla Norvegia al Marocco e nel Mediterraneo. Si trova spesso anche nella Baia Tedesca.

Caratteristiche: la sua conchiglia triangolare termina con una lieve punta e presenta una sottile dentellatura sul bordo interno; la sua lunghezza è circa il doppio della larghezza. Le valve sono di un colore che va dal bianco al bruno-giallastro all'esterno, all'interno possono essere leggermente violette.

Utilizzi: anche questi piccoli molluschi possono essere mangiati crudi o a vapore.

GOOLWA COCKLE *(Donax deltoides)*

ing. Goolwa cockle; ted. Pipi.

Questa specie di Donacide vive sulle coste australiane, dove è molto apprezzata. La si trova nei terreni sabbiosi nella zona intertidale.

Caratteristiche: la sua conchiglia, che va dal bianco opaco al rosa o al porpora, raggiunge una larghezza di 5 cm circa. È asimmetrica e presenta coste piatte e concentriche. La superficie interna delle valve è bianca, con zone color porpora.

Utilizzi: in Australia, questi molluschi vengono mangiati crudi oppure a vapore, conditi con una salsa saporita.

- I Donacidi hanno dimensioni relativamente piccole e sono caratterizzati da una conchiglia triangolare con valve diseguali.
- I Donacidi vengono commercializzati soprattutto a livello locale.
- La superficie interna delle valve dei Donacidi presenta una "dentellatura" scanalata.

(1) La **TELLINA** *(Donax trunculus)* è un mollusco prelibato ma piuttosto piccolo: infatti, le sue valve misurano al massimo 3 o 4 cm. La sua conchiglia liscia e brillante ha un colore che va dal sabbia al viola azzurrognolo.

(1) Il **CANNOLICCHIO** *(Ensis minor)* è una prelibatezza molto apprezzata nell'area del Mediterraneo. Questo bivalve viene pescato soprattutto nell'Adriatico, in Sicilia e a Cipro. Tutti i cannolicchi *(Pharidae)* si equivalgono dal punto di vista culinario, ed è facile confondere le varie specie l'una con l'altra.

Cannolicchi *Hanno carni tenere e bianche, apprezzabili dal punto di vista gastronomico; tuttavia, vale la pena di provare ad assaggiare anche i bivalvi delle famiglie* Myidae, Mactridae *e* Hiatellidae.

- La forma dei *Pharidae* ricorda un lungo tubo.
- Poiché possono contenere molta sabbia, questi bivalvi vanno spurgati con cura prima di cucinarli.

Cannolicchi *(Pharidae)*

La caratteristica che balza agli occhi in questi molluschi bivalvi è la loro forma lunga e stretta, che nella maggior parte delle specie ricorda il fodero di una spada o di una sciabola. In Europa se ne contano otto specie, di cui due vengono commercializzate per usi alimentari.

CANOLICCHIO, CAPPALUNGA, MANICO DI COLTELLO, CANNELLO (1)

(Ensis minor)

ing. razor shell; fr. couteau; ted. Gerade Mittelmeer-Schwertmuschel; sp. navaja, longeirón; ol. scheermes.

Questa specie della famiglia *Pharidae* è diffusa in tutta la regione del Mediterraneo.

Caratteristiche: la sua conchiglia, che può raggiungere i 17 cm di lunghezza, è allungata, diritta e tubolare. Le sue valve brune sono divise in diagonale per quanto riguarda il disegno: una metà presenta striature longitudinali, l'altra strisce diagonali.

Utilizzi: i cannolicchi si prestano bene alla cottura alla griglia, ma hanno un ottimo sapore anche a vapore o passati in padella con burro e un po' d'aglio.

La seconda specie commercializzata in Europa è il **pod razor shell** *(Ensis ensis)*. Nel Nordamerica, riveste interesse il **cannolicchio atlantico** *(Ensis directus)*.

Altri bivalvi

Anche alcuni esponenti delle famiglie *Myidae*, *Mactridae* e *Hiatellidae* rivestono interesse gastronomico.

CAPPA MOLLE (2) *(Mya arenaria)*

ing. softshell clam, sand gaper; fr. mye, clanque, bec-de-jar; ted. Klaffmuschel, sp. leito ama; ol. strandgaper.

Questa diffusissima specie è molto apprezzata in America, dove è oggetto di pesca intensiva.
Caratteristiche: le sue valve asimmetriche hanno una colorazione variabile dal beige al grigio, con anelli concentrici. Le valve si aprono sul lato più appuntito.
Utilizzi: gli esemplari piccoli si consumano crudi, e quelli più grandi vengono cotti a vapore o per farce. In America, sono apprezzate cotte in padella o fritte.

SPISOLA (3) *(Spisula solida)*

ing. thick trough shell; fr. mactre solide; ted. Dickschalige Trogmuschel; sp. cornicha, almeja blanca; ol. stevige strandschelp.

È diffusa nell'Atlantico, dalla Norvegia al Marocco, e il suo areale comprende anche il Mare del Nord.
Caratteristiche: la sua conchiglia massiccia, della lunghezza massima di 4 cm, ha colore beige chiaro e forma ovale, e presenta anelli concentrici ineguali.
Utilizzi: le spisole si prestano bene alla cottura a vapore o alla preparazione di zuppe di pesce.

GEODUCK (4) *(Panopaea abrupta)*

ing. geoduck (clam), gweduck; ted. Geoduck.

Questa specie, che ha importanza in Canada e negli USA, è diffusa lungo la costa pacifica americana, dove vive nella zona intertidale e si seppellisce nella sabbia fino a una profondità di 1,20 m circa.
Caratteristiche: le sue valve, che raggiungono una larghezza massima di 20 cm, si aprono lungo l'estremità posteriore. È riconoscibile dai lunghi sifoni che il mollusco non può ritirare all'interno della conchiglia.
Utilizzi: la carne di questo mollusco viene arrostita oppure usata nel *sushi*, mentre il sifone spellato viene sminuzzato per preparare zuppe di molluschi.

(2) La **CAPPA MOLLE** *(Mya arenaria)* raggiunge una lunghezza di 15 cm. La si trova sulle coste atlantiche europee, sulle coste orientale e occidentale degli USA, nell'Adriatico e nel Mar Nero.

(3) La **SPISOLA** *(Spisula solida)* e la sua parente *Spisula elliptica* vengono vendute sotto la stessa denominazione commerciale.

(4) Il **GEODUCK** *(Panopaea abrupta)* è un vero "peso massimo" dei molluschi: si aggira in media intorno a 1 kg. Circa la metà del suo peso è rappresentata dal sifone carnoso di cui l'animale si serve per respirare.

Gasteropodi *Le "chiocciole" di mare non fanno impazzire proprio tutti, ma il gruppo di molluschi che conta il maggior numero di specie può offrire una vasta gamma di piacevoli sorprese gastronomiche.*

Se preparate e cotte a dovere, le lumache di mare possono avere un ottimo sapore.

• I Gasteropodi si differenziano dai bivalvi perché la loro conchiglia è spiraliforme e formata da un'unica parte anziché da due.

• L'unica parte che si mangia è la carne muscolosa del piede.

Gasteropodi *(Gastropoda)*

Una caratteristica tipica dei Gasteropodi è la loro conchiglia a spirale. A un'attenta osservazione, si scopre la struttura a spirale anche in specie che, a prima vista, sembravano molluschi di altro tipo, come ad esempio le orecchie di mare (Aliotidi).
Inoltre, tutti i Gasteropodi che hanno interesse culinario si possono distinguere facilmente dai bivalvi perché la loro conchiglia è composta di una sola valva, mentre i bivalvi ne hanno due. Un'altra caratteristica importante dei Gasteropodi è il grosso piede muscoloso che consente loro di spostarsi in avanti e che dà il nome a tutta questa classe di animali: infatti la parola "Gasteropode" deriva da due termini greci che significano grosso modo "piede ventrale".
Il muscolo del piede, inoltre, è l'unica parte dell'animale che si utilizza in cucina. In Europa, i Gasteropodi in commercio si limitano alle lumache di

mare e a quelle terrestri, ma nei Paesi tropicali si consumano anche lumache d'acqua dolce. Tuttavia, nonostante la loro immensa ricchezza di specie (in tutto il mondo, ve ne sono più di 85.000) e la loro grande diffusione, i Gasteropodi non rientrano spesso nella nostra dieta: infatti, questi animali rappresentano l'1% circa di tutti i molluschi pescati, mentre i bivalvi e i Cefalopodi fanno la parte del leone.
Probabilmente ciò dipende dal fatto che i Gasteropodi non incontrano i gusti di tutti. La carne delle specie più grosse può essere un po' coriacea e richiede una preparazione adeguata per risultare gustosa. I conoscitori, però, apprezzano il sapore delicato di molte specie di Gasteropodi: ad esempio, le orecchie di mare sono popolarissime in Italia e in Francia. Nei Paesi del Mediterraneo occidentale, ma soprattutto in Asia, si conoscono molti modi diversi di preparare specie di Gasteropodi grandi e piccole.

Orecchie di mare o aliotidi
(Haliotidae)

Ve ne sono un centinaio di specie, che si somigliano molto. Tutte sono dotate di una conchiglia appiattita con una serie di forellini sul margine e la superficie interna rivestita da uno strato di madreperla. Le orecchie di mare vengono considerate una vera prelibatezza soprattutto in Asia orientale. Una quindicina di specie vengono allevate con successo negli USA, in Australia, in Nuova Zelanda, in Giappone e a Taiwan; la Cina ne è il maggiore produttore. In Europa, gli allevamenti si trovano soprattutto in Francia e in Italia.

ORECCHIA DI MARE, ORECCHIA DI VENERE
(Haliotis tuberculata)

ing. ormer, ear shell; fr. ormeau, oreille de mer; ted. Seeohr, Meerohr, Abalone.

Nell'Atlantico, l'orecchia di mare è diffusa dall'Inghilterra meridionale alla costa senegalese. Nel Mediterraneo vive anche una sua parente più piccola *(Haliotis tuberculata lamellosa).* Le orecchie di mare sono molto richieste, e in molte zone sono diventate rare.
Caratteristiche: raggiungono i 20 cm di lunghezza. La loro conchiglia spiraliforme presenta macchie bruno-rosate e una leggera marmorizzazione.
Utilizzi: per preparare a dovere le orecchie di mare occorre un certo intuito da parte del cuoco. Per prima cosa, il loro piede chiaro e muscoloso viene tagliato a fettine di circa 5 mm che si possono mangiare crude nel *sushi*, arrostire o stufare. Prima della cottura, le fettine vanno leggermente appiattite con un batticarne. Basta un minuto in padella per cuocerle; se il tempo di cottura si prolunga la carne si indurisce. In alternativa, si possono sottoporre a una cottura prolungata che dura anche 5-6 ore. Tuttavia, una breve cottura in padella conferisce alle orecchie di mare un sapore molto più definito.

ABALONE (1) *(Haliotis laevigata)*

ing. smooth ear shell, green lip abalone; ted. Glattes Seeohr; giapp. usuhira-awabi.

È originaria dell'Australia e predilige i fondali rocciosi e le pareti degli scogli sommersi nella zona intertidale.
Caratteristiche: è relativamente grande e ha una conchiglia color verde chiaro, di forma ovale e a curve regolari, la cui superficie esterna è abbastanza liscia.

Utilizzi: si consuma cruda oppure cucinata negli stessi modi dell'orecchia di mare.

NORTHERN ABALONE (2) *(Haliotis kamtschatkana)*

ing. Northern abalone, pinto abalone, Kamtschatka abalone, Japanese abalone; ted. Kamtschatka-Seeohr.

Si trova sulla costa occidentale degli Stati Uniti e del Canada, dalla California all'Alaska, a profondità massime di 10 m. In California, è una specie protetta.
Caratteristiche: la sua conchiglia è grigio-bruna e ruvida e ha spirali alte con 4-5 forellini.
Utilizzi: si consuma cruda oppure cotta negli stessi modi dell'orecchia di mare.

(**1**) L'**ABALONE** *(Haliotis laevigata)* raggiunge i 15-20 cm di lunghezza. La sua conchiglia verde chiaro e ovale ha una superficie liscia e presenta una dozzina di forellini sul margine esterno.

(**2**) Il **NORTHERN ABALONE** *(Haliotis kamtschatkana)* vive sulla costa del Pacifico settentrionale, dalla California all'Alaska. Si riconosce per la tipica conchiglia grigio-bruna con 4-5 forellini.

Patelle e chiocciole di scogliera *Una vera squisitezza per intenditori: vale la pena di assaggiare soprattutto le seconde, chiamate anche "littorine", intinte in un po' di vinaigrette.*

- Le patelle hanno una conchiglia appiattita che culmina con una punta.
- Le chiocciole di scogliera, piccole e scure, hanno una punta arrotondata.
- Entrambi questi Gasteropodi hanno un buon sapore sia crudi che cotti, ma nella maggior parte dei casi la loro carne è un po' coriacea.

Patelle *(Patellidae)*

A prima vista si possono confondere coi bivalvi a causa della loro forma appiattita. Si differenziano dalle orecchie di mare perché la conchiglia forma una punta; negli esemplari adulti, la conchiglia è poco avvolta a spirale o non lo è per niente, e ricorda più che altro una scodella. La colorazione della conchiglia si uniforma con l'ambiente circostante, con cui questo Gasteropode si mimetizza alla perfezione. Le patelle prediligono le coste rocciose, dove si servono del loro piede robusto per saldarsi agli scogli della zona intertidale: vi aderiscono tanto saldamente che nemmeno i marosi più violenti riescono a staccarle. Per raccoglierle, bisogna staccarle dallo scoglio facendo leva con la punta di un coltello. In commercio, le diverse specie non vengono differenziate.

PATELLA COMUNE (1) *(Patella vulgata)*

ing. common limpet; fr. patelle vulgaire, bernique; ted. Gemeine Napfschnecke; sp. lapa; dan. albueskœll; nor. albuskjell.

La patella comune è diffusa sulle coste atlantiche dell'Europa, dalle isole Lofoti fino alla Spagna settentrionale, passando per l'Inghilterra. Nel Mediterraneo è più diffusa una specie simile, la *Patella caerulea*. Le patelle vengono consumate quasi esclusivamente nelle loro zone di pesca; non sono oggetto di pesca commerciale e si vendono solo a livello regionale.

Caratteristiche: la loro conchiglia è caratterizzata da anelli di colore diverso, dal grigio chiaro al grigio bruno; la superficie esterna presenta, dalla punta al margine, coste più marcate intervallate da altre meno in rilievo. L'intera conchiglia raggiunge i 6 cm al massimo.

Utilizzi: in alcune località, le patelle vengono apprezzate crude, staccate dalla conchiglia e private delle parti scure e del sacco viscerale. Hanno un buon sapore anche bollite, saltate in padella o stufate; spesso, però, la loro carne risulta un po' coriacea.

Tra le parenti esotiche della nostra patella vi sono il limpet *(Patella barbara)*, diffuso prevalentemente lungo le coste sudafricane, che può raggiungere una larghezza massima di 10 cm. Nel Pacifico, tra il Messico e il Perù, vive la specie più grande, il giant Mexican limpet *(Patella mexicana)*, che ha dimensioni variabili tra i 15 e i 35 cm e ha una conchiglia chiara e spessa. Gli stock di questa specie sono già sottoposti a pesca eccessiva. Il Safian limpet *(Patella safiana)* somiglia alla patella comune e si trova lungo la costa occidentale dell'Africa, dal Marocco all'Angola. Si riconosce per la sua conchiglia leggermente trasparente, che raggiunge i 7 cm circa.

Chiocciole di scogliera o littorine
(Littorinidae)

Sono tra i più piccoli Gasteropodi marini commestibili: infatti, il diametro medio della loro conchiglia è di soli 4 cm circa. Di solito, la conchiglia è spessa, rotonda e conica. In Gran Bretagna e in Francia le littorine (che spesso vengono commercializzate con il nome francese di *bigorneaux*) sono tra i molluschi più apprezzati. In alcune località della Francia sono addirittura protette in parchi naturali.

LITTORINA, CHIOCCIOLA DI SCOGLIERA, CHIOCCIOLA DI MARE (2) *(Littorina littorea)*

ing. periwinkle; fr. bigorneau, vigneau; ted. Gemeine Strandschnecke; dan. almindelig strandsnegle; nor. vanlig strandsnegl.

La littorina è molto diffusa in tutto l'Atlantico del Nord, e il suo areale si estende a sud fino alla Spagna. Le littorine prediligono le scogliere vicino alla costa, dove si trovano in grosse colonie.

Caratteristiche: le littorine si riconoscono per la loro forma: base rotonda, conchiglia bassa e conica che culmina con una punta aguzza. La colorazione varia dal verde-grigio al nero, con striature concentriche.

(2) La **LITTORINA** o **CHIOCCIOLA DI MARE** *(Littorina littorea)* è originaria dell'Europa. La sua conchiglia va dal verde-grigio al nero e presenta striature concentriche.

Utilizzi: in Francia, a volte le littorine vengono servite crude insieme ad altri frutti di mare, ma sono buone anche dopo una cottura di 3-4 minuti in acqua salata o in un *court-bouillon*. In genere si mangiano fredde, servite dentro la loro conchiglia e condite con una vinaigrette: per estrarre la carne dalla conchiglia ci si serve di un ago speciale chiamato *pique bigorneau*. Prima di consumarle si deve rimuovere l'opercolo corneo, che è difficile da digerire.

Le lumache – una specialità spagnola

Aggirandosi in un mercato spagnolo è quasi inevitabile trovarli: le lumache freschissime vengono messe in vendita in grosse reticelle. Il commerciante pesca in questi sacchi a rete servendosi di un grosso mestolo, infila i molluschi ancora vivi in un sacchetto marrone e li pesa a chilo a seconda della richiesta del cliente. Per gli Spagnoli, infatti, questi animaletti dal corpo appiccicoso, dalle antenne mobili e dalla conchiglia a spirale destrorsa sono una vera prelibatezza. In molti *tapas bar*, le lumache di mare *(caracoles de mar)* compaiono sul menu accanto alle *huevas* (uova di pesce) e ai *pinchitos* (spiedini di carne). Dato che le loro carni sono relativamente coriacee, vanno cotti molto a lungo in acqua salata (fino a un'ora di cottura), prima di estrarli dalla conchiglia con gli appositi, lunghi spiedini e condirli con una salsa piccante a base di pomodoro o semplicemente *al ajillo* (con l'aglio). Di solito, vengono accompagnati da uno sherry secco, del tipo *fino*; una buona notizia per il turista nordeuropeo non abituato a mangiare lumache di mare, che all'occorrenza può berne un goccio di più. ¡Qué aproveche!

Claudia Bruckmann

Muricidi e Turbinidi *Dai primi si estrae*
il pigmento porpora, mentre i secondi vengono usati per fabbricare bottoni e gioielli. Tuttavia, se la cavano con onore anche in tavola.

- I Muricidi prediligono acque calde, dal temperato al tropicale.
- Spesso, i Muricidi hanno conchiglie dalla forma bizzarra. Inoltre producono un secreto ghiandolare che, alla luce, assume un colore rosso violaceo.
- I Turbinidi possiedono un opercolo calcareo che dev'essere rimosso prima di consumarli.

Muricidi *(Muricidae)*

Questa famiglia di Gasteropodi che conta molte specie predilige le acque più calde, dal temperato al tropicale. Le conchiglie dei Muricidi possono avere forme bizzarre ed essere ricoperte di "spine"; molte specie di questa famiglia presentano anche un canale sifonale di forma allungata all'imboccatura della conchiglia. Inoltre, i Muricidi producono un secreto ghiandolare che, esposto alla luce, assume un colore rosso violaceo: è questa la materia prima con cui anticamente si produceva il richiesto e costosissimo pigmento porpora.

MURICE SPINOSO, MURICE COMUNE, GARUSOLO, CORNETTO DI MARE (1)
(Bolinus brandaris)

ing. common whelk; *fr.* buccin, murex massue, rocher épineux; *ted.* Brandhorn, Mittelmeerschnecke; *sp.* busano; *port.* búzio.

Il murice spinoso vive nel Mediterraneo e nell'Atlantico, dall'Algarve al Marocco. Si trova spesso sui mercati dei Paesi del Mediterraneo occidentale.
Caratteristiche: la sua conchiglia bruno-beige a forma di spirale appiattita presenta spine ben sviluppate.

Utilizzi: di solito, vengono cotti velocemente nella loro conchiglia. La loro carne è un po' dura ma gustosa, e quindi vengono spesso usati per preparare farce.

MURICE TRONCATO, GARUSOLO (2)
(Hexaplex trunculus)

ing. purple murex; *fr.* rocher à pourpre, biou nègre, cornet; *ted.* Purpurschnecke; *sp.* cañadilla, caracol de roca, bucio.

Diffuso in tutto il Mediterraneo, il murice troncato viene spesso catturato nel corso della pesca di altre prede.
Caratteristiche: la sua conchiglia bruna relativamente slanciata presenta due fasce spiraliformi bruno scuro su ogni spira. Inoltre, la superficie presenta tubercoli e spine corte e smussate.
Utilizzi: la sua carne è un po' coriacea, ma ha un ottimo sapore da cotta.

LUMACONE *(Rapana venosa)*

ing. veined rapa whelk, Asian rapa whelk; *ted.* Rapa Whelk; *giapp.* aka-nishi.

(1) Con la sua conchiglia irta di spine e il suo lungo canale sifonale, il **MURICE SPINOSO** *(Bolinus brandaris)* ricorda una mazza chiodata. Viene considerato una prelibatezza soprattutto in Spagna e in Italia.

(2) Nell'antichità, il **MURICE TRONCATO** *(Hexaplex trunculus)* era una fonte di porpora: ne sono testimonianza le montagne di conchiglie trovate vicino agli antichi centri di lavorazione di questo pigmento, come ad esempio l'antica Tiro, nell'odierno Libano.

Questo predatore che si nutre di molluschi e ostriche è diffuso nel Pacifico occidentale, soprattutto in Giappone e lungo la costa orientale della Cina. Verso la metà del XX secolo, è stato inserito anche nel Mar Nero, nell'Adriatico, nell'Egeo e nel Mar Rosso nonché sulla costa della Bretagna, e da una decina d'anni è giunto fino alla costa orientale degli Stati Uniti.
<u>Caratteristiche:</u> raggiunge un massimo di 18 cm di lunghezza e ha una conchiglia grigio-bruna le cui spire presentano fasce più scure.
<u>Utilizzi:</u> di solito viene affettato prima di bollirlo o cuocerlo a vapore.

Turbinidi *(Turbinidae)*

Molte specie di questa famiglia possiedono un robusto opercolo calcareo con cui possono chiudere l'apertura della conchiglia, che va rimosso prima di consumare il mollusco. Sono apprezzatissimi soprattutto in Asia, al punto che in alcune zone alcune specie sono a rischio a causa della pesca eccessiva.

OCCHIO DI SANTA LUCIA

(Astrea rugosa)

ing. chestnut turban; fr. turbo scabre; ted. Turbanschnecke.

Questa specie si trova nel Mediterraneo, e nell'Atlantico, dai Paesi Baschi fino alle Canarie e alle Azzorre.
<u>Caratteristiche:</u> la sua conchiglia verdastra di forma di conica presenta sette spire provviste di aculei.
<u>Utilizzi:</u> si presta bene alla bollitura.

HORNED TURBAN *(Turbo cornutus)*

ing. horned turban, fr. turbo cornu; ted. Gehörnte Turbanschnecke; giapp. sazae.

Questa specie è diffusa tra la Corea e il Giappone.
<u>Caratteristiche:</u> la sua conchiglia acuminata di colore bruno dorato ha un diametro massimo di 10 cm.
<u>Utilizzi:</u> in Giappone, la sua carne è apprezzata nella preparazione di zuppe, ma anche stufata e alla griglia.

Nell'antichità, diversi Gasteropodi, tra cui anche il murice spinoso, venivano usati come fonte di porpora. Oggi, questo pigmento viene estratto dai molluschi unicamente per restaurare opere antiche.

I Turbinidi

Si chiamano così perché la loro forma ricorda le spire di un turbante; il loro opercolo duro era, ed è ancora, utilizzato per fabbricare bottoni e gioielli o amuleti.

Le cosiddette conch *hanno conchiglie molto decorative e sono apprezzatissime nei Caraibi. In Europa ci si accontenta di specie più piccole: i Buccinidi e i Nassaridi sono apprezzati soprattutto sulle tavole.*

- Le *conch* caraibiche sono molto grandi e possono raggiungere i 30 cm di lunghezza.
- In Europa sono apprezzate soprattutto le specie più grandi di Buccinidi.
- Il lumachino bombolino è più piccolo, ma anche più tenero, delle altre due specie.

Strombidi *(Strombidae)*

A causa della forma delle loro conchiglie, in Germania sono chiamati anche "lumache-ragno". Alcune specie sono a rischio a causa della pesca eccessiva: infatti non sono ricercate solo per la loro carne, ma anche per le loro belle conchiglie, che i collezionisti pagano bene. L'amore per gli Strombidi (in inglese *conch*, pronunciato *konk*) ha una lunga tradizione: gli indiani Arawak, che abitavano sulle isole caraibiche in epoca precolombiana, usavano già le loro resistenti conchiglie come materia prima per produrre diversi tipi di attrezzi da lavoro.

QUEEN CONCH (1, 2) *(Strombus gigas)*

ing. queen conch, edible pink conch, lambi; ted. Riesenflügel-schnecke.

Questo Gasteropode vive tra la Florida e Trinidad. Le sue riserve sono diminuite drasticamente a causa della pesca eccessiva, e quindi a Key West e in alcune isole tra le Bahamas e Haiti si sta cercando di allevarli o di attuare iniziative di ripopolamento.

Caratteristiche: le *conch* possono raggiungere i 30 cm di lunghezza. La conchiglia di questa specie ha un colore rosato, è allungata e spiraliforme; negli esemplari più vecchi, il margine della conchiglia presenta un largo "labbro" di forma simile a un'ala.

Utilizzi: sui nostri mercati, questo Gasteropode arriva surgelato e importato dai Caraibi. Una volta scongelato, questo prodotto può essere utilizzato senza ulteriore preparazione; anzi, la surgelazione ne rende più tenere le carni. Per sgusciare le conch fresche, si rompe la conchiglia, si rimuove il mollusco con un coltello e si rimuovono il sacco viscerale e la pelle. Dopo aver pestato leggermente la carne con un batticarne, la si può cuocere a vapore, alla griglia o stufata con altri ingredienti nei piatti unici. Spesso, le carni vengono anche utilizzate per farce.

Buccinidi e Nassaridi

Tra i Gasteropodi marini che rivestono importanza culinaria vi sono quelli delle famiglie dei Buccinidi *(Buccinidae)* e dei Nassaridi *(Nassariidae)*. Il buccino è apprezzato soprattutto in Francia, il lumachino bombolino in Italia.

(1) Di solito la **CONCH MEAT**, ossia la carne della queen conch *(Strombus gigas)*, arriva sui mercati europei sotto forma di prodotto surgelato.

(2) La **QUEEN CONCH** *(Strombus gigas)* è molto apprezzata nei Caraibi. In Florida è una specie in pericolo, protetta da severe normative.

BUCCINO (3) *(Buccinum undatum)*

ing. common whelk; buckie; fr. buccin, ondé, bulot; ted. Wellhornschnecke; sp. bocina; nor. kongesnegl; ol. wulk.

Il buccino è diffuso dall'Artico settentrionale alla Biscaglia. Viene pescato nell'Atlantico del Nord, nel Canale della Manica e anche nel Mare del Nord, e i suoi principali acquirenti sono la Francia e il Canada francofono.
<u>Caratteristiche:</u> i Buccinidi hanno una conchiglia aguzza che può raggiungere gli 11 cm di lunghezza. Caratteristiche tipiche della conchiglia sono le coste spiraliformi e il disegno ondulato a fasce più chiare e più scure.
<u>Utilizzi:</u> di solito i Buccinidi vengono cotti e serviti con una salsa, ma la loro carne è relativamente dura. In Canada sono apprezzati anche in crosta o fritti.

(3) Il **BUCCINO** *(Buccinum undatum)* è una delle specie di Gasteropodi più diffusa nel Mare del Nord. Predilige fondali sabbiosi o fangosi e si trova anche a grande profondità.

SPIRAL BABYLON (4) *(Babylonia formosae)*

ing. spiral babylon, Formosan ivory shell; ted. Spirale von Babylon.

Questo gasteropode è diffuso nel pacifico tropicale; predilige le regioni costiere con fondale di sabbia sottile e vive a profondità massime di 20 m.
<u>Caratteristiche:</u> questa specie di Buccinide ha una conchiglia sottile e biancastra con diverse spirali di colore bruno di andamento quasi rettangolare. La conchiglia raggiunge una lunghezza di circa 7 cm.
<u>Utilizzi:</u> nelle sue zone di diffusione, di solito viene bollita e servita in salsa piccante o agrodolce.

LUMACHINO BOMBOLINO, NASSA, BOMBETTO (5) *(Nassarius mutabilis)*

ing. mutable nassa; fr. nasse ceinture; ted. Glatte Netzreusenschnecke; sp. mugárida lisa.

Il lumachino bombolino si trova nel Mediterraneo, nell'area adiacente alla Baia di Cadice e lungo la costa meridionale del Portogallo.
<u>Caratteristiche:</u> la conchiglia liscia, brillante e aguzza di questa specie presenta un disegno rossastro e raggiunge una lunghezza di 4 cm circa.
<u>Utilizzi:</u> questo gasteropode si trova spesso sui mercati ittici italiani. Di solito viene consumato cotto e la sua carne è relativamente tenera.

(4) La **SPIRAL BABYLON** *(Babylonia formasae)* è una specie di Buccinide tropicale, diffusa da Taiwan fino al Vietnam e alla Malaysia.

(5) Il **LUMACHINO BOMBOLINO** *(Nassarius mutabilis)* ha una conchiglia liscia, brillante e aguzza che presenta un disegno rossastro. Può raggiungere i 4 cm circa di lunghezza.

Cefalopodi *sono veri e propri "fossili viventi", come indicato dai molti reperti fossilizzati che hanno lasciato. Rispetto al passato, le specie odierne non possiedono più una conchiglia esterna, ma solo una interna.*

- I Cefalopodi come la seppia, il calamaro e il polpo si trovano in tutti i mari del mondo.
- I Cefalopodi sono i più sviluppati tra i molluschi.
- Se vengono minacciati, emettono un getto di una sostanza nerastra chiamata inchiostro che li rende invisibili all'aggressore.

Cefalopodi *(Cephalopoda)*

I Cefalopodi sono un gruppo antichissimo: i reperti fossili testimoniano che vivevano sulla Terra già 500 milioni di anni fa. Fanno parte dei molluschi *(Mollusca)* e vivono nelle acque marine. Tra i Cefalopodi che rivestono interesse gastronomico vi sono le seppie, i calamari e i polpi, che vengono spesso impropriamente confusi gli uni con gli altri.

I Cefalopodi sono imparentati con i bivalvi e i Gasteropodi, ma se ne distinguono per le loro incredibili capacità: infatti, alcuni Cefalopodi hanno organi sensoriali e un sistema nervoso molto sviluppati, dispongono di visione tridimensionale e possono distinguere i colori. Inoltre, sono in grado di "imparare" e di "ricordare". La testa, con i suoi grandi occhi provvisti di cristallino, è nettamente separata dal corpo. Nella bocca, oltre a una lingua ruvidissima (radula), che serve per inghiottire le prede, vi è un organo boccale a forma di becco di pappagallo e articolato in due parti. Grazie a questo apparato, gli animali triturano le loro prede, prevalentemente molluschi, granchi e pesci. La bocca è circondata da braccia tentacolari mobilissime e spesso provviste di ventose, con cui l'animale può afferrare le prede, tastare l'ambiente circostante e muoversi strisciando. Nella parte ventrale del corpo, che ha forma di sacco, vi è un'ampia cavità palleale in cui sboccano gli intestini, le vie urinarie e gli organi sessuali e in cui si trovano anche le branchie. In tale cavità, che si apre verso la parte anteriore dell'animale, sbocca anche uno stretto canale detto imbuto, da cui esce il flusso d'acqua espulso dopo la respirazione. Quando tale flusso d'acqua viene orientato all'indietro, l'animale può usarlo per sospingersi in avanti velocemente (locomozione a getto): di solito, però, tale sistema di propulsione viene usato solo per la fuga. Molte specie possiedono anche pinne situate ai lati del tronco, che servono loro per spostarsi più lentamente.

L'inchiostro delle seppie

Le seppie sono Cefalopodi: anche se vivono nello stesso ambiente naturale dei pesci, non hanno niente a che fare con essi, mentre sono più vicine ai Gasteropodi o lumache di mare. Dietro alla testa, le seppie possiedono un piccolo sacco che si riempie di un secreto ghiandolare liquido di colore nero-brunastro. In caso di pericolo, la seppia svuota rapidamente il sacco, creando intorno a sé una nube scura che impedisce al predatore di vederla; allo stesso tempo, si catapulta all'indietro a tutta velocità sfruttando la forza di propulsione del getto d'acqua e di inchiostro.

L'inchiostro di seppia è adattissimo a scrivere o a dipingere, e in passato intorno a questi animali si era sviluppata un'intera industria del colore. La tonalità marrone delle fotografie in bianco e nero derivava proprio dal pigmento della seppia. Oggi il "nero di seppia" si usa nell'industria dei cosmetici, in quella farmaceutica e nell'omeopatia, ma viene impiegato soprattutto come colorante alimentare naturale e assolutamente sicuro con cui dare un tocco esotico a risotti e spaghetti: ne sono esempio i famosi "spaghetti al nero di seppia" o l'*arroz negro*. Il nero di seppia si può trovare nelle pescherie meglio fornite.

Margarethe Brunner

I Cefalopodi (nella foto,
un calamaro) possono
modificare il proprio
colore in diversi modi:
si tratta di una molte, incredibili capacità di
questi animali.

Tra i Cefalopodi si annoverano i più grandi invertebrati marini del mondo: nelle profondità marine
vivono specie del genere *Architeuthis* il cui corpo può
raggiungere la lunghezza di 6 m, che diventano più di
17 m se si calcola anche la lunghezza dei tentacoli!
Quasi tutti i Cefalopodi sono provvisti di una ghiandola che produce una sostanza pigmentata, che si
accumula nel cosiddetto sacco dell'inchiostro. Se un
aggressore si avvicina troppo il sacco, che sbocca nella
cavità palleale, rilascia un liquido bruno-nerastro: l'inchiostro forma intorno a lui una specie di nube che lo
rende invisibile all'aggressore. Spesso, questa nube di
pigmenti scuri simula addirittura la forma del Cefalopode. Inoltre, la pelle della maggior parte dei Cefalopodi contiene cellule pigmentate mobili che consentono all'animale di cambiare colore: una possibilità che
torna utile sia per il corteggiamento del partner, sia
per mimetizzarsi.
La maggior parte dei Cefalopodi odierni ha perso la
conchiglia esterna. Tra le poche specie che ancor oggi
conservano questa struttura, il più noto è senz'altro il
Nautilus, che vive nei mari del Sud. Tuttavia, le testi-
monianze fossili rivelano che nell'antichità esistevano
molte altre forme di Cefalopodi provvisti di conchiglie formate da diverse camere e avvolte a spirale.
La maggior parte dei Cefalopodi viventi ha ancora
una conchiglia, che però si trova all'interno del loro
corpo. I Cefalopodi che rivestono interesse gastrono-

mico fanno parte della sottoclasse dei dibranchiati e si
distinguono in due diversi tipi a seconda del numero
dei loro tentacoli: gli ottopodi *(Octobrachia)* hanno otto
braccia tentacolari, di solito di lunghezza uguale, mentre i decapodi *(Decabrachia)* ne possiedono altre due
più lunghe, che servono per afferrare la preda.

Seppie o Sepiidi *(Sepiidae)*

I Sepiidi hanno dieci tentacoli. Vivono prevalentemente nei pressi del fondale, ma possono nuotare agil-
mente grazie alle loro lunghe pinne laterali. La cavità
palleale è tondeggiante anziché
a forma di cuneo come quella
dei calamari. Una caratteristica
tipica è la struttura calcarea piatta che si trova all'interno del
corpo: il osso di seppia. Tale
struttura serve a stabilizzare l'a-
nimale; infatti contiene piccole
camere piene di gas che favori-
scono il galleggiamento. Come
la maggior parte dei Cefalopodi,
hanno un becco corneo, ma di
solito i loro due tentacoli più lunghi (braccia) sono
relativamente corti rispetto agli altri otto (piedi). Se
preparate a dovere, le seppie hanno carni tenere e un
ottimo sapore; lo stesso vale per le seppiole *(Sepiolidae)*.

L'ultimi sopravvissuti

Mentre tutti gli altri Cefalopodi fanno parte
del gruppo dei dibranchiati, il Nautilus è l'ultimo
rappresentante di quello dei tetrabranchiati. Vive
all'interno di una conchiglia calcarea spiraliforme,
provvista di camere piene di azoto. A differenza di
altri Cefalopodi, non possiede né un sacco dell'inchiostro, né tentacoli prensili più lunghi degli altri.

SEPPIA COMUNE, SEPPIA OFFICINALE (1)

(Sepia officinalis)

ing. common sepia, cuttle-fish; fr. seiche; ted. Gemeine Sepia; sp. luda, sepia; port. choco; ol. gewone inktvis.

La seppia comune è diffusa in tutto l'Atlantico, dalla Norvegia al Sudafrica, e vive anche nel Mediterraneo. Altre specie del genere Sepia vivono in tutti i mari del mondo. Normalmente, la seppia comune vive nei pressi del fondale, e spesso si serve della vibrazione della pinna per seppellirsi sotto la sabbia, mimetizzandosi.

Caratteristiche: come tutte le specie del genere Sepia, la seppia comune ha corpo appiattito, di forma ovale o tonda e una sottile pinna continua sui fianchi. Una caratteristica tipica di questa specie è il motivo a strisce oblique sul suo dorso, che ricorda una zebratura, mentre il ventre presenta una pigmentazione più debole. I due sottili tentacoli prensili (braccia), che ricordano un paio di antenne, sono lunghissimi e provvisti di quattro file di ventose, mentre gli altri otto tentacoli (piedi) sono relativamente corti. Di solito, l'animale tiene le due braccia arrotolate e nascoste nelle cavità ai lati della bocca; non appena però giunge in prossimità di possibili prede, può allungare le braccia prensili a velocità fulminea. Le seppie più grandi possono raggiungere i 65 cm, comprese le braccia prensili, ma in media il loro corpo misura tra i 25 e i 30 cm.

Utilizzi: nel caso delle seppie, vale la seguente regola: più sono piccole, più sono tenere. A volte, la carne degli esemplari più grossi viene leggermente appiattita con un batticarne. Le seppie possono essere cotte alla griglia o in padella. A volte vengono cucinate ripiene e al forno, e in Italia sono molto apprezzate anche in umido.

SEPPIOLA (2) *(Sepiola spp.)*

fr. sépoile, sépiou; ted. Sepiole; sp. globito, sepiola; port. pota, zula; ol. dwerginktvis.

Questo piccolo Cefalopode, diffuso soprattutto nel Mediterraneo, viene chiamato anche seppiolina.

Caratteristiche: le seppiole hanno un corpo ovale e tondeggiante come le seppie, ma la loro conchiglia interna è molto ridotta. Si muovono facendo ondeggiare le pinne situate sul tronco come se fossero ali. Le specie di seppiola che vivono a maggiore profondità possiedono organi luminosi con cui possono confondere e accecare eventuali aggressori, mentre le specie che vivono nelle regioni costiere si proteggono dai predatori seppellendosi rapidamente sotto la sabbia o emettendo nubi di inchiostro. Le seppiole raggiungono solo 3-6 cm di lunghezza.

Utilizzi: le seppiole sono tenere e si prestano a essere cotte intere. Hanno un ottimo sapore ripiene, al forno, cotte in padella o anche grigliate.

(1) La **SEPPIA COMUNE** *(Sepia officinalis)*, ha un corpo di forma ovale o tondeggiante ed è caratterizzata da un disegno zebrato sul dorso.

(2) La **SEPPIOLA** *(Sepiola spp.)* raggiunge solo i 5 cm di lunghezza circa, e la sua conchiglia interna è molto ridotta. Poiché sono più tenere delle seppie, le seppiole si possono cuocere intere. Sono buone anche ripiene.

Teutidi o calamari *(Teuthida)*

Anche i calamari hanno dieci tentacoli, ma si distinguono dalle seppie, che hanno corpo tondeggiante e vivono tendenzialmente sul fondale, perché hanno un corpo allungato, sottile e aerodinamico che termina con una pinna caudale a forma di rombo. Anche la testa con i tentacoli è allungata, le braccia sono relativamente corte e presentano due file di ventose. Sui due tentacoli più lunghi vi possono essere due o quattro file di ventose. Un'altra differenza rispetto alle seppie è che i tentacoli prensili dei calamari sono solo parzialmente retrattili. I calamari sono ottimi nuotatori e predatori attivissimi; poiché sono in grado di modificare a volontà l'orientamento dell'imbuto (la struttura da cui espellono l'acqua della respirazione), sono in grado di nuotare non solo all'indietro, ma anche in avanti e in qualsiasi altra direzione. Le specie che rivestono maggiore importanza economica appartengono alla famiglia dei Loliginidi *(Loliginidae)*.

CALAMARO COMUNE (3) *(Loligo vulgaris)*

ing. calamary, longfinned squid; fr. calmar, encornet; ted. Gemeiner Kalmar; sp. calamar; port. lula, calamar; ol. pijlinktvis.

Il calamaro comune è diffuso soprattutto nel Mediterraneo, ma altre specie molto simili vivono in tutti i mari della Terra. Vive di preferenza in acque basse nei pressi della costa, ma a volte si trova fino a 200 m circa di profondità. Spesso i calamari si spostano in grandi branchi, che si dispongono in modo simile agli uccelli migratori e mantengono la formazione anche quando cambiano direzione.

Caratteristiche: è lungo tra i 30 e i 50 cm e può raggiungere un peso di 2 kg. La sua pelle liscia ha un colore variabile dal sabbia al bruno e al rosso. La conchiglia interna è ridotta a una lamella cornea di sostegno.

Utilizzi: il calamaro si può mangiare crudo in preparazioni come il *sushi* o il *sashimi*. Vi sono due possibilità per cucinare le sue carni compatte e magre: o si fanno bollire, arrostire, grigliare o friggere brevemente, oppure si fanno cuocere in umido dai 30 ai 45 minuti, a seconda delle dimensioni. Se si desiderano arrostire gli esemplari più grandi, occorre batterne leggermente le carni. I calamari più piccoli si possono anche cuocere interi, e il loro corpo si presta bene a essere farcito.

Altre specie importanti sono il **totano** *(Todarodes sagittatus)*, diffuso nell'Atlantico, e il suo parente **totano del Pacifico** *(Todarodes pacificus)*. I totani hanno un colore azzurro-violaceo e pinne romboidali e possono raggiungere una lunghezza massima di 1,5 m. Nell'Atlantico e nel Mediterraneo si trovano totani del genere *Illex*, che sono buoni nuotatori e spesso vivono in branchi numerosi.

(3) Il **CALAMARO COMUNE** *(Loligo vulgaris)* ha grandi occhi e un corpo lungo e aerodinamico, la cui forma ricorda un siluro. I suoi due tentacoli prensili lunghi e sottili hanno un'estremità leggermente allargata e sono provvisti di ventose. In tutti i Paesi rivieraschi del Mediterraneo è frequente trovare sul mercato diverse specie di calamari, che tuttavia di solito non hanno denominazioni commerciali differenziate.

I polpi sono squisiti anche affumicati, ma di solito sui mercati li si trova freschi o surgelati.

Polpi *(Octopoda)*

A differenza delle seppie e dei calamari, i polpi o piovre hanno otto tentacoli: quindi, fanno parte dei Cefalopodi ottopodi *(Octopoda)*. Oltre a non avere i due tentacoli più lunghi, non possiedono nemmeno la conchiglia interna: infatti, i polpi non hanno più nessun tipo di conchiglia. A differenza delle seppie e dei calamari, questi animali non trascorrono la vita nuotando, ma sono abitanti relativamente sedentari dei fondali. Non hanno nessun tipo di pinna e, anche se possono nuotare in avanti sospingendosi con un getto d'acqua, adottano questo tipo di locomozione solo per brevi tratti e, di solito, quando sono costretti alla fuga. Questi animali trascorrono la maggior parte del loro tempo nascosti in fenditure e cavità delle rocce del fondale, e dissimulano l'ingresso del proprio rifugio con sassi e conchiglie, per nascondersi dai loro conspecifici. In quasi tutte le specie di polpo, il corpo tozzo sfocia direttamente nei tentacoli, tutti di uguale lunghezza, che possono presentare una o due file di ventose. Dal punto di vista gastronomico, i polpi sono molto apprezzati soprattutto nel Mediterraneo e in Giappone. Non di rado, i calamari giganti vengono presi per piovre, ma si tratta di un errore. È un errore anche chiamare "polipi" i polpi; infatti, i veri polipi sono Celenterati. I polpi sono diffusi in tutti i mari del mondo, e le specie più grandi possono avere tentacoli della lunghezza di oltre 5 m.

(1) Il **POLPO COMUNE** *(Octopus vulgaris)* ha tentacoli che possono raggiungere 1 m di lunghezza e sono provvisti di due file di ventose. Nei Paesi mediterranei, lo si trova spesso fresco sul mercato.

(2) Il **MOSCARDINO** *(Eledone moschata)* è nettamente più piccolo del polpo comune. A differenza del polpo, ha tentacoli provvisti di una sola fila di ventose. I moscardini sono apprezzatissimi in cucina.

Solo lui mangia un salmone più fresco di quello che noi portiamo sulla tua tavola.

La massima freschezza è il nostro motto!
I nostri prodotti sono conformi ai più elevati
standard di qualità e sicurezza (IFS e BCR)
dalla deposizione delle uova al momento in
cui arrivano sulla tua tavola. Oggi lo ordini,
domani te lo consegniamo, e potrai scegliere
tra numerose specie di salmone, comoda-
mente da casa tua! È solo una questione di
capacità e logistica intelligente.

Il salmone – di qualunque specie, per
qualunque ordine, in qualunque momento!

Laschinger – Il re dei salmoni affumicati!

LASCHINGER GmbH • Birkenthal 8 • D-94253 Bischofsmais • www.laschinger.de • info@laschinger.de

DI FRONTE A LEI, IMPALLISCONO PERSINO
LE POSATE D'ARGENTO
PASTA FINA CON RIPIENO GOURMET

Ormai le posate della nonna non sono più la cosa più preziosa. Sono arrivati i Cappelletti con ripieno gourmet di Hilcona. Sperimentate il sapore intenso della nostra pasta confezionata! Se abbiamo stuzzicato la vostra curiosità, fatecelo sapere.

(für Besseresser)

www.hilcona.com

chef@home

BY CURVER

Qualität

Heiploeg hat sich seit mehr als 100 Jahren kontinuierlich von einem kleinen Familienunternehmen in Zoutkamp zum größten Garnelenlieferanten Europas entwickelt. Heiploeg ist das Herzstück des Geschäftsbereichs Garnelen der Heiploeg Gruppe. Das moderne Produktionszentrum in Zoutkamp ist mit allen nur erdenklichen Einrichtungen ausgerüstet, die alle nur eines zum Ziel haben: Das Liefern und Entwickeln eines breiten Produktsortiments in garantierter Frische und Qualität.

Morubel hat sich zur Aufgabe gemacht, Garnelen und verwandte Seafood Spezialitäten in Premiumqualität, tiefgefroren und gekühlt gemäß Kundenspezifikation, zum Marktpreis für Industrie, Foodservice und dem führenden Einzelhandel in ganz Europa anzubieten.

Goldfish ist seit Jahrzehnten einer der führenden Anbieter von frischen und gefrorenen Garnelen und Garnelenprodukten in Spitzenqualität – europaweit. Der Unternehmenssitz ist im weltberühmten Volendam, direkt an der Küste zum Ijsselmeer. Hier spricht man wirklich noch die Sprache des Fischers und versteht etwas von Frische und Qualität von Meeresprodukten.

Schon seit 1918 ziehen Büsumer Küstenfischer für die **Büsumer Fischerei-Gesellschaft** die köstlichen feinen Nordseekrabben in ihren Netzen an Bord. Damals war die Büsumer Fischerei-Gesellschaft noch eine genossenschaftliche Vereinigung der Krabbenfischer, mit Hauptsitz in Büsum. Erst im Jahre 1992 wurde der Hauptsitz in das benachbarte Wöhrden verlegt. Heute sind wir stolz, uns – durch unsere modernen Produktionsbetriebe, unsere langjährige Erfahrung und dem steten Bemühen, allen Kundenwünschen entgegenzukommen – zu einem gesunden mittelständischen Betrieb entwickelt zu haben. Neben den kleinen Kostbarkeiten aus der Nordsee führen wir nun schon seit vielen Jahren ein breites Sortiment an Schalen- und Krustentieren aus aller Welt.

und Frische.

Quality and Freshness.

Heiploeg has consistently been growing during the last 100 years plus from being a small family company in Zoutkamp to becoming the largest shrimp supplier of Europe. Heiploeg is the centre of the Heiploeg group. We have a modern production centre in Zoutkamp. It has all possible facilities and has only one objective: supplying and developing a broad package of products that has a guaranteed freshness and quality.

It is **Morubel**'s mission to offer premium quality prawns and related speciality seafood, frozen and chilled up to customer's specification at the best market price to the industry, food service and major retailers all over Europe.

For years **Goldfish** has been one of the leading providers of top-quality fresh and frozen shrimps and shrimp products – throughout Europe. Our headquarters are in the world-famous Volendam, directly on the IJsselmeer coast. Here the language is really the fishers, who understand something about the freshness and quality of sea products.

Büsumer fishermen draw the exquisite fine North Sea shrimps for the **Büsumer Fischerei-Gesellschaft** in their nets on board already since 1918. At that time, the Büsumer Fischerei-Gesellschaft was still a co-operative union of the shrimp fishermen with their headquarter in Büsum. The headquarter was transferred into the neighbouring Wöhrden in 1992. We are proud, due to our modern production enterprises, our long-standing experience and the constant wish to meet all customer demands, to have developed into a healthy medium-sized business today. We lead a broad assortment of crustaceans besides the 'small treasures from the North Sea' and from all over the world now already for many years.

Büsumer Fischerei-Gesellschaft mbH & Co. KG • Chausseestraße 32 • D-25797 Wöhrden
www.krabben.de

Happy End.

Tefal®

Con el Grupo Pescanova todos los mares del planeta son tu pescadería

All the oceans on the planet are your fish market with the Pescanova Group

Pescanova porta il meglio del mare sulla tua tavola.

FACKELMANN®

Accessories for
SEAFOOD, FISH & GOURMET-FOOD

Oyster knives

- Azienda leader del mercato turco sin dal 1993

- Solida azienda turca con 4 allevamenti ittici e un volume di produzione di 9000 tonnellate all'anno

- Eccellente servizio clienti con 200 dipendenti

- 3000 tonnellate esportate all'anno

- Pesce sempre più fresco

Approfittate della fiducia e del successo che abbiamo raggiunto in Turchia.

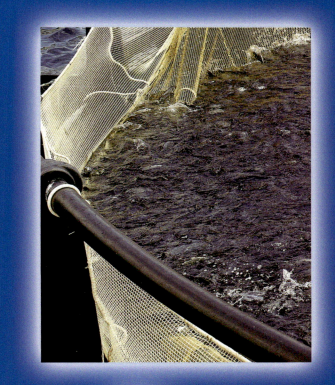

Pagello

Spigola

FROM FARM TO MARKET

2. Taşocağı Cad. Damla Sokak Damla Han Kat 4
34387 Mecidiyeköy – İstanbul / TURKEY
info@adaseafood.com
www.adaseafood.com

NC SEAFOOD

Seafood for life

PANGA FILETY IQF
Pangasius fillets IQF
Pangasius Filets IQF

NC Seafood for life

SOLA FILETY IQF
Yellowfin Sole fillets IQF
Seezunge Filets IQF

NC Seafood for life

Nord Capital Logistic
ISO 9001:2001 - HACCP

NCseafood for life

Col nostro marchio **MARE SEAFOOD**, da diversi decenni siamo fornitori di METRO per quanto riguarda i gamberi, il pesce e altre specialità di mare surgelate.

Grazie ai nostri acquisti in tutto il mondo e ai moderni stabilimenti di lavorazione possiamo garantirvi una qualità sempre costante e una fornitura sicura.

Manteniamo le nostre promesse di qualità con ciascuno dei prodotti che forniamo, siano essi marchiati **MARE SEAFOOD, Metro Quality, aro, Fine Food** od **Ocean Queen**.

Crustimex Seafood GmbH
Hammerbrookstrasse 47
20097 Hamburg
Germany

e-mail: sales@crustimex.de
Internet: www.crustimex.de

Ein Unternehmen der heristo-Gruppe

www.heristo.de

live on the **Coke** side of life

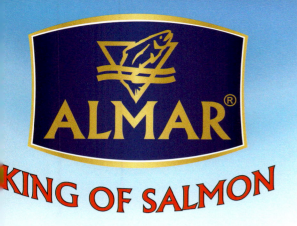

Da circa vent'anni produciamo salmone pregiato per clienti di tutto il mondo. Grazie all'esperienza decennale dei nostri collaboratori e a un'elaborazione più che accurata, i nostri salmoni affumicati sono di altissima qualità.

L'ottima materia prima e le tecniche tradizionali di affumicatura, combinate con la tecnologia più moderna, conferiscono un sapore unico e un aroma naturale al nostro salmone.
Il risultato è un prodotto di alta gamma capace di soddisfare i palati più esigenti.

Almar Sp. z o. o.

Premium quality of Salmon

Simply French

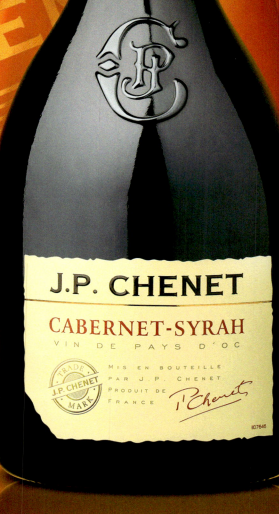

J.P. CHENET
THE BEST SELLING FRENCH WINE BRAND IN THE WORL

BARRY GROUP

Quality Seafood since 1854

Your Choice for Wild
North Atlantic Shellfish

Leali verso il mare

Con iglo si ottiene tutto:

Un'alimentazione sana ed equilibrata con prodotti appetitosi derivati al 100 % da succulento filetto di pesce delle aziende di pesca sostenibile.

Il marchio del Marine Stewardship Council (MSC) garantisce che il pesce è stato oggetto di pesca sostenibile e suscita inoltre la sensazione positiva di essere attenti all'ambiente e di pensare alle generazioni future tramite il consumo di pesce.

Fair zum Meer
MARINE STEWARDSHIP COUNCIL ®
SCS-MFCP-C-0022

iglo – lasciatevi andare al piacere consapevole.

Ulteriori informazioni sono disponibili sui siti: www.iglo.de e www.msc.org

POLPO COMUNE (1) (Octopus vulgaris)

ing. common octopus, sucker; amerik. poulp; fr. pieuvre, poulpe; ted. Gemeiner Krake; sp. pulpo común; port. polvo; ol. achtarm.

Il polpo comune è diffuso soprattutto sulle coste rocciose del Mediterraneo e dell'Atlantico; si trova anche nel Mare del Nord, dove però raggiunge al massimo i 70 cm circa. Nel Mediterraneo e in altre regioni in cui le acque sono più calde, questi animali possono invece raggiungere i 3 m di lunghezza. Come gli altri Cefalopodi, anche il polpo è un predatore notturno, e si nutre principalmente di granchi, gamberi e molluschi bivalvi. Grazie ai suoi robusti tentacoli, può avere la meglio persino sugli astici adulti.

<u>Caratteristiche:</u> ha un corpo a forma di sacco su cui si trovano grandi occhi provvisti di palpebre; i suoi tentacoli sono provvisti di due file di ventose ciascuno.

<u>Utilizzi:</u> di solito i polpi vengono bolliti o stufati, ma a volte vengono anche cotti in padella o alla griglia. Per assicurarsi che la loro carne soda resti tenera, si devono adottare tempi di cottura relativamente lunghi: tuttavia la cottura si può accorciare se preventivamente si batte la carne con un batticarne. Nei Paesi del Mediterraneo, e soprattutto in Spagna, vi sono molte ricette diverse per preparare il polpo, come ad esempio l'insalata di piovra o il polpo al vino rosso. Questo animale ha un ruolo di primo piano anche nella gastronomia dell'Estremo Oriente: in Giappone e in Corea viene venduto bollito e immerso in salamoia, ed è un ingrediente irrinunciabile del *sushi* (anche se viene bollito prima di impiegarlo in questa preparazione).

MOSCARDINO BIANCO, POLPO BIANCO, POLPO DI ALDOVRANDI *(Eledone cirrhosa)*

ing. curled octopus; fr. eledone, pourpre blanc; ted. Zirrenkrake; sp. pulpo de alto; port. polvo do alto.

L'areale del moscardino bianco è uguale a quello del polpo comune; infatti, anche questa specie si trova nel Mediterraneo e nell'Atlantico.

<u>Caratteristiche:</u> i tentacoli del moscardino bianco presentano solo una fila di ventose. Inoltre, questi animali raggiungono al massimo una quarantina di centimetri di lunghezza in tutto, e sono quindi decisamente più piccoli del polpo comune. I tentacoli di questa specie, infine, sono uniti tra loro da una membrana molto sviluppata, e quando sono aperti formano una specie di ombrello.

Nell'area del Mediterraneo e sulle coste atlantiche, i polpi sono molto apprezzati. In Grecia vengono spesso battuti con il batticarne e appesi ad essiccare.

<u>Utilizzi:</u> come altri polpi, dev'essere sottoposto a una cottura prolungata; viene anche cotto alla griglia.

MOSCARDINO (2) *(Eledone moschata)*

ing. musci octopus; fr. eledone musquée; ted. Moschuskrake.

I moscardini si trovano soprattutto nel Mediterraneo, dove vivono su fondali fangosi e sabbiosi. Vengono commercializzati soprattutto a livello locale.

<u>Caratteristiche:</u> i tentacoli hanno una sola fila di ventose. Può raggiungere le stesse dimensioni del moscardino bianco, ma di solito resta nettamente più piccolo.

<u>Utilizzi:</u> gli esemplari più piccoli sono relativamente teneri, e quindi non occorre usare il batticarne. Nei Paesi mediterranei vi sono moltissime ricette. I più piccoli sono buoni bolliti, ripieni o anche grigliati. In Italia vengono spesso marinati e serviti come antipasto, ma possono essere cotti in padella con olio d'oliva e un po' d'aglio oppure, come avviene in Grecia, preparati in umido nella salsa di pomodoro.

Altri frutti di mare *Sono poco conosciuti, irti di spine e con corpi di forma improbabile, ma gli Xifosuri, i ricci marini, i cetrioli di mare e gli Scifozoi sono ottimi da mangiare.*

- Gli Xifosuri si trovano sia nell'Atlantico che nel Pacifico, ma vengono usati solo in Asia.
- In tutto il mondo si trovano molte diverse specie di ricci di mare.
- I cetrioli di mare e le meduse hanno interesse gastronomico in Asia.

Altri frutti di mare

Anche se non c'è dubbio che la parte del leone tra i frutti di mare di rilievo gastronomico spetti ai crostacei e ai molluschi, anche altri gruppi zoologici di abitanti del mare sono commestibili. È questo il caso degli Xifosuri *(Xiphosura)*, dei ricci di mare *(Echinoidea)*, delle oloturie o cetrioli di mare *(Holothurioidea)*, degli Ascidiacei *(Ascidiacea)* e degli Scifozoi *(Scyphozoa)*. Nella maggior parte dei casi, però, questi animali vengono commercializzati a livello locale e hanno un ruolo secondario nella gastronomia mondiale.

GRANCHIO A FERRO DI CAVALLO (1)
(Tachypleus gigas)

ing. horseshoe crab, beetle crab; fr. xiphosure; ted. Pfeilschwanzkrebs, Molukkenkrebs; ind. mimi, ikan mimi; mal. keroncho, belangkas.

Questa specie dell'ordine degli Xifosuri è diffusa nell'area dell'Indopacifico, dal Giappone all'Indonesia. È parente dei ragni (Aracnidi), e 500 milioni di anni fa era già presente sulla Terra in una forma molto simile a quella attuale. Questi primitivi predatori di vermi e molluschi vivono sui fondali melmosi delle zone costiere, a basse profondità. Si spostano soprattutto camminando, ma sono anche in grado di nuotare.
Caratteristiche: sotto lo scudo liscio che ricopre la testa e il tronco spuntano cinque paia di arti toracici locomotori; le quattro paia anteriori sono munite di chele, mentre il quinto paio è provvisto di rudimentali pinne natatorie. Gli occhi sfaccettati sono situati ai lati, protetti all'interno di cavità dello scudo.

(1) Il **GRANCHIO A FERRO DI CAVALLO** *(Zachypleus gigas)* è uno Xifosuro. Sotto lo scudo liscio che ricopre testa e tronco spuntano cinque paia di arti locomotori, mentre gli occhi si trovano ai lati dello scudo. Questi animali vengono mangiati solo in Asia Orientale.

(2) Il **RICCIO MARINO COMUNE** *(Paracentrotus lividus)* può avere una colorazione che va dal viola scuro al bruno-verde, e a volte anche nera. Questa specie, una delle più diffuse in Europa, può raggiungere un diametro di 7 cm.

Utilizzi: il fegato e le uova vengono considerati una prelibatezza in Asia Orientale. Parte della carne viene utilizzata come ingrediente di zuppe.

RICCIO MARINO COMUNE (2) *(Paracentrotus lividus)*

ing. sea urchin; fr. châtaine, châteigne de mer, oursin mediteranné, ted. Kletterseeigel; sp. erizo de mar, ikinua; port. ouriço do mar; ol. zee-egel.

Come tutti gli altri ricci di mare fa parte degli Echinodermi. Questa specie vive nelle regioni più calde delle coste atlantiche europee e nel Mediterraneo, a profondità massime di 80 m. Sulle scogliere lungo la costa si trovano spesso colonie di centinaia o migliaia di ricci intenti a brucare le alghe che ricoprono la roccia. Sulle coste colpite da violenti marosi, come le scogliere calcaree britanniche e irlandesi, i ricci possono anche scavare la roccia. Il riccio marino comune è la più importante specie commestibile di Echinoderma dell'area del Mediterraneo.

Caratteristiche: come in tutti gli Echinodermi, il corpo del riccio marino comune è circondato da uno scudo calcareo rotondo o appiattito formato da molte piastre calcaree saldate le une con le altre. Questo scudo protettivo è rivestito dalla pelle, che ricopre anche gli aculei. Il riccio marino ha un colore variabile dal viola scuro al grigio-bruno, ma a volte può essere anche bruno dorato o nero. Può raggiungere un diametro massimo di 7 cm.

Utilizzi: l'unica parte commestibile sono le sue gonadi color arancione. Si mangiano crude, ma a volte vengono servite calde (nei sughi per la pasta), o gratinate.

In Perù e in Cile, riveste importanza gastronomica il **riccio di mare del Pacifico** *(Loxechinus albus)*, mentre in Australia e in Nuova Zelanda se ne pesca un'altra specie, la *Centrostephanus rodgersii*.

OLOTURIA GIAPPONESE *(Stichopus japonicus)*

ted. Japanische Seegurke; giapp. namako.

È il cetriolo di mare di maggiore interesse culinario in Asia orientale. Questa specie è diffusa in Giappone.

Caratteristiche: a differenza degli altri cetrioli di mare, l'oloturia giapponese *(Stichopus japonicus)* è corta e tozza e ha una pelle ricoperta di verruche appuntite. Sulla parte ventrale si trovano piccole zampe che consentono all'animale di spostarsi.

Utilizzi: in Cina e in Giappone, le oloturie sono molto pregiate e vengono loro attribuite proprietà afro-disiache. I cetrioli di mare vengono essiccati e messi in ammollo prima di essere bolliti o stufati.

OLOTURIA CODA DI TIGRE *(Holothuria argus)*

ing. spotted fish, tiger fish; ted. Indopazifische Seegurke; giapp. ayami-shikiri; ind. tripang, teripang; mal. trepang.

È diffusa nell'area dell'Indopacifico ed è soggetta a pesca intensiva. Gli abitanti delle isole che vanno dalla Polinesia alla Malaysia sfruttano da tempo la forte domanda dalla Cina e dal Giappone, ed esportano questi animali essiccati sotto il nome di *trepang*.

Caratteristiche: questa oloturia dal ventre piatto e dal largo dorso convesso ha colore chiaro o castano con macchie rosse, arancioni, nere e bianche. Raggiunge la lunghezza di 40 cm.

Utilizzi: viene venduta come prodotto essiccato, e viene messa in ammollo prima di essere cucinata.

BOTTE DI MARE *(Rhopilema esculenta)*

ing. jellyfish; fr. rhizostome; ted. Essbare Wurzelmundqualle; sp. aguamar del Pacífico; giapp. kurage; tur. deniz anası.

Come tutte le meduse, la botte di mare fa parte dell'ordine dei Celenterati. È diffusa nelle acque calde del Pacifico occidentale.

Caratteristiche: può raggiungere un diametro massimo di 45 cm.

Utilizzi: in Cina, Giappone, Tailandia e Indonesia si trovano in commercio meduse essiccate o in salamoia, che vengono messe in ammollo in acqua calda prima di essere impiegate come ingrediente di zuppe o insalate.

Gli aculei duri e acuminati del riccio di mare possono causare ferite dolorose se si calpesta inavvertitamente uno di questi animali. Anche per manipolarli in cucina, è meglio afferrarli con uno strofinaccio.

Mangiate più meduse

Negli anni Settanta, la *Rhopilema nomadica*, ha varcato il Canale di Suez e si è insediata nel Mediterraneo, dove oggi è diventata una vera piaga infestante. Se gli europei includessero più meduse nella loro dieta, non ci vorrebbe molto a risolvere questo problema.

I segreti per preparare
i frutti di mare

Astice & Co.

Come preparare, cucinare e sgusciare questi delicati animali. Ricette per *court-bouillon* e fumetti di pesce.

Niente paura dei gusci duri

Che siano crostacei o molluschi, la loro delicata polpa è racchiusa all'interno di un guscio. Utilizzando un attrezzo giusto e un po' d'esperienza, si preparano rapidamente. Nel capitolo seguente troverete degli utili consigli.

FRUTTI DI MARE A VOLONTÀ! Facendo una passeggiata mattutina al mercato del pesce in un piccolo paesino sull'Atlantico, magari in Francia oppure in Spagna, si rimane sbalorditi dall'offerta di frutti di mare: granchi decoratori, vongole veraci, cannolicchi, brachiuri, capesante, gamberi, scampi, calamari e polpi sono sapientemente adagiati sul ghiaccio. Se si è fortunati e nella stagione giusta, si trovano anche astici, aragoste e cicale di mare. Con una tale varietà, scegliere è molto difficile: che cosa c'è oggi? È fortunato chi ha la possibilità di cucinare.

Nelle pescherie di casa nostra, l'offerta non è sempre così varia. A volte occorre ordinare, ma in genere la qualità è buona: per gli astici, le aragoste o i granchi vivi, la freschezza è garantita, e lo stesso vale per i molluschi che si vendono vivi. Un'alternativa è costituita dai prodotti surgelati, soprattutto nel caso dei gamberoni, che in genere, infatti, si vendono surgelati. I prodotti surgelati possono essere di ottima qualità: l'ideale è che siano surgelati con la testa e confezionati singolarmente. Per quanto riguarda l'astice, è meglio preferire gli esemplari bolliti e surgelati in blocco a quelli glassati e confezionati in reti. Alcuni tipi di molluschi, la polpa di granchio e le seppie sono disponibili anche in scatola; ne esistono di qualità diverse, ma il loro sapore non è mai equiparabile con quello dei prodotti freschi.

CUCINARLI POSSIBILMENTE IL GIORNO DELL'ACQUISTO

I frutti di mare freschi dovrebbero essere cucinati il giorno dell'acquisto, perché questi delicati abitanti del mare si deteriorano rapidamente. È possibile conservarli al freddo (da 4 a 5 °C) vivi, avvolti in un panno umido o tra trucioli di legno ancora per un giorno. Secondo le leggi tedesche, i crostacei possono essere uccisi solo in acqua bollente. Devono essere coperti completamente dall'acqua, che non deve perdere il bollore dopo che vi sono stati gettati.

I molluschi possono essere uccisi anche tramite vapore a temperature superiori a 100 °C. Indipendentemente dalla ricetta che si desidera realizzare, fondamentalmente i crostacei devono prima essere bolliti per breve tempo. Al posto dell'acqua, sempre salata, è possibile utilizzare anche un saporito *court-bouillon* o un altro fondo. Alla fine del capitolo ne troverete diversi.

PER OGNI FRUTTO DI MARE LA GIUSTA TECNICA

Le pagine seguenti illustrano come trattare correttamente la delicata carne dei frutti di mare: dai gamberi agli scampi, astici, aragoste e cicale di mare, fino ai molluschi e alle seppie, troverete utili consigli, corredati di foto, per prepararli o sgusciarli. In alcuni casi, esistono diversi sistemi: se, ad esempio, si desidera tagliare la coda di un astice in medaglioni, il crostaceo deve essere sgusciato completamente. Se, invece, lo si vuole cucinare in padella o sulla griglia, deve essere tagliato a metà. Anche per aprire i molluschi vi sono differenze: per aprire le ostriche occorre infilare l'apposito coltello nella chiusura, forzandola. Le capesante, invece, si aprono dal lato opposto alla chiusura. Una regola comune per tutti i molluschi è che devono essere sempre puliti scrupolosamente prima di consumarli, sia che si mangino crudi o cotti. Inoltre, apprenderete quali sono gli attrezzi utili nella cucina dei frutti di mare e come preparare saporiti burri aromatici.

Il segreto per la
preparazione ottimale

(1)

(2)

(3)

(**1**) Per i CROSTACEI vivi come l'astice o i granchi, la cottura è un obbligo, perché è così che si uccidono. Astici, aragoste e granchi si cuociono spesso in un *court-bouillon* aromatico.

(**2**) La COTTURA A VAPORE è l'ideale per molti tipi di molluschi: poca acqua o vino abbinato a un po' di verdure e all'acqua che fuoriesce dai molluschi costituisce il "sugo" ottimale per cucinarli.

(**3**) La COTTURA NEL WOK produce un calore molto elevato applicato per un tempo breve. Questo sistema è l'ideale per i piccoli crostacei come i gamberi, che si cuociono in fretta. L'elevato calore del wok è, invece, meno adatto per cuocere animali più grandi come gli astici o le aragoste.

(**4**) La COTTURA IN PADELLA è adatta per "finire" gli astici e le aragoste bolliti. Questi si lessano brevemente, poi si tagliano a metà e quindi si passano in padella con un po' d'olio per completare la cottura.

(5) I frutti di mare si STUFANO raramente, ma questo sistema di cottura è l'ideale per i cannolicchi. Aggiungendo un po' di liquido (un fondo o del vino) e verdura tagliata a dadini in un tegame, si lasciano stufare, coperti, per qualche minuto.

(6) La FRITTURA è adatta a seppie e calamari, ma anche per i molluschi avvolti da una croccante pastella. Protetta dalla pastella o dalla panatura, la loro delicata polpa non si asciuga neanche con i 175 °C dell'olio di frittura. È importante friggerne pochi per volta per non far raffreddare l'olio.

(7) I frutti di mare si prestano bene alla cottura alla GRIGLIA; occorre, però, fare attenzione che la polpa delicata di gamberi o capesante non s'indurisca per effetto del calore troppo elevato o del tempo di cottura troppo lungo. La grigliata può essere realizzata sul carbone di legna, sul gas o sulla piastra elettrica, anche se la brace di legna è il metodo migliore, perché conferisce agli alimenti un aroma leggermente affumicato.

Funziona bene anche una piastra, soprattutto se è problematico preparare la brace di legna. Si fa scaldare la piastra, leggermente unta d'olio, ad alta temperatura sul fornello, quindi si aggiungono i frutti di mare spennellati di una marinata. La grigliata si adatta bene ai gamberi, alle code di astice o di aragosta tagliate a metà e alle capesante.

(4)

(5)

(6)

(7)

Con dita e forbici: sgusciare i gamberi è semplice

Di fatto, il delicato guscio dei gamberi si toglie con facilità, ma spesso si cucinano con il guscio.

QUESTI PICCOLI NUOTATORI potrebbero essere considerati i frutti di mare per i principianti. Per arrivare alla loro polpa delicata non occorre superare duri ostacoli. Se avete la fortuna di trovare gamberi freschi dal pescivendolo o al mercato, provate! Consigliamo di preparare i gamberi appena arrivati a casa. Se si desidera conservarli, è meglio staccare le code dalle teste. Dato che è nella testa che si tro-

vano lo stomaco e la maggior parte del tratto digerente, è questa la parte che deperisce più in fretta. Le code di gambero non sgusciate possono essere conservate in frigorifero ancora per uno-due giorni. Con le teste appena tolte si può preparare un brodo o un burro ai gamberi.
Lontano dal mare non è sempre facile reperire gamberi appena pescati. Questi sono spesso decongelati,

SGUSCIARE E TOGLIERE L'INTESTINO

(1) Sgusciare le code dei gamberi: afferrare la testa e la coda del gambero con le dita e staccare la coda girandola; scartare la testa o utilizzarla per preparare un fumetto.

(2) Incidere la coda dei gamberi dalla parte del ventre con un paio di forbici appuntite.

(3) Togliere il guscio fino alle placche caudali con le dita e rimuovere l'intestino.

(4) Come rimuovere l'intestino – 1° metodo: afferrare con le dita l'estremità sporgente dell'intestino ed estrarlo, facendo attenzione che non si rompa.

(5) Come rimuovere l'intestino – 2° metodo: con un coltello affilato, incidere leggermente la coda del gambero sul dorso, aprirla, sollevare leggermente l'intestino con la punta del coltello ed estrarlo.

Come tagliare e aprire
I GAMBERI

(1) Incidere leggermente le code dei gamberi pelate lungo il dorso, fino alle placche caudali.

(2) Utilizzare un coltello con lama ondulata. Inciderli anche sul ventre.

(3) Tagliare le code di gambero al centro fino alle placche caudali.

(4) Aprire le code di gambero "a farfalla", rimuovere l'intestino quindi farle saltare in padella o friggere.

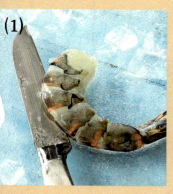

oppure occorre addirittura acquistarli surgelati. Ciò non è sempre negativo, perché si trovano gamberi di ottima qualità. I gamberi dal sapore migliore sono quelli crudi e interi provenienti da acque fredde.

COME SGUSCIARE I GAMBERI

I gamberi più piccoli possono anche essere consumati col guscio, com'è consuetudine nel Sud-est asiatico. Da noi, invece, i gamberi si sgusciano quasi sempre, anche quelli più piccoli. Non è un'operazione difficile e per eseguirla bastano le dita. Per le varietà più grandi, è utile un paio di forbici affilate per aprire il guscio. La sequenza fotografica a sinistra mostra come si fa. La domanda è: quando si devono sgusciare i gamberi, prima o dopo la cottura? Dipende da come si cucineranno: se sono lessati, cotti in padella o grigliati, il guscio protegge la polpa dall'essiccazione e conferisce più sapore. Se i gamberi devono essere fritti in pastella, è invece meglio sgusciarli prima.

RIMUOVERE L'INTESTINO: SÌ O NO?

Per i gamberi più piccoli, come quelli del Mare del Nord, ciò è quasi impossibile. Per quelli più grandi è diverso: in questo caso l'intestino potrebbe contenere della sabbia ed è quindi meglio rimuoverlo.

COME SCONGELARE E UTILIZZARE I SURGELATI

I gamberi surgelati dovrebbero essere scongelati lentamente, lasciandoli in frigorifero in un setaccio, magari per una notte: in questo modo l'acqua di scongelamento defluisce e non intacca questi delicati frutti di mare. Se si ha poco tempo e molta fretta, si possono anche mettere in un sacchetto da freezer e immergere in acqua tiepida. Anche in questo caso il sapore e l'aroma non vanno perduti, nonostante il primo sistema sia senza dubbio il migliore. Non è consigliabile immergere direttamente i gamberi in acqua calda né lavarli sotto l'acqua calda perché, così facendo, perdono il sapore. Una volta scongelati non devono mai essere ricongelati. Ciò vale in particolare per i gamberoni o *king prawn*, che da noi arrivano solo surgelati e che devono quindi essere consumati non appena scongelati.

Scongelarli non è comunque un obbligo: possono essere tuffati ancora congelati in acqua bollente salata o nel *court-bouillon*. Quindi, è necessario coprirli per riportare velocemente a ebollizione l'acqua o il brodo, lessarli per 10 secondi, togliere la pentola dal fuoco e lasciarli riposare per 20 minuti. Oppure possono essere messi direttamente in olio bollente, riducendo appena il calore e rigirandoli fino a cottura ultimata.

Gli scampi appena pescati sono molto richiesti

In Galizia, dove secondo gli abitanti del luogo si trovano i frutti di mare più buoni del mondo, le cicale di mare o gli scampi fanno la gioia dei buongustai.

PERÒ DEVONO ESSERE FRESCHISSIMI! Ciò significa che occorre stare molto attenti al momento dell'acquisto, perché gli scampi o *langoustine*, come sono chiamati in Francia, sono molto delicati e deperiscono rapidamente se non sono conservati a una temperatura costante di + 2 °C. La freschezza è garantita se il colore non tende all'arancio o al mattone e se la polpa non è trasparente o "vitrea". In caso di dubbio, basta annusarli: se fra guscio e coda si sente un forte "odore di pesce", il prodotto non è più fresco e conviene acquistarlo surgelato. In commercio sono reperibili per lo più le code congelate.

In genere gli scampi surgelati sono di buona qualità, e devono essere scongelati in frigorifero, in un setaccio. Che sia fresca o surgelata, la loro delicata polpa si trova nella coda, mentre le chele non ne contengono quasi.

LA POLPA È POCA

Gli scampi non hanno molta polpa: un chilo di scampi freschi fornisce appena 300 g di code con il guscio che, una volta tolto, lascia appena 200 g di polpa. Se si prepara un pranzo o una cena per molti ospiti, occorre tenerne conto!

Come sgusciare e rimuovere l'intestino
DEGLI SCAMPI

(1) Afferrare gli scampi per la testa e la coda e staccare quest'ultima dalla testa girandola con delicatezza.

(2) Schiacciare il guscio con il pollice e l'indice fino a quando si rompe.

(3) Con le dita, aprire il guscio sulla parte inferiore e liberare la carne.

(4) Incidere leggermente la carne per sfilare l'intestino.

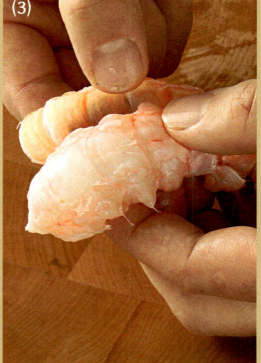

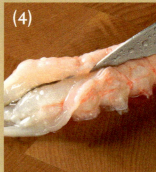

Non abbiate paura dei più grandi: come cucinare e tagliare le aragoste

Per ottenere dei bei medaglioni, legate l'aragosta su un'asse in modo che la coda rimanga ben diritta.

AVETE UNA PENTOLA ABBASTANZA GRANDE da accogliere quest'imponente animale? Le aragoste possono raggiungere i 40 o più cm di lunghezza, per cui una pentola normale è spesso insufficiente. L'ideale è una pentola ovale con inserto per pesce, oppure una grande pentola da 10 litri o più. Se si desidera che la coda dell'aragosta rimanga diritta perché deve essere tagliata a medaglioni, occorre legarla prima di cucinarla. A tale scopo, legatela su un'asse di legno rivestita di foglio d'alluminio, come mostrato nella sequenza fotografica in basso. La pellicola d'alluminio impedisce che questa carne pregiata prenda sapore di legno. L'aragosta si getta a testa in avanti nel *court-bouillon* in ebollizione (pag. 301) e il tempo di cottura varia a seconda della grandezza. Per un'aragosta di 3 kg si calcolano 5 litri

COME PREPARARE E CUCINARE L'ARAGOSTA

(2) Appoggiare le antenne lungo il corpo e fissare anche queste con dello spago da cucina.

(3) In una grande pentola per pesce, portare a ebollizione 5 litri di *court-bouillon* e immergervi l'aragosta a testa in avanti.

(1) Rivestire un'asse di legno con foglio d'alluminio, appoggiare l'aragosta al centro e legarla con dello spago da cucina.

(4) Estrarre l'aragosta cotta (il tempo di cottura varia a seconda delle dimensioni dell'animale) con i forchettoni.

(5) Far raffreddare l'aragosta, togliere l'asse ed estrarre la polpa come mostrato a destra.

di *court-bouillon* e circa 30 minuti di cottura; se si lascia raffreddare nel liquido, bastano anche 20 minuti. Dopo la morte dell'animale, dopo circa 2/4 minuti, riducete il calore e continuate la cottura a fuoco medio. Per il tempo di cottura vale la seguente regola empirica: 12 minuti di cottura per i primi 500 grammi, più altri 5 minuti per tutti gli altri 500 grammi successivi.

TOGLIERE LA CODA DELL'ARAGOSTA

Tagliata a medaglioni, come illustrato in alto a destra, la pregiata carne dell'aragosta impreziosisce tanti antipasti e insalate. Preparare la coda dell'aragosta come raffigurato nella sequenza fotografica sottostante. Se si desidera utilizzare anche la corazza (rivestita di gelatina è una decorazione classica per i buffet), non togliere le placche caudali prima di staccare la carne, ma spingerle leggermente all'indietro.

Tagliare la coda dell'aragosta in medaglioni spessi da 3 a 4 mm. Se non è ancora stato tolto, rimuovere l'intestino aiutandovi con una pinzetta.

COME TOGLIERE L'INTERA CODA DELL'ARAGOSTA

(**1**) Appoggiare l'aragosta cotta sul dorso.

(**2**) Con un paio di forbici, aprire la parte inferiore della corazza sui lati: la coda e la parte superiore della corazza restano intatti.

(**3**) Estrarre delicatamente la carne della coda facendo attenzione che non rimanga attaccata alla corazza, quindi sollevarla ed estrarla.

(**4**) Togliere le placche caudali e rimuovere, per quanto possibile, l'intestino. Se necessario utilizzare un coltello per scalzare la polpa lateralmente.

(**5**) Introdurre una mano fra la corazza e la polpa, quindi estrarre quest'ultima avendo cura di non romperla.

Con il coltello giusto non ci sono problemi: come tagliarla

Tagliare per il lungo un'aragosta cotta in due metà. È più facile di quello che sembra: è necessario solo un coltello robusto e affilato e uno strofinaccio da cucina per tenere ferma l'aragosta.

LA CORAZZA DELL'ARAGOSTA presenta parti appuntite: rostri nella parte anteriore e spine sulla coda. La cosa migliore è tenere ferma l'aragosta con uno strofinaccio da cucina piegato in due: in questo modo ci si ripara dalle punte. A causa delle spine laterali, la carne della coda non è semplice da estrarre come quella dell'astice. Se si desidera toglierla interamente, occorre scalzarla con un cucchiaio, come illustrato nella Foto 11 qui a lato.

In questo modo, aiutandosi anche con una forchetta, è possibile estrarre la carne. Per spezzare le zampe, sono utili un paio di pinze e una forchetta da aragosta. Con questi due attrezzi si arriva con facilità al gustoso contenuto delle zampe e delle articolazioni. Se si desidera grigliare o friggere le due metà di aragosta, tenere presente che il tempo di cottura deve essere al massimo di 2-3 minuti.

Una grande gioia per il palato: la carne dell'aragosta deve solo essere tolta dalla corazza.

(2) Tagliare a metà l'aragosta fino alla coda esercitando una certa pressione.

(3) Togliere anche le placche caudali premendole al centro.

(1) Appoggiare l'aragosta su un'asse, con il dorso rivolto verso l'alto, tenendola ferma con uno strofinaccio da cucina, quindi infilare un coltello robusto e affilato tra la testa e la coda.

(4) Girare l'aragosta e infilare il coltello al centro del corpo, questa volta in direzione della testa.

(5) Tagliare la testa dell'aragosta tra gli occhi e i rostri.

(6) Aprire le due metà, sono ben visibili la carne della coda posteriormente e le viscere anteriormente.

(7) Afferrare l'intestino con le dita ed estrarlo con delicatezza.

(8) Togliere le due lunghe antenne, girandole o tagliandole.

(9) Staccare le zampe afferrandole con le dita e girandole.

(10) Infilare un cucchiaio fra carcassa e polpa per scalzare la carne, separarla dal tronco e sollevarla con una forchetta. Scalzare la carne della seconda metà della coda nello stesso modo ...

(11) ... e con cucchiaio e forchetta, oppure con le dita, sollevarla dal guscio, separarla dal tronco ed estrarla.

(12) Tenere ferme le articolazioni anteriori delle zampe con la pinza da aragosta e rimuovere le zampe girandole.

(13) Scalzare la carne delle zampe, aprendo eventualmente i gusci con la pinza da aragosta.

(14) Infilare la forchetta da aragosta sotto il guscio per estrarre la polpa.

Robusta corazza esterna e polpa delicatissima: astice & Co.

Una volta cotti, non è poi così difficile tagliarli:
come arrivare alla tenera polpa sotto il resistente guscio.

COME TAGLIARE UN ASTICE COTTO

(**1**) Afferrare l'astice per la corazza anteriore e togliere le chele.

(**2**) Infilare un coltello dietro la testa e tagliare a metà la coda.

(**3**) Girare l'astice e tagliare anche la testa fra gli occhi.

(**5**) Afferrare l'intestino con le dita ed estrarlo con delicatezza.

(**6**) Colpire le zampe con il dorso del coltello ed estrarre la polpa con la forchetta da aragosta.

(**7**) Scalzare la polpa dalle chele ruotandole verso l'alto con la pinza.

(**4**) Aprire le due metà, togliere il fegato, di colore verdastro, dalla metà anteriore dell'astice con un cucchiaio e metterlo da parte. Togliere le antenne e le zampe girandole.

(**8**) Tenere ferma la chela e staccare la parte inferiore dall'articolazione, ruotandola.

(**9**) Dividere la parte inferiore delle chele e scalzare la polpa.

(**10**) Tenere in alto la parte più grande della chela e colpirla con forza con il dorso del coltello.

(**11**) Togliere la parte di corazza incrinata, scalzare ed estrarre la polpa delle chele.

(**12**) Questa è la polpa contenuta in una sola chela: le parti della chela e la polpa scalzata.

GLI ASTICI SONO DELICATI, e come la maggior parte dei frutti di mare perdono rapidamente l'aroma e il sapore se non sono trattati adeguatamente. Ciò vale in particolare per l'astice. Perché questi deliziosi crostacei mantengano lo squisito sapore che devono avere, ci sono alcune regole fondamentali: devono essere acquistati vivi, meglio se in una pescheria che dispone di una vasca con acqua di mare. Nel dubbio, scegliete due animali di taglia media piuttosto che uno molto grande, perché la polpa dei primi è più tenera. Gli astici possono sopravvivere in acqua per 1-2 giorni; se in pescheria vedete astici avvolti in panni umidi è meglio chiedere da quanto tempo sono stati prelevati dalla vasca. In caso di dubbio, controllatene la vitalità: se si solleva un astice prendendolo per il dorso, deve muovere la coda e le chele. Se non lo fa, significa che è troppo raffreddato o sofferente. Una volta acquistato l'astice, riporlo in frigorifero a 2-4 °C, all'interno della sua cassetta fino al momento della preparazione (da fare il giorno stesso) non metterlo nel congelatore. Per ucciderlo, cuocerlo in una grande pentola ca 5 litri in un *court-bouillon* o in acqua salata, gettandolo con la testa in avanti nell'acqua in piena ebollizione. Dopo circa due minuti è morto. Ora, la cottura dell'astice può essere ultimata nel suo brodo; per i primi 500 grammi si calcolano 12 minuti, aggiungendo 5 minuti per ogni 500 grammi in più. In alternativa, l'astice può essere tagliato a metà, come si può vedere a sinistra, e quindi cotto in padella o grigliato. Se si desidera presentare l'astice intero, non dimenticare di mettere in tavola la pinza e la forchetta da astice. Nella maggior parte dei casi, l'astice cucinato si taglia a metà o a pezzi più piccoli prima di servirlo agli ospiti. La sequenza fotografica a sinistra mostra, passo per passo, come tagliare un astice. Se è necessario mantenere intera la coda dell'astice per farne medaglioni, procedete come descritto a pagina 280.

DIVIDERE L'ASTICE IN PEZZI

(**2**) Staccare dal corpo anche la seconda chela, girandola.

(**3**) Infilare un coltello robusto al centro del corpo e tagliare la testa.

(**4**) Raccogliere il liquido che fuoriesce ed estrarre lo stomaco.

(**5**) Togliere la parte scura conservandola per preparare un burro di corallo.

(**1**) Fare cuocere l'astice .n un *court-bouillon* o in acqua salata per 1-2 minuti, inserendo prima la testa, quindi estrarlo e lasciarlo raffreddare. Afferrarlo per il dorso e staccare la prima chela con la mano.

(**6**) Con un cucchiaio, estrarre il fegato dalle due metà conservardolo eventualmente per una salsa.

(**7**) Afferrare la coda e separarla dal tronco con un coltello affilato.

(**8**) Incidere leggermente le due articolazioni inferiori delle chele con un coltello.

(**9**) Staccare le articolazioni inferiori dalle chele grandi inserendo il coltello nel punto di rotazione.

(**10**) Incidere le due chele grandi lateralmente con un forte colpo di coltello.

(**11**) Incidere le chele trasversalmente o batterle con il dorso del coltello.

(**12**) Con un coltello affilato, tagliare la coda dell'astice in fette di 2 cm di larghezza.

(**13**) Togliere le zampe esercitando una leggera pressione col coltello.

(**14**) Riepiloghiamo tutte le parti dell'astice: sul davanti, le chele e le articolazioni incise, le metà anteriori con le zampe accostate lateralmente e la coda tagliata a fette.

L'astice, cucinato brevemente e tagliato trasversalmente

Per piatti unici molto saporiti, l'astice si taglia a pezzi e si cucina con il guscio.

L'*HOMARD À L'ARMORICAINE* o *à l'américaine*, che dir si voglia, è un esempio di piatto unico a base di astice. È una ricetta famosa per il suo gusto, a prescindere dalla sua origine bretone o americana. Per questo tipo di preparazioni, l'astice viene cotto vivo in un liquido bollente, quindi tagliato come si vede nella sequenza fotografica a sinistra, per poi far saltare i pezzi in olio e/o burro sfumandoli con vino bianco. Si aggiunge qualche pomodoro, un po' di fumetto di pesce e burro di corallo per legare la salsa: un classico. Una caratteristica tipica dell'astice morto ma ancora crudo è il colore: l'animale è ancora scuro ma presenta una leggera colorazione rossa.

Se l'astice è morto, ma è ancora crudo all'interno, è possibile prelevare il corallo per preparare del burro di corallo; se l'astice è completamente cotto non è più possibile, perché il corallo diventa duro.

COME TOGLIERE L'INTERA CODA DELL'ASTICE

Per poterla tagliare a medaglioni, la coda deve essere intera. Per togliere la polpa della coda in un unico pezzo, occorre un coltello (vedere sotto).

Come togliere l'intera coda
DELL'ASTICE COTTO

(**1**) Afferrare l'astice per il dorso e staccare la coda ruotandola.
(**2**) Rompere la coda premendola sui lati.
(**3**) Ora, spezzare la corazza sul lato inferiore e scalzare la polpa.
(**4**) La corazza si rompe, ma la coda rimane intatta.

I PRODOTTI IN CUCINA
→ *Cicale di mare*
Gamberi di fiume

Di acqua dolce o salata, sono fra i migliori frutti del mare

L'apparenza inganna: dietro all'aspetto così poco attraente, le cicale di mare nascondono una polpa gustosissima. Se le trovate fresche sul banco della pescheria, non fatevele scappare!

LE CICALE DI MARE SONO PIUTTOSTO RARE. Infatti sono reperibili solo occasionalmente nelle pescherie europee. Una volta approdate in padella, sgusciarle non è così difficile come per gli astici o le aragoste. Il tempo di cottura si calcola secondo il peso, e anche per le cicale di mare vale la stessa regola: per i primi 500 grammi si calcolano 12 minuti, a cui si aggiungono 5 minuti per i 500 grammi successivi. Occorre meno liquido di cottura che per le aragoste o gli astici; infatti, per una cicala sono sufficienti da 2 a 3 litri di *court-bouillon* o di acqua salata. Se dopo averla sgusciata, la cicala di mare si cuoce in padella o si frigge, sono sufficienti 3-4 minuti.

COME SGUSCIARE LE CICALE DI MARE

(1) Estrarre la cicala di mare cotta con una schiumarola dal *court-bouillon* e farla raffreddare leggermente.

(2) Tenere con una mano la parte anteriore e separare la coda dal tronco con l'altra mano, ruotandola.

(3) Incidere la parte inferiore della coda su entrambi i lati con un paio di forbici e rimuovere la parte inferiore della corazza.

(4) Divaricare con le dita la parte superiore della corazza ed estrarre la polpa bianca della coda.

(5) Tagliare a metà per il lungo la carne della coda ed estrarre l'intestino. Se è stato tagliato, togliere i singoli segmenti.

I PICCOLI PARENTI DI ACQUA DOLCE promettono un gusto delizioso, e una volta erano talmente diffusi che nel XIX secolo si dovette vietare per legge di offrire alla servitù un piatto di gamberi più di due volte a settimana. Dopo la decimazione della popolazione a causa della peste dei gamberi e degli influssi ambientali, quello che una volta era un piatto quotidiano è diventato una costosa prelibatezza: la richiesta determina il prezzo. Nel frattempo, l'offerta è aumentata e sono disponibili gamberi di fiume provenienti da acquacolture nazionali ed estere.

Un gambero di fiume tagliato. Per estrarre la carne dalle chele si possono usare le posate da granchio: con il foro della lama è semplice rompere le chele e la forchetta a due punte consente di estrarre la polpa con facilità.

COME CUCINARE E SGUSCIARE I GAMBERI DI FIUME

Per cucinare i gamberi di fiume occorre una grande pentola e tanto liquido, possibilmente un court-bouillon. Se la cottura deve essere ultimata in padella, bastano 3-4 minuti. Se si devono solo lessare, occorrono 5-6 minuti di cottura. Se si desidera servire una grande quantità di gamberi, come nelle "scorpacciate di gamberi" scandinave, si consiglia di cucinarli a porzioni, facendo attenzione che il liquido bolla prima di gettarvi la porzione successiva. Non è difficile sgusciarli, come mostrano le foto in basso.

COME SGUSCIARE I GAMBERI DI FIUME

(1) Tenere il gambero di fiume per la testa e staccare la coda ruotandola con l'altra mano.

(2) Togliere le placche caudali con le dita ed estrarre con delicatezza l'intestino.

(3) Divaricare la corazza con le dita fino a quando la parte inferiore, più sottile, si spezza liberando la polpa.

(4) Afferrare il gambero per il dorso e sollevare la parte inferiore con branchie e viscere. La corazza (naso) e le chele sono ancora attaccate.

(5) Sempre afferrando il gambero per il dorso, staccare con delicatezza le chele dalla testa. Questa può essere utilizzata per decorazioni.

Polpa in quantità limitata

Una volta aperto un brachiuro, la sua polpa, a parte quella delle chele, non è molta. Hanno più da offrire le moleche che si mangiano intere.

COME SGUSCIARE I BRACHIURI

(1) Estrarre con la schiumarola il brachiuro cotto e lasciarlo raffreddare.

(2) Girare il brachiuro con il ventre rivolto verso l'alto e staccare le chele e le zampe con le mani.

(3) Sollevare la coda in corrispondenza della parte inferiore, ruotarla e staccarla con delicatezza.

(4) Infilare un coltello fra guscio e parte inferiore e incidere tutto il perimetro.

(5) Incidere il "punto di chiusura", togliere il "corpo" e tagliarlo a metà.

(6) Con un cucchiaio, scalzare la polpa dalle due metà e farla sgocciolare.

(7) Togliere la polpa e il fegato dal guscio e metterli da parte.

(8) Battere le chele con il dorso di un coltello pesante.

(9) Sollevare il guscio ed estrarre la carne con le dita.

(10) Battere leggermente le zampe con il dorso del coltello.

(11) Estrarre con delicatezza la carne dal guscio con la forchetta da astice.

(12) Il brachiuro sgusciato (in senso orario): in basso a destra, la carne delle zampe, in basso a sinistra il fegato, dietro la polpa fine contenuta nella corazza e davanti il pezzo forte: le grandi chele.

SONO TRA I PRODOTTI MIGLIORI offerti dal mare, anche se sgusciarli richiede un po' di pazienza. In Europa è il tipo di granchio maggiormente offerto. Nei negozi le moleche si possono trovare cotte e surgelate, ma si vendono anche vive, perché sono relativamente facili da trasportare. In questo caso devono essere lessate in acqua salata o in un *court-bouillon* (pag. 301). Per un granchio di 800 grammi si calcolano almeno due litri di brodo, e il tempo di cottura dipende dalle dimensioni: per gli esemplari grandi fino a 1 kg è tra i 20 e i 25 minuti. Per gli esemplari più piccoli, sono sufficienti 10-15 minuti. Come per tutti i crostacei, vale la regola di tuffare il granchio pulito, con la testa in avanti, nel liquido in ebollizione, e terminare la cottura a calore moderato. Le foto seguenti mostrano come dividere un brachiuro dopo la cottura. Dal fegato e dal corallo (uova) si riconosce se il brachiuro è stato cotto a sufficienza: la cottura è al punto giusto se entrambi sono sodi; se, invece, sono ancora molli, significa che non è ancora ora di spegnere il fornello.

LA POLPA DELLE MOLECHE È MOLTO DELICATA

La maggior parte della polpa si trova nelle grandi chele, ma nel corpo non ce n'è molta. I maschi ne contengono una quantità maggiore, mentre nelle femmine a volte non se ne trova affatto. In media, la parte edibile di un brachiuro di 800 grammi è di soli 120-150 grammi. Una prelibatezza particolare è il corallo (uova) delle femmine pescate in autunno e in inverno. Anziché con il coltello, è possibile aprire le chele e le zampe dei brachiuri con uno schiaccianoci. La corazza svuotata può essere utilizzata come fantasioso contenitore per insalate o ripieni da gratinare.

MOLECHE

Dietro questo nome non si nasconde un granchio particolare: esso infatti sta ad indicare che gli animali sono stati pescati immediatamente dopo la muta, quando lo scudo dorsale è ancora molle, tanto da poter essere mangiato. Come preparazione è sufficiente pulirli bene, togliere la testa, le interiora e l'estremità della coda ripiegata sotto la corazza. La sequenza fotografica che segue mostra come si fa. Negli Stati Uniti, questi granchi sono una delle specialità più amate; per la maggior parte, sono proposti nei menù con il nome di *softshell crabs*. Si trovano comunque anche sulle coste europee con il nome di moleche. Attenzione però: anche i gamberi di fiume appena dopo la muta sono chiamati così! La stagione delle moleche è nei primi mesi dell'estate. Infatti, il guscio rimane molle per poco tempo: già poche ore dopo la muta, accumula calcio e indurisce, e le moleche diventano immangiabili, a meno che non si tolga almeno lo scudo dorsale. La carne rimane bianca e delicata.

Come pulire e preparare
LE MOLECHE

(1) Sollevare il guscio superiore dei granchi lateralmente sulle punte e rimuovere le branchie sottostanti. Con un paio di forbici affilate, tagliare la testa direttamente sotto gli occhi.

(2) Dall'apertura togliere tutte le viscere con un coltello a punta tonda o il manico di un cucchiaio e lavare l'apertura. Distendere la coda ripiegata – gli addetti ai lavori la chiamano "grembiule" – e tagliarla.

(3) Sciacquare i granchi e asciugarli leggermente prima di cuocerli.

Il piacere assoluto

Le ostriche fresche, succhiate dal guscio, per alcuni gourmet
sono il piacere assoluto. Naturalmente, questo piacere culinario
non deve essere disturbato da bordi appuntiti o schegge.

I GUSCI DELLE OSTRICHE sembrano di pietra e impenetrabili. In effetti, occorre una certa tecnica per arrivare al prezioso contenuto di queste conchiglie: basta usare l'attrezzo giusto. Occorre, in ogni caso, uno speciale coltello da ostriche. In commercio ne esistono diversi modelli; sono utili quelli a lama corta e resistente. I "professionisti" tengono le ostriche con un canovaccio da cucina, ma chi non è così esperto è meglio che si munisca di un guanto a maglia metallica per evitare ferite. Per prima cosa, spazzolare e lavare le ostriche sotto acqua corrente fredda. Quindi, infilare il coltello da ostriche nella chiusura e ruotarlo leggermente fino ad aprire il muscolo del lato anteriore destro. Esistono anche altri sistemi per aprire le ostriche. Con questo sistema classico, però, le due metà del guscio rimangono intatte e si evitano schegge.

COME APRIRE LE OSTRICHE

(**1**) Tenere l'ostrica con la parte convessa verso il basso e infilare il coltello da ostriche nella chiusura.

(**2**) Sfondare la chiusura e infilare il coltello fra le due metà del guscio.

(**3**) Sollevare leggermente la metà superiore, piatta, del guscio e rompere il muscolo muovendo la lama.

(**4**) Togliere la parte superiore del guscio e rimuovere le branchie.

(**5**) Disporre l'ostrica aperta su un piatto facendo attenzione a non versare il liquido interno, guarnire a piacere con limone. Disporre il piatto su un vassoio con ghiaccio tritato e servire.

Aprire i gusci e togliere il filo

Per pulire i mitili o i cannolicchi occorre un po' di pazienza. Mentre i primi richiedono del lavoro manuale, i cannolicchi fanno tutto da soli.

TOGLIERE LA BARBA: questa è la prima operazione di pulizia dei mitili vivi, come mostrato nella sequenza fotografica sottostante. Sempre più spesso questi molluschi nero-blu arrivano già puliti sui banchi del pesce, di modo che è necessario solo sciacquarli. È bene eseguire sempre il test di vitalità picchiettando sul guscio: solo così si può essere sicuri di acquistare un prodotto fresco, vale a dire vivo.

Se il guscio rimane aperto, il mollusco non deve essere mangiato. Già all'acquisto occorre calcolare uno scarto del 20%. I molluschi che vivono sulla sabbia o addirittura sotto la sabbia, come i cannolicchi, non devono solo essere lavati, ma devono anche essere liberati dalla sabbia, come spiegano gli utili consigli seguenti.

COME LAVARE E PULIRE I MITILI

(**1**) Passare i mitili sotto un forte getto d'acqua fredda all'interno di un setaccio e farli colare.

(**2**) Prendere i mitili uno per uno e con le mani togliere la barba, cioè il filo di bisso con cui si attaccano al fondale.

(**3**) Con un coltello robusto, raschiare via i residui di calcare dai gusci.

(**4**) Sciacquarli sotto un forte getto d'acqua fredda e farli scolare.

(**5**) Il test: i molluschi con il guscio leggermente aperto possono essere consumati se dopo aver picchiettato sul guscio lo richiudono. Se il guscio rimane aperto, significa che l'animale è morto e deve essere scartato.

PREPARAZIONE DELLE VONGOLE

Le vongole rappresentano una grande varietà di molluschi; provengono originariamente dall'Atlantico del Nordamerica, ma oggi si coltivano in Francia, Spagna, Portogallo e Italia. Le vongole che si consumano in Germania, ad esempio, sono quasi sempre d'importazione francese. Le vongole si consumano per lo più cotte; le più piccole si possono mangiare anche crude. Per cuocerle occorre aprire il mollusco come mostrato nella sequenza fotografica a destra, quindi gratinarlo. In alternativa, si mettono in forno a 250 °C fino a quando si aprono.

COME APRIRE E SGUSCIARE LE VONGOLE

(**1**) Tenere in mano la vongola e inserire la lama di un coltello robusto fra le due metà del guscio.

COME PULIRE I CANNOLICCHI E LIBERARLI DALLA SABBIA

(**1**) Mettere un piatto fondo girato in una scodella. Aggiungere i cannolicchi, coprirli con un cucchiaino di sale marino e acqua fredda. Conservare al fresco per un'ora. La sabbia andrà a depositarsi sotto il piatto.

(**2**) Passarlo fra i gusci fino alla chiusura.

(**3**) Aprire il mollusco e raccogliere il saporito liquido che fuoriesce.

(**4**) Scalzare la polpa dal guscio inferiore della vongola con il coltello ed estrarla con delicatezza.

(**5**) Nelle vongole, la quantità di polpa è relativamente grande e può essere utilizzata tutta.

Segno caratteristico e coppa per bere

Che cosa sarebbe la cucina dei frutti di mare senza le capesante, tra le grandi preferite dei cuochi!

BELLE IN COPPA: l'elegante forma di questi mollu-schi non solo è un segno caratteristico. Già nel Medioevo era il segno di riconoscimento dei pelle-grini che percorrevano la via di San Giacomo per arrivare a Santiago de Compostela. E questo anche per un motivo pratico: la metà più profonda dei due gusci serviva ai pellegrini come coppa per bere.

Anche oggi i gusci vuoti servono sia come decora-zione, sia per servire la delicata carne delle cape-sante. È sufficiente pulire il semiguscio più profon-do con uno spazzolino, ed ecco che è pronto per essere riempito; spesso, queste belle conchiglie si utilizzano per gratinare. La sequenza fotografica sottostante mostra come arrivare alla delicata polpa

COME PULIRE E APRIRE LE CAPESANTE

(1) Pulire i gusci delle capesante con uno spazzolino sotto acqua corrente fredda.

(2) Tenere le capesante con un canovaccio da cucina, col guscio piatto in alto, e infilare la lama di un coltello robusto tra i gusci nella parte anteriore. Tagliare il muscolo di chiusura.

(3) Sollevare il guscio piatto e scalzare la polpa dal mantello grigio.

(4) Estrarre con delicatezza il sottile strato di corallo arancione (uova) e la polpa bianca.

(5) Separare il muscolo di chiusura, la "noce", dal corallo e prepararli come si desidera.

delle capesante, amata sia dai buongustai che dai cuochi.

NOCE E CORALLO

Dopo aver aperto e rimosso il bordo grigio, rimangono due parti: la polpa bianca, denominata noce, e il corallo arancione (uova). Entrambi sono molto buoni e si prestano a molte ricette. Una delle più semplici è la seguente: insaporire la noce e il corallo con sale e pepe e scottare in burro od olio d'oliva per non più di un minuto per lato. La delicata polpa delle capesante si presta anche ad essere sobbollita, gratinata o grigliata. L'importante è che non rimanga esposta per troppo tempo al calore, perché s'indurisce rapidamente.

IN COMMERCIO SE NE TROVANO VARIETÀ SIMILI

In commercio si trova non solo la polpa delle capesante, ma anche quella dei pettini, di buona qualità, di solito sgusciata e surgelata. Spesso nel prodotto surgelato manca il corallo; se questo è necessario per una ricetta particolare è bene farvi attenzione al momento dell'acquisto. Dato che i pettini, nutrendosi, assumono anche sabbia, è utile, dopo aver spazzolato il guscio, farli spurgare per alcune ore in acqua salata, come descritto a pag. 289 per i cannolicchi. In commercio non si fa una netta distinzione tra le singole varietà di pettini. Non è certo un problema, perché dal punto di vista gastronomico differenze non ce ne sono. In Europa, la stagione migliore per preparare capesante fresche va da novembre a marzo.

COME PREPARARE LE LUMACHE DI MARE

Rispetto alle altre varietà di molluschi, le lumache di mare sono meno popolari, forse perché vengono per lo più commercializzate direttamente nelle zone di pesca. Sono molto amate in Francia, Italia, Spagna e Portogallo, come anche in Inghilterra: nei ristoranti lungo le coste hanno sempre il loro posto nei menù e fanno spesso parte dei grandi piatti a base di frutti di mare. Il sapore delle lumache di mare è buono, ma quelle più grandi sono spesso gommose. Prima di cucinarle, devono essere pulite come mostrato sotto. Possono essere lessate sia in acqua salata che in un saporito *court-bouillon* (pag. 301). Se una ricetta a base di frutti di mare richiede lumache di mare, buccini e littorine, è bene cucinarli separatamente per controllare il tempo di cottura: le lumache di mare più piccole non devono cuocere molto, le littorine sono pronte in appena 1-2 minuti e le buccine, a seconda delle dimensioni, necessitano di 4-8 minuti. Il tempo di cottura delle specie più grandi può arrivare a 20-30 minuti. La polpa sgusciata delle lumache di mare è buona anche marinata o pastellata e fritta.

Come lavare e pulire
LE BUCCINE

(1) Pulire bene il guscio delle buccine, sotto un getto d'acqua corrente fredda.

(2) Togliere le interiora scure contenute nel guscio e pulire bene il piede della lumaca con acqua fredda, liberandolo dai peduncoli.

Gli utensili per cucinare i crostacei e i frutti di mare

Oltre all'attrezzatura di base di ogni cucina, per preparare i crostacei esistono alcuni utensili speciali. Acquistarli può convenire se cucinate spesso questo tipo di animali, ma l'impiego di alcuni di questi attrezzi speciali richiede anche un certo know-how.

STRUMENTI DA TAGLIO

I coltelli sono strumenti utilissimi per qualsiasi tipo di cucina, compresa quella dei crostacei e dei frutti di mare. Devono avere sempre una lama affilata, di lunghezza e flessibilità variabili a seconda del loro impiego. Ad esempio, i coltelli grandi e rigidi si prestano in modo particolare a tagliare a metà astici, aragoste, gamberi e altri crostacei dalla corazza robusta.

Questi coltelli si usano anche per spezzare le chele di astici, granchi e gamberi con un colpo inferto con il dorso della loro larga lama. Per sbucciare ed eviscerare i crostacei più piccoli e per rimuovere le interiora dei cefalopodi, invece, va bene anche un coltello più piccolo dalla lama leggermente flessibile. Per aprire ostriche e capesante, si raccomanda un coltello dalla lama affilata ma corta.

Per tagliare la carne dei vari crostacei o frutti di mare, l'ideale è un coltello affilato dalla lama abbastanza lunga oppure un coltello apposito per sfilettare. Tuttavia, a prescindere dai loro diversi impieghi, tutti i coltelli devono avere sempre un'impugnatura antiscivolo e comoda e devono avere lama inossidabile. Per affilarli si possono usare i consueti affilatoi da cucina, a meno che il coltello non sia del tutto privo di filo: in questo caso è meglio rivolgersi a un arrotino.

Un utensile altrettanto importante dei coltelli affilati è un paio di forbici da cucina rigide e abbastanza robuste da tagliare le zampe dei gamberi o di un piccolo astice, oppure trinciare la corazza di un granchio. Le forbici servono anche per tagliare i gusci dei gamberi, e in questo caso possono essere anche un po' più piccole.

Per preparare farce si possono usare un trituratore manuale, un mixer o un robot da cucina, purché abbiano lame affilate in grado di trasformare la carne di pesci, crostacei e molluschi in un impasto sottile e omogeneo.

APRIOSTRICHE, FORCHETTINA PER ASTICE, ECC.

Per aprire le ostriche occorre un apriostriche, ovvero un apposito coltellino con una lama corta, molto rigida, non troppo acuminata e soprattutto non affilata per evitare di farsi male. Per proteggere la mano da eventuali abrasioni, l'apriostriche ha un'elsa paradita che separa l'impugnatura e la lama. Aprire le ostriche richiede molta forza e quindi, per evitare di ferirsi, il mollusco va tenuto fermo con uno strofinaccio abbastanza grande e ripiegato più volte, oppure con uno speciale guanto di maglia metallica, sicuramente la scelta più raccomandabile per chi non è espertissimo.

Chi desidera gustare fino in fondo la saporita carne dell'astice farà bene a usare l'apposita pinza che serve a schiacciare le chele in modo più elegante che usando un coltello. La speciale forchettina da astice, lunga, sottile e provvista di due rebbi acuminati, serve ad estrarre tutta la carne dalle chele e dalle zampe di astici, aragoste, granchi di mare e di fiume. Anche per mangiare i gasteropodi si usano posate speciali: una pinza per tenere ben saldo l'animale, e una sottile forchettina a due rebbi per estrarre la carne dalla conchiglia.

PENTOLE, TEGAMI E PADELLE

Per lessare, cuocere al vapore o saltare in padella crostacei e frutti di mare, vanno bene le stesse pentole che si usano di solito in cucina. Per lessare astici e aragoste servono casseruole molto grandi e abbastanza capaci da consentire di immergere tutto l'animale nel liquido bollente, uccidendolo in fretta e cucinandolo. Per cucinare le aragoste, che hanno forma molto allungata e ovale, è ideale una pesciera a bordi alti provvista di cestello interno. Anche per i bivalvi, la pentola dev'essere abbastanza grande. Per la cottura al vapore vanno bene le vaporiere, i cestelli da inserire nelle normali pentole ma anche i wok provvisti di cestelli di bambù. Per cucinare crostacei e frutti di mare in padella, a seconda delle dimen-

sioni dell'animale si possono usare le padelle comuni oppure le speciali pesciere ovali che possono accogliere anche grandi mezze aragoste. È consigliabile usare padelle antiaderenti, che permettono di cuocere la tenera carne di crostacei e frutti di mare usando pochi grassi e senza che si attacchi.

Oltre a coltelli di buona qualità, per la cucina dei crostacei e dei frutti di mare servono anche utensili speciali, come gli apriostriche e le forchettine da astice.

ALTRE ATTREZZATURE

Spesso i crostacei e i frutti di mare vengono serviti accompagnati da salse: per questo, nella cucina dei frutti di mare si usano molto casseruole e tegamini, che consentono sia di preparare una riduzione, sia di cuocere una salsa della giusta consistenza, sia di montare un fondo di cottura con il burro. Altri strumenti utili sono un colino conico e un setaccio a maglie strette, che servono a filtrare i succhi residui della cottura; il secondo utensile, inoltre, si presta bene a passare le farce più sottili. Per ottenere una salsa leggerissima e spumosa, l'ideale è usare un frullatore a immersione, che si può impiegare anche per preparare passati di verdure.

A sinistra: un paio di forbici da cucina consentono di trinciare la corazza di molti crostacei. Al centro: un coltellino affilato è adatto a pulire le seppie. A destra: le ostriche si aprono con uno speciale coltello chiamato apriostriche.

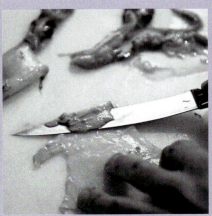
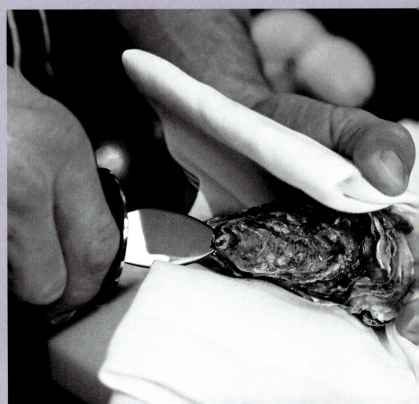

Prepararle per la cucina: con o senza inchiostro?

*Le seppie non possono essere tagliate ad anelli, ma a striscioline.
Ecco come prepararle per essere cucinate conservando il pregiato
inchiostro, magari per un risotto al nero di seppia.*

COME PREPARARE LA SEPPIA ED ESTRARRE L'INCHIOSTRO

(1) Appoggiare la seppia su un piano di lavoro e, con un coltello, tagliare la testa.

(2) Tagliare i tentacoli appena prima degli occhi, in modo che rimangano legati da un anello sottile.

(3) Con le dita, estrarre il becco centrale esercitando una leggera pressione.

(4) Incidere con un coltello il corpo in corrispondenza della parte più scura del dorso.

(5) Divaricare i bordi della seppia tagliata ed estrarre l'osso di seppia. Il sacchetto dell'inchiostro si trova nella parte posteriore, più stretta, del corpo.

(6) Infilare il pollice nel corpo ed estrarre con delicatezza le interiora facendo attenzione a non rompere il sacchetto dell'inchiostro.

(7) Con il pollice e l'indice, estrarre con cautela il sacchetto dell'inchiostro.

(8) Togliere la pelle dal corpo con le dita e sciacquare la seppia con acqua fredda.

(9) Le parti utilizzabili: i tentacoli ancora legati dall'anello e il corpo.

La raffinata carne delle seppie è bianco candido. Se l'inchiostro è necessario per la ricetta, non è possibile tagliare il corpo ad anelli ma a striscioline.

"NERO" INDICA CHE UNA RICETTA prevede l'utilizzo del liquido marrone-nerastro, il cosiddetto inchiostro, che le seppie emettono quando si trovano in una situazione di pericolo per scappare a nascondersi.

L'INCHIOSTRO: UN INGREDIENTE PREZIOSO

L'inchiostro delle seppie è molto apprezzato dai cuochi per raffinare e rifinire molte ricette, soprattutto grazie al suo elevato potere colorante: infatti, rende la pasta completamente nera. Gli spaghetti neri con la contrastante polpa bianca di astice, aragosta o capesante sono un piacere non solo per il palato, ma anche per gli occhi! L'inchiostro di seppia è, però, apprezzato anche per il sapore: si presta, infatti, a insaporire varie salse ed è anche un ottimo legante per la loro preparazione. Per arrivare al prezioso inchiostro, vi sono due possibilità: acquistare le seppe già pulite e l'inchiostro separatamente (in genere si vende in sacchetti nelle pescherie o nelle gastronomie), oppure acquistare le seppie non pulite estraendo l'inchiostro da sé. La sequenza fotografica a sinistra mostra come si fa, passo per passo. Se l'inchiostro non interessa perché il corpo serve intero, ad esempio per preparare le seppie ripiene, le seppie più piccole possono essere preparate con il sistema indicato di seguito per i calamari (pag. 297).

Per la preparazione delle seppie è sempre importante togliere il becco duro, dividere i tentacoli dagli occhi, estrarre le interiora e togliere la pelle grigiastra. Se si desidera che anche i tentacoli siano bianco candido, occorre dividere l'uno dall'altro i singoli tentacoli e spellarli con le dita.

SEMPRE PIÙ AMATE

Le seppie sono sempre più amate, tuttavia in alcuni paesi dell'Europa Centrale si trovano raramente in commercio, forse per la loro preparazione o forse perché il prodotto si vende direttamente nei luoghi di pesca o viene lavorato subito per la conservazione. Se riuscite a trovare il prodotto fresco al mercato del pesce o in pescheria, non fatevelo scappare!

Sprecati per gli anelli fritti

*I calamari, fritti in croccante pastella, sono deliziosi e amatissimi.
Con la tenera carne di quest'abitante del mare si può, però, fare
ben di più di una semplice frittura.*

IL CALAMARO È UNO DEI PIÙ eclettici protagonisti della cucina: il suo corpo snello è adatto a ripieni preparati con i tentacoli sminuzzati e riso aromatizzato. Oppure è delizioso cotto in padella, ad esempio saltato in olio bollente nel wok. In Giappone, la sua carne bianca, tagliata con ricercatezza, si mangia cruda nel *sashimi*. È ottimo anche grigliato o cucinato con salsa di pomodoro. L'importante è rispettare i tempi di cottura: non sopporta i calori eccessivi, a cui può essere esposto solo per un massimo di 1-2 minuti, oppure deve essere cotto a fuoco moderato per un tempo relativamente lungo. Se non si rispettano questi accorgimenti, diventa duro e gommoso. Il calamaro è sempre più apprezzato

negli ultimi anni, anche perché è molto facile da preparare.

FACILE PREPARAZIONE

Lavare bene i calamari sotto acqua corrente fredda, togliere la pelle ed estrarre i tentacoli con la testa e le interiora dal corpo. È un'operazione semplice, da fare con le mani. Quindi, tagliare i tentacoli dalla testa e rimuovere il becco e l'"osso" trasparente. Le foto a destra mostrano come si fa.
Se si desidera utilizzare l'inchiostro, basta spremere il sacchetto dell'inchiostro in un contenitore. Accanto ai calamari, anche i parenti più piccoli sono buonissimi. Sono conosciuti con il nome di "calamaretti".

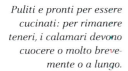

Puliti e pronti per essere cucinati: per rimanere teneri, i calamari devono cuocere o molto brevemente o a lungo.

In genere si acquistano pronti per essere cucinati, altrimenti si preparano come i parenti grandi. Sono buonissimi con ripieno "mediterraneo", e si prestano ad essere serviti come antipasto. I delicati calamaretti possono essere utilizzati anche per un risotto, perché sono molto teneri e hanno lo stesso tempo di cottura del riso.

COME PREPARARE I CALAMARI

(**1**) Sciacquare il calamaro sotto un forte getto di acqua fredda e farlo scolare.

(**2**) Con le dita, afferrare la pelle sottile a macchie rossastre ed eliminarla.

(**3**) Staccare i tentacoli dal corpo, con la testa e le viscere attaccate.

(**4**) Tagliare i tentacoli appena prima degli occhi, in modo che rimangano legati da un anello.

(**6**) Se l'inchiostro è necessario, separare il tubicino dell'inchiostro dalle interiora.

(**7**) Estrarre l'"osso" trasparente dal corpo e gettarlo via.

(**8**) Con le mani, staccare le pinne dal corpo e lavarle bene.

(**5**) Estrarre con le dita il becco dai tentacoli tenuti ancora insieme dall'anello, esercitando una leggera pressione.

(**9**) Lavare bene il corpo e i tentacoli e tagliarli o lasciarli interi, secondo la ricetta.

(**10**) Preparazione classica: tagliare il corpo ad anelli e friggerli in pastella.

Qui è particolarmente importante sapere come fare

Il polpo, questo Cefalopode con otto tentacoli, necessita di una preparazione particolare per diventare tenero.

COME PREPARARE I POLPI

(**1**) Lavare bene il polpo con i lunghi tentacoli dalla doppia fila di ventose sotto il getto d'acqua corrente fredda e appoggiarlo su un piano di lavoro.

(**2**) Con un coltello affilato, tagliare il corpo appena dietro gli occhi.

(**3**) Tagliare via la parte degli occhi, quindi estrarre le viscere dal corpo.

(**4**) Tenere fermo il corpo e togliere la pelle grigio-rossastra con l'altra mano.

(**5**) Rivoltare il corpo e pulirlo bene all'interno e all'esterno con acqua corrente fredda.

(**6**) Estrarre il becco centrale con le dita, insieme al tessuto molle circostante.

(**7**) Massaggiare vigorosamente i tentacoli con sale marino grosso.

(**8**) Tenere fermo il polpo e spellarlo; sui tentacoli, la pelle si può anche lasciare.

NEL MEDITERRANEO, dalla Grecia alla Sicilia fino alla Spagna, si è più avvezzi a preparare il polpo. Sia in insalata, secondo la ricetta greca, o grigliato come in Sicilia, oppure sfumato nel vino rosso secondo la ricetta spagnola, è sempre molto apprezzato: ogni paese o nazione ha le proprie ricette e usa metodi di preparazione particolari. La preparazione è molto importante se si desidera che sia tenero.

COME RENDERE TENERO IL POLPO

I pescatori esperti "sbattono" ripetutamente l'animale sull'asfalto o sulla roccia non appena arrivati a terra. Questa procedura può durare fino a un'ora e lo rende morbido, quindi viene appeso a un filo da bucato per asciugarlo. Altri lo gettano in acqua bollente con dei tappi di sughero. Un altro sistema è congelarlo, e dopo 2 giorni la tenerezza è garantita. Certamente, lontani dalle coste risulta un po' difficile "sbattere" il polpo sull'asfalto, anche perché spesso si acquista già tagliato a pezzi. In questo caso, potete ovviare con un batticarne. A tal fine, avvolgere il polpo in un canovaccio da cucina e batterlo con il batticarne senza però rompere le ventose. Se si desidera provare il sistema dei sugheri, aggiungere due o tre tappi di sughero di vino bianco nell'acqua di cottura.

COME PREPARARE I POLPI

Per il resto, la preparazione è la stessa per tutti i polpi: separare il corpo dai tentacoli e togliere le interiora e il becco. Non è necessario spellare gli esemplari più piccoli, mentre in quelli più grandi la pelle li farebbe risultare duri. Se si devono spellare anche i tentacoli, strofinarli prima con sale marino grosso.

COME PREPARARE I RICCI DI MARE

I ricci di mare più piccoli con le spine morbide possono essere presi con le mani, mentre per gli altri si consiglia uno strofinaccio da cucina. Aprirli è semplice: con un paio di forbici o un coltello a lama ondulata, separare la parte piatta del riccio, scolare in un colino il liquido e conservarlo per insaporire i sughi. Quindi togliere le parti nere interne e staccare le gonadi; sono buoni crudi o sulla pasta.

COME APRIRE I RICCI

(1) Prendere in mano il riccio, eventualmente proteggendosi con uno strofinaccio da cucina, e inciderlo sulla parte leggermente convessa con delle robuste forbici da cucina per tagliare il coperchio rotondo.

(2) Sollevare il coperchio con il becco e le interiora e raccogliere il liquido.

(3) Togliere tutte le parti nere e scalzare le uova e le gonadi con un cucchiaino.

Sapete perché l'astice diventa rosso quando lo si cuoce?

Quando si immagina un appetitoso astice cotto, lo si vede di un bel rosso acceso o arancione scuro, che contrasta con il verde del prezzemolo che circonda l'animale e con il giallo oro della salsa al burro. Ma come mai questo crostaceo, che da vivo ha una colorazione scura, subisce un cambiamento di colore tanto notevole?

Esistono due tipi di astice: quello americano *(Homarus americanus)* e quello europeo *(Homarus gammarus)*. Quest'ultimo, a detta dei buongustai, sarebbe più tenero e delicato, ma è anche più difficile da trovare in commercio, e quindi è alquanto più caro del suo cugino d'oltreoceano. L'astice americano è più grosso di quello europeo e si riconosce per la sua colorazione bruno-rossiccia chiara. Visto nel suo ambiente naturale, invece, l'astice europeo ha un colore nero-bluastro o verde scuro. La legge tedesca impone che l'animale venga immerso nell'acqua bollente a partire dalla testa, per dargli una morte il più rapida e indolore possibile. In altri Paesi, un colpo al capo è il sistema più usato per mandare l'astice all'altro mondo, ma questo metodo richiede un po' di esercizio. Se l'astice viene tenuto in frigorifero per qualche tempo prima di gettarlo in pentola, è così intontito che si rende appena conto della propria fine.

Dopo la cottura, sia l'astice americano, sia quello europeo assumono il tipico, vivace colore rosso-arancio. Questo fenomeno, che del resto riguarda tutti i crostacei, è causato da una reazione chimica all'interno della corazza chitinosa di questi abitanti del mare, di cui è responsabile un carotenoide chiamato "astaxantina". I carotenoidi sono quella categoria di sostanze che conferiscono una colorazione rossa o arancio ad alcune piante, come le carote e i pomodori, e a causa della cui benefica presenza imponiamo ai bambini di mangiare queste verdure. Nelle piante, il carotenoide più noto è il betacarotene, precursore della vitamina A. Nel corso della sua vita, l'astice assume carotenoidi attraverso l'alimentazione: queste sostanze si accumulano nella corazza, dove però l'astaxantina si lega con una proteina chiamata beta-crustacianina. Quando la corazza dell'astice viene riscaldata, il legame chimico tra astaxantina e la proteina si scioglie.

Finché l'astaxantina è chimicamente legata alla beta-crustacianina, l'animale ha una colorazione

I carotenoidi liberati dalla cottura fanno assumere all'astice una colorazione rosso brillante.

bluastra, poiché il legame chimico altera l'assorbimento della luce (impedendo all'occhio umano di vedere il carotenoide). L'azione del calore, però, separa l'astaxantina dalla proteina, rendendo di nuovo visibile il suo caratteristico colore rosso-arancione. Così, l'astice assume un colore rosso.

E non è finita qui: da quando si è scoperto il meccanismo di questo processo chimico, esso viene usato anche per colorare le carni di altri prodotti ittici. Ad esempio, alcune trote allevate in acquacoltura vengono nutrite con sostanze ricche di astaxantina proprio perché le loro carni assumano una bella colorazione rosata. Del resto, si sa che anche l'occhio vuole la sua parte.

Stephanie Wenzel

I crostacei richiedono molti aromi

Per evitare che i succhi si disperdano nel liquido di cottura, astici,
aragoste e granchi non vanno bolliti in acqua ma in un brodo aromatico.

QUALCUNO DICE CHE L'ACQUA DI MARE è l'ideale per lessare i crostacei: secondo alcuni abitanti delle zone costiere, questo tipo di preparazione conferirebbe alle loro carni un sapore genuino e raffinato, anche se di certo una foglia d'alloro non guasta. Molti cuochi famosi, però, sono convinti che un brodo ristretto aromatizzato al vino bianco o all'aceto, ed eventualmente arricchito con verdure (il cosiddetto *court-bouillon*) sia il non plus ultra per enfatizzare l'aroma di questi cibi. Per chi abita lontano dalla costa, naturalmente, questo dilemma non si pone: si deve solo scegliere quale si preferisce tra le tre ricette riportate qui di seguito. La prima variante, a base di diverse verdure, è blandamente aromatica; la seconda ha un sapore più spiccato dovuto al vino bianco e alle cipolle, mentre la terza è la più saporita. Provatele tutte, per scoprire qual è la vostra preferita. Le dosi riportate si riferiscono a 3 litri d'acqua: se vi servono maggiori quantità di *court-bouillon*, aumentate gli ingredienti in proporzione.

COURT-BOUILLON DI VERDURE ALL'ACETO

· 350 g di carote, 250 g di cipolle
· 125 ml di aceto di vino bianco, 45 g di sale
· 1 mazzetto di prezzemolo già lavato
· 1 foglia di alloro
· 1 cucchiaio di grani di pepe pestati

1. Pulire le carote e le cipolle e tagliarle a fette. Mettere le verdure in una pentola con 3 l di acqua, l'aceto, il sale, il prezzemolo e l'alloro e portare a bollitura.

2. Abbassare la fiamma e far sobbollire per 40 minuti. Aggiungere il pepe solo alla fine.

COURT-BOUILLON AL VINO BIANCO

· 350 g di cipolle, 30 g di sale
· 2 rametti di prezzemolo, 2 rametti di timo
· 1 foglia d'alloro, 1 l di vino bianco secco
· 1 cucchiaino di grani di pepe pestati

1. Pulire le cipolle e affettarle. In una pentola, portare a bollore 3 l d'acqua con il sale. Aggiungere le cipolle, il prezzemolo, il timo e l'alloro e far sobbollire per 20 minuti.

2. Aggiungere il vino bianco e far cuocere per altri 20 minuti. Poco prima della fine del tempo di cottura, aggiungere i grani di pepe pestati.

COURT-BOUILLON ALL'ACETO E CUMINO

· 350 g di cipolle, 125 ml di aceto di vino rosso, 45 g di sale
· 1 *bouquet garni* (1 carota, 1 radice di prezzemolo, 1 gambo di sedano, 2 ciuffetti di prezzemolo e 1 foglia d'alloro)
· 1 cucchiaio di semi di cumino

1. Pulire le cipolle e affettarle. In una pentola, portare a bollore 3 l d'acqua con l'aceto e il sale.

2. Aggiungere la cipolla, il *bouquet garni* e il cumino. Abbassare la fiamma e far sobbollire per altri 40 minuti.

INDICE

CREDITI

Editore	© 2005 TEUBNER Grillparzerstr. 12, D-81675 München TEUBNER è un'azienda del gruppo editoriale GRÄFE UND UNZER, GANSKE VERLAGSGRUPPE Teubner-Leserservice@graefe-und-unzer.de www.teubner-verlag.de
	Edizione speciale autorizzata per METRO Cash & Carry Düsseldorf www.metro-cc.com
Responsabile editoriale	Dorothee Seeliger
Responsabile del progetto e redazione	Dr. Maria Haumaier
Informazione specialistica e consulenza scientifica	Dr. Michael Türkay
Redazione grafica	Claudia Bruckmann, Sonja Ott
Redazione, testo e valutazione del manoscritto	Bärbel Schermer; Katrin Wittmann, w & w Verlagsservice (Füssen)
Valutazione del manoscritto (testi speciali)	Claudia Bruckmann
Assistente di redazione	Sonja Ott
Collaborazione strategica	Dr. Sabine Wölflick
Produzione	Susanne Mühldorfer
Consulenti	Storia, pagine speciali, collaborazione freelance: Stephanie Wenzel Pagine speciali: Margarethe Brunner, Ursula Heinzelmann, Robert Lücke
Fotografie	Copertina e capitoli: Westermann Studios GbR: Jan-Peter Westermann, Nikolai Buroh, Thordis Rüggeberg; FoodPhotography Eising: Susie Eising e Martina Görlach Immagini per la parte merceologica e gastronomica: Foodfoto Teubner, Füssen Odette Teubner, Andreas Nimptsch Foodstyling: Odette Teubner Reportage in bianco e nero: Peter von Felbert, Monaco (v. sotto Fotografie)
Progettazione	independent Medien-Design (Monaco), Sandra Gramisci
Layout e composizione	Dorothee Griesbeck; Gabriele Wahl, w & w Verlagsservice (Füssen)
Traduzione dal tedesco	Claudia Di Loretto, Federica Jean e Barbara Tracanna per LocTeam, S. L., Barcelona
Composizione	LocTeam, S. L., Barcelona
Project management dell'edizione italiana	LocTeam, S. L., Barcelona
Coordinamento	bookwise Medienproduktion GmbH, Monaco
Riproduzione	ReproMayer, Reutlingen
Stampa	Firmengruppe APPL, Wemding
Edizione, anno	Prima edizione, 2007

Fotografie:
Pag. 25: CORBIS (Stapleton Collection); pag. 32 in alto: StockFood (Maass, Herbert); pag. 34: StockFood (Görlach, Martina); pag. 49 in alto: StockFood (Kern, Thorsten); pag. 70: StockFood (Innerhofer Photodes.); pag. 73 in basso: Dr. M. Türkay; pag. 76 in basso a sinistra: StockFood (Bischof, Harry); pag. 86: StockFood (Deimling-Ostrisky, Achim); pag. 88: StockFood (Madamour, Christophe); pag. 89 a destra: Mauritius-Images (Nakamura); pag. 98 a sinistra: Dr. M. Türkay; pag. 101: CORBIS (Kim Sayer); pag. 105: StockFood (Maximilian Stock, LTD); pag. 108: CORBIS (Tim Thompson); pag. 110 in basso a sinistra: StockFood (Krauth, Brigitte); pag. 112 in alto: CORBIS (Earl & Nazima Kowall); pag. 114: Mauritius-Images (Bloom); pag. 121: StockFood (Maass, Herbert); pag. 122: StockFood (Maximilian Stock, LDT); pag. 124: StockFood (Euler, Bernd); pag. 130: Foodfoto Teubner; pag. 132: StockFood (Leser, Nicolas); pag. 146/147: 5 Bilder Fotograf Felbert; pag. 173: CORBIS (Adam Woolfitt); pag. 174: R. L. Lord *(Pandalus platyceros)*; pag. 184: R. L. Lord *(Panulirus interruptus)*; M. Türkay *(Panulirus regius)*; pag. 187: M. Türkay *(Scyllarides latus)*; pag. 193: StockFood (Lehmann, Jörg); pag. 203: M. Türkay *(Paralomis multispina)*; pag. 225: StockFood (Petter, Oftedal); pag. 231: StockFood Lehmann, Jörg); pag. 237 in basso: akg-images; pag. 253: Ulla Mayer-Raichle; pag. 257: Ulla Mayer-Raichle; pag. 261: Ulla Mayer-Raichle; pag. 292/293:(5 fotografie) Fotograf Felbert
Fotografie in bianco e nero: pag. 251; pag. 256; pag. 300: Foodfoto Teubner